dtv

»Ich bin die Frau, die ich bin« – dieser Satz hat viele Lesarten. Er kann Feststellung sein, Herausforderung, Selbstbejahung und Selbstbehauptung, aber auch Anlaß zu Selbstreflexion: Wer ist eigentlich die Frau, die ich bin? Antworten darauf bietet nach Ansicht der Schweizer Psychotherapeutin Irène Kummer eine Vertiefung in die eigene Lebensgeschichte, die individuelles Verhalten und Handeln prägt und die größtenteils von gesellschaftlichen Normen diktiert wird. Wurde etwa einer Frau vermittelt, daß sie »nur ein Mädchen« ist, so wird sie sich anders wahrnehmen als eine Frau, die ihr Frausein von Anfang an ausleben konnte. Irène Kummer ermutigt die Frauen, jenen Geschichten nachzuspüren, mit denen sie sich immer wieder einschränken, zurücknehmen, am Handeln hindern und sich selbst entwerten. Zur Sprache gelangen sollen dabei auch die sogenannten »stummen« Geschichten, also bislang verleugnete, verdrängte, verschwiegene Erlebnisse und Erfahrungen. Die Auseinandersetzung und Aufarbeitung eröffnet neue Perspektiven und gibt »Spiel-Raum«, um neue, individuelle Geschichten zu entwerfen, zu erzählen und schließlich zu verkörpern. »›Ich bin die Frau, die ich bin‹ ist keine statische Feststellung, sondern eine, die Wandlung – und damit Lebendigsein – einschließt.«

Irène Kummer, am 7. August 1944 geboren, studierte Literaturwissenschaft, Geschichte und Psychologie. Sie ist Lehranalytikerin, Lehrbeauftragte am Institut für angewandte Psychologie, Privatdozentin für Literatur an der ETH Zürich und Psychotherapeutin in eigener Praxis. Veröffentlichungen zu Literatur und Psychologie, zuletzt: ›Das Babuschka-Prinzip. Individualität und Verbundenheit von Eltern und Kindern‹ (1993).

Irène Kummer

Ich bin die Frau, die ich bin

Eine lebendige Beziehung zu sich
und anderen finden

Deutscher Taschenbuch Verlag

Ungekürzte Ausgabe
1. Auflage August 1994
3. Auflage Juli 1997
Deutscher Taschenbuch Verlag GmbH & Co. KG, München
© 1991 Kösel-Verlag GmbH & Co., München
ISBN 3-466-30308-7
Umschlagkonzept: Balk & Brumshagen
Umschlagfoto: © Tony Stone
Satz: IBV Satz- und Datentechnik, Berlin
Druck und Bindung: C. H. Beck'sche Buchdruckerei, Nördlingen
Gedruckt auf säurefreiem, chlorfrei gebleichtem Papier
Printed in Germany · ISBN 3-423-35078-4

Inhalt

Meiner Schwester Rolande,
die mir half, erwachsen zu werden,
und mich in den verschiedenen Lebensphasen
liebevoll begleitet hat.
In dankbarer Verbundenheit.

Ich beginne mein Vorwort mit einem Spiel. Es ist ein Spiel mit dem Titel dieses Buches in der Form eines möglichen Dialogs.

Ich bin die Frau, die ich bin – ja wer denn sonst? Die Banalität dieses Satzes ist ärgerlich. Ich nehme Anstoß daran. Aber jetzt beginnt die Sprache plötzlich andere Dimensionen freizusetzen: Ich muß innehalten, kann nicht über den Satz hinweggehen und ihn »erledigen«. Mein Ärger setzt etwas in Bewegung, der Satz gibt mir einen An-Stoß. Warum finde ich ihn banal? Weil er zweimal dasselbe sagt? Oder gibt es da noch eine andere Ebene? Ich höre einen weiteren Satz in mir anklingen: *Ich bin die Frau, die ich bin – basta!* Also eine Formulierung, die Abgrenzung bedeutet. Das ist eine Anmaßung, eine Zumutung. Und wieder bekommen die Worte noch eine andere Bedeutung: Was ist eine Zumutung? Mute ich mich anderen zu? Oder gar mir selbst? Bin ich bereit, diesen Satz abzuschwächen? Und hieße das vielleicht – wörtlich genommen – Ab-Schwächung meiner selbst? Mache ich mich selber schwach, um mich nicht zumuten zu müssen? Jetzt wird es plötzlich schwierig. Muß ich mich denn mit meiner Tendenz, mich selber abzuschwächen, auseinandersetzen? Schrumpfe ich, indem ich diesen Satz sage, und nehme ihn sogleich zurück: So ist es nicht gemeint!? Ist das nicht ein bekanntes Frauenmuster, das ich anhand dieses Satzes inszeniere? Es kommen mir dabei andere Sätze in den Sinn: »Ich bin halt nur eine Frau«, oder: »Ich bin eben eine Frau.« Wenn ich diese verschiedenen Schattierungen in mir auftauchen lasse, spüre ich, daß das Schrumpfen nicht nur eine Geschichte ist, die ich mit bestimmten Gefühlen verbinde, sondern ebenso ein Körpermuster: Ich schrumpfe *leibhaft*. Ich versuche herauszufinden, *wie* ich schrumpfe. Und ich nehme wahr, daß ich meine Brust zwischen den Schultern einfallen lasse und mich gleichzeitig nach oben ziehe, den Kontakt meiner Füße mit dem Boden verringere. Sorgfältig richte ich meinen Oberkörper auf und lasse ihn gleichzeitig etwas sinken. Jetzt stehe ich wieder fest. Der Satz *Ich bin die Frau, die ich bin* klingt jetzt anders: Ich spüre meine Kraft, bin in mir selbst. Ich fühle mich in diesem Augenblick nicht mehr als Zumutung, sondern ich mute mich zu. Noch immer ist ein Impuls da, in die alte

Haltung zurückzukehren oder mich dagegen in Stolz zu versteifen, mich trotzig zu verschließen, etwa: »Ich bin nun mal eine Frau – und?« Ich bleibe aber bei meinem Satz, halte die ungewohnte Kraft und Wärme aus, bleibe mit ihr verbunden.

Nun beginne ich, mit dem Satz zu spielen. Ich kann ihn verschieden betonen. Eine erste Möglichkeit ist:

Ich bin die Frau, die ich *bin*.

Wenn ich die Art und Weise, wie ich jetzt dastehe, auf mich wirken lasse, heißt das:

Ich bin.

Ich bin – ohne Zu-Satz. Daß ich ihn *als Frau* sage, ist dabei bedeutsam. Da fallen alle stützenden und schützenden Möglichkeiten weg. Es ist schwierig, diesen Satz einfach auszuhalten. Und zugleich ist es auch aufregend. Mein Herz klopft schneller. Wärme steigt in mir auf. Der Satz bekommt eine Qualität, die mich zunächst überrascht: Lebendigkeit. Ich könnte etwa den Satz sagen: »Ich bin lebendig.« Aber das ist gar nicht nötig. *Ich bin* schließt für mich im Augenblick dieses »lebendig« mit ein. Zweimal ist diese Aussage im ursprünglichen Satz enthalten:

Ich bin die Frau, die *ich bin*.

Der Satz erfüllt mich – nein, das stimmt nicht. Ich bin er-füllt, und zwar von der lebendigen Bewegung in mir. Sie ist ganz konkret spürbar. Ich kann sie *sein* lassen oder verringern, indem ich wieder schrumpfe oder mich zusammenziehe. In dem Augenblick, in dem ich diesem Impuls nachgebe, schwindet noch eine andere Qualität, die ich bisher gar nicht bewußt wahrgenommen habe. Ich zögere, ihr einen Namen zu geben. Sie hat etwas mit diesem Erfülltsein zu tun. Voll von lebendiger Bewegung heißt auch so etwas wie liebe-voll. Soll ich jetzt diesen neuen Satz wagen, der etwas seltsam klingt?

Ich bin liebe-voll.

Sofort taucht die Frage auf: Wem gegenüber? Den anderen gegenüber oder mir selbst? Aber ich merke, daß dieser Satz zunächst gar kein Objekt hat. Die lebendige Bewegung selbst ist »Liebe«. Es ist im wörtlichen Sinn gleich-gültig, wem sie gilt. Wieder kommt es also darauf an, diesen Satz einfach so, wie er ist, stehenzulassen, ihn auszuhalten. Freilich kommen sogleich auch Einwände: Ich bin das doch gar nicht. – Ich will nicht immer lieb sein – das war ich oft genug ... Aber gleichzeitig wird mir klar, daß diese Qualität von »liebevoll« viel grundlegender ist, daß sie weder Eigenständigkeit noch Aggression ausschließt, wie mich diese Einwände fürchten lassen.

Doch eine weitere Dimension kommt hinzu: Ich möchte auch sagen:

Ich bin da.

Ich fühle mich präsent und wach. Ich kann mich nicht einfach davonschleichen, mich innerlich wegbegeben. Der Satz hat eine andere Bedeutung als wenn ich sage: Es gibt mich. Da ließe sich etwas überspitzt formulieren: Es gibt mich – aber damit habe ich eigentlich nichts zu tun. Wenn ich »da« bin, habe ich es mit mir zu tun. Meine Präsenz ist ver-bindlich. Ich bin mit ihr verbunden.

Jetzt möchte ich diesen Satz wieder erweitern:

Ich bin, die ich bin – als Frau.

Dieser Satz verstärkt zunächst mein Da-Sein, meine Präsenz. Die Betonung liegt dabei auf: Ich *bin*, die ich *bin*. Es liegt eine Ruhe und Abgeschlossenheit darin. Ich stehe fest auf meinen Füßen. Der Satz gibt mir Festigkeit. Ich fühle mich ganz. Die Fraglosigkeit und Selbstverständlichkeit irritiert mich zugleich. Es ist mir gar nicht möglich, den Satz zu erklären. Er hat etwas Unsinniges, und ich kann seiner mit meiner Logik nicht habhaft werden, doch seine starke Wirkung kann ich nicht abwehren. Wenn ich mich ihm überlasse, spüre ich Ruhe in mir. Ich fühle mich fest gegründet. Mein »ich bin« wird unbegründbar, keine Argumente reichen hin, um mir Grund zu geben. Er ist da, und ich fühle mich mit ihm verbunden … Nach einer Weile probiere ich die andere Betonung aus:

Ich bin die Frau, die *ich* bin.

Eine andere Möglichkeit gewinnt allmählich Gestalt, während ich den Satz laut vor mich hin spreche. Sie hat etwas mit meiner Unverwechselbarkeit zu tun, mit meiner Einmaligkeit. Wenn ich das nicht als leere Formel abtun will, ist der Satz beunruhigend. Gerne möchte ich sagen: Ich bin so – oder so und Definitionen anfügen, meine Identität festschreiben, in Kategorien einbringen, die faßbar, anerkannt oder auch nicht anerkannt sind.

Der Satz »Ich bin die Frau, die ich bin« stellt keine Definition dar, läßt sich nicht auf den Nenner einer bestimmten Rolle zwingen. Mit dem Satz meine ich mich als Frau, doch bin ich dem eigenen Zugriff enthoben und kann mir dennoch nicht entrinnen. Ich spüre meine Begrenztheit und gleichzeitig das nicht Auslotbare in mir. Es wird mir klar, daß der Satz gerade *nicht* eine statische Bedeutung hat: Ich bin nun einmal so – Punkt. Vielmehr spüre ich, daß er Bewegung, Veränderung mit einschließt. Ich spüre es leibhaft.

Ich nehme also wahr, wie ich auftauchende Geschichten verkörpere, indem ich mich einschränke und wieder dahin zurückkehre, mich dem Satz in seinen verschiedenen Färbungen zu stellen, ohne diese Zusätze. Dann *erfahre* ich neue Perspektiven.

Der Satz »Ich bin die Frau, die ich bin« ist nicht einfach ein Satz, sondern eine Vielzahl von Sätzen, die ich verkörpere, und damit die Herausforderung, seine Möglichkeiten auszuloten, mit ihnen zu experimentieren, zu spielen. Um es paradox zu sagen: Kann ich den Spiel-Raum ernst nehmen, der sich mir eröffnet? Kann ich ihn ausspielen? Kann ich ihn als Fest-Stellung und als Widerspruch gegen alles Festgestellte zugleich verkörpern?

Dieses Buch hat viele Quellen, die zu seinem Entstehen beigetragen haben: meine eigenen inneren Dialoge als Frau, Gespräche mit Freundinnen und befreundeten Männern, mit Studenten und Studentinnen, wichtige Auseinandersetzungen mit meinem Buch ›Wendezeiten im Leben der Frau‹, die sich in Vorträgen und Seminaren ergaben, meine therapeutische Arbeit mit Menschen beiderlei Geschlechts. Ihnen allen verdanke ich wichtige Impulse und Erkenntnisse. Danken möchte ich vor allem all jenen, die mir erlaubten, Äußerungen und Therapieausschnitte hier wiederzugeben.

Zu diesen Quellen gehört aber auch das individualpsychologische Modell Alfred Adlers. Die Begegnung mit dem Werk und der Arbeit des amerikanischen Psychotherapeuten Stanley Keleman war für mich entscheidend und fruchtbar. Seinem organismischen und formativen Verständnis menschlicher Prozesse verdanke ich die Möglichkeit, nach der Verkörperung »weiblicher« und »männlicher« Geschichten zu fragen und mit deren sorgsamer Auflösung neue Perspektiven in den Blick zu bekommen. Dies gilt sowohl für meinen persönlichen Prozeß wie auch für meine therapeutische Arbeit.

Das Buch besteht jedoch nicht nur aus fruchtbaren Ideen, sondern auch aus deren konkreter Umsetzung. Freundschaftliche Ermutigung und Kritik haben mich begleitet. Ohne diese Unterstützung hätte das Buch nicht Form annehmen können. Danken möchte ich namentlich Adi Rieser, meiner Arbeitskollegin, von der ich wertvolle Anregungen bekommen habe, und Ruth Obrist, die nicht nur mein Manuskript getippt, sondern es auch in allen Stadien liebevoll und sorgsam begleitet hat. Mein Dank gilt auch Dagmar Olzog, meiner Lektorin vom Kösel-Verlag, die zur Formgebung des Manuskripts beigetragen hat. Sie hat meine Aus-Flüge begleitet und mich dennoch wieder verständnisvoll und konsequent zur Landung gebracht. Wir haben zusammen den fruchtbaren und abenteuerlichen Dialog von Grenzüberschreitung und Begrenzung ausgetragen.

Meinen beiden Kindern, die es in der Endphase der Entstehung nicht leicht gehabt haben, kann ich nicht einfach danken. Davon haben sie nicht viel. Sie warten – wie ich – auf den neuen Spiel-Raum, den der Abschluß dieses Buches bringen wird. Gleichzeitig haben auch sie einen wesentlichen Anteil an meinem Schreiben. Dieses Paradox besteht – und manchmal wurde es auch zu einem Widerspruch. Durch diese Reibung entstanden Fragwürdigkeiten, oft aber auch der zündende Funke, der mich weiterschreiben ließ. Auch dies ist eine Frauen-Geschichte, der ich mich zu stellen hatte.

Ich danke Euch allen, die Ihr mich in Eurer Weise begleitet habt.

Einleitung: Verkörperte Geschichten

Zur Sprache kommen – überlieferte Geschichten und neue Perspektiven

»Ich bin die Frau, die ich bin« – diese Fest-Stellung war lange Zeit für Frauen nicht denkbar, denn sie hatten keinen Stand-Ort, von dem aus sie eine eigene Stellung hätten beziehen können. Ein unmöglicher Satz also, obwohl es zum Menschsein gehört, sich immer wieder neu zu entwerfen, Perspektiven zu bilden, welche die verschiedenen Dimensionen der eigenen Existenz be-greifbar machen. Es war jedoch beinahe ausschließlich der *männliche Mensch*, dem dieses Entwerfen vorbehalten war. Der *weibliche Mensch* war, oberflächlich gesehen, in vielen männlichen Entwürfen mitgemeint, bei näherem Hinsehen jedoch ebenso stillschweigend in die Abwesenheit versetzt.

Gab es aber nicht genügend Antworten auf die Frage: Wer ist die Frau? Es gab sie, doch die entworfenen Geschichten von Frauen waren nicht *ihre* Geschichten, sondern männliche Geschichten *über* die Frauen. Sie bewegten sich zudem in einer Welt, die von männlichem Verständnis und Handeln geprägt war. Über lange Zeiträume merkten Frauen kaum, daß sie sich im Horizont fremder, ihnen auferlegter Geschichten sahen und verstanden, da sie sich unbewußt weitgehend mit ihnen identifiziert hatten. Das bedeutete jedoch gleichzeitig, daß die männlichen Geschichten über Frauen eine entfremdende und enteignende Wirkung auf Frauen hatten. Sie sahen sich selber und ihre Beziehung zum Mann, und die seine zu ihnen, mit den Augen des Mannes. Sie übernahmen die Bedeutung dessen, was »weiblich« und was »männlich« sei – und sie waren »weiblich« in dem Sinne, wie die männliche Gesellschaft diese Begriffe mit Geschichten füllte.

Diese Geschichten hatten jedoch oft die Funktion, unliebsame, abgewehrte Aspekte an die Frau zu delegieren. Je mehr sich beispielsweise der Mann seit dem Beginn der Neuzeit mit seiner Macht identifizierte, desto mehr hatte die Frau seinen Schatten zu übernehmen: Ohnmacht, Schwäche, Minderwertigkeit, Abhängigkeit. In all diesen Arrangements blieb allerdings die tiefe Abhängigkeit des Mannes von der Frau verdeckt, denn der Mann hatte sich durch seine Geschichten *die* Frau erschaffen, die er brauchte, um zu sein, wer er war. Oder anders ausgedrückt: Der Mann konnte nur sein, wer er war, indem er die Frau zu dem machte, was seiner Stabilisierung diente. »Der Mann« ist zunächst nicht der je individuelle Mann, sondern die männliche Gesellschaft, welche jedoch Selbstverständnis und Handlungsweisen auch des einzelnen Individuums mitprägt. Die moderne Industriegesellschaft, wie sie sich im 19. Jahrhundert zu entwickeln begann, teilte das Leben in Arbeitswelt und häusliche Welt. Die Rolle der Frau ist zur Erhaltung dieser Strukturen unabdingbar. Die Familie hat dabei die Funktion, das bestehende System von Generation zu Generation zu reproduzieren. Was sollte werden, wenn die Frauen sich das unbewußte Einverständnis mit den ihnen auferlegten Geschichten bewußt machten oder gar aufkündigten? Diese Frage konnte und durfte sich die männliche Gesellschaft nicht stellen. Sie hätte die Illusion des einseitigen Abhängigkeits- und Machtverhältnisses zerstört.

Der Anstoß zum Hinterfragen der männlichen Geschichten über Frauen und der damit verbundenen Rollen und Funktionen mußte von den Frauen selber kommen. Schon die Parolen der Französischen Revolution wurden auch von Frauen gehört, obwohl sie nicht für diese bestimmt waren. Zunächst wagten es nur wenige mutige Frauen, ein neues weibliches Selbstverständnis zu entwerfen, auch wenn damit schmerzliche Brüche in ihrer Existenz sichtbar wurden oder sie an der Reibung mit der gesellschaftlichen Realität zerbrachen. Doch die Entwicklung war trotz der beginnenden Industriegesellschaft mit ihrer strikten Arbeitsteilung nicht mehr aufzuhalten. Gerade sie brachte die eigene »Unmündigkeit« den Frauen noch deutlicher zum Bewußtsein, deren Aufhebung Kant im Namen der Aufklärung gefordert hatte.

Was geschah? Frauen begannen immer deutlicher, die männlichen Geschichten über sie als *Geschichten* zu verstehen und zu begreifen, daß es nicht ihre eigenen, sondern ihnen auferlegte Geschichten waren. Dies war ein folgenschwerer Schritt. Er setzte voraus, daß Frauen allmählich ein neues, von der eigenen Wahrnehmung ausgehendes Selbstverständnis entwickelten, das sie die Differenz zwischen ihnen und den sie definierenden Geschichten spüren ließ. Ein zentrales Anliegen seit dem Beginn der Frauenbewegung ist deshalb die Auseinandersetzung mit den überkommenen Geschichten, die sie sich im kulturellen, familiären und individuellen Rahmen – oft unbewußt – immer wieder erzählen, sie annehmend oder gegen sie kämpfend. Zu diesen Geschichten gehört, was sie sich über ihren Körper, über Sexualität, ihr In-der-Welt-Sein, über das Wesen von Mann und Frau, über ihren Wert, über die existentiellen Bereiche wie Geburt und Tod, Jugend und Alter erzählen.

Frauen begannen also immer intensiver, die überkommenen Geschichten zu hinterfragen, die ihnen so viel an Entfremdung und Enteignung gebracht hatten. Und damit gingen sie auch das Risiko ein, sich selbst *in Frage* zu stellen. Das kann bereits eine neue Geschichte sein, die Frauen nun kennenlernen. Sie läßt sich so ausdrücken: »Ich bin fragwürdig«, das heißt »der Frage *würdig*«. Diese Frage ist befreiend und beunruhigend zugleich. »Sich in Frage zu stellen« bedeutet, alte Geschichten, alte Lebensformen zu verlassen und das Ungewisse auszuhalten, ohne sich gleich eines Neuen versichern zu können. Neues läßt sich nicht erzwingen. Wir können kaum auf schon vorbereitete Modelle und Wege greifen. Deshalb ist der Weg von Frauen auch heute einer ins Unwegsame, und das heißt – wörtlich genommen – in die U-topie, die zunächst als ein »Nichts« erscheinen mag. Zugleich ist es jedoch auch ein durch alte Geschichten, Vorurteile und Konventionen verstellter Weg, der schmerzhafte Reibflächen entstehen läßt. Hier ist denn auch der Ort, wo individuelles Unterwegssein von Frauen und gesellschaftlich-politische Anliegen ineinandergreifen.

Das im Weg Stehende sind die »Geschichten des Patriarchats«. »Patriarchat« wurde zur Bezeichnung für die Herr-schaft, welche sich Frauen untergeordnet und dienstbar gemacht hatte. Es handelt sich dabei um einen ahistorischen Begriff, der jedoch eine wichtige Funktion hat:

Frauen setzten einen »allmächtigen Geschichtenerzähler« – eben das Patriarchat – ein. Sie hatten damit eine für sie fruchtbare Geschichte inszeniert, die ihnen erlaubte, sich wirksam abzugrenzen, ein neues Selbstverständnis, neue weibliche Perspektiven und Handlungsstrategien zu entwerfen. Im Laufe der Zeit wurden Differenzierungen möglich: Frauen erkannten beispielsweise, daß es nicht darum gehen konnte, sich unbesehen männliche Machtstrukturen anzueignen, weil dadurch nur nochmals deren Vorrang bestätigt wird. Ebenso gefährlich ist es jedoch, die eigene »Weiblichkeit« und deren mögliche Schädigung als Vorwand zu benutzen, um sich dadurch ebenfalls mit Hilfe männlicher Geschichten über Frauen von Macht und Handeln fernzuhalten. Immer wieder wird deutlich, wie schnell sich die entdeckten und bekämpften männlichen Muster wieder in die eigenen neu entworfenen Geschichten von Frauen einschleichen und diese zu unterlaufen drohen.

Der Begriff des »Patriarchats« beginnt sich ebenfalls zu differenzieren, auch wenn sich das Wert- und Machtgefälle als ein durchgängiges kulturelles Muster erweist, das jedoch innerhalb der geschichtlichen Entwicklung verschiedenste Akzentsetzungen und Ausprägungen erfahren hat. Wo Männer nicht von vornherein Kritik und Ansprüche von Frauen abwehren, beginnen sie selbst, ihre Geschichten zu hinterfragen. Dabei entdecken sie nicht nur den männlichen Führungsanspruch, sondern ebenso die männliche Ohnmacht der ursprünglich von ihnen selbst geschaffenen »Superstruktur«, als welche sich die moderne gesellschaftliche Realität darstellt. Hier läßt sich ein brisanter – und vielleicht auch fruchtbarer – Dialog zwischen »männlichen« und »weiblichen« Geschichten anzetteln. Sollen wir wieder Verständnis haben und uns der Männer annehmen? fragen Frauen in diesem Zusammenhang provozierend. Sie sind hellhörig und empfindlich geworden für männliche Forderungen nach emotionaler Versorgung, die ihrem überkommenen weiblichen Muster entspricht, das sie eben verlassen möchten. Gleichzeitig stellt sich auch die Frage, inwiefern Frauen selbst nur die zur Schau getragene männliche Machtgebärde wahrzunehmen vermögen, in unbewußtem Einverständnis mit dem einseitigen männlichen Selbstverständnis, dem es über lange Zeit gelang, die anderen Aspekte zu verdrängen und an die Frauen zu delegieren. Mit dem Übersehen dieser Aspekte, die mit Ohnmacht zu tun haben, helfen Frauen jedoch mit, die überkommenen männlichen Geschichten zu zementieren. Wieder ist also der Umgang mit diesen Geschichten eine Gratwanderung – und zwar von beiden Geschlechtern aus gesehen. Wirksame Abgrenzung von überkommenen Geschichten ist deshalb nur möglich, wenn die darin enthaltene *gegenseitige* Abhängigkeit – die trotz des realen Machtgefälles besteht – mit einbezogen wird.

Für Frauen gab es eine »Macht durch Ohnmacht«, für die Männer eine »Ohnmacht aufgrund ihrer Macht«. Es ist eine seltsame Ironie der Geschichte, daß Männer in dem Maß, wie Frauen beginnen, die ihnen delegierte Ohnmacht zurückzuweisen, anfangen, ihre eigene verborgene Abhängigkeit von Frauen zu realisieren.

Gleichzeitig wird diesen Männern auch immer klarer, daß sie ihre reale Macht an das von ihnen geschaffene System verloren haben.

Damit eröffnet sich noch eine weitere Dimension: Die Gesellschaft, die eine Superstruktur hervorgebracht hat, ist dabei, sich selbst und die Welt zu zerstören. Die Allmachtstendenz, die darin besteht, alles »in den Griff« zu bekommen, alles über Zeit und Raum hinweg zu kontrollieren, schlägt in Vernichtung um. Ich nenne dieses dem herrschenden gesellschaftlichen Denken, Fühlen und Handeln innewohnende und alles durchformende Grundmuster das »Allmachtsparadigma«, das zwar weiter besteht, jedoch auch das männliche Selbstverständnis nur noch oberflächlich zu tragen vermag. Wo Frauen sich mit ihm verbünden, werden sie zu Mit-Täterinnen.

Es reicht also nicht aus, neue Geschichten zu entwerfen, solange sie sich im Raum dieses Allmachtsparadigmas bewegen. Vielmehr geht es darum, einen *Paradigmenwechsel* zu vollziehen, wie schwierig es auch sein mag, ein gesellschaftliches Grundmuster aufzulösen. Welches Paradigma bietet sich aber nun an, wenn dieses Allmachtsparadigma aufgelöst ist und der Weg in die U-topie, also ins Weglose, beginnt? Vielleicht ist es gerade die *Art* dieses Unterwegsseins, die uns eine mögliche Antwort zu geben vermag? Ich möchte dieses Unterwegssein als »Wandlungsparadigma« bezeichnen. Wandlung zu vollziehen heißt, von einer gewohnten, vertrauten Form Abschied zu nehmen und Ungewisses, Fremdes, Ungewohntes auszuhalten. Das Neue können wir nicht nur »machen«, sondern müssen es auch werden lassen. Versuchen wir, diese Phase zu überspringen, so ist das Neue meist nur eine Variation des Alten, seine Kehrseite, sein Schatten, und das bedeutet, das Alte mit anderen Vorzeichen entstehen zu lassen, auch wenn dies nicht sogleich sichtbar wird. Das Gestalten eines Neuen vollzieht sich also in der paradoxen Einheit von selbst gestalten und geschehen lassen. Wenn dieses Neue allmählich Form annimmt, braucht es eine Phase des Vertrautwerdens und der Einübung.

In dieser Sicht von Wandlung ist auch die Erkenntnis eingeschlossen, daß neue Entwürfe nicht allein einen Denkprozeß darstellen oder Handlungsstrategien bedeuten, sondern als ganzheitliche Prozesse zu verstehen sind, die wir wohl mitgestalten, jedoch nicht »im Griff« haben und steuern können. Das Wandlungsparadigma als Grundmuster unseres Lebens läßt sich also als eine Alternative zum Allmachtsparadigma verstehen.

Wenn wir das bisher Gesagte wiederum auf einen möglichen Umgang von Frauen mit ihren Geschichten beziehen, ergibt sich eine vielschichtige Dynamik: Überkommene Geschichten wollen hinterfragt und aufgelöst werden. Dabei bleibt die Anfechtung, daß sie ständig auch neue Geschichten zu unterlaufen drohen. Wir können dieser Anfechtung nicht entgehen, sondern müssen versuchen, die mit ihr verbundene Beunruhigung auszuhalten. In diesem Prozeß werden jedoch nicht nur alte männliche Geschichten in ihrer Bedeutung sichtbar. Frauen litten – und leiden – an eigenen Erfahrungen, ohne sie artikulieren zu können, weil diesen kein Raum zugestanden wurde, oder sie empfinden das Zur-Sprache-Kommen als schuldhaft, als ihr persönliches Versagen. Hierher gehören etwa die Entwicklungsgeschichte des Mädchens, der verletzende Umgang mit der weiblichen Körperlichkeit wie Inzest, Vergewaltigung und Schwangerschaftsabbruch, die Erfahrungen im Raum von Schwangerschaft und Geburt, von Mutterschaft und Partnerschaft, das innere Erleben des Älterwerdens und Alterns. Solche grundlegenden Erfahrungen fanden in männlichen Geschichten keinen Platz. Sie mußten verdrängt, verleugnet, in männliche Interpretationsschemata eingezwängt und umgedeutet werden, da nicht zuletzt das herrschende Allmachtsparadigma existentielle Erfahrungen, die Grenzerfahrungen und Wendezeiten darstellen, ausschließt. So konnten sie nie als etwas Eigenes zur Sprache kommen und wurden zu »stummen Geschichten«. Daraus entstanden viele Kränkungen und Wunden. Wenn Frauen miteinander sprechen, dann »reden« auch diese stummen Geschichten mit und wirken zunächst oft trennend, lassen Rivalität und gegenseitige Entwertung aufkommen. Und gerade dies ist ein schmerzhafter Widerspruch, daß die gemeinsamen kränkenden Geschichten solche Trennungen bewirken können. Selbst neue Perspektiven und Entwürfe rühren an alte Wunden, und wieder erleben Frauen sich als Übergangene, als Angegriffene.

Wenn über Geburt gesprochen wird, fühlen sich kinderlose Frauen ausgeschlossen, beim Thema Partnerschaft alleinstehende Frauen diskriminiert, beim Ansprechen des Berufsbereiches die nicht berufstätigen Hausfrauen und Mütter. Neue Entwürfe über natürliche Geburt rühren an Verletzungen vieler Frauen, die ganz andere Erfahrungen mit sich tragen… All unser Sprechen als Frauen stößt sich eben auch wund an diesen vielen Geschichten, die mitschwingen. Immer intensiver dürfen sie jedoch in Frauengruppen zum Ausdruck kommen. Durch Publikationen werden sie auch der Öffentlichkeit zugänglich gemacht, so daß dadurch ein Sprachraum für Frauen geschaffen wird, in dem sie ihre eigenen Geschichten ausdrücken können. So entsteht eine Hellhörigkeit, ein wachsendes Gespür für die versehrenden Aspekte im eigenen Leben. Erst wenn es diese Erfahrungen überhaupt geben *darf* und sie als Geschichten artikulierbar und zumutbar werden, ist ein heilender Prozeß möglich.

Das Auflösen überkommener männlicher Geschichten und das Zur-Sprache-Bringen von stummen weiblichen Geschichten schafft also einen Raum, in dem neue Geschichten Gestalt gewinnen können. Dabei zeigt sich jedoch eine neue Gefahr: Diese Geschichten können sich wiederum zu einer Norm verdichten, der frau zu folgen hat, um nicht neuen – oder vielmehr altvertrauten – Minderwertigkeits- und Schuldgefühlen anheim zu fallen. So haben Frauen beispielsweise oft Schuldgefühle, weil sie noch immer Schuldgefühle haben, die doch im Zuge eines neuen Selbstverständnisses längst überwunden sein sollten. Das weibliche Minderwertigkeitsgefühl schleicht sich nicht nur erneut ein, sondern potenziert sich. Ebenso werden viele stumme Geschichten zu verstummten, bevor sie zur Sprache gekommen sind, weil sie längst »überwunden« sein sollten.

Dadurch wird sichtbar, daß alte Geschichten nicht einfach durch neue abgelöst werden können. Vielmehr muß die Art des Geschichtenerzählens selbst in Frage gestellt werden. Die moderne pluralistische Gesellschaft bietet uns einen Freiraum an, der nicht nur neue Geschichten, sondern eine neue Art des Geschichten*erzählens* ermöglicht. Die Vielfalt weiblicher Biographien heute bringt auch einen Reichtum zum Ausdruck und zeigt den Spielraum von Möglichkeiten zur Lebensgestaltung auf, der nicht ver-spielt werden darf.

Es wird aber auch deutlich, daß es *die* neuen Geschichten gar nicht mehr geben kann, sondern nur ein *Spektrum* möglicher Geschichten. So gesehen besteht die Chance, in der Auseinandersetzung mit überkommenen und eigenen stummen Geschichten eine je *persönliche* Geschichte zu entwerfen – für jede einzelne Frau wieder anders. Das bedeutet jedoch nicht un-verbindliche Vereinzelung, denn es geht letztlich nicht mehr um das Entwerfen von neuen kollektiven Geschichten, sondern von neuen *Perspektiven*, in denen eine persönliche Geschichte Gestalt gewinnen und aufgehoben sein kann. Zu diesen Perspektiven gehört es, sich die als »illegitim« geltenden und dadurch verdrängten und abgespaltenen Aspekte des eigenen Selbst anzueignen, mit den eigenen schöpferischen Kräften in Kontakt zu kommen und einen Sinn für die eigene Würde, Unantastbarkeit und Integrität gegen alle Verfügbarkeit zu entwickeln – eine lebendige Beziehung zu sich selbst zu finden. Dann wird es auch möglich, eine lebendige Beziehung zu anderen Menschen in den verschiedenen Lebensbereichen zu formen, die Eigen-Ständigkeit, Wider-Stand, Autonomie und das Nachholen von Welterfahrung, von Ausgreifen in die Welt mit einschließt.

Die Dynamik des »Geschichtenerzählens« hat also drei Ebenen: Geschichten – Perspektiven – Paradigmen.

Am Anfang steht das Hinterfragen und Auflösen überkommener Geschichten, das Zur-Sprache-Kommen stummer Geschichten aus dem weiblichen Lebensraum mit allen schmerzlichen und herausfordernden Konsequenzen. Das Gestalten von neuen persönlichen Geschichten ist jedoch nur möglich, wenn nicht wiederum normative Geschichten entstehen, sondern Perspektiven, die Spielraum geben für ein Spektrum von verschiedensten weiblichen Lebensgeschichten. Das ist die Chance der heutigen Zeit. Doch dieses Erfinden von neuen Perspektiven bedeutet zugleich, daß wir nicht in alten Grundmustern oder Paradigmen verharren können, sondern zugleich den Übergang zu jenem Paradigma vollziehen müssen, das nicht Zu-Griff und Be-Mächtigung, sondern eine paradoxe Einheit von »Machen« und Geschehenlassen bedeutet. »Ich bin die Frau, die ich bin« ist keine statische Feststellung, sondern eine, die Wandlung – und damit Lebendigsein – einschließt. Im folgenden möchte ich diese letzte Aussage konkreter machen.

Zwei wichtige Fragen sind offengeblieben: Wie kommt es, daß wir uns so schwer von überkommenen Geschichten lösen können? Und: *Wie* können wir uns konkret von ihnen lösen?

Die beiden Fragen lassen sich gemeinsam beantworten: Wir haben uns unsere Geschichten *einverleibt*, wir *verkörpern* sie. Um diese Aussage zu verstehen, müssen wir ebenfalls einen Paradigmenwechsel vollziehen. Das überkommene Grundmuster legt uns eine Trennung von Körper, Seele und Geist nahe und betrachtet vor allem den Körper als ein Objekt, als statische Größe. Wir »haben« einen Körper und müssen irgendwie mit ihm umgehen. Unsere Sprache ist derart von diesem Muster geprägt, daß wir für ein neues keine adäquate Sprache haben. Ich versuche, es folgendermaßen zu umschreiben:

Wir sind ein ganzheitlicher lebendiger Prozeß, der *alle* Ebenen unseres Daseins mit einschließt, also Denken, Fühlen, Handeln und auch die körperliche Gestalt. Wenn ich von »Verkörperung« spreche, meine ich also die menschliche *Gestalt* als ganze.

Alfred Adler ist bereits davon ausgegangen, daß Erinnerungen, vor allem frühe Kindheitserinnerungen, als »Geschichten« aufzufassen sind, welche das *gegenwärtige* Selbst- und Weltverständnis eines Menschen gleichnishaft zum Ausdruck bringen. Dieses Verständnis drückt sich in Denken, Fühlen und Handeln aus. Es besteht aus einem Spektrum von Grundmustern, die uns individuell zur Verfügung stehen, um unser Leben zu bewältigen. Wir bilden sie in der Kindheit als Antwort auf die Erfahrungen in Familie und Gesellschaft aus, bis sie sich zu unserem ganzheitlichen *Lebensstil* oder *Bewegungsgesetz* verdichten. In diesem Prozeß sind wir zugleich Gestaltende und Gestaltete, Künstler und Werk in einem. Eine späte Formulierung Alfred Adlers über den Lebensstil oder das menschliche Bewegungsgesetz lautet: »In dieser Betrachtung ... lassen sich die Einflüsse der angeborenen Fähigkeiten, ob nun angeboren oder modifiziert menschlich, sowie die Einflüsse der Umgebung und Erziehung als Bausteine betrachten, aus denen das Kind in spielerischer Kunst seinen Lebensstil aufbaut.«[1]

Diese Formulierung erschien mir lange als eine kühne und unrealistische poetische Metapher. Doch durch die Begegnung mit der körperbezogenen Psychotherapie, vor allem derjenigen des Amerikaners Stanley Keleman, lernte ich die Entstehung des individuellen Bewegungsgesetzes als *formschaffenden Prozeß* verstehen, in dem jedes Kind im vorgegebenen Rahmen, zu dem genetische und milieubedingte Faktoren gehören, seine eigene leibhafte Form oder Gestalt entwirft. Was bedeutet das? Als meine Tochter im Alter von etwa zweieinhalb Jahren tanzte, sagte sie plötzlich »Rugge« (Rükken) und strich sich über ihre Wirbelsäule, tastete sie ab. Dann richtete sie sich wieder auf und tanzte weiter, doch die Qualität der Bewegungen hatte sich verändert. Sie tanzte sicherer um ihre eigene Achse, und die Bewegungen wurden fließender. Was war geschehen? Das kleine Mädchen hatte einen neuen Bezug zum menschlichen Aufrechtsein gewonnen. Es hatte *seine* neue Form für Aufrechtsein gefunden. Das war eine aufregende Schöpfung, durch die es eine differenziertere Qualität von In-der-Welt-Sein entdeckte und sich für seine Bewegungen einen leibhaft neuen Spielraum gab. Ich begann zu begreifen, daß wir das Wachsen des Kindes als einen Prozeß verstehen können, in dem es laufend neue Formen seines In-der-Welt-Seins hinzugewinnt. Daß dies ein aufregender schöpferischer Prozeß ist, läßt sich im Kontakt mit jedem Kind verstehen.

Im Laufe unserer kindlichen Entwicklung verdichten wir diese ständig sich erweiternde und vertiefende Formbildung zu unserem Bewegungsgesetz. Es ermöglicht uns, mit Hilfe der geschaffenen Muster in unserem Leben Orientierung zu finden, ihm eine Struktur zu geben. Wie wir also konkret und in jeweiligen Situationen in der Welt Stellung nehmen, Wider-Stand geben, auf andere zugehen und uns zurückziehen, Erregung aufbauen und wieder lösen, unseren Raum wahren, uns schützen oder verletzbar machen – all dies ist Ausdruck unseres leibhaft-ganzheitlichen Gesetzes, nach dem wir uns in unserem Leben bewegen. Dieses Bewegungsgesetz erfahren wir jedoch auch als Einschränkung: Es »packt« uns immer dieselbe Angst, es »überfällt« uns dieselbe Wut und dieselbe Mutlosigkeit »zwingt uns in die Knie«. Wie ist das zu verstehen? Eine Frau erzählte die folgende Kindheitserinnerung:

»Ich sehe mich als zweieinhalbjähriges Kind vor dem Christbaum. Die bunten Kugeln, in denen sich die Lichter spiegeln, faszinieren mich. Sie erscheinen mir als der Inbegriff aller Köstlichkeit.

Ich greife nach einer dieser Kugeln, doch, o weh, sie zerbricht in meiner Hand. Die Eltern schreien mich an. Ich zucke entsetzt zurück, versteife mich, und so geht es mir heute noch: Wenn ich neugierig nach etwas greifen will, halte ich an mich, wage es nicht. Angst überfällt mich.«

Wir können diese Kindheitserinnerung als eine Geschichte verstehen, welche die Frau sich jetzt im Sinne einer Warnung erzählt: Wenn ich neugierig in die Welt ausgreife, mache ich es bestimmt falsch und werde dafür gerügt. Ich wage es lieber nicht. Gleichzeitig wird in der Erinnerung der zugehörige leibhafte Prozeß sichtbar: Die Welt enthält wunderbare Dinge. Das kleine Kind antwortet darauf mit einer neugierigen Erregung, beginnt die Geste des Ausgreifens zu formen, noch ungeübt. Im Ergreifen zerbricht der Gegenstand. Das kann in sich schon enttäuschend sein, doch viel einschneidender ist hier die Reaktion der Eltern. Das Mißgeschick wird zum Unglück. Auf die Enttäuschung folgt Erschrecken ... So etwa ließe sich der Vorgang darstellen, als eine Erfahrung, die das Kind wohl häufiger gemacht hat. Daraus bildet sich ein Aspekt des Bewegungsgesetzes, der eine klare Anweisung gibt, wie mit der Dynamik »Neugier – Ausgreifen« umzugehen ist: Der Impuls des Ausgreifens muß durch Versteifung zurückgehalten werden, die von Angst begleitet ist.

Dieses Beispiel zeigt, wie Geschichte, Gefühl und körperliche Formgebung eine ganzheitliche Bewegung darstellen, die heißt: Halt dich zurück! Reiß dich zusammen! ..., und die konfliktbringende Lebendigkeit unterdrücken.

Es kann sein, daß die Eltern nicht verstanden, wie ein kleines Kind »Ausgreifen« einübt. Sie mißverstanden es als willentliche Unachtsamkeit. Vielleicht konnten sie seine Lust und Neugier nicht aushalten, weil sie diese selbst verloren hatten. In diesem Fall handelt es sich um ein Familienmuster, das in einem leibhaft-emotionalen Dialog an die nächste Generation weitergegeben wird. Möglich wäre es jedoch auch, daß das Verbot an das Geschlecht des Kindes geknüpft ist: Mädchen müssen sich zurückhalten. Sie dürfen nicht so zupacken wie Buben. Dann spiegelt die Erinnerung ein geschlechtsspezifisches Familienmuster wider, das nur für seine weiblichen Mitglieder gilt: Weil ich ein Mädchen bin, darf ich nicht ... So entsteht ein Bewegungsgesetz, welches vom Thema der Geschlechtszugehörigkeit durchformt ist, vielleicht sogar ohne daß diese besondere »Färbung«, die sich auf verschiedenste Situationen bezieht, bewußt wird.

Auf diese Weise bilden sich weibliche Geschichten oder geschlechtsspezifische Färbungen von Geschichten im Zusammenhang mit entsprechenden Körpermustern. Diese haben ihre Wurzeln niemals nur in der familiären Dynamik, wenn sie ihnen auch spezielle Nuancen verleiht. Sie sind auch Ausdruck gesellschaftlicher Geschichten.

Mit den bisherigen Überlegungen ist mindestens *eine* Antwort auf die Frage nach der Hartnäckigkeit überkommener Geschichten möglich: Eine Einsicht bedeutet noch nicht, daß die zugehörigen körperlich-emotionalen Muster aufgelöst sind. Wenn es gelingt, mit ihnen in Kontakt zu kommen, sie aufmerksam und nicht wertend zu erspüren und mit den jeweiligen Erfahrungen in Kindheit und Jugend in Verbindung zu bringen, lassen sie sich zumindest zu einem Teil auch auflösen. Das ist in einem therapeutischen Prozeß möglich, ein Stück weit jedoch auch im täglichen Umgang mit sich selbst.

In diesem Buch möchte ich verkörperten Frauen-Geschichten in den verschiedensten Bereichen nachgehen, um den formbildenden Prozeß in Familie und Gesellschaft deutlich werden zu lassen. Die Beispiele, die ich eingeflochten habe, entstammen Gesprächen mit Frauen und Männern und sind Ausschnitte aus meiner therapeutischen Arbeit. Dabei handelt es sich nicht um klinische Beispiele, sondern um Probleme, die viele Frauen – und Männer – als Mitglieder unserer Gesellschaft haben. Sie zeigen exemplarisch typische verkörperte Geschichten, manchmal auch deren Auflösung, das Gestalten neuer Perspektiven und persönlicher Geschichten, einer *persönlichen leibhaften Form.* Doch sind es immer nur prägnante Ausschnitte aus längeren Prozessen, die zeigen, *wie* sich alte Muster auflösen lassen, *wie* etwas Neues werden und sich formen kann. Wir dürfen dabei nicht vergessen, daß für uns alle die Art, wie wir gelernt haben, uns zu verkörpern, die subjektiv beste Möglichkeit war, mit unseren frühen Erfahrungen umzugehen und spätere einzubeziehen. Das gilt ebenfalls für die Verkörperung als Frau und Mann. Auch wenn wir sie in Frage stellen, auflösen und umgestalten möchten, geht es darum, einen sorgsamen und freundlichen Abschied von ihnen zu finden, um nicht Spalt- und Kampfmuster zu provozieren.

Die familiäre und gesellschaftliche Herkunft unserer verkörperten Geschichten zu kennen ist für den Umgang mit ihnen wichtig. Daß es dabei nicht nur auf Einsichten, sondern auch auf die mit unseren Geschichten verbundenen Gefühle und Körperreaktionen ankommt, die ausgedrückt sein wollen, wurde in den letzten Jahrzehnten immer deutlicher. Dabei halte ich den Übergang zu einer *ganzheitlichen* Auffassung unseres Bewegungsgesetzes für besonders wichtig. Ein neues Paradigma stellt jedoch auch das *formative* Verständnis unseres Wachstumsprozesses dar.[2] Ich möchte es folgendermaßen umschreiben:

Wir formen unser In-der-Welt-Sein von Kindheit an leibhaft, formen uns in Beziehungen und durch sie, formen unsere Beziehung zu uns selbst, zum anderen Geschlecht, zu den eigenen Kindern, zur Gesellschaft. In Wendezeiten und Krisen wird besonders deutlich, daß unsere menschliche Aufgabe auch darin besteht, unser bisheriges Bewegungsgesetz immer wieder umzugestalten und zu spüren, *was werden will.* Dabei kann es sich um eine persönliche Wendezeit handeln oder um eine, die mit dem Übergang von einer Lebensphase zur anderen verbunden ist. In diesem Buch geht es mir jedoch auch um die Wendezeit, in der wir uns als Frauen unserer Gesellschaft und Kultur befinden und die unsere individuellen Wendezeiten umgreift. Sie hat uns hellhöriger und auch wachsamer für die je eigenen Fragestellungen gemacht, ohne sie als nur individuelle Probleme zu verstehen. *Wer bin ich?* ist eine zulässige Frage geworden. Sie läßt sich jedoch nicht im luftleeren Raum angehen, als gäbe es ausschließlich diese »Ich-Frau«, sondern nur vom grundlegenden Bezogensein her, das unser Leben ausmacht. *Wer bin ich?* heißt immer, wer bin ich in Beziehung zu …? Beziehung bedeutet jedoch nicht nur Hingabe, Aufopferung, Erfüllen von Ansprüchen – dies sind bereits typisch weibliche Geschichten –, sondern ebenso Abgrenzung, Zurücknahme, Distanz. Aber sie bedeutet auch nicht *nur* das. Sie ist ein Spektrum von Möglichkeiten, von Übergängen, die geformt sein wollen.

Wenn wir das formative Paradigma ernst nehmen, stellt sich nicht nur die Frage, *warum* wir unser Bewegungsgesetz so und nicht anders gebildet haben, sondern auch diejenige, *wie* wir es in der konkreten Situation formen und was jetzt neu Form gewinnen will. Es war vor allem der amerikanische Psychotherapeut Stanley Keleman, der uns diese »Wie-Frage« in seinen Seminaren unermüdlich und provozierend gestellt hat. Jemand sagt: »Ich habe Angst.« Die Gegenfrage lautet: »Wie formst du deine Angst leibhaft?« Das war zunächst eine ungewohnte Frage. Wir sind geneigt zu denken: »Ich habe doch einfach Angst. Es ist ein Gefühl. Es überfällt mich.« Doch dieses »Es« gibt es nicht – ich bin es selbst. Wir mögen hinzufügen: »Ich kann doch nichts dafür!«, und damit kommt bereits eine Geschichte ins Spiel: Wenn ich mein Gefühl »forme« oder »mache«, bin ich daran schuld. Doch um Schuld geht es nicht, sondern um »Urheberschaft«. Bezugspersonen mögen mein Angstmuster provoziert haben, aber *ich* forme es – jetzt. Diese Einsicht allein hilft nicht viel weiter, wohl aber die Frage, *wie* ich es forme.

Stanley Keleman hat eine Methode entwickelt, die es möglich macht, dieses »Wie« zu erspüren. Da ich mich im folgenden öfter auf diese Methode beziehe, möchte ich sie kurz beschreiben:[3] Wir können versuchen, mit einem Muster, das wir wahrnehmen, Kontakt aufzunehmen. »Ich habe Angst« ist eine Feststellung. Die Frage: Wie forme ich meine Angst? bedeutet zunächst, sich auf die leibhafte Ebene einzulassen: Wie mache ich meine Angst körperlich? Vielleicht spüre ich, wie ich die Schultern hochziehe und meinen Brustkorb dabei einsinken lasse, den Atem verringere et cetera. Häufig werden dabei das eigene »Machen« und die Auswirkung nicht so deutlich. Zudem versuchen wir meist, die Angst sofort zu verringern, gegen sie zu »kämpfen«. Keleman bietet das Gegenteil an: dieses Angstmuster körperlich in kleinen Schritten zu verstärken, um es zu »dramatisieren«, deutlicher hervortreten zu lassen. Nur wenn wir erspüren, *wie* wir beispielsweise das eigene Angstmuster aufbauen, können wir es auch wieder auflösen. Dieser Prozeß läßt sich folgendermaßen darstellen:

1. Was mache ich?
2. und 3. Wie mache ich es?
2. Stufenweises Verstärken des wahrgenommenen Musters (in drei Stufen)
3. Stufenweises Auflösen des wahrgenommenen Musters (in drei Stufen)
4. Was geschieht, wenn ich aufhöre, es zu tun? Was will werden?
5. Wie benütze ich das, was ich gelernt habe, konkret in meinem Leben, in meinem Alltag?

Das Auflösen eines Musters bedeutet also, daß wir an einem anderen »Ort« ankommen, als wir vor dem Beginn des Prozesses waren. Das Entscheidende ist, jetzt im Zustand von möglichst wenig Form zu bleiben. Das ist die eigentliche Phase des Übergangs. Es handelt sich bei diesem Prozeß zwar darum, den Organismus etwas zu lehren, aber es ist nicht einfach eine Umkonditionierung. Vielmehr geht es in der Phase des Übergangs darum zuzulassen, was jetzt geschehen will. Es ist ein Zustand jenseits des nur »Machbaren«. Viele Menschen haben Mühe, dabei zu bleiben, zu warten und achtsam zu erspüren, was jetzt werden will. Es ist eine schöpferische Pause, eine Art »Schwangerschaft«. Es tauchen Bilder, Impulse aus dem Unbewußten auf, die sich dem bemächtigenden Zugriff entziehen und einfach aufgenommen werden wollen, damit sich etwas Neues formen kann. Machen und Geschehenlassen bilden eine paradoxe Einheit. Doch auf diese Weise läßt sich eine neue Form einüben, sonst bleibt es höchstens bei einem aufregenden – und wirkungslosen – Erlebnis. Zahlreiche Beispiele dieses Buches werden das Gesagte weiter verdeutlichen, und das heißt auch: verleiblichen.

Die Frage, wie wir unsere jeweiligen Muster verkörpern, läßt sich auch auf das Thema weiblicher und männlicher Formgebung anwenden. Die zentrale Frage lautet hier: Wie verkörpere ich mich als Frau, als Mann? Ich möchte einen möglichen Prozeß zusammenfassen:

Menschen beiderlei Geschlechts verbinden mit der *Verkörperung* von »weiblich« oder »männlich« entsprechende überkommene Geschichten, die in den *Prozeß der Umformung* einbezogen werden müssen. Es gibt eine große Anzahl von Geschichten, welche in unserer männlichen Gesellschaft in spezifischer Weise die Lebensgestaltung von Frauen und Männern bestimmten – wenn auch mit je individuellen Akzenten. Die Chance für Emanzipation besteht in der kritischen Distanzierung von diesen Geschichten – oder, noch pointierter, darin, daß sie überhaupt als *Geschichten* und nicht mehr als Gegebenheiten behandelt werden. Ein Beispiel: Solange ich mir erzähle, meine geistigen Interessen seien männliche Tendenzen in mir, solange enteigne ich mich als Frau. Erst wenn ich merke, *daß* es sich um eine Geschichte handelt, kann ich wahrnehmen, daß ich ein Spaltmuster verkörpere, mit dem ich mich um meine eigene Potenz bringe. Der zweite Schritt besteht darin, diese verkörperten Geschichten aufzulösen, um dadurch Raum für den Entwurf einer neuen Geschichte zu gewinnen. Das kann etwa heißen: Meine geistige Potenz oder mein Bedürfnis nach kultureller Wirkmächtigkeit ist *nicht* Ausdruck von Männlichkeit in mir, psychologisch gesprochen nicht Ausdruck des Penisneides oder des männlichen Protestes. Den dritten Schritt sehe ich darin, eine neue und persönliche Geschichte zu entwerfen und leibhaft zu formen. Ich kann wirkmächtig sein. Ich wage es auszugreifen, muß mich nicht zurückhalten. Diese persönliche Geschichte ist jedoch ihrerseits Ausdruck einer neuen weiblichen Perspektive: Meine geistige Potenz ist ein Aspekt meiner selbst – als Frau. Dies bedeutet Aneignung und Legitimation einer bisher unterdrückten Möglichkeit von weiblicher Selbst- und Weltgestaltung.

Zum ersten Mal in unserer Geschichte haben wir heute die Möglichkeit, eine *persönliche* Geschichte zu verkörpern, eine Geschichte also, welche die emanzipatorischen Perspektiven als Rahmen für das eigene Gestaltungsvermögen versteht. Es ist ein wichtiges Kennzeichen unserer emanzipatorischen Übergangszeit, daß neue Perspektiven immer wieder als neue *Normen* mißverstanden werden. Diesem normativen Verständnis von Emanzipation möchte ich wieder das formative entgegensetzen.

Die folgende Grafik zeigt den möglichen formativen Prozeß nochmals im Überblick:

1. Schritt: Wahrnehmen der überkommenen Geschichten *als* Geschichten.
   ↓
   Erspüren des damit verbundenen spezifischen körperlich-emotionalen Musters
2. und 3. Schritt: Verstärken und Auflösen des mit der entsprechenden Geschichte verbundenen Musters
4. Schritt: Innehalten: Bilden *und* Wachsenlassen von neuen Perspektiven
5. Schritt: Verkörperung einer je persönlichen Geschichte im Horizont emanzipatorischer Perspektiven[4]

So gesehen, können wir uns auch als Frauen nicht über die bestehende gesellschaftliche Realität hinwegsetzen und schmerzhafte Reibeflächen vermeiden. Die Anfechtung bleibt: Wie können wir heil sein in einer unheilen Welt? Auch die Psychologie darf kein

Heils- und Erlösungsversprechen abgeben. Als Psychologin kann ich individuelle Prozesse in einen gesellschaftlichen Zusammenhang stellen, kann fragen, wie Frauen sich leibhaft auf die gesellschaftliche Realität in ihren verschiedenen Ausprägungen beziehen können. Doch letztlich bleibt der Weg eine Utopie, ein Gang ins Weglose, den wir auch als Frauen nicht im Alleingang bewältigen können.

Je tiefer und konsequenter wir die durch unsere Kultur und Gesellschaft hervorgebrachten Unterschiede zwischen männlichem und weiblichem Bewegungsgesetz ausloten, desto deutlicher wird die versehrende gegenseitige Verstrickung und Abhängigkeit. Doch auch eine Umkehrung wird sichtbar: Je ganzheitlicher wir uns auf Emanzipation einlassen, desto klarer kommt das existentielle Verwiesensein der Geschlechter aufeinander in den Blick. In einem endgültigen Sinn ist das Verbindende größer als das, was uns trennt – auch wenn es zur Sprache kommen *muß*. Es geht heute für alle um das Bewahren und Schützen des Lebens, des Lebendigen in und um uns. Das Verständnis von Emanzipation als Befreiung aus Rollenzwängen greift auf Dauer zu kurz. Es geht vor allem um eine Befreiung aus verkörperten Mustern, die das Lebendige bei *beiden* Geschlechtern schmälern und beeinträchtigen. Lebendig sein und Überleben fallen heute zusammen. Wir können nicht überleben, ohne lebendig zu sein. Jene Ohnmacht, welche die Kehrseite der Allmacht darstellt, führt wie diese in Ver-nichtung, und zwar in einem totalen Sinn. Und das ist eine andere Dynamik als diejenige des »Stirb und Werde«, die mit Wendezeit und Wandlung verbunden ist. Die Emanzipation der Frauen – und schließlich auch der Männer – kann vielleicht ein not-wendender Schritt sein, wenn er nicht auf die Privatsphäre einiger weniger oder den Raum der Psychotherapie beschränkt bleibt. Das ist meine Anfechtung und auch meine Hoffnung als Therapeutin und als Frau. *Ich bin die Frau, die ich bin* – das ist keine Fest-Stellung allein, es ist vorerst und vor allem eine lebendige Frage-Stellung.

1 Wege zu einer lebendigen Identität als Frau – überkommene Geschichten und neue Perspektiven

Der Körper als Objekt oder: Ich bin ein lebendiger Prozeß

Wenn wir vom »Körper« sprechen, glauben wir meist, auf sicherem Boden zu stehen. Wir meinen zu wissen, wovon wir reden. Schließlich hat ja jeder Mensch einen Körper. Und auch die Wissenschaft bewegt sich auf solidem Terrain. Ist das wirklich so? Oder beginnen hier bereits Geschichten, die wir gewohnt sind, uns zu erzählen?

»Ich habe einen Körper« – *überkommene Geschichten und ihre Bedeutung*

Bereits in der Antike wurde der Körper als »Sarg der Seele« aufgefaßt, und erst die Befreiung vom »Gefängnis Körper« konnte der Seele zu voller Entfaltung verhelfen. Damit erfassen wir eine »Körpergeschichte«, ja ein Grundmuster oder Paradigma, das lange weiterwirkte und den Körper als lästige und hemmende Fessel beschreibt. Vor allem die jüdisch-christliche Tradition akzentuiert das Verhältnis von Körper und Seele als eine wertende Oben-Unten-Geschichte. Alles Instinkthafte wird als »tierisch« diffamiert, die »Natur« muß überwunden werden, um zum »Geistigen« zu gelangen. Durch diese Spaltung wurde ein Kampfmuster eingeführt, das für das einzelne Individuum aber auch für die ganze Kultur bestimmend wurde. Asketisches, bis zur Selbstkasteiung gehendes Leben und »Hinabstilisierung« des Fleischlichen zu Laster und Ausschweifung sind die Kehrseiten desselben Phänomens, das etwa in den mittelalterlichen – mit genußvoller Phantasie gemalten – Höllendarstellungen zum Ausdruck kommt, neben denen sich die Darstellungen der himmlischen Freuden oft seltsam blaß und langweilig ausnehmen. Der Mensch erlebte sich als ein zwischen Himmel und Hölle, zwischen Körperlichkeit und Geistigkeit zerrissenes Wesen. Der Körper mit seinen Trieben – wobei vor allem Sexualität gemeint war – erschien wie ein wildes Tier, das in Bann gehalten werden mußte. Diese Spannung konnte vermindert werden, indem der »sündige Teil« des Menschen auf das »Weib« projiziert wurde, auf die den Mann verführende Eva. So wurde es möglich, den Kampf aus dem eigenen Inneren nach außen zu verlegen, wie die Kirchengeschichte uns eindrücklich zeigt. Dabei wurde allerdings die Frau in dieselbe Spaltung hineingerissen. Sie war Eva oder Maria, Heilige oder Hure. So entstand eine pointierte männliche Spalt-Geschichte über Frauen, die ihnen die eigene Zerrissenheit aufbürdete und bei Menschen beiderlei Geschlechts bis heute nachwirkt.[1] Diese aufspaltende Geschichte läßt sich freilich auch umkehren, indem der Körper als das Natürliche verherrlicht wird. Nicht mehr der Geist ist das Bedeutsame, sondern das Untere, die »Erde«, die »Natur«. Hierbei handelt es sich allerdings um dieselbe Geschichte, nur mit anderen Vorzeichen.

Eine andere Variante besteht darin, »Ich« und »Körper« aufzuspalten. Alan Watts, der fernöstlichem Denken verpflichtete englische Philosoph, stellte diese Geschichte folgendermaßen dar:

»Die meisten Menschen im Westen lokalisieren ihr Ego in ihrem Kopf. Du befindest dich irgendwo zwischen deinen Augen und deinen Ohren, und alles übrige baumelt an diesem Bezugspunkt! Dies ist anders in anderen Kulturen. Wenn Japaner oder Chinesen ihr eigenes Zentrum lokalisieren wollen, zeigen sie auf ihre Herzgegend. Einige Menschen empfinden ihr Ich auch im Sonnengeflecht. Aber wir im Westen empfinden uns selbst im allgemeinen mitten in unserem Kopf, als ob unter der Schädeldecke ein winziges Kontrollzentrum eingerichtet wäre. Wir haben wahrhaftig die Vorstellung, wir seien ein winzig kleines Menschlein, das mitten in unserem Kopf sitzt, mit Kopfhörern, um die Meldungen von den Ohren aufnehmen zu können, vor einem Fernsehschirm, der die Meldungen der Augen vermittelt, umgarnt mit Elektroden, die Empfindungen von der Haut heranleiten, und über ein Schaltpult mit Knöpfen, Zeigern und Hebeln gebeugt, mittels derer der Körper mehr oder weniger unter Kontrolle gehalten werden kann. Das Ich-Menschlein ist nicht mein Körper, denn ich bin ja Herr über die Handlungen des Körpers, die ich als willkürlich ansehe. Gewiß, die sogenannten unwillkürlichen Aktivitäten des Körpers stoßen mir zu, und ich werde von ihnen getrieben, aber bis zu einem gewissen Grad kann ich meinen Körper beherrschen. Dies ist, glaube ich, die im Westen übliche Auffassung vom Selbst.«[2]

Wir identifizieren uns in unserer Kultur vor allem mit der »Steuerungszentrale«, mit dem »Kopf«, an den der Körper angehängt ist.

Auf diese Weise entstehen dann auch Entgegensetzungen wie Kopf und Herz oder Kopf und Bauch. Auch in unseren überkommenen Geschichten werden der »Steuerungszentrale« Kontrolle und Macht zugeschrieben: »Das Ich neigt dazu, den übrigen Organismus so zu betrachten wie der Chauffeur seinen Wagen.«[3]

Unsere Körpergeschichten können also – aufgrund des überkommenen Spalt-Modells – verschieden akzentuiert sein. Sie lassen sich in »Kerngeschichten« kristallisieren, die etwa lauten könnten: Der Körper ist das Untere, das durch den Geist in Schach gehalten und kontrolliert werden muß. – Er ist das Triebhafte, das mich zu überfallen droht. – Mein Körper ist Natur, die ich ausleben muß. – Mein Körper ist mein Besitz. Er muß funktionieren. – Ich kann meinem Körper nicht trauen, er ist mein Feind. – Ich darf meinen Kopf nicht verlieren, sonst bin ich ausgeliefert. – Nur was aus dem Bauch kommt, ist wahr. Der Kopf ist bedeutungslos.

Die Verkörperung unserer Beziehung zum Körper

Wenn wir uns bisher mit unseren kulturellen Spalt-Geschichten befaßt haben, die wir auch als Individuen mit uns tragen, so können wir davon ausgehen, daß es sich dabei um *leibhafte* Geschichten handelt: Wir verkörpern unsere Geschichte über den Körper – so paradox dies auch klingen mag. Wir verkörpern unsere Abspaltung vom Körper, wir verkörpern seine Unterdrückung, wir verkörpern das Kampfmuster zwischen »Ich« und »Körper«, sein statisches Objektsein, wenn es uns auch nie absolut gelingt.

Im folgenden möchte ich versuchen, die Verkörperung überkommener Geschichten anhand von Beispielen darzustellen. Sie stellen eine Verbindung von kulturellen, gesellschaftlichen und familiären Erfahrungen dar und bringen eine individuelle Antwort zum Ausdruck. Gleichzeitig sollen Perspektiven angedeutet werden, die sich durch die Auflösung bisheriger Geschichten ergeben können.

In einem ersten Beispiel geht es um eine in unserer Kultur übliche Geschichte der Herrschaft über den eigenen Körper. Sie wurde in einer bestimmten familiären Situation aufgebaut und als subjektiv beste Möglichkeit zum Überleben »gewählt«. Ein etwa fünfundvierzigjähriger Mann kam zu mir und erzählte mir seine »Herrschaftsgeschichte«:

»Ich habe meinen Körper immer abgehärtet, habe stets in eiskaltem Wasser gebadet, viel Sport getrieben und bin immer über die Grenzen meiner Erschöpfung hinausgegangen. Eigentlich gab es gar keine Grenzen mehr. ›Weitergehen!‹ befahl ich mir stets – und es ging. Mein Wille war stärker als mein Körper. – Es war eine unendliche Genugtuung dabei, meinen Körper immer wieder zu besiegen. Ich machte die verrücktesten Dinge, aber der Sieg war mir gewiß. Ich erledigte die Arbeit von mindestens zwei Leuten. Ja – und dann hatte ich diesen Herzinfarkt … Jetzt ist alles anders! Mein Körper hat mich hinterrücks angefallen. Er hat mich verraten. Ich habe immer wieder denselben verrückten Gedanken: Ich möchte meinen Körper für seinen Ungehorsam bestrafen. Doch ich bin an ihn gekettet. Ich bin von ihm abhängig – und das ertrage ich nicht. Wenn ich wenigstens tot wäre – dann müßte ich diese Niederlage nicht erleben.«

In dieser Geschichte wird das Kampfmuster auf Leben und Tod erschütternd sichtbar. Der Mann sieht seine Geschichte vom »Sieg des Willens« widerlegt. Die Geschichte kehrt sich um: Der Körper ist Sieger über seinen Willen. Noch hat der Mann den Kampf nicht aufgegeben. Er sinnt auf Rache. Er kann aus der Erfahrung, daß er und sein Körper miteinander verbunden sind, noch keine neue Geschichte formen.

Den Hintergrund dieser Geschichte bildet eine traumatische Kindheitserfahrung: Der Vater war ein passionierter Bergsteiger gewesen. Einmal nahm er seinen zehnjährigen Buben mit auf eine Bergtour. An einer schwierigen Stelle tat der Vater einen Fehltritt und stürzte vor den Augen des Sohnes in die Tiefe. Da der Junge seinen Vater sehr bewundert und geliebt hatte, wollte er ihm nacheifern. »Nach dem Tod meines Vaters fühlte ich mich schuldig. Immer sagte ich mir: ›Wenn ich stärker gewesen wäre, hätte ich ihn retten können.‹ Das stimmte natürlich nicht, aber ich schwor mir, möglichst bald groß und stark zu werden. Mein Vater hatte mir immer gesagt: ›Du mußt deinen Körper abrichten wie einen gut dressierten Hund, dann kann dir nichts geschehen.‹ Irgendwie glaube ich das immer noch, obwohl mein Vater zu Tode gestürzt ist und ich krank geworden bin … Mein Vater war ein Held – und ich habe nur eine jämmerliche Krankheit …«

Schon als kleiner Junge hatte dieser Mann die Geschichte seines Vaters über den Körper in sich aufgenommen und verkörpert. Nach dem Tod intensivierte er sie noch, einerseits um das Bild des Vaters aufrechtzuerhalten, andererseits hatte er damit angesichts des furchtbaren Verlustes einen Ausweg gefunden. Erst als er im Laufe der Therapie lernte, die Verkörperung seines Unterdrückungsmusters aufzulösen, kam er mit seinem Schmerz und seiner Todesangst in Berührung und mit dem tiefen Schock, der mit dem Todessturz des Vaters verbunden war. Eine lange Phase des Aufbäumens, Haderns, aber auch der Trauer und des Abschieds vom Vater setzte ein. Doch dann ging es auch um die Dimension des Schicksals, die mit seiner Körpergeschichte eng verbunden war. Allmählich gelang es dem Mann, das Kampfmuster mit seinem Körper aufzulösen und die Ent-Täuschung zu wagen. In der Unterdrückung seines Körpers glaubte der Mann unbewußt, über die Endlichkeit herrschen zu können. Jetzt aber erlebte er sich als endlich und vergänglich, als verletzbar, und es wurde ihm deutlich, daß er seine Geschichte auch als Machtmuster eingesetzt hatte. Im Lösen dieser Muster begann er, seinen Körper anders wahrzunehmen, spürte allmählich die pulsierende Bewegung, die er als seine eigene Lebendigkeit erfuhr. Am Ende sagte er einmal: »Ich wußte immer so genau, was mein Körper war, nämlich ein Gegenstand, über den ich Macht hatte. Jetzt ist es anders. Da bin ich. Und ›ich‹ – das ist ein Ganzes, eine Art Regenbogen, in dem Körperliches, Seelisches und Geistiges Färbungen darstellen. Ja, ich bin ein Regenbogen«, sagte er lachend.

Während der Arbeit mit diesem Mann kam ich in intensiven Kontakt mit eigenen Geschichten. Ich dachte an meine Mutter, die eine sehr beherrschte Frau gewesen und stolz darauf war, wie gut sie auch furchtbare körperliche Schmerzen ertragen konnte. Als sie nach meiner Geburt dem Tode nahe war, sagte ihr mein Vater, daß die Ärzte sie aufgegeben hätten. Diese Nachricht stürzte sie in einen so tiefen Abgrund, daß sie mir das Versprechen abnahm, ihr nie zu sagen, wenn sie wieder dem Tode nahe sein würde. Ich habe dieses Versprechen gehalten, als ich erfuhr, daß sie Krebs hatte. Es berührte mich, daß diese so beherrschte Frau die Begegnung mit dem Tod nicht auszuhalten vermochte. Als ihre Krankheit fortgeschritten war und die Kraft zur Aufrechterhaltung der Muster nachließ, sah ich, daß meine Mutter verstanden hatte – und sie mußte keinen »beherrschten Tod« sterben.

Damals erinnerte ich mich auch, wie meine Mutter ihre eigene Ärztin schilderte, die meine Geburt betreut hatte. Diese Frau war als Deutsche Lazarettärztin gewesen, eine aufgrund dieser Erfahrungen gegen sich und ihre Patientinnen harte und unerbittliche Frau. Bewundernd erzählte meine Mutter von deren Tod: Als sie spürte, daß sie sterben müsse, preßte sie ihre Zähne fest aufeinander. Sie wollte nicht, daß ihr der Kiefer im Sterben herunterfalle. Und so starb sie. Mit entschlossen zusammengebissenen Zähnen, die sich auch im Tode nicht lösten.

Bei dieser Erzählung über die Frau, die selbst den Tod besiegen könne, erfaßte mich schon als Kind jedesmal ein Grauen. Ich wollte das niemals, und doch haftete dem »Willen« ein schillernder Glanz an. Ich entwickelte eine Geschichte, die hieß: »Ich bin unbeherrscht und muß mich durch meinen Willen beherrschen.« So formte ich ein Kampfmuster zwischen »mich zusammenreißen« und »die Beherrschung verlieren« und hatte in meiner Jugend lange eine Haßliebe zum »Willen«.

Doch lebte noch eine andere Geschichte in mir, die mir mein Vater – ein sehr sinnenfreudiger Mann – vermittelt hatte. Er genoß das Leben, liebte es und pflegte seinen Körper sorgfältig bis ins hohe Alter. So war mein Körper nie allein mein Untertan, den ich zu beherrschen hatte, sondern auch meine Freundin, der ich vertraute. Freilich pendelte ich früher oft hin und her zwischen Beherrschung und Befreundung mit meinem Körper – aber ein zu Bekämpfendes war er mir nie. Als ich dann Kinder bekam, erlebte ich, wie tief mein Vertrauen in meine »Körper-Freundin« geworden war. Das Körpererleben, das zum Lebenskontinuum der Frau gehört, hat mich deshalb auch hellhörig für die spaltenden, kämpferischen und machtbesetzten Körpermuster unserer Kultur und Gesellschaft in ihren individuellen Verkörperungen gemacht. Und ich habe gelernt, daß ihre Auflösung den Kontakt mit der Endlichkeit und Verletzlichkeit, aber auch mit der eigenen Lebendigkeit und Kraft bringt.

Doch gerade der Kontakt mit dem eigenen Pulsieren kann auch beunruhigend, ja angsterregend sein. So kam eine Frau zu mir, die als jüngstes Kind der Familie den anderen zeigen wollte, daß sie »auch jemand« sei. Sie versteifte sich, bis sie ihren Körper kaum mehr spüren konnte. Einmal machte ich mit ihr eine ganze Stunde lang nur Atemübungen im Liegen und legte meine Hände auf ihren Körper, um ihr zu helfen, ihre innere Bewegung wahrzunehmen und zu vertiefen. Am Ende der Stunde sagte sie zu mir: »Jetzt spüre ich mich wieder. Es ist mir, als sei ich ganz geworden, eins von oben bis unten, als sei ich luftig und doch fest.« Als sie wiederkam, sagte sie, sie habe sich einige Tage lebendiger gefühlt, ohne ihre üblichen Ängste. Ich bat sie nun, sich hinzustellen und das Muster ihres »Starkseins« zu erspüren. Sie vermochte es jedoch nicht aufzulösen. Um ihr weiterzuhelfen, machte ich eine Körperübung mit ihr. Nach der Übung stand sie da, die Füße parallel, die Knie nicht ganz durchgestreckt. Die Beine vibrierten. Ich fragte sie, wie sie sich dabei fühle. »Es ist mir unangenehm. Ich fühle mich schwach, weil meine Beine zittern. Ich möchte dieses Zittern anhalten. Mit durchgedrückten Knien stehe ich fester. Dann bin ich stark.« Ich bat sie, die Knie wieder zu versteifen, dann wieder zu lösen, langsam hin und her. Anschließend äußerte sie: »Ich spüre mich intensiver, wenn die Knie locker sind, aber es ist mir fremd. Das bin gar nicht ich. Ich weiß nicht, was ich mit mir anfangen soll.«

Das ist eine für diese Situation typische Erfahrung. Die Frau hatte sich mit ihrem versteiften Stand identifiziert. Dazu gehört eine entsprechende Geschichte: »Stärke bedeutet Unbeweglichkeit. Beweglichkeit ist Ausdruck von Schwäche.« So mußte sie zunächst ihre Lebendigkeit als Schwäche verstehen und ihr deshalb mißtrauen. Das Auflösen des Musters brachte ihr eine neue Selbstwahrnehmung. Doch dieses Neue erschien ihr – wie den meisten Menschen – zunächst als etwas Fremdes und Künstliches, als etwas nicht zu ihr Gehörendes, das sie überfiel und etwas mit ihr machte. Sie erzählte sich also zu dieser Erfahrung noch die alte Geschichte: »Ich muß stark und unbeweglich sein, und jetzt hat sich in meinem Körper etwas selbständig gemacht und sich aus meiner Kontrolle begeben.«

Es brauchte eine gewisse Zeit, bis die Frau diese Geschichte aufzulösen vermochte. Sie lernte langsam, wie sie ein Spektrum von mehr Spannung zu weniger Spannung gestalten konnte. Sie erlebte sich dadurch nicht mehr als »Überfallene«, sondern als Geformte *und* Formende zugleich. Und sie erfuhr den inneren pulsierenden Rhythmus als ihre eigene Kraft, als eine Bewegung, die sie selber war. Damit schwand auch das Mißtrauen gegen ihren Körper. Sie mußte sich nicht länger im Gegensatz zu ihm sehen.

Es ist ein aufregendes, zunächst auch beängstigendes und befremdendes Erlebnis, mit der eigenen Lebendigkeit und Bewegung in

Kontakt zu kommen. Ich erinnere mich an einen Mann, der gewohnt war, sich gegen seine Bewegung zu versteifen. Ich machte mit ihm verschiedene Übungen. Als er anschließend dastand, begann er am ganzen Körper zu vibrieren. Er vibrierte so stark, daß er seinen Stand verlor und dann versuchte, dieses Vibrieren zum Stillstand zu bringen, indem er sich erneut ganz versteifte. Ich regte ihn daraufhin an, ganz langsam etwas mehr Spannung in seinen Körper zu bringen, ohne wieder ins alte Extrem zu gehen. »Jetzt ist es gut«, sagte er unvermittelt, »so kann ich die Bewegung zulassen und doch fest stehen.« Er hatte damit erstmals eine Balance zwischen Formlosigkeit und Verhärtung gefunden.

Wie wir unseren Körper verkörpern und ihn in Beziehung oder Abgrenzung zum »anderen« – Seele, Geist, Gefühle – setzen, bestimmt auch unsere Identität und welche Geschichten wir uns dazu erzählen. – Wir können versuchen, unseren Körper und damit auch unsere Lebendigkeit zu kontrollieren und weitgehend einzuschränken. Wir mögen uns damit vor dem Versacken oder vor dem Übermannt-werden (!) durch unsere Erregung schützen. Es ist auf jeden Fall eine Geschichte von Gegensätzen und Spaltungen, oft verbunden mit einem Kampf- oder Spaltmuster. Diese Geschichten lassen sich in dem Satz zusammenfassen: »Ich *habe* einen Körper.« Versuchen Sie einmal, sich diesen Satz zu sagen und dabei zu spüren, wie Sie ihn verkörpern. Viele Menschen merken, wie sie sich dabei zusammenziehen, versteifen oder verhärten. Sie können jetzt versuchen, sich den Satz zu sagen: »Ich bin mein Körper.« Die Resonanz wird sehr verschieden sein. Geschichten tauchen auf, die eine Identifikation mit dem eigenen Körper gar nicht zulassen. »Der Körper ist Materie«, sagen Sie vielleicht oder: »Der Körper ist die niedrigste Stufe des Menschseins«. Vielleicht spüren Sie aber auch, daß der Begriff »Körper« hier ungeeignet ist, weil er von den trennenden und statischen Vorstellungen besetzt ist. An diesem Punkt wird klar, daß auch unsere Sprache von den kulturellen Spaltgeschichten geprägt ist. Wir können deshalb nur versuchen, uns auch sprachlich an eine mögliche neue Geschichte heranzutasten.[4]

Der Mensch ist ein ganzheitliches Wesen, setze ich jetzt als anthropologische Aussage vor eine weitere mögliche Formulierung. Ich kann dafür den Begriff »Form« oder »Gestalt« setzen, also: »Ich bin eine Gestalt oder Form.« Hier entfallen die Aufspaltungen. Verdeutlichend möchte ich sagen: »Ich bin eine lebendige Form«, und das bedeutet »verlangsamte Bewegung«.[5]

Damit haben wir eine ganzheitlich-dynamische Geschichte. Ich kann nun dafür das Wort »Prozeß« einsetzen. Ein Prozeß läßt sich niemals besitzen oder zu einer statischen Größe verfestigen, ohne daß wir ihn zerstören. Vielleicht sind wir zunächst bereit, dem Satz zuzustimmen: »Ich bin *in* einem Prozeß.« Hier läßt sich nach altgewohntem Trennungsmuster das Ich immer noch heraushalten. Darum schlage ich die folgende Formulierung vor: »Ich bin ein lebendiger Prozeß.« Hier enden die überkommenen Geschichten mit ihren Spaltungen und Objektivierungen, mit ihren Bemächtigungen.

Versuchen Sie, sich innerlich diesen Satz zu sagen: »Ich bin ein lebendiger Prozeß, eine lebendige Form«. Dabei können Sie Ihre innere Resonanz, die Verkörperung dieses Satzes, erspüren.

Der Satz, dem der Aspekt der Ganzheitlichkeit zugrunde liegt, stellt zudem eine Beziehungsqualität dar, denn jedes Lebendige bildet eine Gestalt für sich und ist gleichzeitig Teil eines größeren Ganzen. Wenn wir eine Gestalt stören, stören wir das Ganze, wie wir aus dem Umgang mit der Natur schmerzlich lernen. Auch eine eigene Erfahrung mag diesen Zusammenhang verdeutlichen:

Als ich eines Abends im Bett lag und mich meditierend auf meinen Körper einstellte, spürte ich zunächst meinen Herzschlag intensiver als sonst. Ich nahm die pulsierende Bewegung wahr, die sich allmählich auf meinen ganzen Körper ausbreitete. Ich staunte über dieses intensive, lebendige Pulsieren, das in meinem Körper war. Und ich bemerkte die Geschichte, die in meinem Körper auftauchen wollte: »Es ist die Bewegung *in* meinem Körper«, so, als gäbe es einen Behälter, in dem etwas stattfindet, getrennt von mir. »Diese Bewegung ist mein Körper«, sagte ich mir. Dabei wurde die Bewegung nochmals stärker. Sie war mir unheimlich, und wieder wollte ich mich von ihr trennen, indem ich mich unwillkürlich etwas zusammenzog. Als ich dann das Zusammenziehen verstärkte und anschließend wieder langsam löste, ging das Klopfen in eine wellenartige, strömende Bewegung über. Ich lag da, und ich war sie selbst, diese Bewegung. Schließlich empfand ich die Wellen als Teil eines großen Rhythmus, dem ich angehörte. So lag ich lange und schlief dann ein.

Die Frage, was »Lebendigkeit« bedeute, ist bisher noch offengeblieben. Ich möchte deshalb jetzt versuchen, den Aspekt von Lebendigkeit darzustellen:[6] Die Bewegung alles Lebendigen folgt einem Grundrhythmus von Expansion und Kontraktion, von Aus und Ein, Auf und Ab. Diesem Rhythmus begegnen wir schon auf der zellularen Ebene. Jede Zelle zieht sich zusammen und dehnt sich wieder aus. Dasselbe Bewegungsmuster von Kontraktion und Expansion findet sich auch auf den komplexeren Ebenen der organismischen Struktur, etwa in der Bewegung des Verdauungstraktes, in der Herztätigkeit, in der Atmung etcetera. Unsere ganzheitliche Lebensgestalt zeigt diesen Rhythmus. Es ist der Rhythmus des Pulsierens, der, wenn er in kurzen Abständen erfolgt, zum Strömen wird. Wichtig für uns ist, wie wir mit unserem Pulsieren in Kontakt sind. Wie die bisherigen Beispiele deutlich machen, erleben wir die Erfahrung unserer Lebendigkeit sehr verschieden – als stärkend, beängstigend, überflutend, überwältigend. Und damit sind immer auch entsprechende Geschichten verbunden. Ich möchte dazu ein Beispiel geben:

In einem Workshop machte ich mit den Teilnehmern eine Beckenübung, deren Dynamik mit dem Atem verbunden war. Eine Teilnehmerin sagte anschließend: »Ich kann Bewegung und Atem nicht miteinander verbinden. Die Bewegungen sind wie gemacht.« Sie erlebte die Bewegungen nicht als von innen kommend, sondern als von außen »aufgesetzt«. Sie malte ein Bild und sagte dazu: »Innen spürte ich ein lebendiges Feuer. Es ist mit dem Atem verbunden. Aber es kommt nicht nach außen. Deshalb ist der Außenbereich kühl und blau.« Im Zusammenhang mit ihrem Bild kamen der Frau Erinnerungen aus ihrer Kindheit in den Sinn: »Ich war ein liebes, braves Kind. Meine Mutter mußte viel an Sitzungen teilnehmen. Da nahm sie mich immer mit. Ich sehe mich zwischen den Tischbeinen liegen – ganz ruhig, bewegungslos. Mir ist deutlich geworden, daß ich all meine inneren Impulse zurückgehalten habe, bis ich keine mehr spürte.« Sie hatte also gelernt, sich »stillzulegen«, ihr lebendiges Pulsieren auf ein Minimum zu verringern. Im Laufe des Gespräches sagte die junge Frau: »Früher hätte ich es umgekehrt gezeichnet: Hände und Füße und den Kopf heiß – im Innern nichts. Ich habe mich ständig bewegt, Ballett gemacht et cetera, und hatte das Gefühl, dadurch lebendig zu sein.« Es wurde jedoch deutlich, daß sie diese Bewegungen »gemacht« hatte, in einer mechanischen

Perfektion. Sie entstammten nicht ihrem inneren, pulsierenden Rhythmus. Jetzt hatte eine Wandlung begonnen: Sie kam in Kontakt mit ihrem inneren Feuer, ihrer Lebendigkeit und nahm dadurch das Aufgesetzte erlernter Bewegungen wahr. Noch war es ihr nicht möglich, das Lebendige über den ganzen Körper auszubreiten, doch sie begann, ihr Feuer zu spüren.

Die Geschichte »Ich bin ein lebendiger Prozeß« hat eine weitere Dimension. Mit der Grundbewegung des Pulsierens formen wir alle Ebenen unserer Gestalt, vom zellularen Pulsieren über Erregung und Sammlung bis hin zur Gestaltung unseres Lebensflusses in ständigem »Stirb und Werde«, in Begrenzung und Entgrenzung. Oder noch allgemeiner gesprochen: Individualität und Verbundenheit sind Pole menschlicher Gestaltung:

»Jeder Organismus durchläuft bestimmte Stadien. Das Leben gerät von einem Stadium universalen Einsseins über ein Stadium der Expansion in ein Stadium, in dem Grenzen zur Bewahrung von Energie errichtet werden, und von da aus in ein Stadium, in dem Grenzen wieder eingerissen werden und die Energie wieder in das universale Sammelbecken zurückfließt. Dies ist der Tod, symbolisch oder real. Unsere Selbsterkenntnis schafft Grenzen, die uns definieren. Sie sind der Behälter für unsere Energie. Aber wenn wir handeln oder die Welt an uns handelt, reißen wir diese Grenzen nieder und dehnen den Bereich unseres Daseins aus. Bis zum tatsächlichen Tod reißen wir immer wieder Grenzen ein und errichten neue.«[7]

Der lebendige Rhythmus bestimmt auch die leibhafte Gestaltung unseres Lebenskontinuums, in dem wir uns Form geben, sie wieder auflösen und neue Form bilden, angefangen bei der Gestaltung unseres Alltags bis hin zu den großen Wendezeiten unseres Lebens. Dieser Grundrhythmus ist ein universaler, der uns mit dem großen Ganzen – wie wir es auch nennen wollen – verbindet. »Ich empfinde das Universum als etwas unaufhörlich Schwingendes, als schimmerndes Erregungsfeld.«[8] Schon seit der Antike wird die »Beschwingtheit« des Kosmos in der Gestalt des Klanges wahrgenommen, etwa im Bild von Helios' Sonnenwagen, der über das Firmament zieht. Kepler verstand die »harmonia mundi« als Sphärenmusik, das heißt als Schwingungsfeld, das die ausgewogene Gestalt des Kosmos ausmacht. Das griechische Wort »Kosmos« heißt nichts anderes als »Ordnung« und »Schönheit«.

Schönheit kann als lebendige Ordnung oder als lebendige Form verstanden werden.

Wir können auch in uns selber das Verbundensein mit der universellen Energie erleben, beispielsweise wenn wir unseren Atem fließen lassen und das Pulsieren wie eine große Welle empfinden, die durch uns hindurchgeht. In den Bewegungen des chinesischen T'ai Chi erlebe ich, wie der Raum zwischen meinen Händen und Beinen lebendig ist, als sei er Teil meiner Leiblichkeit oder ich selber Teil des schwingenden Raumes. Ich bewege mich leichtfüßig und bin dennoch mit der Erde verbunden. Ich werde weit, nehme auf und ströme aus. Halte ich inne, spüre ich ein Strömen bis in die Fingerspitzen, das nicht mehr »ich selber« ist und in dem ich mich paradoxerweise dennoch ganzheitlich spüre. Die moderne Physik bestätigt solche Erfahrungen, indem sie zeigen kann, daß zwischen Materie und Energie kein scharfer Unterschied, sondern ein fließender Übergang herrscht.

Mit der eigenen Lebendigkeit in Beziehung zu sein bedeutet auch, mit der eigenen Vergänglichkeit in Kontakt zu kommen. Wir erleben das Auflösen einer Form oft als ein kleines Sterben, als Loslassen einer Identität, die Sicherheit bedeutete, ob es nun das Beherrschen unseres Körpers, dessen Funktionalisierung oder die Distanzierung vom Körper ist, so, als gehöre er gar nicht zu mir.

Wir können unser Pulsieren jedoch auch einschränken. Im Laufe unserer Entwicklung haben wir die Fähigkeit gewonnen, uns zusammenzuziehen, um ein »Nein« zu formen, um uns abzugrenzen und gegen die Welt zu verdichten. Ist die entsprechende Situation vorbei, lösen wir das »Nein-Muster« wieder auf. Unsere Gesellschaft mißbraucht jedoch diese grundlegenden Fähigkeiten, Grenzen zu bilden und aufzulösen. Wenn eine bedrohende Situation eine große Intensität hat, ungebührlich lange anhält oder sich ständig wiederholt, können die in ihr gebildeten Muster nicht mehr ganz aufgelöst werden und werden chronisch. So entstehen Körpermuster, welche den Rhythmus des Pulsierens dauernd beeinträchtigen. Die geschilderten Beispiele haben das zum Ausdruck gebracht und gleichzeitig deutlich gemacht, wie die Auflösung der fixierenden Muster den Zugang zur eigenen Lebendigkeit und damit eine andere Selbst- und Weltwahrnehmung wieder ermöglicht.

Macht und Ohnmacht in den verkörperten männlich-weiblichen
Geschichten oder: Das Wagnis des Unbekannten

Der Verrat am Lebendigen: »männliche« Machtmuster

Es wurde bisher deutlich, daß viele unserer überkommenen Geschichten Spalt- und Kampfmuster hervorbringen, welche die lebendige Form des Menschen beeinträchtigen. Einschränkende Muster sind jedoch auch Machtmuster. Macht ist nicht von vornherein
etwas Negatives. Im Französischen bedeutet das Wort »pouvoir«
zugleich »Macht« und »Können«, ebenso wie das griechische Wort
»dynamis«. Wenn es die Aufgabe des Menschen ist, zu-länglich –
auch im wörtlichen Sinn – zu werden, so braucht er Macht im Sinne
von Können und muß lernen, die Dinge anzugehen (vgl. lateinisch
»adgredi«), das heißt aggressiv zu sein. Ausgreifen in die Welt ist
durch unsere aufrechte Haltung gegeben, die uns Horizont gewinnen läßt und die Hände freigibt. Ohne diese grundlegende »Lebens-
mächtigkeit« wäre der Mensch gar nicht fähig zu überleben, sich
selbst und sein Leben zu gestalten.

Menschliches Leben bedeutet also, sich selbst Form zu geben und
die Welt zu gestalten, wirkmächtig zu sein. Lebens- und Wirk-
mächtigkeit schließen jedoch die Erfahrung von Ohnmacht und
Ausgesetztsein als ihren anderen Pol mit ein. Der Austausch mit der
Umwelt bedeutet Begrenzung, Einschränkung und Bereicherung.
In unserer Gesellschaft besteht seit langem die Tendenz, den einen
Pol, nämlich die Macht, zu verabsolutieren. Das geschieht leibhaft,
indem ein Mensch sich verengt, versteift, zusammenzieht und in
dieser Art von Verkörperung verharrt. Dadurch erlebt er – als
Kompensation des Ohnmachtsgefühls – ein Gefühl von Macht.
Was Stanley Keleman dazu sagt, ist eine Übersetzung von Alfred
Adlers Lehre in die Körpersprache: »Wenn wir uns einengen und
unser Pulsieren verringern, stören wir unsere Selbstgestaltung. Wir
bilden uns ein, wir hätten die Zeit angehalten und eine unverrück-
bare Wirklichkeit geschaffen. Wir glauben uns in dieser unverrückbaren Lage sicher. Und wir glauben, wir seien gerettet – wir hätten
die Unsterblichkeit im Griff.«[9]

Dieses Im-Griff-Haben, das Schaffen eines Unverrückbaren, nannte Alfred Adler »Gottesähnlichkeitsstreben«, Horst-Eberhard Richter »Gotteskomplex«[10]. Doch Leben heißt in Bewegung sein, ist lebendige Form. Die Erfahrung von Unsicherheit, Vergänglichkeit und Sterblichkeit gehört zu ihm. All-Macht jedoch bedeutet in letzter Konsequenz Bewegungslosigkeit. Damit schlägt sie um in Ver-Nichtung. Vernichtung aber bedeutet Selbstzerstörung und Weltzerstörung!

Zunächst ist die Verkörperung von »Macht über das Lebendige« im beschriebenen Sinn eine Tendenz, die überall – bei Mann und Frau – zu finden ist und eine Kompensation von Bedrohung darstellt:

Eine Frau, die während des Krieges in Deutschland Kind war, den überforderndsten Situationen ausgesetzt wurde und zu Hause die in ihrem Gefühl lebensbedrohende Aggression des Vaters gegen die Mutter erlebte, sagte von sich: »Ich spürte einen Augenblick lang Angst und Panik, dann zog ich mich zu etwas wie einem viereckigen Klotz zusammen, der kein Gefühl mehr hatte, jedoch handeln konnte.« Im Rückzug auf eine verhärtete Schrumpfform versuchte diese Frau, aus ihrer Ohnmacht heraus, der Aggression um sie herum eine Macht entgegenzusetzen, damit sie überleben konnte.

Eine andere Frau, deren Mutter oft in psychoseähnliche Zustände kam, schilderte ihr Muster so: »Wenn meine Mutter schrie, machte ich mich ganz schmal und zog mich nach oben. So konnte ich mich überlegen fühlen und auf die anderen hinunterschauen.«

Machtmuster und deren Verkörperung stehen jedoch auch in Verbindung mit den Vorstellungen von »weiblich« und »männlich« in unserer Kultur, mit der Verkörperung des sozialen Geschlechts.

Ein Mann, der nach einer Körperübung in ein spontanes Vibrieren kam, sagte: »Das ist unangenehm. Ich möchte es stoppen, die Knie wieder steif machen, unter meine Kontrolle bringen. Ich fühle mich so schwach – unmännlich.«

Hier wird die weit verbreitete Identifikation von Schwäche mit weiblich, das heißt unmännlich, besonders deutlich sichtbar, wobei – und das ist noch entscheidender – Lebendigkeit und Schwäche miteinander verwechselt werden.

Eine Frau sagte von sich: »Als Kind war ich nicht wie ein Mädchen, ich war wie ein Bub. Mein Vater hätte gern als zweites Kind einen Sohn gehabt. Ich war sein Bub – nein, eigentlich kein Bub, eher ein Mann. Ein ›Kerl‹. Ich zeigte keine Angst. Ich versteifte mich, um meiner Gefühle Herr zu werden.« Hier wird die Härte, die Versteifung eindeutig dem Männlichen zugeordnet, hinter dem die Ohnmacht – die Frau wurde als Kind oft ohn-mächtig – lauerte. Groß geworden ist diese Frau jedoch auch mit der Forderung Hitlers: »Ich will eine Jugend so hart wie Kruppstahl.«

Was bedeutet nun »männlich« aufgrund der bisherigen Überlegungen? Männlich sein heißt – immer als kulturelle Chiffre verstanden –, sich zum Objekt eigener Be-Herrschung zu machen, »Herr seiner selbst« zu sein. Diese Formulierung läßt sich ins Absurde steigern: »Ich mache mich zu meinem Objekt und Untertan, um Herr meiner selbst zu sein.« Und noch formelhafter: »Ich entmächtige mich, um mächtig zu sein.« So wird das Spaltmuster, das dieser Geschichte zugrunde liegt, offensichtlich, indem es einen mächtigen und einen bemächtigten Teil gibt. Ins Extrem gesteigert, wird es selbstzerstörerisch. Horst-Eberhard Richter war einer der ersten Männer, der auf die krankmachende und selbstzerstörerische männliche Lebensweise in unserer Gesellschaft hinwies. Walter Hollstein kam in jüngster Zeit zu folgendem Fazit:

»Die Gesamtbilanz physischer und psychischer Gesundheit ist für Männer ungünstiger, als es die übelsten Phantasien erwarten ließen … Mit Ausnahme der Unterleibskrankheiten führen Männer auf makabre Weise alle Krankheitsstatistiken an … Am eindrücklichsten beschreibt die Sozialmedizin den kausalen Zusammenhang von Maskulinität und kardiovaskulären Erkrankungen … Eingesperrt in ihren Männlichkeitspanzer sind diese Männer nicht mehr in der Lage, jene entstressenden Verhaltensweisen zu leben, die sie wieder ins Gleichgewicht bringen könnten.«[11]

Hier kommt der Umschlag von Beherrschung oder Bemächtigung seiner selbst in Ohnmacht und Zerstörung, die dem männlichen Muster innewohnt, besonders deutlich zum Ausdruck. Der »Männlichkeitspanzer« ist in seinem Extrem ebenfalls eine Verkörperung des »Gotteskomplexes«. Emanzipation des Mannes bekommt an dieser Stelle einen leibhaften Sinn: die Auflösung des Männlichkeitspanzers, die einen erneuten oder intensiveren Zugang zum Lebendigen ermöglichen würde, allerdings mit aller Verunsicherung, welche diese Auflösung mit sich brächte. Die Wahl zwischen dem Verharren im überkommenen Männlichkeitspanzer und einer leibhaften Emanzipation erscheint Hollstein als eine Wahl auf Leben und Tod:

»Für den Mann von heute gibt es nur eine Alternative: Seine Veränderung als Garantie für eine tragfähige Zukunft oder seinen Untergang – kollektiv in der ökologischen oder atomaren Katastrophe, individuell in zunehmender Unzufriedenheit, Streß, Krankheit und frühzeitigem Tod. Insofern ist männliche Veränderung gleichbedeutend mit Leben.«[12]

In diesen Worten kommt der Zusammenhang zwischen Selbstzerstörung und Weltzerstörung unbarmherzig in den Blick. Er wird nachvollziehbar, wenn wir uns die überlieferten Verkörperungen näher anschauen, die mit »Beherrschung« verbunden sind. In Italien, nahe der Schweizer Grenze, habe ich ein Denkmal gesehen, das einen Mann in »heldischer« Haltung darstellt. Es bringt die Verkörperung dieses Heldentums in überdeutlicher Weise zum Ausdruck, die für mich fast wie eine Karikatur erscheint: Der Mann zieht den Oberkörper aus dem Unterleib heraus, die Brust ist dabei aufgebläht, während der Bauch eingezogen und verhärtet ist. Der Stand ist breitbeinig, die Knie sind extrem nach hinten durchgedrückt. Die Arme greifen versteift aus, der eine, um die Fahne zu halten.

Wenn wir versuchen, diese Haltung nachzubilden, können wir folgendes erleben: Die aufgerichtete Haltung gibt viel Horizont. Ich erlebe mich als groß, als »Herr der Lage«. Dabei muß ich jedoch meinen Nacken versteifen, so daß ich über das Naheliegende hinausblicke, es über-schaue. Meine Augen werden starr. Paradox gesagt: Ich überschaue, was ich nicht wahrnehmen kann. Ich habe keine Beziehung zu dem, was ich überblicke. Durch die Versteifung des Halses trenne ich den Kopf vom übrigen Körper. Der aufgeblähte Brustkorb gibt mir das Gefühl von viel Raum im Innern, der jedoch starr und ohne Leben ist. Meine Brust empfinde ich wie einen Schild gegen die Welt. Ich schirme mich von ihr ab, habe keine Verbindung mit ihr. Meinen Bauch ziehe ich ein und versteife ihn. Dabei nehme ich eine weitere Funktion dieser Haltung wahr: Ich mache mich groß und schneide mich von allen existentiellen Gefühlen wie Angst, Liebe, Lust und Schmerz ab. Ich kann mein Leben wagen, ohne einen Bezug zu diesem Leben zu haben. Ich habe überhaupt jede Verbindung mit dem Lebendigen verloren, es ist mir ohne Bedeutung, und zwar das Leben in mir und um mich. Was ich in dieser Haltung auch nicht wahrnehmen kann, ist mein unstabiler Stand, da ich das Gegenteil zu machen glaube: Ich halte Versteifung für Standhaftigkeit.

Der bemächtigende Aspekt in dieser Verkörperung drückt sich also im Aufblähen, im Sich-größer-Machen sowie im breitbeinig-versteiften Stand, in der Einschränkung des Atems, im Einziehen des Bauches, im Abtrennen des Kopfes vom Rumpf und des Oberkörpers vom Unterleib, kurz im Einschränken des lebendigen Flusses aus.

»Das ist doch vorbei«, können wir uns sagen. »Es gibt keine Helden mehr.« Dies ist wohl richtig. Die beschriebene Verkörperung zeigt jedoch auch Aspekte, die sich erhalten haben. Die uniforme, militärische Haltung, wie sie jeder Mann in der Schweiz lernen muß, ist noch immer auf Spaltmuster ausgerichtet, hat den Kontaktverlust mit den eigenen Gefühlen und mit dem Leben zum Ziel. Was das heißen kann, demonstrierte mir eine Momentaufnahme aus einer militärischen Übung, die als Foto in einer Schweizer Zeitung abgebildet war. Sie zeigt eine Reihe von Soldaten in der bekannten militärischen Haltung, bewegungslos dastehend. Einer der Soldaten liegt auf dem Boden. Er ist ohnmächtig (!) geworden und vornüber gefallen. Doch keiner seiner Kameraden wagt es, ihm zu Hilfe zu kommen ...

Eine Frage drängt sich angesichts der bisherigen Überlegungen auf: Wer ist Befehlshaber, wer ist Untertan, wer Herrscher und wer Opfer? Von der entsprechenden Verkörperung ausgehend, kann jeder immer auch beides zugleich sein. Der Beherrschende hinterläßt zumindest *ein* Opfer: sich selbst. Die Haltung des Eroberers zeigte jedoch auch die Unverbundenheit nicht nur mit dem eigenen Leben, sondern mit dem Leben überhaupt. Doch diese Art von Macht blieb in unserer Geschichte nicht nur ein verkörpertes Muster, sondern wurde vom Mann gleichzeitig in einer gesellschaftlichen Superstruktur veräußert, deren Opfer er nun ebenfalls geworden ist, weil sie auf ihn zurückschlägt: »Mit der Erfindung der Technik hat sich der Mann sukzessive selbst entmännlicht.«[13]

Die Haltung des Kriegers, des Eroberers wurde immer mehr zu derjenigen des Gestreßten, Gehetzten und in den Zwängen der Industrie und Wirtschaft Gefangenen. Erhalten hat sich dabei jedoch die Abspaltung vom Lebendigen.

Ich möchte nun den Blick zurücklenken auf den individuellen

Bereich. Wie sieht es in unserem Alltag mit den überkommenen männlichen und weiblichen Geschichten und ihrer Verkörperung aus?

Männer, die in die Therapie kommen oder ihre Gedanken, Gefühle und Perspektiven öffentlich machen, haben meist schon begonnen, die überkommene männliche Geschichte in Frage zu stellen, aber sie leiden dennoch oft daran, dem innerlich vorgestellten Bild von Männlichkeit nicht entsprechen oder sich von ihm nicht lösen zu können. Das folgende Beispiel mag dies verdeutlichen:

Ein Mann äußerte, daß er sich meist als weiblich empfinde. Er zeigte eine Tendenz zu einer in sich zusammensackenden Körperdynamik, die er für sich mit »weiblich« identifizierte. Er erzählte sich die Geschichte: »Ich bin weiblich und möchte männlich sein, zupackend, ja knallhart.« Ich bat ihn, den Mann seiner Sehnsucht, sein inneres Bild zu verkörpern. Er richtete sich auf, indem er auf dieselbe Weise, wie dies bei der heldischen Haltung des Kriegerdenkmals der Fall war, seinen Oberkörper aus dem Unterleib heraushob, seine Brust aufblähte, den Nacken versteifte und den Kopf hob. Auch seinen Stand formte er auf die gleiche Weise. »So müßte ich sein«, sagte er – und sackte wieder zusammen.

Jetzt wurden die beiden Extreme des einen Kontinuums nachvollziehbar, das eine als »weiblich« und minderwertig, das andere als »männlich« und erstrebenswert erlebt. Es wird dabei auch deutlich, daß beide Extreme den lebendigen Fluß des Mannes einschränkten, nur auf je verschiedene Weise. Daß die Erfahrungen, die diesen Mann zu seinem Bewegungsgesetz brachten, sehr vielschichtig waren und nicht im Gegensatz männlich-weiblich aufgingen, wurde im Laufe der Therapie deutlich. Zunächst zeigte sich jedoch, daß er seine Form mit der gängigen kulturellen Geschichte über das soziale Geschlecht verband.

Es gibt also keine natürlicherweise weiblichen oder männlichen Grundmuster, sondern solche, die mit dem einen oder anderen Geschlecht identifiziert werden, etwa: Wenn ich mich aufblähe, bin ich männlich. Eine solche Geschichte können sich Mann *und* Frau erzählen, nur ist sie im einen Fall meist das Begehrte, im anderen das Illegitime oder trotzig Entgegengestellte. Umgekehrt werden in der Kindheit durch die entsprechende Sozialisation bestimmte Geschichten und zugehörige Muster einverleibt und erhalten die Färbung von männlich oder weiblich.

Wenn die männliche Geschichte es nahelegte, sich mit dem Aspekt der Beherrschung und damit der Selbstbemächtigung zu identifizieren, so erfahren sich Frauen seit jeher als Objekt männlicher Wertung. Sie haben gelernt, sich selbst, aber auch den Mann mit den Augen der männlichen Gesellschaft zu sehen, zu interpretieren und zu werten. Sie bekamen früher auch genaue Anweisungen dafür, wie sie sich zu halten und zu betragen hatten. Sie sollten beispielsweise ihr Haupt demütig senken und nur sprechen, wenn sie gefragt wurden. Sie durften nicht laut lachen, mußten kleine, zierliche Schritte machen, ihre Glieder züchtig an den Körper ziehen, die Hände verstecken. Und sie wurden in den höheren Schichten lange Zeit in Korsetts eingeschnürt. Solche Haltungen gingen, wenn sie von Kindheit an eingeübt wurden, in Fleisch und Blut über. Sie wurden zur Verkörperung der eigenen Identität. Ihre Funktion besteht darin, die eigene innere Bewegung einzuschränken, Lebendigkeit zu beschneiden und erotische Qualitäten zu unterdrücken. Dabei geht es nicht nur um Gefühle, sondern auch um das Gestalten einer konkret-leibhaften Dynamik. Wenn wir bewußt eine solche Haltung einnehmen, können wir erleben, wie wir den Gesichtshorizont schmälern, wie wir vielleicht die Brust zwischen den hochgezogenen Schultern einsinken lassen, die Arme an die Rippen pressen und damit den Atem weiter einengen, wie wir uns am Ausgreifen hindern, unseren Oberkörper hochziehen und damit den Kontakt mit dem Boden verringern usw. Damit sind jene Themen verkörpert, um die es in der überkommenen Auffassung von Weiblichkeit geht: Beschränkung des Horizonts, Verminderung der Geschlechtlichkeit, Einengung des inneren Raumes, sich schmal machen, Unterdrückung von Aggression im Sinne von Zupacken und Ausgreifen, Enteignung. Doch nie erlebten sich alle Frauen identisch mit dieser auferlegten Form. So entstand oft ein quälendes Konfliktmuster, wie es etwa im berühmten Gedicht ›Am Turme‹ aus dem 19. Jahrhundert von Annette von Droste-Hülshoff zum Ausdruck kommt. Die erste Strophe lautet:

> Ich steh auf hohem Balkone am Turm,
> Umstrichen vom schreienden Stare,

Und laß gleich einer Mänade den Sturm
Mir wühlen im flatternden Haare;
O wilder Geselle, o toller Fant,
Ich möchte dich kräftig umschlingen,
Und, Sehne an Sehne, zwei Schritte vom Rand
Auf Tod und Leben dann ringen.

Die letzte Strophe hingegen drückt die verlangte weibliche Form
aus:

Wär ich ein Jäger auf freier Flur,
Ein Stück nur von einem Soldaten,
Wär ich ein Mann doch mindestens nur,
So würde der Himmel mir raten;
Nun muß ich sitzen so fein und klar,
Gleich einem artigen Kinde,
Und darf nur heimlich lösen mein Haar
Und lassen es flattern im Winde.

Und wovon könnte eine Frau heute träumen? Diese Frage stellte ich
mir aufgrund dieses Gedichtes. Die alten Mythen sind zerschlagen.
Wenige Frauen möchten Held, Soldat, Jäger, Kämpfer im beschriebenen Sinne sein. Der Bankrott überkommener männlicher Muster
ist allzu deutlich geworden. Obwohl es immer noch legitimerweise
darum geht, Positionen in der männlich bestimmten Welt von Politik und Wirtschaft zu gewinnen, sind Frauen hellhörig dafür geworden, daß sie diese Positionen nicht auch mit männlichen Verkörperungen erfüllen wollen, um nicht einer sublimen Überbewertung
des Männlichen anheimzufallen. Umgekehrt bringt die Weiterfüh-
rung traditioneller weiblicher Muster wieder eine Verdächtigung le-
gitimer Macht, die deshalb von Frauen nur heimlich ausgeübt werden darf. Noch immer sind wir also auf der Suche nach neuen möglichen Verkörperungen, und zwar im Raum *beider* Geschlechter.[14]
Das alte Konfliktmuster – hier traditionelle Weiblichkeit, dort Impulse, die dem »Männlichen« überschrieben werden – tragen
Frauen auch heute noch oft auf den verschiedensten Ebenen in sich
aus. Exemplarisch hat dies wieder Annette von Droste-Hülshoff
zum Ausdruck gebracht. Der Anfang der dritten Strophe im Gedicht ›Das Spiegelbild‹ lautet:

Zu deiner Stirne Herrscherthron,
Wo die Gedanken leisten Fron
Wie Knechte, würd ich schüchtern blicken ...

Die Stirn, Sitz des Geistigen, wird mit Bildern des Herrschaftlichen ausgestattet und bringt eine Dynamik des Bemächtigens ins Spiel. Zu dieser Geistigkeit blickt das Ich hinauf, und zwar »schüchtern«, gleichsam wie ein kleines Mädchen. Der Herrscherthron wird hinaufstilisiert, und die Bewunderung bewirkt zugleich das Schrumpfen der Bewundernden. So entsteht ein anderes Spaltmuster.

Geht es im vorangehenden Gedicht um den Konflikt zwischen Vitalität, Lebenslust und der gesellschaftlichen Norm der Gesittung, so hier um denjenigen zwischen intellektueller Potenz und der dem Mädchen zugestandenen Rolle. Die Enteignung findet statt, indem menschliche Qualitäten dem Männlichen zugeschrieben werden. Auch diese Enteignung ist in der Konsequenz eine verkörperte. Es gibt also einerseits die Imitation männlicher Verkörperung, andererseits eine Geschichte, mit der ich mir erzähle, Aspekte von mir seien männlich und daher illegitim. Dies ist keine Verkörperung des Männlichen, sondern eines Konfliktmusters. Eine Frau, die diesem Muster in sich nachspürte, erlebte, wie sie dabei die Brust einfallen ließ, die Schultern nach oben zog, den Kopf nach hinten abknickte. Sie stauchte sich in sich zusammen, fühlte sich dabei verengt, atemlos und ohne Innenraum. »Mein Kopf hat nichts mehr mit mir zu tun«, sagte sie, »er denkt unabhängig von mir selbst.«

Bei all diesen inneren Konflikten von Frauen darf nicht übersehen werden, wie schnell die Gesellschaft bereit ist, eine Frau als »männlich« abzustempeln, wenn sie sich in männliche Bereiche vorwagt, wenn sie tatkräftig und eigenständig ist und sich den weiblichen Rollenverschreibungen widersetzt. Die Situation erweist sich also nochmals als komplexer. Falls eine Frau nicht mehr alten weiblichen Rollenvorstellungen zuzuordnen ist, muß sie »männlich« sein, damit die Illegitimität ihrer Verkörperung und ihres Handelns festzumachen ist. Auch im Raum der Psychologie wurde – und wird – der Kampf der Frau um einen angemessenen Platz sehr schnell als »Überkompensation«, als »männlicher Protest« (Alfred Adler) identifiziert oder als Ausdruck des »Penisneides« (Sigmund Freud) diagnostiziert und denunziert. Wo die Grenze zwischen einer emanzipatorischen, aus überkommenen Normen zu einer persönlichen Lebensgestaltung sich befreienden Form und einer Überkompensation liegt, ist nicht so schnell auszumachen. Und zwar vor allem deshalb nicht, weil sich diejenigen, die selbst im System der gesellschaftlichen Bestimmung von »weiblich« und »männlich« gefangen sind, den Blick auf mögliche neue und lebendigere Verkörperungen verstellen.

Es ist also immer noch fraglich, wie Frauen mit dem als männlich Verstandenen und wie Männer mit dem als weiblich Definierten in sich umgehen sollen. Die Tragik der »Muttersöhne«,[15] wie sie Pilgrim beschrieben hat, beruht vor allem darauf, daß sie sich mit dem als minderwertig erlebten Weiblichen in sich identifiziert fühlen und es mit oft gigantischen Überkompensationen auszulöschen suchen, während andere Männer sich als »Softys« prononziert »weiblich« geben und sich dabei mit der Abwertung all dessen, was männlich sein könnte, verbünden. So entstehen wiederum nur Spaltmuster und keine neuen Perspektiven für eine Identität als Mann oder Frau.

Als Beispiel dafür, wie Wertungen von »männlich« und »weiblich« bereits in der Kindheit entstehen, möchte ich die Erinnerung einer über sechzigjährigen Frau anführen:

Als sie noch ein Kind war, mußte ihr Bruder – wie es damals für Kleinkinder üblich war – wieder ein Mädchenkleid anziehen, und zwar dann, wenn er auch als älterer Bub in die Hosen gemacht hatte. Sie schämte sich dann immer für ihren Bruder. Die Botschaft, die darin lag, wurde deutlich: Ein Mädchen zu sein ist eine Strafe – etwas Minderwertiges. Diese Botschaft ging an das Mädchen *und* den betroffenen Knaben. Doch nicht die Beleidigung für das Mädchen war für diese Frau ausschlaggebend, sondern die Identifikation mit dem gedemütigten Bruder. Die Demütigung des Mädchenseins wurde zunächst nicht deutlich. Dafür gab es keine Identität, keine Stellung-Nahme. Das ist der vielsagende Kern dieser Geschichte. Der betroffene Knabe mag sich geschworen haben, sich möglichst schnell auf »männliche« Weise zusammenzunehmen, ein »ganzer Mann« zu werden und nichts »Weibliches«, das mit Schwäche gleichgesetzt werden könnte, mehr zu zeigen. Das Mädchen hingegen mochte sich schwören, einen Mann niemals auf Schwächen anzusprechen – ein Beziehungsmuster, das für viele Frauen auch heute noch ein übliches und selbstverständliches ist.

Zur Verdeutlichung dieser Zusammenhänge noch ein anderes

Beispiel: Eine lesbische Frau sagte in der Therapie zu mir: »Daheim in unserem Tal lernte ich, was Frauenlos und was weiblich sei, und zwar: unförmig und unbeweglich werden, Krampfadern haben, jammern und langsam verkommen. Die Männer waren stark und schön. Ihnen stand die Welt offen. Ich habe mich schon früh mit meinem Bruder gemessen, mit ihm rivalisiert. Ich sah mich nicht als Mädchen, sondern als Bub. Ja, und so wurde ich eine Lesbe. Aber eigentlich bin ich das gar nicht. Ich rivalisierte nur mit meinem Bruder, wer die besseren Frauen haben konnte.«

Es geht also wieder darum, die inneren Geschichten zu hören, in ihrer Tragweite wahrzunehmen und den mit ihnen verbundenen Verkörperungen nachzuspüren, um vielleicht eine neue Form und eine persönliche Geschichte entwerfen zu können. Dazu ist die Einsicht in den eigenen formbildenden Prozeß als Frau nötig: Wenn ich mich als vom männlichen Blick her gesehene Frau verkörpere, dann *mache* ich mich als Frau selber zum Objekt. Nur bedeutet die männliche Geschichte, sich vor allem mit dem Aspekt der Bemächtigung, die weibliche, sich mit dem Bemächtigt*sein* zu identifizieren. Oder noch anders formuliert: Wie es in der männlichen Geschichte einen Bemächtigten gibt – zunächst den Mann selber –, so gibt es in der weiblichen eine Bemächtigende, die an sich selbst vollzieht, was sie im Leben an Bemächtigung und Versehrung erfahren hat. Frau und Mann delegieren im Kontext der kulturellen Muster je *einen* Aspekt ihrer Geschichte und Formgebung an den anderen. Das ist die geheime Verrechnung, in der beide zueinander stehen. Nur wenn der Mann den Ohnmächtigen in sich entdeckt – nicht im Sinne eines Mitleid heischenden Opfers –, kann er den versehrenden Aspekt seiner Verkörperung erkennen. Und nur wenn die Frau erlebt, daß sie nicht nur die von außen Unterdrückte ist, sondern daß sie sich diese Unterdrückung auch einverleibt hat, kann sie es als ihre Verkörperung verstehen und damit vielleicht auch aufzulösen beginnen. Emanzipation wäre dann für beide Geschlechter die Loslösung aus »verunlebendigenden« Mustern.

Damit ist auch die mögliche Chance einer neuen Beziehung zwischen den Geschlechtern angesprochen. Daß ich eine Frau oder ein Mann bin, ist etwas anderes als die Muster, die ich forme und zu denen ich mir die Geschichte von »männlich« und »weiblich« erzähle. Oft identifizieren wir uns mit diesen Mustern, ohne den Preis zu spüren, den wir dafür bezahlen. Oder wir ärgern uns über sie und versuchen, sie mit neuen Ideen und Handlungsweisen zu überspringen. Wir müssen also bei der eigenen Verkörperung anfangen und versuchen, dieser nachzuspüren, ohne das dabei Entdeckte zu werten. Die Frage lautet: »Wie forme ich ›weiblich‹ oder ›männlich‹ sein? Was für Geschichten erzähle ich mir dazu?«

Ich möchte nun das Beispiel jenes Mannes weiterführen, der sich aus seiner zusammengesackten Form in eine aufgeblasene begab und wieder zusammensackte. Ich bat ihn, das Muster des Zusammensackens zu verstärken und anschließend langsam aufzulösen, ohne in die überkompensatorische Form zu gehen. Als er dies versuchte, stand er nach der Auflösung seines Musters lange Zeit schweigend und aufrecht da, ohne sich dabei zu versteifen. Dann sagte er: »Es ist ganz einfach. Ich stehe gut da. Ich fühle mich stark. Und ich muß gar nichts weiter dazu tun.« Dann schwieg er wieder und sagte schließlich: »Es ist ungewohnt, mit lockeren Knien dazustehen. Ich bin etwas unsicher.« Ich schlug ihm vor, sich ein wenig mehr Spannung zu geben. Er tat es und sagte: »Jetzt ist es gut. So kann ich nach außen bestehen. Ich fühle mich jetzt auch als Mann – seltsam! Es geht ohne den ganzen Krampf.« Und dann formulierte er, was er durch die Übung gelernt hatte: »Ich muß mich nicht aufblasen, um ein Mann zu sein. Aber ich kann variieren. Ich kann spüren, wieviel Spannung ich in einer Situation brauche, um mich zu stellen.«

Dieser Mann hatte einen neuen Ansatz gefunden, seine Identität als Mann zu formen, ohne in ein Macht-Ohnmacht-Muster zu geraten. Den Hintergrund zu diesem Erleben bildete eine sehr schmerzliche Kindheitsgeschichte. Als der Mann sein männliches Sehnsuchtsbild zeichnete, fragte ich ihn: »Hast du dich während der Arbeit (im Beruf als Therapeut) als schwach erlebt?« – »Nein«, sagte er, »ich habe alles rundherum vergessen. Ich war einfach beim Prozeß.« – »Hättest du etwas anders machen wollen?« – »In dem, was mir wichtig war, hat es gestimmt.« Er überlegte: »Doch sonst habe ich manchmal das Gefühl, ich könnte mehr wagen, wenn ich mir besser trauen würde.« An diesem Punkt fielen die Kategorien plötzlich weg. »Wenn ich nicht ›weiblich‹ oder ›männlich‹ sage, habe ich das Gefühl, daß das, was ich möchte, für mich auch erreichbar ist…«, und er richtete sich unwillkürlich auf. »Was ist denn unerreichbar?« Er schwieg und wurde traurig: »Der Vater.«

Es zeigt sich, daß »männlich« und »weiblich« hier nur Chiffren sind, die immer tiefer in den Sog der eigenen Muster führen. Der Mann in diesem Beispiel war in seine Geschichte von »männlich-weiblich« verstrickt. Dahinter kam der Schmerz um den Vater zum Vorschein. Einige Zeit vorher hatte er mir erzählt: »Ich war schon immer Mutters Sohn gewesen. Sie hatte mich in Besitz genommen. Sie bremste mich, wenn ich Bubenspiele machen oder mich gar gegen Gleichaltrige wehren wollte. Sie ist schuld, daß ich kein richtiger Mann bin. Mein Vater war schwach und unbedeutend.« Der Mann erlebte, wie sehr seine Interpretation des Weiblichen mit der verachteten und gleichzeitig als übermächtig erlebten Mutter und mit der Verachtung für den Vater, den er mit den Augen der Mutter sah, zusammenhing. Männlich war das von der Mutter Bekämpfte, das Anrüchige und Faszinierende, das ihn dazu brachte, sich an Rollenklichees zu orientieren. Dahinter kam eine unglückliche Beziehung zwischen den Eltern zum Vorschein: eine Frau, die ihre eigenen Möglichkeiten nicht hatte verwirklichen dürfen und zuletzt einen gesellschaftlich unterlegenen und darum von ihr mißachteten Mann geheiratet hatte und darüber bitter geworden war.

Indem dieser Mann nun eine neue leibhafte Gestalt ertastete, fand er auch eine neue Geschichte für sich, in der er um den vermißten und verpaßten Vater weinen durfte und von da her andere Formen der Beziehung zum Mannsein aufspüren konnte. Er mußte nicht länger die Geschichte seiner Eltern verkörpern und den Vater, wie auch sich selber, durch die – aus Not – verachtenden Augen der Mutter sehen. Dieses »Sehen« ist wiederum nicht nur eine Idee oder Vorstellung, sondern ein leibhaftes Sehen, das zum zusammensackenden und sich aufblähenden Körpermuster führte. Die andere Seite der »Geschichte« war die verstrickte Beziehung zu seiner Mutter, in der er sich schwach, mit einer »Aggressionskugel« im Bauch spürte, die dem Mißbrauchtwerden als Partnerersatz galt und immer deutlicher zum Ausdruck kam. Schließlich ging es darum, daß der Sohn eine leibhafte Form fand, in der er genügend »Standfestigkeit« hatte, um die Verantwortung für die Beziehung seiner Eltern diesen innerlich zurückzugeben.

Es ergibt sich also ein komplexes Netz von Verkörperungen und Gegen-Verkörperungen. Doch die Auflösung der alten Muster setzt neue, unerwartete und kreative Möglichkeiten frei, wie gerade das letzte Beispiel gezeigt hat. Neben allen nötigen gesellschaftlichen Veränderungen bleibt die Aufgabe, sich individuell auf das Wagnis einer »verkörperten Emanzipation« einzulassen.

Auch das Beispiel einer fünfundvierzigjährigen Frau, die zu mir in Therapie kam, zeigt dies deutlich. Im Laufe einer Therapiestunde sagte sie zu mir: »Immer, wenn ich mich durchsetzen möchte, fühle ich, wie ich kleiner und schwächer werde. Ich schrumpfe zusammen.« – »Was sagst du innerlich zu dir?«, frage ich sie. »›Hör doch auf, du bist ja nur ein Mädchen!‹, sagt eine Stimme in mir – obwohl ich doch längst kein Mädchen mehr bin.« – »Wer hat denn so zu dir gesprochen?« – »Es waren mein Vater und später auch meine älteren Brüder.« Ich sehe den Schmerz auf dem Gesicht von Beatrice. Ich schlage ihr vor, aufzustehen und sich ihren Vater vorzustellen. Beatrice spürt, wie sie wieder zusammenzusacken beginnt. Ich gebe ihr eine Struktur, damit sie spüren kann, *wie* sie zum kleinen Mädchen wird. Beatrice verstärkt ihr Zusammensacken langsam in drei Stufen, um diese Form dann ebenso langsam wieder aufzulösen. Sie beschreibt, wie sie mit einem ersten Impuls den Brustkorb einzieht und die Schultern nach vorn und oben drückt und dann in der Mitte einsackt, während sie den Kopf leicht zur Seite neigt. Dann zieht sie den Bauch nach oben, verkrampft ihn und hebt die Zehen vom Boden. »Die Augen werden groß, aber ich kann gar nicht mehr richtig sehen«, sagt sie.

Ich lasse Beatrice sagen: »Ja Vater, ich bin nur ein kleines Mädchen.« Blitzschnell richtet sie sich auf, zieht von der Mitte her ihren Oberkörper nach oben, verhärtet die Schulterpartie, drückt, indem sie den Nacken versteift, den Kopf nach hinten, preßt die Zunge an den Gaumen, während sie gleichzeitig die Knie durchdrückt und dann die Gesäßmuskulatur anspannt und mit den Zehen zu krallen beginnt. »Bilde dir nur ja nichts ein«, sagt sie. Sichtbar ist, daß sie ihre Beschämung hinter der stolzen Attitüde versteckt. Ich bitte Beatrice, das ganze Kontinuum von der Kleinmädchenhaltung bis zum Stolz langsam, stufenweise verstärkend nochmals »durchzuspielen«. Es wird sichtbar, wie Beatrice im Formen des Stolzes das Weinen, das kommen will, hinunterwürgt, indem sie den Hals versteift. Ich bitte Beatrice, die Form um eine Stufe zu lösen. »Jetzt spüre ich Wut«, sagt sie, »mir wird heiß.« Ich bitte sie, bei dieser Wut zu bleiben, sie einfach zu spüren und nach einer Weile eine weitere Stufe ihres Musters zu lösen. »Jetzt tut es weh«, sagt Beatrice und beginnt zu weinen. Ich ermutige sie, das Weinen zuzulassen, ohne sich dabei aufzulösen. Nachdem die Trauer und der Schmerz über die Mißachtung durch den Vater zum Ausdruck gekommen sind, gebe ich die Anregung, die letzte Stufe des Stolzes zu lösen und dann so zu bleiben.

Beatrice atmet tief. »Ich werde von innen herauf ganz warm«, sagt sie. »Schau deinen Vater an«, schlage ich vor. Beatrice steht lange da. »Ich bin eine Frau«, sagt sie leise. »Sag es nochmals«, bitte ich sie nach einer Weile. Sie sagt die Worte wieder, einfach und fest. »Es wird noch wärmer. Ich spüre ein Kribbeln in den Füßen. Es fließt etwas aufwärts. – Ich muß atmen. Es ist wie ein Fluß durch mich hindurch. Fast zuviel.« – »Gib dir ein klein wenig mehr Form, damit du es aushalten kannst«, sage ich. Beatrice schweigt lange. Sie atmet tief und regelmäßig. Ihre Haut wirkt durchblutet, im Gesicht sind ihre Lebendigkeit, ihr Erregtsein sichtbar. »Ich spüre, daß ich stehe. Sicher stehe. Ich fühle mich stark und weich. Klingt ganz komisch für mich…« Dann sagt sie unvermittelt: »Ich bin eine Frau, Vater, und nicht dein Mädchen! Ich gehöre mir selber. Es ist aufregend, eine Frau zu sein.« Beatrice setzt sich und bleibt still. Zum Schluß sagt sie: »Ich spüre etwas in mir. Aber ich kann es noch nicht in Worte fassen, etwas Kostbares… Vielleicht bin ich das selber.«

Die geschilderte Stunde ist nur ein Ausschnitt aus einem langen Prozeß, der ein eindrucksvolles Beispiel für das Unterwegssein zu einer persönlichen Form als Frau ist. Nach dieser Stunde erzählte Beatrice, sie müsse ganz neu gehen lernen. »Ich habe mehr Gewicht«, sagte sie, »und ich bin aufrechter und irgendwie unmittelbarer. Aber manchmal bin ich auch beunruhigt, weil meine Reaktionen mir nicht vertraut sind.« Es zeigte sich, wie schwierig es ist, eine persönliche Form zu *leben*. Gegen Ende der Therapie sagte sie zu mir: »Ich wußte früher genau, was eine Frau ist, und vor allem, wie ich als Frau zu sein habe. Jetzt weiß ich es nicht mehr so genau. Ich *bin* eine Frau. Ich kann erspüren, wer ich bin. Ich kann vieles aufnehmen, was über Weiblichkeit gesagt wird, wenn ich spüre, daß es mich stärkt. Doch die Grenzen sind ins Fließen gekommen. Ich fühle mich manchmal fraumännlich, dann mannfraulich. Schwer auszudrücken!«

Das Beispiel zeigt, wie das Formen eines neuen Bezugs zu sich selber die alten Geschichten und Kategorien aufzulösen beginnt und die Sprache oft keine Muster anbietet, um eine neue, werdende

Gestalt auszudrücken, es sei denn in paradoxen Formulierungen, wie sie am Ende des geschilderten Prozesses auftauchen.

»Mannfraulich« oder »fraumännlich« meint hier nicht die Auflösung des Geschlechtlichen, sondern seine Er-Füllung im wörtlichen Sinn. Erfülltsein von sich selber ist eine organismische Qualität von Lebendigsein und Erregung, wie sie Beatrice in unserem Beispiel spürte. Diese Erfüllung läßt bisherige Grenzen ins Fließen kommen und bietet Raum für das Einbeziehen des »Schattengeschlechts«[16]. Voraussetzung dafür ist jedoch, die Muster von Bemächtigung und Bemächtigtsein allmählich auflösen zu können.

Die Ohn-Macht von Beziehungen

Bei der Betrachtung männlicher Muster komme ich als Frau in eine widersprüchliche Situation. Ich versuche zunächst, die unterdrückenden und enteignenden Geschichten mit ihren Verkörperungen darzustellen, die unsere weibliche Geschichte ausmachen. Der Mann hat in diesen Geschichten die übermächtige, überwertige und bestimmende Position. Wir pflegen diese Geschichten mit dem Begriff »Patriarchat« zu belegen. Es gibt eine gesellschaftliche Geschichte der männlichen Macht und Überwertigkeit, die im Vergleich zur weiblichen eine vorteilhaftere, mit weniger Schmälerungen verbundene Geschichte war. Der Mann zeigte sich als »Herr der Lage«. Diese Geschichte war und ist nicht nur individuell, sondern auch politisch-wirtschaftlich anfechtbar.

Als Therapeutin erfahre ich jedoch, wie versehrend und einschränkend auch die männlichen Muster sein können und auch von den betreffenden Männern oft als solche erlebt werden – zumindest von denen, die sich auf einen therapeutischen Prozeß einlassen. Ich begleite solche Prozesse mit der gleich-gültigen (wörtlich!) Aufmerksamkeit, die ich jedem menschlichen Selbstgestaltungsprozeß entgegenbringe. Doch die »Frau in mir« ist oft sehr betroffen, die Frau mit ihrer weiblichen Geschichte, die »den Mann« als den Übermächtigen, Bevorzugten in der Geschichte des Patriarchats verstand. Einschränkung, »Verunlebendigung« werden deutlich als Preis der männlichen verkörperten Geschichte. Die Kategorien werden relativ. Unter dem Aspekt der Lebendigkeit und schöpferischen Selbstgestaltung hat es der Mann nicht besser als die Frau, denn es gibt keine bessere oder schlechtere »Verunlebendigung«! Wie soll ich mit dieser Erfahrung umgehen, die ich als Therapeutin deutlicher und klarer erlebe als in einer eigenen Liebesbeziehung? Es bieten sich hierzu überkommene Geschichten an: »Der Mann hat es auch nicht besser als die Frau« (mit dem Unterton der Überheblichkeit oder der Schadenfreude). »Der Mann ist zu bedauern – frau muß ihm helfen.« Solche Geschichten würden den therapeutischen Prozeß verunmöglichen. Ich würde die »weibliche Geschichte« an einem Mann austragen. Das ist die eine Seite. Was mache ich jedoch als Frau aus diesen Erfahrungen, die ich im Raum einer – wenn auch therapeutischen – Beziehung gemacht habe? Ich muß *meine* Geschichte als Frau unserer Gesellschaft nicht zurücknehmen. Aber es verändert meine Sicht der männlichen Geschichte, an deren versehrender Dynamik ich nicht mehr vorbeisehen kann.[17]

»Der Mann« bezahlt einen hohen Preis für seine Geschichte, und der individuelle Mann erscheint nicht nur als ihr Urheber, sondern auch als ihr Opfer. Dadurch kann ich mein Muster der Verherrlichung und des Neides auflösen. Meine Anliegen als Frau dieser Erkenntnis wegen aufzugeben wäre allerdings eine alte Geschichte. Ich kann und will dem Mann nicht »helfen«, weder in der Therapie noch in einer eigenen Liebesbeziehung. Es fällt mir nicht schwer, einen Mann in der Therapie in seinem Prozeß zu begleiten, wenn es um diese männlichen Muster geht – nur von diesen spreche ich jetzt und nicht von Therapie allgemein. Aber was bedeutet diese Erkenntnis für die Beziehung zum Mann überhaupt?

Es gibt zunächst einen ersten Schritt, den Männer von sich aus tun müssen – und auch zu tun beginnen: ihr eigenes Leiden, ihren Preis erkennen und auch zur Sprache bringen, öffentlich und privat. Wir Frauen können das *nicht* für die Männer tun. Wir können sie auch nicht aus ihrem Leiden »erlösen«, so wenig wie Männer den Frauen ihre Emanzipation abnehmen konnten und können. Als Frauen würden wir in die alte Rolle der weiblich-mütterlichen Trösterin zurückfallen, die den Mann wieder für sein männliches Leben aufrüstet. Männer würden in den väterlich-patriarchalen Gestus verfallen, mit dem sie den Frauen gönnerhaft den Weg zeigen würden. Damit wäre wieder eine Chance vertan. Männer müssen ihre Emanzipation selber vollziehen. Sie brauchen dafür vor allem die anderen Männer, was oft ein schwieriger Schritt zu sein scheint. Als Therapeutin kann ich einen Mann begleiten und vielleicht meinen eigenen Prozeß mitteilen. Ist dies auch ein Modell für die Liebesbeziehung zu einem Mann?

Zunächst läßt sich daraus lernen, daß Frauen wachsam mit der Versuchung umgehen müssen, in überkommene Beziehungsmuster zu fallen, die vielleicht nur die Funktion haben, die Ohnmacht des Partners und damit die eigene Beziehungs-Ohnmacht nicht ertragen zu müssen. Liebe aber ist ohne Macht. Das ist wohl die erste Lektion, die beide Geschlechter zu lernen haben. Der Mann ist dabei, die alte patriarchale Liebesmacht zu verlieren. Doch sie ist zu kostspielig, denn wer den anderen Körper zum Besitz macht, hat keinen lebendigen Austausch mit ihm, und wer als In-Besitz-Genommene eine Beziehung eingeht, lebt in einer »Objekt-Beziehung«. Oder noch anders: Wer den Körper des anderen aus dem Person-Ganzen isoliert und funktionalisiert, bleibt selber als Person einsam, und Intimität ist nicht möglich. Gleichzeitig denunziert er auch die eigene Körperlichkeit und macht sie zur Funktion des eigenen Ichs, genau wie die Frau ihren Körper zum abgespaltenen Objekt macht. Dieses »Machen« ist jedoch ein Muster, dem wir als Frau und Mann zunächst ausgeliefert waren oder noch sind. Das trifft zu, auch wenn das männliche Muster ein Machtmuster ist – und dies ist einer der inneren Widersprüche unserer Kulturgeschichte.

Zudem sind Frauen dabei, ihre geheime Macht, die sie aus ihrer unterwürfigen Position schöpfen, in Frage zu stellen. Wo dies geschieht, wird Raum frei. Ein Raum, in dem zunächst jeder auf sich gestellt ist, mit seiner Geschichte konfrontiert, herausgefordert zu *seiner* Emanzipation. Wir können einander die Erfahrungen mitteilen, Anteil nehmen, aber wir können einander nichts abnehmen. Wir müssen die Beunruhigung des anderen aushalten, aber auch die Beunruhigung *durch* den anderen, durch seinen Prozeß. Unser Gemeinsames ist es, unterwegs zu sein mit der Hoffnung, bei uns selbst und beim anderen anzukommen, ihm neu zu begegnen, ohne die alten, uns auch schützenden Muster. Dies ist das Wagnis des Unbekannten.

Organminderwertigkeit Frau oder: Ich bin die Frau, die ich bin

Der weibliche Körper als Funktion und Objekt

Den Körper zum Objekt, zum Besitz zu machen, sich von ihm zu distanzieren, ihn zu beherrschen – dies sind verkörperte Geschichten unserer Kultur und Gesellschaft. Sie gelten zunächst für beide Geschlechter, mit unterschiedlichen Akzenten. Doch Frauen haben noch eine andere spezifische Geschichte gelernt. Sie kommt heute gerade darin zum Ausdruck, daß viele Frauen sich wehren, auf ihren Körper und seine Dynamik verwiesen zu werden. Schnell kommt der Verdacht auf, der überkommenen Geschichte entsprechend auf das Körperliche reduziert zu sein.

Lange Zeit wurde die Frau auf ihre – zugleich minder bewertete – biologische Funktion eingeschränkt, und diese wurde ihr gleichzeitig als ihre einzig wahre Bestimmung zugeschrieben. Die Frau sollte sich mit dieser völlig identifizieren. Das ist eine der typischen Double-bind-Situationen, in welche Frauen in unserer Gesellschaft hineingebunden waren. Das Bedürfnis, die anderen, bisher verschlossenen und verweigerten Bereiche zu ergründen und zu leben, war – und ist – groß. Es sind jene Bereiche, die als »männlich« definiert waren und von den Frauen zunächst als männliche erobert wurden. Doch erst wenn sie von Frauen selbstverständlich als die ihren erlebt werden, ist die alte Geschichte aufgelöst.

Zu dieser Auflösung gehört jedoch noch ein weiterer Aspekt: die Spaltung zwischen »Körper« und »Geist« aufzuheben. Die Abwehrstellung gegen den eigenen Körper fixiert – wenn auch unter anderen Vorzeichen – nur wieder die alte männliche Geschichte vom minderen Wert des Körperlichen. Umgekehrt muß sich die Suche nach einer neuen körperlichen Identität der Frau gegen die alten funktionalisierenden und reduzierenden Geschichten abgrenzen. Das ist eine oft heikle Gratwanderung! Die »neue Mütterlichkeit«[18] beispielsweise steht immer wieder im Verdacht, einen Köder darzustellen, der die alte Funktionalisierung des Körperlichen und die mit ihm verbundenen Zwänge nur schmackhafter zubereitet.

Die Schwierigkeiten, die sich beim Entwerfen einer Perspektive ergeben, in welche neue Körper-Geschichten eingebracht werden können, sind groß. Frauen sind dabei, die alten Geschichten aufzuarbeiten. Buchtitel wie ›Krankheit Frau‹ oder ›Die Brust, das enteignete Organ‹ zeugen davon.[19] Eines der wichtigsten Stichwörter auf dieser »Spurensuche« ist wohl dasjenige der Enteignung. Die männliche Geschichte machte den weiblichen Körper zum Objekt und Besitz, aber nicht im Sinne der Selbstbeherrschung wie in der männlichen Geschichte, sondern im Sinne des Beherrscht- und In-Besitz-genommen-Werdens durch den Mann. Diese Dynamik betrifft beispielsweise die Wertung des Körperlichen überhaupt, der Schönheit, der Sexualität, den Bereich des Gebärens und des Alterns.

In diesem Prozeß sind Frauen für die Gestaltung von Partnerschaft darauf angewiesen, daß auch Männer ihre eigene Körpergeschichte sowie diejenige über die Frau in Frage zu stellen beginnen.[20] So läßt sich vielleicht auch eine neue Liebes-Geschichte entwerfen – eine liebevollere und intimere. Auch die Geschichten, die Frauen über den Mann gelernt haben, bestimmen, wie sie sich Männern – vor allem dem Partner – gegenüber verkörpern. Die Auflösung alter Geschichten mit ihren Mustern bringt meist tiefe Verunsicherung, die durch die »Rückfixierung« des anderen in ein altes Muster nochmals verstärkt wird. Deshalb ist der Prozeß einer Neugestaltung von Beziehung ein so zerbrechlicher.

Der Verrat durch den Körper

Die biologischen Grundgegebenheiten verweisen die Frau stärker auf den eigenen Körper, auf körperliches Geschehen als den Mann. Die Menstruation bindet die Frau in einen zyklischen Ablauf ein, das Gebären in extreme körperliche Veränderungen, die Menopause entläßt die Frau aus dem Fruchtbarkeitszyklus. Die damit verbundenen überkommenen Geschichten sind solche des Ausgesetztseins in diese körperliche Dynamik.[21] Entweder war eine Frau verheiratet und hatte über einen langen Zeitraum ein Kind nach dem anderen, oder sie blieb unverheiratet und dadurch in die Pflichten der Herkunftsfamilie eingebunden. War sie katholisch, hatte sie zudem die Möglichkeit, Nonne zu werden. Eine Wahl jedoch, sich dem Gebärzyklus auszusetzen oder nicht, gab es kaum. Die meisten Frauen hatten eine große Zahl von Kindern, von denen viele wieder starben.[22] Die Frauen selbst waren durch das Gebären gefährdet. Sie starben zum Teil während der Geburt selbst oder im Kindbett. Die vielen Schwangerschaften und Geburten zehrten ihre Kräfte auf. Oft befanden sie sich zehn oder noch mehr Jahre in einem hormonellen Sonderzustand, da sich Schwangerschaft, Gebären und erneute Schwangerschaft fast lückenlos abwechselten. Wenn sie aus diesem Kreislauf herauskamen, waren sie oft erschöpft, ausgelaugt und alt. Es bestand keine Möglichkeit, ein neues, zweites Leben zu beginnen. Vor allem in den unteren Schichten war dieses Leben zudem von harter Alltagsarbeit, oft auch von Geldverdienen begleitet. Frauen leisteten Heimarbeit, gingen als Taglöhnerinnen oder später in die Fabrik arbeiten. Die Kinder – vor allem die Mädchen – verrichteten einen großen Teil der häuslichen Arbeit.

Als Beispiele sind mir die Schicksale meiner beiden Großmütter noch gegenwärtig. Meine Großmutter väterlicherseits, Mitte des 19. Jahrhunderts geboren, brachte dreizehn Kinder zur Welt. Acht dieser Kinder überlebten. Mein Großvater war Bahnangestellter. Von einem Kollegen lernte er, wie man Weinfässer unbemerkt anzapfen konnte, und verfiel dem Alkohol. Er verlor seine Stellung, wurde lungenkrank und starb. So mußte meine Großmutter ihre Kinder allein durchbringen. Sie arbeitete als Taglöhnerin und lebte mit ihrer Familie in schwärzester Armut. Tagsüber schloß sie die jüngeren Kinder in der ungeheizten Wohnung ein – für das Heizen reichte das Geld nicht. Ein Stück hartes Brot war alles, was die Kinder in ihrer Abwesenheit zu essen hatten. Zu viert schliefen sie in einem Bett. Es gab ein Paar Holzschuhe für drei Kinder, auch sonst nicht genug Kleider zum Anziehen, vor allem im Winter. Auf jede erdenkliche Weise mußten die Kinder mitverdienen. Die größeren unterstützten später mit ihrem Verdienst die jüngeren Geschwister.

Meine Großmutter war, wie es heißt, eine sehr energische und tapfere Frau, die ihre Kinder ohne Klagen durchbrachte. Noch heute hängt das Bild dieser winzigen, alterslos erscheinenden Frau in unserem Wohnzimmer, jener Frau, die mit vierzehn Jahren ihre Großmutter verloren hatte – von den Eltern fehlte jede Spur – und mit ihrem Bruder von der Innerschweiz ins Bernbiet ausgewandert war, um dort in der Fabrik zu arbeiten. Ich hatte ein Bild starker Frauen, die trotz ihres schweren Schicksals nicht unterzukriegen waren. Meine andere Großmutter hatte ebenfalls dreizehn Kinder, drei waren früh gestorben. Und auch ihr Mann vertrank sein Geld über sein Elend und die mit der Kinderzahl wachsende Armut. Ihr Leben erschien als Opferdasein. Geschlagen von ihrem Mann, ständig wieder schwanger, wurde sie nach damaliger katholischer Eheauffassung zum Beischlaf gezwungen, mußte in der Fabrik arbeiten und die Kinder schließlich allein durchbringen. Da sie sich von ihrem Mann trennte, war sie auf die Hilfe ihrer Kinder angewiesen.

Meine Mutter mußte als ältestes Kind schon mit sechs Jahren härteste Arbeit verrichten, die Schule auf eine Sondererlaubnis ihrer Gemeinde hin mit zwölf Jahren verlassen, als Verdingkind und später als Zimmermädchen arbeiten. Sie mußte lange Zeit ihren ganzen Verdienst nach Hause schicken. Erst mit über vierzig Jahren bekam sie mich als einziges Kind und litt jahrelang an den Folgen der lebensgefährlichen Geburt. Vorher hatte sie ihre ganzen Kräfte auf das Durchbringen ihrer Familie ausgerichtet. Keines der Mädchen ihrer Familie durfte einen Beruf erlernen, das war den Buben vorbehalten. Als das letzte Kind aus dem Hause ging, war die Großmutter eine gebrochene Frau – ein Opfer ihres Mutterseins. Meine Mutter erzählte oft, daß sie ihre Mutter nachts immer noch beim Arbeiten antraf – putzen, nähen, stricken und flicken – und um fünf Uhr morgens war sie schon wieder auf den Beinen. Dabei muß man bedenken, daß diese Frau die meiste Zeit schwanger gewesen war …

Diese Geschichten stehen für viele andere, die sich zu Beginn unseres Jahrhunderts in unserem Kulturkreis in den unteren Bevölkerungsschichten abspielten. Sie stehen aber auch für unzählige Frauen- und Familienschicksale der Dritten Welt noch heute, im letzten Jahrzehnt unseres Jahrhunderts. Ich frage mich, wie all diese Frauen das schafften – und es heute noch tun. Sie hatten oder haben keine Möglichkeit, ihr Leben selbst zu gestalten und eine gewisse Lebensqualität zu erreichen.

Unsere Chance hier und heute ist es, daß wir diese Geschichten in Frage stellen können, vor allem diejenige von der Minderwertigkeit der Frau. Diese Minderwertigkeit war eng mit der Körpergeschichte verbunden, einer Geschichte des Ausgeliefertseins an den eigenen Körper, weil sie ihn nicht als ihr Eigentum, sondern als dasjenige des Mannes und als »Vollstrecker« ihres Schicksals erlebte. Die meisten dieser Frauen warteten ängstlich auf das Ende des nächsten Monatszyklus, der ihr weiteres Schicksal besiegelte. Und eine nächste Schwangerschaft brachte oft keinen Schonraum, war kaum eine Quelle der Freude und des Stolzes, sondern brachte neue Beschwerlichkeit, Behinderung in der Arbeit und bald auch einen neuen Esser in der Familie. Die Menopause war eine Erlösung aus dem oft als Verhängnis erlebten Fruchtbarkeitszyklus, brachte aber meist keine neue Perspektive mehr. So entwickelten sich Geschichten, in denen Frausein gleichgesetzt war mit Muttersein, mit Ausgeliefertsein, mit einem Leben über die Grenzen der eigenen Kräfte hinaus, ausgenommen in den oberen Schichten.[23]

Diese Geschichten wurden von den Müttern an ihre Töchter weitergegeben – von Generation zu Generation. Durch die Geburtenkontrolle hat sich vieles verändert. Doch wir dürfen nicht vergessen, daß noch unsere Großmütter oder gar unsere Mütter diese Geschichten verkörperten oder gerade begannen, sie in Frage zu stellen. Auch heute haben sich junge Frauen häufig mit Leidensbotschaften aus den letzten Generationen für ihr Frausein, für Schwangerschaft und Geburt auseinanderzusetzen und nehmen sie vorerst oft in ihre eigene Gestaltung dieser Lebensbereiche mit.

Dazu ein Beispiel: »Ich will nichts mit meinem Körper zu tun haben«, sagte eine dreiunddreißigjährige Frau, »man komme mir bloß nicht mit den Freuden der Schwangerschaft. Das ist nur eine verkappte Versklavung der Frau an den Körper. Endlich haben wir die Befreiung von dieser Sklaverei an die »Funktion Körper« erreicht – und schon beginnen diese idiotischen Frauen, die Sklaverei wieder aufzubauen und dazu noch zu verherrlichen. Nein, da mache ich nicht mit!« Ich kann diese Geschichte nicht einfach abtun. Scharfsichtig und sensibilisiert von ihrer eigenen Geschichte her, erfaßt Susanne, wie schnell die alte Geschichte in neuem Gewand Auferstehung feiert und wie schnell wir wieder bei der alten Funktionalisierung des Leiblichen landen. »Da wird den Frauen ihre alte Rolle nur schmackhafter zubereitet – raffiniert, ich muß schon sagen«, erklärte Susanne bitter, »vom Leiden zur Glorifizierung des als Freude verkleideten Leidens!«

Damit beschreibt diese Frau eine mögliche alte – neue Geschichte. Doch auch sie selbst formuliert einen Gegensatz, der im Grunde *eine* in sich zusammenhängende Geschichte darstellt: Sie stellt eine funktionalisierte Körperlichkeit, vor allem manifest in Schwangerschaft und Geburt, dem Nicht-Körpersein entgegen. Die Verneinung des Körperlichen erscheint als Ausweg aus der funktionalisierten, enteigneten Körperlichkeit. Und doch hatte diese Frau mich als Therapeutin ausgesucht, obwohl sie wußte, daß ich zwei Kinder habe. »Du bist wenigstens nicht nur ein Körperhuhn«, sagte sie einmal. »Ich weiß ja, daß du auch denken kannst. Ich wollte auch nicht eine Frau, die sowieso mit mir einverstanden ist. Aber ich verstehe nicht, weshalb du in die Falle gegangen bist.« Susanne wollte die Abgrenzung, wollte die Auseinandersetzung, die sie mit ihrer Mutter nie haben konnte: »Die wäre gleich zusammengebrochen.« Mich mußte sie also nicht schonen, und sie tat es auch nicht.

Ich erlebte den konstruktiven Teil, der in ihren Angriffen lag. Gleichzeitig blieb ich bei dem, was mein Körpersein für mich war. Mit der Zeit fand sie *ihren* Zugang zur eigenen Leiblichkeit. Sie empfand ihr Denken oft als Qual. Und wir erkundeten, wie sie ihr Denken verkörperte. »Ich drücke meine Zunge, ja meinen Hals gegen den Kopf und zerquetsche dabei mein Gehirn«, äußerte sie. Als sie dieses Muster zu lösen begann, fand sie heraus, daß sie »mit dem ganzen Körper denke«. Von da her wuchs ihr Vertrauen in ihre Leiblichkeit: »Der Körper ist nicht nur zum Schwangersein da, sondern auch zum Denken – das beruhigt mich«, sagte sie. »Ich verstehe dich vielleicht jetzt besser. Man verkörpert sein Denken und auch das Schwangersein. Das muß kein Widerspruch sein. Der Gegensatz ist nicht Denken und Körper. Ich habe vielmehr die Freiheit, *wie* ich mich verkörpern will. Ich mache es anders als du. Aber der Gegensatz ist für mich nicht mehr Versklavung und Freiheit, sondern versklavende Verkörperung und freie Verkörperung, lebendige, wie du es nennst. Aber ich glaube nicht, daß ich Kinder haben will.« – Dieser Prozeß hat auch in mir vieles geklärt.

Immer wieder begegne ich – auch heute noch – Frauen in der Therapie, die überkommene Körper-Geschichten gerade im Hinblick auf Schwangerschaft und Geburt mit sich tragen. »Sobald du schwanger bist, ist es aus mit der Selbständigkeit.« – »Schwangerwerden ist wie eine Falle, die für immer zuschnappt.« – »Mit der Schwangerschaft beginnt die körperliche Verunstaltung.« Dies sind solche Botschaften, die jedoch oft nicht verbal oder zumindest nicht eindeutig faßbar vermittelt wurden und überdies meist noch überlagert waren vom Impuls, die eigenen Töchter in die Mutterschaft zu manövrieren. So ergab sich für viele Töchter eine Doppelbotschaft, die ich etwa so ausdrücken könnte: »Werde bald schwanger, es ist deine Bestimmung – aber es ist eine lebenslängliche Gefangenschaft.« Kein Wunder, daß eine große Ambivalenz die Schwangerschaft solcher Frauen überschattete oder noch überschattet. Die Angst vor dem Verlust der Autonomie ist im Vordergrund und löst andererseits Schuldgefühle über die mangelnde Freude in bezug auf den eigenen Zustand aus. »Bin ich denn so egoistisch, wie meine Mutter sagt, daß ich immer daran denke, wieviel ich aufgeben muß, wenn das Kind kommt?« fragte mich eine jüngere Frau verzweifelt während ihrer ersten Schwangerschaft. Daß es sich dabei nicht nur um Geschichten, sondern um gesellschaftliche Realitäten handelt, macht das Problem noch schwieriger.

Durch die Schwangerschaft kommen nicht nur überlieferte Geschichten an die Oberfläche, sondern ebenso mitgebrachte weibliche Körper-Geschichten. »Ich spürte mich nie, wollte von meinem Körper nichts wissen«, sagte eine fünfunddreißigjährige Frau, als sie hochschwanger war, »und jetzt macht er sich so bemerkbar. Ich will diesen dicken Bauch und die aufdringlichen Bewegungen nicht, ich will schlank und beweglich sein. Und ich will nicht ständig an meinen Körper erinnert werden!« Sie erlebte ihren Bauch als ein Monstrum, das sie zu überwältigen drohte. Lange konnte sie so tun, als sei sie nicht schwanger, jetzt aber fühlte sie sich »überführt«. Die Lebendigkeit des Kindes war eine fremde, die in krassem Gegensatz zu ihrem Körperempfinden stand, das eine No-body-Wahrnehmung war. Erst als sie durch Atemübungen und durch Berührung mehr Zugang zu ihrer eigenen Lebendigkeit fand, erlebte sie ihren Bauch und die Kindsbewegungen nicht mehr als etwas Feindliches.

Mit ihrer intensiveren Selbstwahrnehmung vermochte sie die Bewegung und das Wachsen des Kindes in ihr eigenes Lebendigsein aufzunehmen und fühlte sich dem »anderen« nicht mehr so hilflos ausgeliefert. »Ich spüre meine eigene innere Bewegung. Sie geht bis zum Bauch hin und verbindet sich mit dem Strampeln des Kindes. Es ist *eine* Bewegung, und gleichzeitig sind wir zwei.« – Hier spielen zwei Geschichten zusammen, zunächst die Spaltung »hier bin ich – dort ist mein Körper« und eine Vorstellung von Weiblichkeit, die mit einem bestimmten Körperideal verbunden war, das die männliche Gesellschaft vermittelt. Gerade deshalb halten Frauen manchmal an der erworbenen körperlichen Identität fest. Sie wollen beispielsweise »in Form« sein und haben Mühe, die Auflösung dieser Form zuzulassen.

So tragen auch heutige Frauen meist noch die von ihren Müttern »vererbten« Geschichten mit sich, selbst da, wo sie diese ablehnen, sie bekämpfen oder belächeln. Trotz des dramatischen Wandels innerhalb von zwei bis drei Generationen bleiben tiefe Spuren. Äußere Veränderung vollzieht sich schneller als ganzheitliche – und damit auch leibhafte – Umgestaltung. Doch auf diesem Hintergrund werden auch neue Begegnungen von Töchtern und Müttern möglich. Einige alte Frauen haben mir erzählt, daß sie ihre eigene Emanzipation zusammen mit ihren Töchtern oder gar durch deren Anstiften vollzogen hatten. Eine solche Mutter ist etwa Rosalia Wenger, die Verfasserin des Buches ›Rosalia G. – ein Leben‹.

Der verdächtige Körper

Die Geschichte der weiblichen Organminderwertigkeit begann früher schon mit der Geburt: »Nur ein Mädchen!«. Der Vater war enttäuscht, die Frau fühlte sich als Versagerin, weil sie ihrem Mann keinen Sohn hatte schenken können. Dem kleinen Mädchen aber haftete ein Makel an, der nie wiedergutzumachen war: Sein So-Sein als Mädchen war »falsch«, war ein organischer Defekt. Diese Ausgangslage prägte noch das Selbstverständnis vieler Frauen, die heute in unserer Kultur der mittleren und älteren Generation angehören – und sie prägt noch immer das Selbstverständnis der meisten Mädchen und Frauen in anderen Kulturen. Die Geschichte ging durch die Kindheit hindurch weiter: Das Mädchen lernte sein Minderwertigsein am Beispiel der Mutter und anderer Frauen und durch die Wertungen, die ihm entgegengebracht wurden. Alfred Adler hat als einer der ersten diese Zusammenhänge durchschaut und zum Ausdruck gebracht:[24]

»Es wird vielfach übersehen, daß dem Mädchen seit seiner Kindheit die ganze Welt mit einem Vorurteil in den Ohren liegt, das nur geeignet ist, den Glauben an seinen Wert, sein Selbstvertrauen zu erschüttern und seine Hoffnung, je etwas Tüchtiges zu leisten, zu untergraben. Wenn es darin nichts als nur bestärkt wird, wenn es sieht, wie Frauen nur untergeordnete Rollen zugewiesen sind, dann ist es begreiflich, wenn es den Mut verliert, nicht mehr recht zugreifen will und schließlich vor den Aufgaben des Lebens zurück-schreckt. *Dann* freilich ist es untauglich und unbrauchbar. Wenn wir aber einem Menschen gegenübertreten und ihm den Respekt einzuflößen verstehen, der der Stimme der Gesamtheit zukommt, und wenn wir ihm alle Hoffnung absprechen, daß er es zu etwas bringen könne, wenn wir auf diese Weise seinen Mut untergraben und dann finden, daß er nichts leistet, dann dürfen wir nicht sagen, daß wir recht gehabt haben, sondern müssen eingestehen, daß *wir* das ganze Unglück verschuldet haben.«

»Organminderwertigkeit Frau« heißt also zunächst, nicht mit den richtigen – männlichen – Organen ausgestattet zu sein und die Konsequenzen dieses »Geburtsfehlers« zu tragen, einer Sozialisa-tion anheimzufallen, mit der das Minderwertigkeitsgefühl einver-leibt wurde. Konnte ein Mädchen seinen Körper bejahen, der es so an die mindere Seite des Lebens verraten hatte? Und war es einer Mutter möglich, die Körperlichkeit ihrer Tochter zu bejahen? Schon das kleine Mädchen erfuhr, daß sein Körper bei der Mutter weniger Beachtung fand als derjenige des Bruders. Der Vater, der das Mädchen hätte bestätigen können, war abwesend.[25] Zudem be-handelte er seinen Körper als ein Objekt, wie es ihm seine männli-che Geschichte nahelegte und die sich auch in den zahllosen Inzest-handlungen manifestiert, auch heute noch.

Der Verdacht der eigenen Körperlichkeit gegenüber wurde zu-dem dadurch verstärkt, daß Kinder nie den entblößten Körper ihrer Eltern sehen durften. Eine fünfzigjährige Frau äußerte in diesem Zusammenhang: »Ich habe meine Mutter nie nackt gesehen. Ganz selten erblickte ich sie in ihrem rosaroten Korsett, das ihre üppige Figur zusammenhielt. Die Beine waren blau geädert. Ich hatte im-mer das Gefühl, unter diesem Korsett müsse sich etwas Schreckli-ches verbergen. Und ich empfand einen geheimen Ekel vor ihren Oberschenkeln und dem Schlimmen, das da verborgen war und kei-nen Namen hatte.« Diese Empfindungen spiegeln wohl die Gefühle der Mutter ihrem eigenen Körper gegenüber wider, und die Un-möglichkeit, den Körper der Mutter zu sehen, steigerte diese Ab-neigung noch. Die Frau fuhr fort: »Als ich im Teenageralter war und weibliche Formen annahm, bekam ich immer mehr Schwierig-keiten mit meinem Körper. ›Jetzt wirst du wie deine Mutter‹, sagte ich mir.«

Während ihres Erwachsenwerdens identifizierte sie sich immer stärker mit dem Körper ihrer Mutter und lehnte sich selber ab. Ich bat sie dann, in ihrer Vorstellung ein Bild ihres nackten Körpers entstehen zu lassen, was für diese Frau nicht einfach war. Sie empfand dabei zunächst Ekel. Als sie ihn nach einer Weile aufzulösen vermochte, sagte sie: »Ich begann plötzlich eine Wärme und ein Prickeln im Becken zu spüren. Ich war bei mir und nicht mehr beim Bild. Ich spürte mich atmen, und mein Atem ging bis in den Bauch. Ich spürte ihn auch in meiner Scham, innen in der Vagina und dann auch in den Oberschenkeln. Es war erschreckend und schön zugleich. Mir fuhr durch den Kopf: ›Nein, nicht auch das noch! Jetzt fängt das noch an zu leben!‹ Doch allmählich konnte ich es zulassen. Dann sah ich auch das Bild wieder. Ich sah es und spürte mich gleichzeitig. Es war eine Frau, einfach eine Frau wie viele, mit etwas breiten Hüften. Mir wurde klar, daß ich eine Frau bin. Und es war schön. Ich wollte ja nie eine Frau sein. Jetzt weiß ich: Frau – das war meine Mutter. Nicht meine wirkliche Mutter, sondern eben diejenige, die ich mit meinen Kleinmädchenaugen sah und nicht sehen durfte.« Diese Frau hatte sich selbst mit dem Blick des kleinen Mädchens angeschaut. Oder noch anders: Sie hatte den Blick ihrer Mutter verkörpert, mit dem diese sich selber angeschaut hatte und ihn so auf sich selbst gewendet. Als sie begann, sich von innen zu erspüren, konnte sie ein anderes Bild von sich sehen, sich eine andere Geschichte über sich erzählen und damit eine neue Beziehung zu sich als Frau formen. Die alte Geschichte hatte geheißen: »Eine Frau ist etwas Ekelerregendes. Ich will keine Frau sein. Und das Verhängnis ist, daß ich es bin und immer mehr werde.« Die neue Geschichte hieß: »Ich bin eine Frau unter anderen Frauen. Und ich bin die Frau, die *ich* bin. Und ich kann mich dabei spüren.«

Der Körper, der tabu ist, strahlt schon sein »Verbotensein« aus. Das bezieht sich nicht nur auf die Sexualität, sondern auf die weibliche oder männliche Körperlichkeit überhaupt. Eine andere Frau sagte dazu: »Ich stellte mir immer vor, der Körper meiner Mutter sei etwas Schreckliches, und ich wollte mich selber nicht anschauen. Ich dachte, ›dann wirst du *es* sehen‹. Mit der Zeit sah ich, daß andere Frauen meines Alters ganz normal aussahen. Aber ich hatte das Gefühl, ich selbst sei körperlich nicht normal. Nein, es war eigentlich nicht ein Gedanke, eher ein Gefühl tief unten, das ich trotz aller emanzipierter Gedanken nicht loswurde. Als meine Mutter sehr krank wurde, sah ich erstmals ihren Körper. Ich war tief betroffen.

Ihre Glieder waren von marmorner Blässe. Die blauen Äderchen schimmerten durch. Die Schamhaare waren ganz weiß. Ich hatte nie gewußt, daß Schamhaare auch weiß werden. Der Körper meiner Mutter hatte etwas Schönes, obwohl er alt war, und ich empfand eine tiefe Zärtlichkeit für diesen Körper. ›Hätte ich dich doch früher sehen dürfen‹, dachte ich ... In diese Zärtlichkeit und Trauer schmolz etwas ein, das ich lange mit mir herumgetragen hatte. Es war die lieblose, verdächtigende Geschichte meinem eigenen Körper gegenüber gewesen.«

In diese Geschichten ist ein altes Schicksal von Frauen verwoben. Viele von ihnen hatten eine tiefe Versehrung ihres Körpers erfahren. Eine sechzigjährige Frau aus einem ländlichen Gebiet formulierte das sehr scharfzüngig: »Ich sehe diese Frauen noch vor mir. Da saßen sie und redeten. Alle aus der Form gegangen. Aufgedunsen und fettleibig. Zerstörte Körper. Und sie redeten, klagten über ihre Krankheiten ...« Sie selber war auffallend dünn und hatte sich geschworen, nie »so eine« zu werden. Wir haben heute andere Möglichkeiten. Wir treiben Sport, haben keine oder wenige Kinder, wir können für unseren Körper meist Sorge tragen. Aber wir haben die alten Geschichten in Fleisch und Blut. Und wenn wir uns kämpfend, spottend oder in verzweifelter Hast von ihnen absetzen, holen sie uns ein. Es bleibt zumindest der ursprüngliche lauernde Blick auf unseren Körper, eine oft unbewußte Absage an ihn. Das gilt nicht nur für Frauen über vierzig, sondern auch heute noch oft für sehr junge Frauen. Aber sie schweigen meist darüber, weil man solche Gefühle ja nicht mehr haben darf. Eine sechsundzwanzigjährige Frau gestand mir: »Ich kann mich nicht im Spiegel anschauen, schon gar nicht nackt. Da bekomme ich gleich Zustände. Nicht nur, daß ich mich häßlich fühle, sondern ich glaube, keine normale Frau zu sein. Ich habe Angst, irgend etwas an mir zu entdecken, was mir das beweist. Ich mißtraue meinem Körper.«

Sie können sich in diesem Zusammenhang die Frage stellen, welche Geschichten Sie über Ihre *weibliche* Körperlichkeit mit sich tragen. »Ich bin eine Frau« bedeutet auch, eine individuell gefärbte Körpergeschichte zu verkörpern. Lassen Sie die dazugehörigen Botschaften und Bilder in sich aufsteigen, soweit es Ihnen im Augenblick möglich ist. Und vielleicht können Sie spüren, daß unter den belastenden Geschichten auch »nährende« sind, die sich entfalten wollen.

Ich möchte in diesem Zusammenhang noch auf einen weiteren, mir wichtig erscheinenden Aspekt hinweisen: Je offener heute neue Perspektiven auch öffentlich formuliert werden, um so mehr werden alte Geschichten mit den zugehörigen Gefühlen von einigen Frauen als illegitim empfunden und verdrängt. Man darf sie nicht haben – und hat sie doch! Selbst in der Therapie kommen sie nur zögernd an die Oberfläche. Der öffentliche Entwurf neuer Geschichten läßt die alten zwar verstummen, oft jedoch nicht verschwinden. Wir können aber alte Geschichten nicht »überreden«, sondern müssen sie auflösen, sonst verkörpern wir sie weiter, ohne dessen gewahr zu werden, und die neuen Entwürfe verwandeln sich wieder in eine Norm. »Ich müßte doch endlich...« ist in jedem Fall eine einengende Verkörperung.

Wir befinden uns heute also in einer seltsam widersprüchlichen Situation. Wir tragen noch viele »stumme Geschichten« mit uns, Geschichten, die noch nie hatten zur Sprache kommen dürfen und die sehr oft die eigene weibliche Körperlichkeit betreffen. Und gleichzeitig haben wir »verstummte Geschichten«, solche, über die wir »hinausgewachsen sein sollten«. Das erste, was wir zu lernen haben, ist, uns auf die Wahrnehmung unserer verkörperten Geschichten ohne Wertung einzulassen. Nur dann eröffnen sich uns auch neue Perspektiven, die nicht wieder zum Ideal, zur Norm, zum »Muß« erstarren.

»Ich bin die Frau, die ich bin« heißt vor allem, sich selbst mit seiner Geschichte – auch mit der je eigenen Körper-Geschichte – anzunehmen, ohne sich für diese Geschichte nochmals entwerten zu müssen. Sonst wird das Minderwertigkeitsgefühl gleichsam potenziert. Erst auf der Basis wohlwollender Akzeptanz kann dem Satz eine weitere Bedeutungsebene zuwachsen: »Ich bin voll-wertig als Frau und als die Frau, die *ich* bin.«

Weiblichkeit als Fremd-Körper oder:
Mein Körper als Inspirations-Quelle

Die weiblichen Geschichten unserer Kultur und Gesellschaft legen es Frauen nahe, den Körper als Objekt und Besitz des Mannes zu verstehen, sich in Entwertung ihrer Person mit diesem Körper als einer Funktion zu identifizieren und sich damit gleichzeitig von ihm zu entfremden. Dies hat das letzte Kapitel gezeigt. Frauen müssen deshalb lernen, sich den eigenen Körper wieder anzueignen, eine neue Beziehung zu ihm zu formen und aus dem Erleben und Erspüren der weiblichen Körperlichkeit neue Perspektiven zu entwerfen, die es erlauben, eine jeweils persönliche Geschichte zu erschaffen und damit auch zu verkörpern.

»Nun hast du es halt auch« – alte und neue Geschichten zur Menstruation

Um einen solchen Prozeß der Selbstgestaltung darzustellen, wähle ich zunächst exemplarisch die Erfahrungen mit der Menstruation, um daran alte Geschichten darzustellen und einen möglichen Weg zu einer persönlichen Beziehung zum eigenen Monatszyklus aufzuzeigen.[26]

Es war für mich immer erschütternd, wie viele Frauen der heute mittleren und älteren Generation bedrückende Erlebnisse mit ihrer Menarche verbinden. Die Botschaften der selbst gedemütigten und an ihrer Körperlichkeit leidenden Mütter wirkten destruktiv darauf, wie die Töchter ihre Beziehung zur Menstruation gestalteten.[27] Sätze wie: »Jetzt hast du das halt auch«, oder: »*Das* hast du jetzt jeden Monat« drücken die Namenlosigkeit des Geschehens aus, aber auch die damit verbundenen Erfahrungen und daraus entstandenen Geschichten: »Jetzt wirst du eine Frau (und das ist ein schlimmes Schicksal voller Leiden).« Es gibt so etwas wie eine Enttäuschung, daß die eigene Tochter auch »vom Schicksal Frau« eingeholt wird. Sie hätte es doch besser bleiben lassen. Viele Mütter beginnen die werdende Geschlechtlichkeit ihrer Töchter beim Eintreten der Menstruation zu negieren.

Heute leben Generationen von Frauen nebeneinander, und die einen identifizierten sich noch mit den überkommenen Frauengeschichten, andere hörten sie noch von ihren Müttern, und viele begannen, diese Geschichten in Frage zu stellen. Sie machten sich auf, eine neue Identität als Frau zu suchen. Die Töchter dieser Frauen wiederum spüren zwar noch oft die Beschränkungen ihrer Mütter, haben heute jedoch andere Möglichkeiten, mit ihrer Körperlichkeit umzugehen.

Auch wenn es neue Perspektiven und neue Geschichten für den Umgang mit der Menstruation gibt, spüren Frauen häufig einen inneren Konflikt zwischen diesen neuen Geschichten, die sie gutheißen, und ihrer eigenen Realität: »Ich sollte ja meine Menstruation genießen, aber ich schaffe es einfach nicht. Ich fühle mich so daneben.« Hier wird die neue Geschichte zum »Soll« und auf diese Weise mit einer alten Geschichte verknüpft: »Geh nicht davon aus, was du erlebst, sondern davon, was dir gesagt wird, das du erleben sollst.« Das Ergebnis sind neue Minderwertigkeitsgefühle – oder alte, wie man will. Das – verkörperte – Gefühl des Ungenügens bleibt, auch in diesem Bereich.

Es gibt heute zahlreiche Frauen, die bemüht sind, eine neue Beziehung zu ihrer Menstruation zu finden. So sagte mir eine achtundzwanzigjährige Frau: »Ich nehme manchmal keine Tampons, sondern Binden, damit ich das Fließen meines Blutes spüren kann. Ich mag es, wenn das Blut fließt. So lernte ich, daß die Mens verschiedene Stadien hat. Zuerst die braunen Spuren, dann das rote Blut, dann die dicken Klumpen der Gebärmutterschleimhaut und das Auströpfeln am Ende. Ich finde das spannend.« Ich selber kann das heute nachempfinden, als Jugendliche habe ich jedoch erfahren, was viele Frauen zum Ausdruck bringen: »Ich bekam nie genug Binden von meiner Mutter. Ich sollte sparen. Wenn aber meine Hosen blutig waren, schimpfte sie mit mir. Ich wußte nicht, was ich tun sollte. Manchmal wusch ich meine Hosen selber aus, aber dann wurde die Mutter auch böse, weil ich sie ja nie ganz sauber brachte ... Es war demütigend. Ich war mit meinen Bauchkrämpfen schon genügend bestraft – und dann noch *das*!« So äußerte sich eine heute vierzigjährige Frau.

Die alte Geschichte zeigt die Menstruation als das, was »man hat«, als ein demütigendes Verhängnis, eben als Makel. Eine neue Geschichte könnte sein, daß Menstruation etwas Eigenes ist, etwas von mir, ein spannender Teil meiner selbst.

Wir formen auch unsere Beziehung zur Menstruation leibhaft. Sie selbst ist etwas Gegebenes. Wie wir mit ihr umgehen, kann unser Persönliches werden. Sie ist jedoch wiederum nur ein Ausschnitt aus dem *ganzen* monatlichen Zyklus. Frauen sind vor der Blutung oft gereizt, niedergeschlagen. Manche empfinden eine innere Unruhe, die sie in Arbeitswut umsetzen. Der Bauch ist gespannt, man fühlt sich schwerer, die Brüste oder der Rücken schmerzen. Die den Frauen zugeschriebene Launenhaftigkeit, ihre Unberechenbarkeit und Haltlosigkeit lassen sich hier bestätigen. Dagegen steht der Anspruch unserer Gesellschaft, reibungslos zu funktionieren.

Es gibt auch andere mögliche Geschichten: Eine Freundin von mir, Mutter eines Sohnes und einer Tochter, sagte mir letzthin: »Bei Buben ist das alles viel diffuser. Bei Mädchen und Frauen ist eine Struktur da. Sie wissen, womit ihre Stimmungsschwankungen zusammenhängen. Sie können sich in ihrem Zyklus wiedererkennen.« Bezogensein auf diesen Zyklus ist etwas Gegebenes. Wir können es als Ausgeliefertsein oder als Geborgenheit erleben – um nur zwei Extreme zu nennen.

Die Geschichte des Ausgeliefertseins und des Kampfes dagegen führt häufig zu Menstruationsstörungen. Aber auch diese Geschichte gilt es anzunehmen, bevor wir sie umformen können. Nur so können wir lernen, die Sprache unseres Körpers liebevoll zu erspüren. Dieses Erleben formulierte eine Frau Mitte Dreißig so: »In der ersten Zeit nach der Menstruation empfinde ich mich als leicht, unbeschwert, auch als ein bißchen neutral. Dann spüre ich den Eisprung. Ein Ziehen und leichte Kontraktionen. Ich bekomme mehr sexuelle Lust. Mit der Zeit verdichtet sich etwas im Bauch. Die Gebärmutter wird schwerer. Das Ziehen in den Brüsten beginnt. Schleim kommt aus der Vagina. Dann die Unruhe, und die Gebärmutter drückt nach unten. Seit den Geburten spüre ich das im Bekkenboden deutlich. Einige Tage vor der Mens geht viel Wasser weg. Ich werde träger. Und empfindlicher. Ich warte auf etwas – manchmal realisiere ich erst dann, daß jetzt gleich die Mens kommt. Dann gibt es eine Spannung, die ich trotz Müdigkeit abreagieren muß, meist räume ich alles auf. ›Es‹ muß noch gemacht sein. Wenn die Mens kommt, spüre ich zwar die Kontraktionen, aber ich bin trotzdem müde und entspannt. Ich bin nicht ganz bei mir, möchte mich einfach hinlegen und in meiner Schlaffheit dahinschwimmen, ohne feste Gedanken, ohne Pflichten. Ich bin etwas konturlos. Am dritten oder vierten Tag nehme ich wieder Form an ... Lange habe ich das als lästig empfunden, als etwas, das mir angetan wird. Jetzt finde ich es spannend, mich von Phase zu Phase zu erleben und Möglichkeiten zu finden, mit mir umzugehen. Ich kann mein Leben nicht immer danach einrichten, aber ich versuche es, werde erfinderisch. Ich fühle mich aufgehoben in dem Zyklus, der mich ›macht‹ und den ich mitgestalte.«

Diese Schilderung zeigt wiederum verschiedene Ebenen: Zunächst geht es darum, die eigene körperlich-emotionale Bewegung zu erspüren, anzunehmen und den Rhythmus mitzugestalten. Das ist ein Lernprozeß. Erst wenn wir den eigenen Zyklus entdecken, können wir ihn mitgestalten.

Vielleicht ist jedoch der Zugang zu diesem Erspüren durch die Geschichten erschwert, die wir uns erzählen und verkörpern. Wichtig ist wiederum, diese Geschichten wahrzunehmen. So sagte eine Frau in der Therapie sehr ungehalten: »Immer diese Mens, jeden Monat dasselbe! Und es ist so unangenehm. Ich fühle mich durch meinen Körper einfach gestört.« Der Kern dieser Geschichte war: »Ich hasse die Eigenmächtigkeit meines Körpers.« Und die Frau entwickelte daraus ein Kampfmuster, das nicht nur die Menstruation betraf, sondern die Erfahrung ihrer Körperlichkeit überhaupt. Die Geschichte verdichtete sich jedoch besonders in der Menstruation, denn sie war begleitet von Kopf- und Rückenschmerzen in den Tagen zuvor und von heftigen Bauchkrämpfen in den ersten Tagen der Blutung. Die Symptome wurden immer heftiger. »Ich will nicht!«, sagte sie sich jeweils, wenn »es« wieder begann. Sie hatte schon als Kind gelernt, daß man alle körperlichen Dinge »in Schach« halten müsse. Man durfte nicht krank sein, keine Schwäche zeigen, nicht zimperlich sein. Und mit diesen Maßstäben, die vor allem vom Vater gesetzt worden waren, hatte sie sich identifiziert.

»Ich konnte seine Sympathie gewinnen, wenn ich nicht so war ›wie die anderen Weiber‹. Ich war also nicht ein Mädchen wie alle anderen. Ich war eigentlich der Sohn, den der Vater sich erträumt hatte. Als ich dann die erste Mens bekam, war ich wie vor den Kopf geschlagen. Ich hatte etwas, das mich mit den anderen Frauen verband ...›, dieses lästige Zeug. Und ich hatte solche Schmerzen, daß ich zu Hause bleiben mußte. Zuerst habe ich die Zähne zusammengebissen und bin trotzdem zur Schule gegangen – es half nichts. Ich wankte wieder nach Hause. Und ich vergesse den enttäuschten, verachtungsvollen Blick meines Vaters nie.«

Diese Geschichte brach förmlich aus der Frau heraus. Mit Tränen der Wut sagte sie: »Die Mens ist schuld, daß ich die Liebe meines Vaters verloren habe. Ja, von diesem Tag an war er einfach anders zu mir. Ich war jetzt eben ›auch so eine‹. Das Bündnis mit ihm war aus. Und ich war allein.« Sie ballte die Fäuste und schrie: »Ich hasse dieses Blut, diese Schmerzen. Ich will nicht! Sag mir bloß nicht, ich soll noch Freude daran haben.« – Ich bat die Frau, bei dieser Wut zu bleiben, ohne sich in ihr zu verlieren. Sie schrie ihre ganze Wut gegen »diese Mens« hinaus. Dann sagte sie zu mir: »Es tut gut, daß du dir das angehört hast. Die anderen Frauen haben mir immer den Mund gestopft mit Sätzen wie: ›Das gehört halt dazu‹, oder: ›Du mußt eben eine positive Einstellung dazu finden‹. Zum Teufel damit! Ich will das sagen dürfen. Und ich glaube denen kein Wort. Die reden sich das ein. Oder sie sind dumme Weiber, saudumme!« Das Wichtigste war jetzt, daß ich zuhörte und ihre Gefühle akzeptierte.

Ein paar Wochen später fragte sie mich provozierend: »Findest du die Mens etwa auch angenehm? Bist du auch eine von denen? So saudumm wie die?« – »Ja, meistens mag ich meine Mens, und manchmal ist sie mir auch im Weg«, antwortete ich. »Siehst du«, sagte sie triumphierend, »auch du empfindest sie als lästig!« – »Manchmal«, antwortete ich. Darauf schwieg sie lange und schien nachzudenken. »Und dein Ziel ist natürlich, sie immer zu akzeptieren?« fragte sie dann wieder mit Wut in der Stimme. »Nein, ich versuche zu akzeptieren, was ich jeweils empfinde.« Die Frau hätte gern aus mir eine Verbündete oder ein »saudummes Weib« gemacht. Ich paßte in keine der Kategorien, und das ärgerte sie. Aber gleichzeitig war es auch ein Wendepunkt. Sie war auf sich zurückgestellt.

In der nächsten Stunde flammte ihre Wut nochmals auf. Dann löste sie sich auf, und der große Schmerz und ihre Enttäuschung über den Vater kamen zum Vorschein. Erstmals weinte sie heftig. Nun kam sie direkt in Kontakt mit den Erfahrungen in der Beziehung zu ihrem Vater, aus denen sie ihre Geschichte gebildet hatte. Die trotzig-wütende Verkrampfung ließ nach, auch im Zusammenhang mit der Körperarbeit, in die sie nun einwilligte. Die Krämpfe waren nicht mehr so heftig. Einmal aber sagte sie verzweifelt: »Du hast mir etwas weggenommen. Meine Wut und die Schmerzen, mit denen ich meinen Protest zeigen konnte. Es war das einzige, was ich hatte.« Und sie wurde eine Zeitlang depressiv. Doch der nun folgende Prozeß gipfelte in den Worten: »Die Mens kann ja nichts dafür. Vater, warum hast du mich nicht mehr geliebt? Ich bin doch ein Mädchen und nicht ein Bub!« Die Frau hatte erlebt, wie der Vater die Mutter verachtete und demütigte. Sie aber hatte einen Platz bei ihm gehabt, wenn auch oft mit Schuldgefühlen. »Aber eigentlich mußte ich ihm versprechen, kein Mädchen zu sein und keine Frau zu werden. Und dieses Versprechen konnte ich nicht halten ... Es war ja auch nicht zu halten, Teufel noch mal!«

Daß der Vater sich mit der Distanzierung von der Tochter vielleicht auch gegen auftauchende sexuelle Gefühle gewehrt hat, wurde im Laufe der Zeit ebenfalls deutlich. Und die Mutter? »Sie hat einfach gelitten, war depressiv. Und sie hat mir damit gezeigt, was es heißt, eine Frau zu sein: leiden und hinnehmen und dabei noch schmerzlich lächeln. ›Es ist einfach so, was willst du‹, sagte sie mehrmals zu mir, ›du mußt das Beste daraus machen‹. Und was hat *sie* gemacht? Sie hat resigniert.« Das war es. Gegen diese Resignation hatte die junge Frau so verzweifelt angekämpft.

Die Geschichte, die sie sich erzählt hatte, kann in die folgenden Worte gefaßt werden: »Entweder ich kämpfe gegen mein Frausein oder ich resigniere.« Als wir nun dazu kamen, diese Resignation körperlich zu erspüren und aufzulösen, ließ die Verkrampfung im Bauch noch mehr nach, und gleichzeitig richtete die Frau sich dabei auf. Sie entdeckte, daß sie eine standfeste Frau sein konnte, daß die Wärme in ihrem Bauch und das Wahrnehmen der inneren Bewegung sie nicht schwach zu machen brauchte. Sie lernte, daß es ein ganzes Spektrum gab, in dem sie sich bewegen konnte, und daß sie ihren körperlichen Empfindungen nicht einfach hilflos ausgeliefert war. »Ich bin nicht einmal stark und dann wieder schwach, sondern einmal stärker und einmal schwächer. Damit kann ich auch umgehen«, sagte sie gegen Ende der Therapie. Sie empfand die Mens nicht mehr global als Störung. Einmal erklärte sie lachend: »Das ganze ist wie umgedreht: Die Tage um die Mens herum geben mir die Legitimation, nicht immer auf Draht zu sein. Ich gebe mir mit der Mens das Recht zum Innehalten. Und ich beginne, es mir auch sonst herauszunehmen – ohne Grund.« Das war nun eine andere Geschichte, die sie sich erzählen und auch verkörpern konnte. Die Auseinandersetzung mit ihrer Menstruation hatte ihr dabei geholfen.

Eine neue, stärkende Perspektive zu entwerfen bedeutet nicht, daß wir alle dieselbe Geschichte erzählen müssen. Die Frau im letzten Beispiel fand eine für sie heilende und konstruktive Möglichkeit, den Menstruationszyklus zu gestalten. Der Schluß zeigt jedoch noch einen anderen wichtigen Aspekt: Nicht nur die Menstruation ist ein Lernprozeß. Sie kann auch – wie andere Körpererfahrungen – exemplarisch eine Neugestaltung des Lebens in Gang setzen. Diese Frau verstand es, die Erfahrung des Innehalten-Müssens so zu verkörpern, daß es zu einem Bestandteil ihrer selbst wurde. Das gilt nun freilich nicht nur für die Menstruation, sondern auch für andere Aspekte im Leben der Frau, etwa für Schwangerschaft, Geburt oder Menopause.

Es wird deutlich – so hoffe ich –, daß es ganz verschiedene neue und persönliche Geschichten gibt. Das Gemeinsame ist, daß sie nicht mehr fixierend, abspaltend, einseitig sein müssen, sondern ein flexibles Spektrum zulassen, das Selbstwahrnehmung und Lebendigkeit fördert. Sie sind kreativ und heilend – oft gegen die gesellschaftlichen Normen. Dazu gehört auch das Umsetzen in Verhaltensweisen, wie eine andere Frau es für sich ausdrückte: »Ich gestatte es mir, das Arbeitstempo zurückzuschrauben, wenn es nötig ist. Ich muß meine Unpäßlichkeit nicht mehr krampfhaft überspielen. Und ich nenne sie auch beim Namen, selbst wenn meine Kollegen und Kolleginnen ›betupft‹ sind oder peinlich berührt. Seither sprechen auch andere offener ›darüber‹. Und ich genieße es auch, wenn ich Elan habe. Ich muß nicht immer gleich sein. Ich bin keine Maschine. Ich bin ein Mensch, eine Frau.«

Anhand dieser Beispiele wird deutlich, wie ernstgenommene körperliche Erfahrungen Frauen auch dazu bewegen, sich den leistungsbezogenen Gesellschaftsmustern gegenüber kritisch und abgrenzend zu verhalten. Allerdings droht diese Gesellschaft auch wieder mit Ausschluß, wenn ihr Funktionieren in Frage gestellt wird. Schwangere Frauen und stillende Mütter wissen davon zu erzählen.

Die Erfahrungen mit der eigenen Körperlichkeit als Frau sind vielfältig und facettenreich, wenn wir die einzelnen Aspekte, aber auch den ganzen Lebenszusammenhang überblicken. Wiederum klingen bei vielen Frauen die überkommenen Geschichten an, die bereits zur Sprache gekommen sind. Es zeigt sich jedoch auch, wie sich die verschiedenen Nuancen ineinander verflechten und schmerzhafte Widersprüche erzeugen. Einerseits erleben Frauen sich als »Opfer« ihres Körpers, der einfach etwas »mit ihnen macht«. Anderseits erscheint dieser Körper selbst als reduziert auf bloße Funktion, und Frauen behandeln ihn selbst gemäß dieser Geschichte als Objekt, versehren ihn und *lassen* ihn versehren, oft ohne es zu merken. Gleichzeitig erleben Frauen auch ihre ganze Identität auf dieses körperliche Geschehen und seine Folgen fixiert und kämpfen dagegen an, setzen sich von ihrem Körper ab und bringen sich dadurch wieder um einen Teil ihrer selbst. – Ich möchte im folgenden versuchen, eine mögliche heilende Perspektive in bezug auf das leibhafte Lebenskontinuum zu formulieren.

Eine wichtige Grunderfahrung von Frauen bezieht sich auf den Fruchtbarkeitszyklus als ganzen, der in sich eine rhythmische Gestalt ist. Die erste Menstruation oder Menarche ist eines der wichtigsten Zeichen, daß das Mädchen sich zur erwachsenen Frau hin entwickelt. Der Menstruationszyklus begleitet die Frau dann bis zu den Wechseljahren, bis zur Menopause. Doch gehen zwischen Anfang und Ende Jahre der Vorbereitung voraus, Zeiten der allmählichen körperlich-emotionalen Umgestaltung. Der rhythmische Menstruationszyklus ist selbst nicht ein auf ein paar Tage beschränktes Geschehen, sondern eine uns *unablässig* begleitende Dynamik, die jede Frau mehr oder weniger deutlich wahrnimmt. Biologisches Programm, Zusammenhang mit dem kosmischen Mondzyklus und individuelle Gestaltung greifen ineinander.[28] Nach einer Befruchtung weicht der Menstruationszyklus dem spezifischen generativen Zyklus von der Schwangerschaft bis zur Geburt und bis zum Ende der Stillphase.

Mit der Geburt kommen außer dem Kind vier »Elemente« aus dem weiblichen Körper, die in anderen Kulturen oft rituell gefeiert werden:[29] Fruchtwasser und Fruchtblase, Nabelschnur, Blut und

Mutterkuchen. Schon vor der Geburt fängt meist eine andere Quelle zu fließen an: die Milch, meist nur eine gläserne Flüssigkeit, aber doch eine Vorbotin, ein Zeichen für die Vorbereitung des Körpers. Nach der Geburt beginnt sich diese Quelle zu erschließen und fließt in rhythmischem Austausch mit den Bedürfnissen des Kindes, ist also leibhafter Ausdruck von Beziehung zwischen Mutter und Kind. In den ersten Wochen nach der Geburt fließt zudem das Blut der Lochien.

Erst wenn eine Mutter nicht mehr voll stillt, tritt meist die Menstruation wieder ein, wodurch das Stillen auch eine die Fruchtbarkeit regulierende Funktion haben kann. Die meisten Frauen erzählen, daß erst mit dem endgültigen Abstillen auch die dem Menstruationszyklus zugehörigen Körperwahrnehmungen wieder auftreten. Zudem dauert es für die meisten Frauen etwa drei Jahre, bis sie nach einer Geburt wieder »ganz sie selber« sind. Der Fruchtbarkeitszyklus als ganzheitliche rhythmische Gestalt verstanden, ermöglicht Frauen auch, Sexualität nicht nur als etwas Punktuelles, sondern auch als Ausdruck der lebenschaffenden, also generativen Potenz zu verstehen.[30] Das heißt nicht, daß Sexualität zu konkreter Fruchtbarkeit führen muß – das wäre eine alte, funktionale Geschichte –, sondern daß Sexualität in einen Zusammenhang eingebettet ist, an dem wir teilhaben, auch wenn wir nicht alle seine Aspekte individuell durchleben.

Menstruationszyklus und generativer Zyklus sind in den umfassenden Fruchtbarkeitszyklus eingebettet, der von der Vorpubertät bis zum Abschluß der Wechseljahre reicht. Die Kindheit, die viel länger ist als bei den vergleichbaren höheren Säugetieren, bietet einen Freiraum, in dem sich die menschliche Individualität entwickeln kann. Erst seit etwa gut fünfzig Jahren ist es Frauen vergönnt, nochmals eine oft noch Jahrzehnte umfassende Lebensphase nach dem Beenden des körperlichen Fruchtbarkeitszyklus zu gestalten. Diese Möglichkeit kann das Lebensverständnis von Frauen ebenfalls verändern, da ihr Leben nicht mehr nur mit dem Vollzug dieses Zyklus zusammenfällt.[31] Wir leben und gestalten als Frauen nicht nur *einen* Zyklus, sondern mehrere aufeinanderfolgende und ineinandergreifende, die vom gesamten Fruchtbarkeitszyklus umfaßt sind. Gleichzeitig entsteht in unserem Jahrhundert eine neue, übergreifende Lebensgestalt, in welcher der zyklische Körperrhythmus eine vorübergehende Form darstellt, die dann in eine neue mit eigenem Wert und eigener Dynamik übergeht. Wir können deshalb das weibliche Lebenskontinuum als eine vielschichtige und reiche rhythmische Bewegung verstehen. Wir *sind* diese Bewegung, und wir formen sie gleichzeitig. Ich möchte dies nochmals verdeutlichen:

Die Wahrnehmung der eigenen Körperlichkeit in all ihren Dimensionen vermag die Körperidentität zu stärken. Uns ist jedoch die Fähigkeit, auf unseren Körper zu hören, auf ihn zu achten, weitgehend abhanden gekommen – und zwar nicht nur den Frauen. Die starke körperliche Dynamik der Frau bietet jedoch eine Herausforderung und Chance, diese Fähigkeit wieder einzuüben. Und ich sehe dies als eine Perspektive für mögliche neue Geschichten, die Frauen erfinden können. Diese wiedererworbene Fähigkeit öffnet auch den Zugang zu der Erfahrung, daß es sich nicht um ein »rein körperliches«, sondern um ein ganzheitliches Erleben handelt. Nicht nur mein Körper menstruiert, ist schwanger, gebiert usw. Ich bin es selbst, aber nicht, indem ein »Ich« dem Körper ausgesetzt ist, sondern indem ich die körperliche Dynamik erlebe, ihren Gesetzen folge und sie gleichzeitig *forme*.

Fähigkeit zur Wahrnehmung der »Körpersprache«, Erfahrung der Ganzheitlichkeit unserer leibhaften Dynamik und Einheit von Formen und Geformtwerden sehe ich als wichtige Perspektiven für neue Geschichten. Wenn wir den umgreifenden Rhythmus unseres Körpers ins Auge fassen, zeigt er uns nochmals deutlich, daß »Körper« nichts Statisches, sondern eine Bewegung ist. Wir selber sind ein rhythmischer Prozeß. Gerade der weibliche Lebenszusammenhang läßt dies für uns konkret werden. Umgekehrt verweisen die körperlichen Erfahrungen als Frau wieder auf die umfassende und ganzheitliche Lebensbewegung. Die Dynamik unserer Körperlichkeit und die umfassende Lebensdynamik sind eins. Es ist unser ganzheitlicher Rhythmus, und wir sind zugleich Teil des umfassenden Rhythmus des Lebendigen. Persönliche und überpersönliche Ebene verbinden sich.[32]

Die bisher formulierten Perspektiven sind dem Mann nicht unzugänglich. Wir haben jedoch als Frauen die Chance, unsere unmittelbare körperliche Dynamik, die der männlichen nicht vergleichbar ist, als Lernprozeß zu verwenden, wenn wir sie nicht mehr funktionalisieren, abspalten oder bekämpfen. So können wir vielleicht auch unser Leben eher als einen Rhythmus verstehen, das Vorübergehende von Lebensaufgaben auch im Berufsbereich eher akzeptieren, als es Männern gemeinhin möglich ist.

Die Quellen des weiblichen Körpers

Es gibt noch weitere wesentliche Aspekte, in denen sich weibliches und männliches Erleben unterscheiden. Der weibliche Körper hat fließende Quellen, die sich erschließen: das im Mondrhythmus fließende Blut, die Lochien und die nährende Milch für das Kind. Das ist ein anderes Erleben als der jähe und plötzliche Fluß des Samens. Wir können dieses Fließen als ein Mysterium unseres Körpers erleben, aber auch als »peinliche Äußerung unserer Natur«. Viele Frauen sind von Ängsten geplagt, auf ihren Kleidern könnten Blutflecken erscheinen, ein unwillkommener Geruch könnte auftauchen, oder die Milch könnte ihre Spuren auf Blusen hinterlassen. Eine dienstfertige Industrie bietet Gegenmittel an, und doch kann dieses Fließen auch eine Bedeutung haben, verbindet uns mit den uns verborgenen Bewegungen in unserem Körper. Jeder Monatszyklus beschließt sich mit einem Ausfließen des Blutes. Und unser Körper vermag Nährendes zu erschaffen, das aus uns als nährende Quelle kommt. Über unser Fließen können wir einen Bezug zu unseren inneren Quellen, zum Nahrungschaffenden und zur »weisen Wunde«[33] bekommen.

Aus dem eigenen Körper kommt auch das Kind, das nicht »ich« ist. Ein Neues nimmt Form an, genährt von der eigenen Substanz, und ist doch ein »anderes«, das die leibhafte Beziehung, aus der menschliches Leben wird, erleben läßt. Ich erinnere mich in diesem Zusammenhang an eine Situation während meiner zweiten Geburt. Die Hebamme sagte mir, der Kopf werde sichtbar, und unwillkürlich tastete ich in meine Vagina hinein. Ich erschrak. Es war ein tiefes, kreatürliches Erschrecken. Was ich da spürte, war ein Fremdes, etwas, das ich nicht wie meine Vagina als Teil von mir wahrnahm. Ich tastete und war nicht gleichzeitig das Ertastete. Vielleicht nur für eine Sekunde war da Entsetzen, das keine Sprache fand. Und auch jetzt kann ich das Erleben nur um-schreiben. Ein Schlag gegen mein bewährtes »Ich-Selbst«. War *ich* das mit einem Fremden in mir? Oder war ich das Ich-Selbst mit diesem Fremden zusammen? Wer war ich denn überhaupt, daß so etwas geschehen konnte? Die Ungeheuerlichkeit dieses anderen … Ich nahm dies wohl so wahr, weil es unvorbereitet geschah, bevor ich mir eine Geschichte dazu erzählen konnte. Und genau diesen sprachlosen Augenblick kann ich *so* nicht wiedergeben, weil ich ihn immer schon in der Form einer Geschichte erzähle. Da war aber ein Moment lang keine Geschichte, da war ein staunendes Erschrecken …

Durch Schwangerschaft und Geburt, durch die Nähe zum Neugeborenen wiederholt die Frau auf einer anderen Ebene das, was sie als Kind zu Beginn ihres Lebens erfahren hat. Dies hat wohl auch Auswirkungen auf die Beziehung zwischen Mann und Frau. Der Mann mag in der Beziehung zur Frau das eigene frühe Kindsein in verwandelter Form wiederfinden. Er »kehrt zurück«, während es der Frau in einer Art Spiegelung wieder begegnet. – Freilich kann auch der Mann symbolisch Weiblich-Mütterliches der eigenen geliebten Frau gegenüber verkörpern, die Frau Männlich-Väterliches. Dies vermag eine kreative Spannung und Erfüllung in der Beziehung zwischen den Geschlechtern zu erschaffen, ein Verlangen nach der Eigen-Art des anderen, die zu empfangen und als geschlechtliche »Schatten-Möglichkeit« der eigenen Identität zu integrieren es gilt. Dann kann die eigene leibhaft-geschlechtliche Dynamik ausgespielt werden, ohne ein wertendes Gefälle zu erzeugen.

Durch die Quellen unseres Körpers, die nach außen fließen, durch das Gebären eines Kindes – oder schon durch die leibhafte Möglichkeit dazu – haben wir als Frauen einen Zugang zum Inneren unseres Körpers. Es gibt eine unmittelbare Verbindung, ein »Tor« nach innen, und wir können uns leibhaft so weit auftun, daß ein Neues aus uns kommen kann. Das ergibt ein anderes Körpererleben als das männliche. Frauen müssen sich weniger mit den Grenzen ihres Körpers identifizieren. Wenn es uns gelingt, diese Dynamik auszuloten, werden grundlegende Unterschiede in den organismischen Erlebensformen deutlich. Sie können als neue Perspektive dienen, ohne die alten, wertend trennenden Geschichten mit ihrer Polarität von aktiv-passiv damit zu verbinden. Wenn wir die Verschiedenheit der organismischen Erfahrung zulassen, erkunden und als Kontinuum verstehen, können wir vielleicht auch eine neue Liebes-Geschichte gestalten, in der eine Einheit von kreativer Spannung und Integration des »anderen« als Schattengeschlecht möglich wird.

Geschlechtlich sein als pulsierende Bewegung

Die überkommene Geschichte besagt, daß der Körper etwas für sich ist. Er ist unser Besitz, den wir »haben«, eine statische Größe, die sich »feststellen« läßt. Zugleich verbindet sich damit auch eine Wertung, die bedeutet, daß der Körper das »Untere« oder gar das »Niedrige« ist. Diese mitgebrachten Geschichten beziehen sich ebenso auf die Sexualität. Oft ist der Körper selbst das »Untere«, weil mit ihm Sexualität verbunden ist. Sie steckt den Körper gleichsam mit dem Sexuellen an und verdient deshalb Mißtrauen. Es sind alte Geschichten, die für viele junge Frauen keine Bedeutung mehr haben, während sie für die mittlere und ältere Generation oft noch Gültigkeit haben. Viele dieser Frauen mußten noch in Unterhosen baden, durften sich weder anschauen noch betasten, hielten Onanie wie vorehelichen Geschlechtsverkehr für Sünde ...[34] Viele von ihnen brachen aus diesen Geschichten aus, empörten sich später gar über sie und merkten dennoch, »daß etwas davon noch haften geblieben war.« Andere lebten und leben eine freie Sexualität, gestatten sich Abenteuer.

Doch die Liberalisierung der Sexualität führt oft zu sexuellen Erlebnissen, die ebensolche Spaltmuster sind wie die alten tabuisierenden Geschichten. Damit meine ich nicht, daß ein sexueller Kontakt von vornherein etwas Abgespaltenes ist. Er kann sehr wohl in einem ganzheitlichen Sinn erfüllend sein, für beide Beteiligten beglückend. Das Spaltmuster entsteht nicht unbedingt dadurch, daß sexuelles Erleben und länger dauernde Beziehung voneinander getrennt sind, sondern zunächst durch die Abtrennung der Sexualität von der eigenen Person. Ebenso wie wir sagen, ich habe einen Körper, pflegen wir Sexualität zu haben. Auch hier gibt es einen Besitzer oder eine Besitzerin von Sexualität. Jemand hat vielleicht eine starke oder eine schwache Sexualität. Es ist ein Ich da, welches einen Behälter mit Sexualität hat, der sich irgendwo unten in seinem Körper befindet.

Ich überzeichne diese Geschichte, um ihre »Habhaftigkeit« deutlich zu machen. Anders ist es, wenn ich sage: »Ich bin geschlecht-lich«. Wir pflegen ja auch meist davon zu sprechen, welches Ge-schlecht jemand hat. Wenn ich jedoch geschlechtlich *bin*, dann ist Geschlechtlichkeit ein Bestandteil meiner Person, etwas, das sie durchformt und sich nicht herausdestillieren läßt. Sie ist deshalb nicht einmal ein *Teil* von mir, sondern eine »Färbung« meiner selbst, die in allem mitschwingt. Zu dieser Geschlechtlichkeit ge-hört auch, sexuell zu sein. »Sexuell sein« heißt wiederum nicht nur »sexuelle Gefühle empfinden«, sondern, umfassender, sich als sexu-ell erleben.

Als ich mich einmal vor Jahren längere Zeit in einem therapeuti-schen Ausbildungsseminar befand und viel Zeit für mich hatte, wurde mir dies erstmals deutlich. Ich saß im Freien auf einer Bank in der Sonne, um mich herum schmolz der Schnee. Überall tropfte das Wasser von glitzernden Schneerändern, und unter der Schneedecke sammelten sich glucksende Bäche. Ich spürte die Wärme der Vor-frühlingssonne auf meiner Haut und atmete tief. Ich sah, hörte und roch sie. Ich fühlte mich ruhig, war einfach da. Da begann ich eine leise zitternde Bewegung in mir selber wahrzunehmen. Mit der Zeit verstärkte sie sich, wurde zu einem starken Pulsieren und Pochen, das mich fast überwältigte, und schließlich zu einem Strömen, das mit intensiver und gleichzeitig sanfter Wärme verbunden war. Ich gab mich diesem Strömen hin, das sich über meinen ganzen Körper ausbreitete und die verschiedensten Schattierungen annahm. Ich spürte eine schmelzende, zärtliche Bewegung in meiner Brust, ein Gefühl von warmer Fülle im Bauch und ein erotisches Prickeln, das langsam aus meinem Beckenboden aufstieg. Alle Nuancen meiner Wahrnehmung flossen schließlich ineinander und waren nur die eine pulsierende Bewegung, die ich selber war: erotisch, zärtlich, sanft und intensiv zugleich, leidenschaftlich und voller Ruhe in ei-nem.

Die eigene pulsierende Lebendigkeit hat viele Schattierungen und ist doch die eine Bewegung, der wir uns anvertrauen oder verschlie-ßen. So sind Erotik und sexuelle Empfindungen *eine* Qualität im Spektrum der pulsierenden Bewegung, die wir selber sind.

In der Entwicklung des Kindes ist dieser Kontakt mit dem eige-nen Lebendigsein deshalb auch die Grundlage für das eigene Ge-schlechtlichsein, gespeist aus der Liebe der Eltern, ihrer Freude an ihm. Die Lust des Babys ist eine noch unspezifische. Sie hat viel zu tun mit den vielfältigen Berührungen, die ihm zuteil werden. Es gibt zärtliche, verspielte, kosende, zweckgerichtete, mißbrauchende oder auch ablehnende Berührungen, auf die das Kind in einem leibhaften Dialog antwortet. Es lernt, ob es sich der Berührung anvertrauen kann, vor ihr zurückzucken, sich versteifen oder verhärten muß oder es lebt in ungestillter Sehnsucht nach liebevollem Berührtwerden. Es lernt daraus, wie es mit sich selbst in Berührung sein kann. Es nimmt also die Qualitäten der erfahrenen Berührungen leibhaft in sich auf. Dabei ist es nicht nur entscheidend, ob sie liebevoll sind, sondern auch, ob das Kind eine Vielfalt, ein Spektrum an Berührungen erlebt.[35]

Viele Menschen haben in ihrer Familie wenig an Berührung erfahren. Ein Mann äußerte dazu: »Bei uns gab es keine Zärtlichkeiten. Wir berührten einander überhaupt kaum, auch die Eltern taten es vor uns Kindern nicht. Die Eltern liebten uns zwar, aber es war eine karge, auf die Bewältigung des Alltags ausgerichtete Atmosphäre. Das Bedürfnis meiner Frau nach Nähe und Streicheln ist mir fremd. Ich bin da einfach hilflos.«

Auch aufgedrängte Berührungen führen zu einer Abwehr von körperlicher Nähe. Hinter den Schwierigkeiten, Berührung anzunehmen und zu geben, stehen viele verschiedene Geschichten. Eine dieser Geschichten ist die Bedeutungslosigkeit oder Abwertung des Körperlichen, die sich jedoch nicht nur auf Zärtlichkeit bezieht, sondern auch auf den kindlichen Ausdruck der Freude und Lust am eigenen Körper, der mit Mißbilligung bestraft wird. Doch gerade diese Lust ist besonders wichtig. Kinder lieben es, nackt zu sein. Sie strampeln, entdecken ihren Körper, später tollen sie herum, betasten sich, erkunden alles, was ihr Körper ist und was aus ihm herauskommt und die Empfindungen, die mit ihm verbunden sind. Sie wollen gestreichelt, gekitzelt, gepackt sein, wollen schmusen und kämpfen, sich im Sand wälzen, im Schlamm graben, den Boden unter den nackten Füßen spüren, im Bad planschen ... Sie entdecken nicht nur ihren Körper, sondern auch die Umwelt durch ihren Körper und den Körper in der Berührung mit dieser Umwelt.

Dieses ganze Spektrum hat auch heute noch nicht den ihm zustehenden Raum. Dies wurde mir besonders augenfällig, als ich vor Jahren erstmals jenen Privatkindergarten besuchte, in den ich meine Kinder schicken wollte. In einem Zimmer sah ich eine Gruppe nackter Kinder im Alter von drei bis sechs Jahren, die auf Bergen von Matratzen herumbalgten und mit großem Geschick aus der Höhe in den federnden Grund sprangen. Darin war so viel Lust, so viel an Vertrautheit mit dem eigenen Körper und seinen Möglichkeiten, so viel an hautnahem Kontakt. Wenn meine Kinder dann im Sommer auf einen Spielplatz kamen, warfen sie gleich alle ihre Kleider von sich und begannen lustvoll die schönsten Wasser- und Sandspiele zu spielen. Das wirkte ansteckend, doch viele Mütter zerrten mit vorwurfsvollem Blick auf mich ihre wohlgekleideten Kinder weg ... Wir sind eben noch immer eine Gesellschaft in Tuch-Fühlung. Und so können wir nicht lernen, daß wir leibhaft und geschlechtlich sind.

In einer mit dem Leiblichen befreundeten Gesellschaft müßte es auch keine ritualisierte sexuelle Aufklärung geben, deren Peinlichkeit noch vor drei und mehr Jahrzehnten sprichwörtlich war. Heute ist Aufklärung häufig vor allem sachlich, einseitig, informationsorientiert und führt damit die alten Spalttendenzen mit anderen Vorzeichen weiter. Aufklärung könnte jedoch ein Beziehungskontinuum sein, in dem die Kinder von klein auf einen Spielraum für ihre körperlichen Entdeckungen hätten und mit der Körperlichkeit ihrer Eltern in naher Verbindung lebten, allerdings ohne daß diese in eine inzestuöse Atmosphäre ausschlägt. Auch hier entfaltet sich ein reiches Spektrum, wenn die Eltern selber ihre Leibhaftigkeit zu leben vermögen. Kinder lieben in einer solch leibfreundlichen Welt ihren eigenen Körper und haben auch einen freundlichen Bezug zu dem der Eltern. Er ist den Kindern aus dem Erleben der Nähe und der Erlaubnis, ihn sehen zu dürfen, vertraut. Dadurch bekommt auch der eigene Körper eine neue Bedeutung, und die eigene Geschlechtlichkeit wird als Perspektive konkret. »Papa hat ein großes Schnäbi. Es ist viel größer als meines, schau! Und einmal habe ich dann eines wie Papa.« Oder meine siebenjährige Tochter erklärt mir: »Meine Brüstlein sind schon ein bißchen dicker geworden, sieh mal! « Und sie hilft mit ihrer Hand ein wenig nach, um einen kleinen Hügel zu formen. »Einmal habe ich dann Brüste wie du, so große, schau, es kommt schon ein Tropfen Milch, sicher!« Auch das andere Geschlecht wird vertraut. Die Kinder erleben die Menstruation der Mutter, vielleicht auch Schwangerschaft, Geburt und Stillen. Sie spielen selber, sie seien schwanger, stopfen sich Puppen in die Kleider und gebären ... Kinder wachsen so Schritt für Schritt in ihre leibhafte Geschlechtlichkeit hinein, erleben sie als erregendes

Abenteuer, als Befreundung mit ihrem Körper und nicht in erster Linie als Rollenverschreibung.

Verkörperte Sprachlosigkeit

Lange Zeit blieb der körperliche Bereich des Geschlechts mehrheitlich sprachlos. Zwar gab es immer die sachlichen Ausdrücke wie »Penis« und »Vagina«, aber das war ein unfamiliäres Vokabular. Den männlichen Genitalien wurden viel eher Namen gegeben, auch im Bereich der kindlichen Welt, während die des Mädchens namenlos blieben. Das bedeutete: Der Knabe hatte »etwas«, wo beim Mädchen »nichts« war. Dies ist die Botschaft, die schon kleinen Mädchen vermittelt wurde. Eltern fanden früher auch kaum eine adäquate Sprache für sexuelle Aufklärung. Der moderne Sprung in die medizinisch-versachlichende Sprache ist ebenfalls nur eine Scheinlösung, da dadurch der Raum der Beziehung gerade für Jugendliche fehlt. Die Sprachlosigkeit des sexuellen Bereichs war jedoch eine deutliche Sprache – um es paradox auszudrücken. Sie vermittelte ein Tabu. Kinder wurden zudem an ihren Genitalien kaum berührt – höchstens beim Wickeln im Säuglingsalter oder mechanisch beim Waschen oder aber in Inzesthandlungen. Dabei lernten sie früh, ihre Genitalien weder zu betrachten noch zu betasten. Die alten katholischen Beichtspiegel legen davon Zeugnis ab.[36]

Das Tabu in bezug auf das eigene Geschlechtsorgan ist jedoch nicht einfach eine moralische Vorstellung, sondern ebenso ein körperhaftes Muster. Eine fünfzigjährige Frau, die streng katholisch erzogen worden war, erlebte dies in der Therapie sehr deutlich: »Wir mußten in meiner Kindheit auch in der Badewanne noch Unterhosen anhaben. Wenn ich meine Scheide mit dem Waschlappen etwas länger rieb, fuhr meine Mutter dazwischen. Noch heute spüre ich, wie ich irgendwie automatisch zurückzucke, wenn ich meine Scheide berühre, obwohl ich das Ganze doch längst überwunden habe.« Als wir mit diesem Muster arbeiteten, spürte die Frau, wie sie ihre Vagina verengte, den Bauch einzog und dann die Schultern anhob, als erwarte sie, ausgescholten zu werden. Als die Frau, die große sexuelle Schwierigkeiten hatte, das Muster aufzulösen wagte, spürte sie eine intensive Wärme im Bereich ihrer Vagina. Sie erschrak und sagte: »Genau das durfte nicht sein. Oh, ich verstehe, dieses Zurückzucken galt nicht der Berührung. Ich lernte, meine sexuellen Gefühle wegzuklemmen.« Das Tabu ist also buchstäblich in Fleisch und Blut übergegangen.

Was tut ein Mädchen, wenn es beim Betasten seines Genitals oder gar beim Doktorspielen überrascht und anschließend ausgescholten oder gar bestraft wird? Der leibhafte Schrecken bezieht sich nicht nur auf diese Situation. Er wird vielmehr verbunden mit dem Auftauchen von Gefühlen des Kitzels, der Erregung, sexueller Empfindungen. »Sobald ich ›solche Gefühle‹ in mir auftauchen spürte, packte mich der Schrecken. Ich zog mich zusammen, um sie wegzumachen.« – »Als wir fünf oder sechs Jahre alt waren, berührten meine Freundin und ich einander. Und wir waren der Überzeugung, deswegen in die Hölle zu kommen. Daß ich es dennoch nicht lassen konnte, gab mir ein Gefühl der Hilflosigkeit und des Ausgeliefertseins an diese Empfindungen. Es war schlimm, daß in meinem Körper solche wunderbar angenehmen Empfindungen waren, von denen ich wußte, daß sie Sünde bedeuteten. Sie stiegen hoch, übermannten mich. Und anschließend versteifte ich mich, damit sie nie, nie mehr auftauchen sollten. Noch in meiner Ehe fühlte ich mich nach jedem Zusammensein mit meinem Mann völlig verkrampft. Obwohl ›es‹ jetzt ja erlaubt war.«

Die Verbote und Tabus waren oft so bestimmend, daß Kinder nicht wahrnahmen, was sie nicht sehen sollten, etwa den schwangeren Bauch der Mutter. Eine vierzigjährige Frau, die in einer ländlich-katholischen Umgebung aufgewachsen war, erzählte, daß sie furchtbar erschrocken sei, als ihre Brüste zu wachsen begannen. Sie hatte den Eindruck, eine gefährliche Geschwulst zu haben, und geriet in Panik. Sie habe in all den Jahren nicht einmal wahrnehmen dürfen, daß Frauen Brüste haben.

Kinder und Jugendliche müssen solche Tabus heute nicht mehr verkörpern. Dennoch ist die Beziehung zur eigenen Geschlechtlichkeit je nach Herkunft sehr unterschiedlich. Noch immer ist es für manche – zum Teil auch junge – Frauen unmöglich, den Bereich der Vagina zu erkunden.[37] Sie dürfen sich zwar »äußerlich« berühren, sich anschauen, lassen aber die Finger von ihrem Innenraum oder betrachten ihre Vagina kaum je im Spiegel. Hier gibt es bei vielen immer noch die alte Verkörperung: »Nicht anfassen!« Das ist

freilich eine Form der Enteignung: »Der Gynäkologe darf da hin-
einschauen und -spüren, ich aber nicht.« Auch schwangere Frauen
untersuchen sich kaum selber, obwohl die Schwangerschaft auch
eine Chance sein kann, diese Schwelle zu überwinden. Eine jüngere
Frau erzählte: »Als ich schwanger wurde, spürte ich, wie sich meine
Scheide veränderte. Bisher hatte ich nie das Bedürfnis gehabt, sie anzuschauen. Jetzt aber wurde ich plötzlich neugierig. So habe ich das
komische Angstgefühl vor dem Raum meiner Scheide überwinden
gelernt.«

Eine etwa gleichaltrige Frau äußerte sich dazu: »Irgendwann einmal ging mir auf, daß meinem Freund meine Vagina vertrauter war
als mir selbst. Er durfte sie anschauen, betasten, in sie eindringen.
Ich spürte sie eigentlich nur durch ihn beim Koitus. Als mir das
plötzlich bewußt wurde, fand ich es so absurd. Meine Scheide gehörte gar nicht mir. Als ich noch ein Mädchen war, versuchte ich, da
einen Tampon hineinzudrücken. Es ging nicht. Das war wie die Bestätigung einer Botschaft: Eintritt verboten! Unzugänglich!
Schließlich verschaffte sich mein Freund den Zutritt. Und dabei
blieb es auch. Und nun war ich also da mit dem mir fremden Terrain – in mir. Ich hätte nie gewagt, mit jemandem darüber zu sprechen. Aber ich holte mir – erstmals – einen Spiegel und betrachtete
die Topographie genau, die ich nur von den Berührungen der Klito-
ris kannte, als ich onanierte. Und dann begann ich erstmals, meine
Scheide zu erforschen, spürte ihre Innenwand, den geschlossenen
Gebärmuttermund ... Endlich wurde die Scheide wirklich *mein* Innenraum. Und dadurch wurden die sexuellen Empfindungen auch
irgendwie anders. Ja, es waren eben meine Empfindungen. Ich ließ
meinen Freund ein in *meinen* Innenraum. Manchmal schämte ich
mich auch, weil das für andere Frauen selbstverständlich war, was
ich eben erst am Entdecken war.«

Dieses Entdecken der eigenen Vagina ermöglicht auch das Wahrnehmen der Veränderung während der Schwangerschaft. »Es war
verrückt«, sagte eine etwa dreißigjährige Frau, »erst diese rosaroten
Schamlippen, so zierlich zusammengefaltet, und nun die fleischi-
gen, fast violetten Wülste. Da merkte ich so unabweisbar, daß ich
kein Mädchen mehr war. Das Wort ›Weib‹ fiel mir ein. Es
schmeckte mir und befremdete mich auch. Und da wird das Kind
herauskommen. Es ist immer noch unfaßlich.« Als wir von der Beziehung zum eigenen Körper sprachen, sagte eine Frau in der The-

rapie unvermittelt zu mir: »Manchmal kommen mir merkwürdige Gedanken, wenn ich einen Mann anschaue. Der muß doch ein ganz anderes Körpererleben haben. Er ist – wie soll ich sagen – er ist irgendwie ›verschlossen‹. Für sich selber unerreichbar. Das klingt zu philosophisch. Aber, es gibt für mich doch einen Zugang nach innen, einen Tunnel, der in mich hineingeht. Ich habe irgendeine Vorstellung, nein, eine konkrete Erfahrung, daß in mir ein Raum ist, den ich ertasten kann. Und ich kann mir nicht vorstellen, wie es ist, wenn man da nicht hineinspüren kann.«

Hier dürfen auch die Phantasien Gestalt gewinnen, einmal das andere Geschlecht zu sein. Wie wäre es, wenn ich eine Vagina, wenn ich einen Penis und Hoden hätte? Nicht als Neid erlebt, sondern als Identifikation mit dem Schattengeschlecht. »Wir spielten manchmal, ich sei der Mann und mein Mann die Frau«, erzählte mir eine Frau, »es war ein Spiel, und wir lachten dabei, aber es war auch mehr als ein Spiel. Ich war dann wilder und aggressiver, und mein Mann schloß die Augen und war ganz hingegeben. Wir kamen da auch über unsere Rollenklischees hinweg. Aber nicht nur das. Ich identifizierte mich wirklich mit seinem Penis, und er hatte ein Gefühl, unten offen zu sein. Es war lustvoll und belustigend zugleich.«

Wichtig ist es also, Sprache im Bereich von Geschlechtlichkeit zu finden, denn Sprache schafft Beziehung. Kinder kreieren im Austausch mit der Mutter häufig liebevolle, zärtliche und spielerische Wörter. So entsteht ein inniger Beziehungsraum für die eigene Geschlechtlichkeit, der als tragende Atmosphäre bleibt, selbst wenn diese Namen später wieder verlorengehen. Auch Liebespaare schaffen sich manchmal auf ähnliche Weise einen intimen Sprachraum, in dem sie ihre Zärtlichkeit bergen können.

Häufig müssen wir diese Sprache als Erwachsene erst lernen. Viele Menschen, die noch in alten Tabus mit ihrer Stummheit aufgewachsen sind, können dem Partner oder der Partnerin gegenüber die eigenen Erfahrungen, Wünsche und Bedürfnisse kaum zum Ausdruck bringen. So entstehen Stummheit, Einsamkeit und Mißverständnisse auch im Raum von Beziehungen und versehren damit den Bezug zu Körperlichkeit und Sexualität. Eine Frau, die wegen sexueller Schwierigkeiten zu mir gekommen war, drückte dies so aus: »Ich habe gelernt, daß man ›darüber‹ nicht sprechen darf. Und als dieses Verbot für mich keine Gültigkeit mehr hatte, *konnte* ich nicht sprechen. Bei jedem Anlauf verkrampfte ich mich und war wie gelähmt. Und diese Lähmung übertrug sich auf die sexuelle Beziehung zu meinem Mann, die anfangs noch lebendig gewesen war. Ich versuchte, ›es‹ mit mir selbst auszumachen, spürte aber, wie sich damit etwas Trennendes zwischen meinen Mann und mich schob. Ich hoffte auf seine Initiative, auf eine Art Erlaubnis von ihm. Er aber dachte, es sei alles in Ordnung, und nahm die wachsenden Schwierigkeiten erst wahr, als ich immer passiver wurde. Da dachte er aber, ich hätte einfach Probleme ... Jetzt wird mir klar, daß wir an gegenseitiger Stummheit leiden.« Auch »Stummheit« ist eben kein isoliert sprachliches Problem, sondern ein ganzheitliches, das den leibhaften Dialog mitformt. Wenn wir dies zu akzeptieren gewillt sind, vermögen wir auch, unsere Sprach-Not ernster zu nehmen.

Wenn wir von der Tabuisierung des Leiblichen und Sexuellen ausgehen, stoßen wir also immer wieder auf die Erkenntnis, daß der Bezug zu diesem Bereich ein verkörperter Bezug ist. Wenn beispielsweise die Geschlechtsorgane »die Unberührbaren« blieben, mußte die Menstruation zu etwas Fremdem, Unangenehmem und Störendem werden, ganz zu schweigen vom körperlichen Erleben in einer sexuellen Beziehung oder während Schwangerschaft, Geburt und Stillzeit.

»Unberührbarkeit« bedeutet jedoch nicht nur, die Hände von den eigenen Sexualorganen zu lassen. Mindestens dieser Tabu-Aspekt ist weitgehend aufgelöst und auch bei der älteren Generation im Auflösen begriffen. Unberührbarkeit heißt auch, sich mit der eigenen Sexualität nicht zu *be-fassen*, eigene Erfahrungen in ihrer Bedeutung nicht wahrnehmen zu dürfen. Wohl scheint auch dieses Tabu überholt zu sein. Doch das Formulieren einer Erlaubnis für sexuelles Erleben, wie es die sexuelle Liberalisierung mit sich gebracht hat, genügt allein nicht. Wo die gute, die freie und ungehemmte Sexualität propagiert wird, entstehen neue Normen. Zum Problem wird jetzt unbefriedigende Sexualität, gemessen an einem neuen »Plansoll«. Auch Frauen fühlen sich heute schnell als Versagerinnen – und damit wird letztlich die fehlende sexuelle Erlebnisfähigkeit zum Tabu. Die Frage: »Wie erlebe ich Sexualität? Was möchte *ich*?« bleibt auch hier stumm. Die Enttabuisierung des Sexuellen kann nur dann sinnvoll wirken, wenn die eigenen mitgebrachten Geschichten als Teil des eigenen Selbst ernst genommen werden dürfen, ohne Versagergefühle damit zu verbinden. So wird es vielleicht möglich, das Geschlechtlich-Sein neu zu entdecken und sich anzueignen.

Verkörperte Enteignung

Wir kennen die Szene: Eine junge Frau sitzt in einem Café oder geht durch die Straßen. Sie fühlt die Blicke der Männer auf sich. Das mag Selbstbestätigung geben. Doch die Blicke sind beharrlich. Sie sehen mehr, als sie sehen. Sie prüfen, beurteilen, sie haften und kleben, werden begehrlich und besitzergreifend. Der Körper der Frau wird vereinnahmt. Zudem muß die junge Frau damit rechnen, angesprochen und »angemacht«, belästigt und verfolgt zu werden. So können auch bedrohliche Situationen entstehen ... Ich habe viele Frauen erlebt, die vor Wut und vor Verzweiflung weinten, wenn sie sich solche Szenen vergegenwärtigten, oft aus einer Zeit, in der sie noch sehr jung waren, eben dabei, mit ihrer neuen geschlechtlichen Identität vertraut zu werden: »Ich habe mich damals so wehrlos gefühlt, so nackt, ohne etwas dagegensetzen zu können. Ich spürte mich gar nicht mehr, wagte nicht, meinen Körper wahrzunehmen. Ich trennte mich von ihm und lief wie eine Marionette weiter. Ich hatte Angst, und ich fand es so gemein und ungerecht, daß ich jedem Mann gehören sollte, der an mir vorbeiging. Es ist ein Augen-Besitzrecht ... Jetzt habe ich Ruhe. Jetzt ist meine Tochter dran. Vorher gab es mich nur als Objekt, nicht als Frau und Person. Jetzt gibt es mich für Männer nicht mehr.«

Und dazu eine Gegen-Geschichte: Vor einiger Zeit sah ich in einem Buch das Bild einer Göttinnenstatue aus Kreta.[38] Es war eine herrliche, aufrechte Frau mit bloßen Brüsten, die einfach dastand und sie selber war, Ausdruck der Freiheit von Frauen. Im Betrachten dieses Bildes spürte ich, wie etwas von dieser Verkörperung auf mich »übersprang«. Ich fühlte mich inspiriert und nahm diese Gestalt in mich hinein, um mit ihr zu leben, um zu erfahren, was sie mich lehren würde. Was ich zu lernen begann, hat viel mit Aneignung zu tun. Es kam mir dabei einmal der Satz: »Ich bin die Frau, Irène.« Mein Name war mir dabei sehr kostbar, die Göttin in mir leibhaft gegenwärtig. Von hier aus läßt sich vielleicht auch eine neue

Beziehungsgeschichte von der Frau zum Mann entwerfen, eine kraftvollere und lebendigere.

Wir kommen jedoch aus einer Geschichte der Enteignung – auch körperlicher Enteignung. Das Verhältnis der Geschlechter war ein körperliches Besitzverhältnis. Der Mann »nahm« die Frau – das war ein Ausdruck für geschlechtliche Beziehung. Dem Mann wurde sexuelle Freizügigkeit zugestanden, aber die Frau, die sie befriedigte, war die Geächtete, denn sie hatte vor der Ehe gleichzeitig schön und attraktiv *und* die Hüterin ihrer Keuschheit für den Mann zu sein, der sie bekam – zumindest in der bürgerlichen Gesellschaft. Sie mußte versprechen und gleichzeitig die Erfüllung aufschieben. Konsequenterweise wurde ihr ein eigener sexueller Drang abgesprochen, so konnte sie um so besser auf die Bedürfnisse des Mannes ausgerichtet sein und gleichzeitig die auferlegten Grenzen wahren. Das galt für die Zeit vor der Ehe. Und in der Ehe bewahrte die Frau den Mann davor, seine eigene Potenz in Frage zu stellen, denn er war es ja, der das Maß des Bedürfnisses bestimmte. Umgekehrt wurde die sexuelle Verweigerung zu einer Macht der Frau. Wie absurd diese Geschichte war, spiegelt sich in Äußerungen von Frauen, die noch mit dieser Geschichte großgeworden sind, wider: »Vor der Ehe hatte ich Sexualität als etwas Sündiges und Verwerfliches zu empfinden, und plötzlich, in einer einzigen Nacht, wurde sie nicht nur etwas Erlaubtes, sondern eine Pflicht. Das schaffte ich einfach nicht. Ich erstarrte, und das jedes Mal, wenn mein Mann etwas von mir wollte.« Diese Geschichte gibt es heute kaum mehr, sie lebt aber noch in verkörperten Mustern der älteren Generation, oft auch dann, wenn die zugehörigen Geschichten längst in Frage gestellt sind. Dies wird nicht in soziologischen Untersuchungen, sondern vor allem im Raum der Therapie erfahrbar:

Eine Frau, Mitte Zwanzig, empfand eine tiefe Abneigung, mit ihrem Freund zu schlafen, und verweigerte schließlich die Sexualität völlig. Sie formulierte ihr Problem so: »Ich liege jeweils im Bett und denke ständig: ›Ich sollte ja eigentlich. Ich müßte. Das gehört doch dazu. Ich kann doch meinem Freund nicht zumuten, auf Sexualität zu verzichten.‹ Und je mehr ich das denke, um so weniger Lust habe ich eigentlich. Und um so schuldiger und defekter fühle ich mich.« Das ist ein perfekter Teufelskreis. Schließlich kam sie auf den entscheidenden Kern ihrer Geschichte: »Ich dachte eigentlich immer nur an die Lust meines Freundes. *Meine* Lust gab es gar nicht. Ich hatte nie den Impuls, mit meinem Freund zu schmusen. Ich dachte gleich: ›Oh, dann muß ich mit ihm schlafen. Ich kann doch nicht mit ihm schmusen und dann nicht weitermachen.‹ Und dann fing ich schon lieber gar nicht an … Ich kann aber Lust empfinden, wenn ich onaniere. Dann ist kein Druck da. Es geht auch am Anfang einer Beziehung. Dann muß ich ja noch nicht. Dann spüre ich mich für kurze Zeit …« – Es gibt für diese Frau kaum eine eigene Lust, welche die ihre ist und an der sie Maß nehmen, der sie sich anvertrauen kann. Doch war sie auch nicht imstande, »es« einfach über sich ergehen zu lassen.

Die Sexualität ihrer Eltern hatte sie ähnlich erlebt. Ihr Vater hatte ihr die Botschaft vermittelt, es werde mit ihr und ihrem Freund »auch so herauskommen«. Für die Mutter war Sexualität ebenfalls eine Pflichtübung gewesen, und sie hatte sich entzogen, so gut es möglich war, während der Vater »fremdging«. – Die junge Frau bekrittelte sich auch ständig: »Ich kann mich nicht in Ruhe lassen. Ich traue meinem Körper nicht. Er ist mir irgendwie fremd und unheimlich.« Sie versteifte sich, machte ihren Bauch hart, und wenn sie Leben und Bewegung in sich spürte, geriet sie in Angst.

Auch sie verkörperte also ihr Mißtrauen gegen den Körper und gegen ihre Erregung. »Vielleicht müßte ich endlich erwachsen werden und die Verantwortung für meinen Körper, für die Gestaltung meiner Sexualität selber tragen«, sagte sie eines Tages. – Hier wird deutlich, wie eng Aneignung und Verantwortung für sich selbst miteinander verbunden sind.

Mit den Geschichten über Sexualität ist noch eine weitere Nuance verbunden: Seit dem 18. Jahrhundert wurde Sexualität immer stärker mit der Vorstellung von »Liebe« gekoppelt.[39] »Liebesvereinigung« ist ein sprechender Ausdruck dafür. Doch Hingabe war etwas »dem Mann zuliebe«, wenn es sich nicht um eine Konvenienzehe handelte. So sagt schon Gretchen in Goethes Faust:

> Und alles, was mich dazu trieb,
> ach war so gut, ach war so lieb.

Dieser Ausdruck der Liebe aber war vor der Ehe verwerflich, auch wenn die Schwüre des Mannes das Gegenteil besagen mochten.[40] Eine Frau, etwa fünfzig Jahre alt, sagte dazu: »Meine Mutter gab mir die Botschaft: ›Wenn du dich einem Mann vor der Ehe hingibst, liebt er dich nicht mehr und verläßt dich.‹ Ich verstand eigentlich nie, weshalb ein Mann mich für diesen Ausdruck meiner Liebe verlassen sollte. Und dennoch spürte ich immer ein tiefes Mißtrauen gegen einen Mann, den ich zu lieben begann. Ich konnte ihm meine Gefühle nie zeigen, weil ich fürchtete, für diese Gefühle von ihm verlassen zu werden. Und schließlich heiratete ich einen Mann, den ich nicht liebte.«

In der Ehe jedoch wurde Sexualität zu einem »Beweis von Liebe«. So sagte eine Frau Mitte Vierzig dazu: »Ich empfand nie besondere Lust, mit meinem Mann zu schlafen. Aber ich sagte mir, ich müsse dies doch tun, weil ich ihn ja liebte. Manchmal genoß ich seine Nähe einfach, dann war es mir wieder zuviel. Ich hätte aber nie gewagt, nein zu sagen. Ich dachte, dann würde ich ja meinen Mann zu wenig lieben. Daß etwas nicht stimmen konnte, wurde mir erst bewußt, als mir die sexuellen Kontakte mit meinem Mann zuwider wurden. Heute weiß ich, daß ich mich nie fragte, was für *mich* gut sei. Damit starb auch meine Liebe.« Die Frau lernte innerhalb dieser Geschichten, ihre Liebe zunächst von der Sexualität abzuspalten und diese dem Mann vor der Heirat um der Liebe willen vorzuenthalten, um dann in der Ehe eine plötzliche Kehrtwendung zu vollziehen, die sich nie ganz verkörpern ließ. Dazu kam, daß die endliche sexuelle Vereinigung als Höhepunkt der Liebe verherrlicht wurde, um in einer Enttäuschung zu enden, welche Frauen oft sich selbst als Schuld anlasten.

Viele Frauen lebten so sehr in der Verkörperung überkommener Geschichten, daß sie den Bezug zu den eigenen sexuellen Gefühlen weitgehend verloren. Der Mann erschien als triebhaft. Er »wollte das eben haben«, während die Frau Sexualität »über sich ergehen ließ«. Oft lebten Paare auch eine befriedigende sexuelle Beziehung, die aber von den Geboten der Kirche ständig durchkreuzt wurden. Als ich selber noch ein junges Mädchen war, sagte mir die Mutter einer Freundin: »Ich habe früher gern mit meinem Mann geschlafen. Aber dann mußten wir wieder beichten gehen, wegen der Verhütung. Das war für mich so erniedrigend. Schließlich hat mir das die Freude an der Sexualität vergällt. Jetzt will ich von da unten nichts mehr wissen.«

Andere Frauen erlebten jedoch auch eine große Diskrepanz zwischen ihren eigenen Gefühlen und Wünschen und dem geltenden Bild von männlicher und weiblicher Sexualität, das dem Mann die stärkere Sexualität zusprach. Dazu erzählte eine fünfundvierzigjährige Frau: »Meine sexuellen Bedürfnisse waren immer sehr stark. Und ich hatte Freude daran. Mein Mann aber hatte viel weniger das Bedürfnis nach Sexualität und Nähe. Das war für mich schwierig. Und gleichzeitig fühlte ich mich irgendwie daneben. Ich dachte, etwas sei bei mir nicht in Ordnung, daß ich so triebhaft sei und mein Mann nicht. Ich hatte ja gelernt, daß die Sexualität des Mannes stärker sei als diejenige der Frau. Ich fand das zwar selber blöd, aber diese Gefühle tauchten immer wieder auf. Manchmal stellte ich mich auch vor den Spiegel und schaute mich an. Ich bekam eine Wut auf mich selber oder war verzweifelt. Offenbar war ich zuwenig attraktiv und schön, sonst würde mich mein Mann bestimmt begehren ... So war ich ständig hin und her gerissen. Und ich verlor mein Selbstvertrauen. Der Gedanke, bei meinem Mann könnte auch ein Problem liegen oder daß wir ein gemeinsames haben könnten, kam mir gar nicht.«

Weibliche und männliche Sexualität als Spiel-Raum von Beziehung

Frauen kamen durch die überkommenen Geschichten kaum in Berührung mit ihrer eigenen Sexualität. Auch sie wurde als eine vom Mann definierte erlebt. Gerade hier wird die Umkehrung, ja Verkehrung von Verhältnissen besonders deutlich greifbar. Nicht der Mann hat die stärkere Sexualität, sondern die Frau.[41] Die männliche Geschichte zur Sexualität der Frau konnte diese biologische Tatsache entschärfen und die weibliche Sexualität damit unter Kontrolle bringen. Dasselbe gilt auch für den ganzen Fruchtbarkeitszyklus: Die menstruierende Frau wurde als unrein erklärt,[42] ihre Fähigkeit zu gebären zur körperlichen, niederen Funktion erklärt. An die Stelle des Gebärneides trat der Penisneid.[43] So konnte die Gefährlichkeit und Bedrohlichkeit der Frau herabgemindert werden.

Weshalb ist jedoch die Frau so bedrohlich? Darauf gibt es die verschiedensten möglichen Antworten. Walter Hollstein schreibt: »Zweifellos ist also die Frau von der Natur reicher ausgestattet als der Mann. Das betrifft nicht nur ihre Gebärfähigkeit, sondern auch ihre generell stärkere Naturverbundenheit, ihre größere sexuelle

Potenz und höhere Lustfähigkeit ... Daraus läßt sich eine *vitale Bedrohung* des Mannes ableiten, zumal dieser in keiner Weise in der Lage ist, seine eigene Männlichkeit qua naturam zu definieren oder sich selbst einen auch nur annähernd so wichtigen Stellenwert für den Bestand der Welt zuzugestehen, wie ihn das weibliche Prinzip unbestreitbar hat.«[44]

Der Mann muß seine Männlichkeit also erst erschaffen – so folgert Hollstein. Er ist deshalb anfälliger für Infragestellungen. Wir haben hier die genaue Umkehrung des Bildes, das sich für Frauen aufgrund ihrer Geschichte bietet, in der sich die weibliche Identität als fremdbestimmte, vom Mann definierte sich erweist. Dann wäre die Übermacht des Mannes, seine Identifikation mit Kulturleistung nichts anderes als eine gigantische Kompensation seiner ursprünglich fragilen männlichen Identität? Dies ist sicher nur *ein* Aspekt innerhalb einer komplexen historischen Entwicklung, die zumindest die männliche Hegemonie mit den Leitbildern von Macht und Kontrolle herausgebildet hat. Die Natur als lebendiger Organismus wird nicht als solcher wahrgenommen, sondern auf ein Objekt von Bemächtigung und Ausbeutung reduziert. Lebendiges läßt sich jedoch nicht kontrollieren, muß also um seine Lebendigkeit gebracht werden. Damit wandte sich männliche Hegemonie auch gegen das, was sie in der Frau sah: gegen das weibliche Prinzip als Ausdruck eines organismischen Rhythmus.

Damit möchte ich allerdings nicht »die Frau« mit Natur gleichsetzen. Vielmehr geht es um das, was sie durch ihre generative Potenz an Natur im Sinne des Organismischen für den Mann verkörpert. Dabei ergibt sich ein bemerkenswerter Widerspruch: Die Frau mit »Natur« zu identifizieren ist eine männliche Geschichte, in welcher diese »Natur« zugleich gefürchtet und entwertet wurde. Umgekehrt haben diese Geschichten auch zur Folge, daß vielen Frauen ihre eigene organismische Kraft so verdächtig geworden ist, daß sie nichts mehr von ihr wissen wollen. Die Abgrenzung gegen männliches Verständnis von Weiblichkeit und entsprechende Herrschaftsformen schlägt unversehens in globale Identifikation mit männlichen Wertungen um. Wir bewegen uns auf einem schmalen Grat! Immerhin entstand auch unter Feministinnen ein Bewußtsein für den Gewinn, der mit diesem Aspekt von Frausein verbunden ist: »Frauen suchen keine Macht über Männer und wollen Macht auch nicht benutzen, wie Männer sie benutzt haben. Ich glaube, daß die

Stimme der Frauen bei politischen Entscheidungen dazu beitragen wird, unsere ganze Politik vom Krieg wegzubringen und an den kritischen menschlichen Problemen unserer Gesellschaft zu orientieren – nicht weil Frauen reiner oder besser wären als Männer, sondern weil unser Leben es nicht erlaubt hat, der menschlichen Realität auszuweichen ...«[45]

Wenn Frauen hellhörig mit den männlichen Geschichten umgehen, können sie vielleicht auch jene Schätze heben, die in ihrer Lebensweise als Frauen verborgen liegen. Das gilt auch für die Beziehung zur Sexualität. Durch Schwangerschaft und Gebären waren Frauen immer schon in unmittelbarer Verbindung zum Lebendigen. Doch nicht nur die generative, die lebenschaffende Potenz wurde zur reinen Funktion entwertet, sondern die Sexualität der Frau wurde in funktionale Abhängigkeit vom Gebären gebracht. Umgekehrt wurde jedoch das sexuelle Erleben der Frau aus der generativen Potenz »herausgeschnitten« und isoliert:[46] Sexualität wurde identifiziert mit Geschlechtsakt, mit Koitus, war nicht ein Ganzes, zu dem *alle* Aspekte der weiblichen Lebensdynamik gehören, also auch der Menstruationszyklus, von der Menarche bis zur Menopause, Schwangerschaft, Gebären und Stillen. Das bedeutete nicht nur Funktionalisierung, sondern auch Aufspaltung der weiblichen Potenz. Man könnte dafür sogar den Ausdruck »Kastration« gebrauchen. Aneignung im Bereich der Sexualität würde bedeuten, sich mit der lebenschaffenden Potenz als einer eigenen Macht zu identifizieren und sie als eine Lebenseinheit zu verstehen. Doch das bedeutet nicht, daß alle Aspekte im individuellen Leben eingelöst werden müssen, sondern als Möglichkeit präsent sind – sonst würde diese Macht wieder in die alte männliche Geschichte umschlagen. Diese Macht bedeutet auch nicht Macht über Leben, sondern Macht aus der Dynamik des Lebens heraus und im Verbundensein mit ihm. Dies ist eine neue Perspektive, die vielleicht auch den Anfang einer neuen Liebesgeschichte mit dem Mann bedeuten könnte.

Sexualität bedeutet dann also nicht Dominanz, sondern Hingabe, Schmelzen, Auflösen von Grenzen. Doch genau da kommen von männlicher *und* weiblicher Seite Geschichten in die Quere. Zunächst ist Hingabe *nicht* Passivität, sondern Zulassen jener pulsierenden Lebendigkeit, die mit sexueller Erregung und Leidenschaft verbunden ist. Sie ist sowohl Hingabe an die eigene organismische Lebendigkeit wie an diejenige des anderen Menschen. Die männliche Geschichte ist deshalb nicht nur als Kampf gegen die pulsierende Kraft der Frau, sondern auch gegen seine eigene zu sehen. Nur wenn der Kampf gegen sich selbst, die Angst vor der eigenen Lebendigkeit aufhört und der Zugang zu dieser Lebensqualität wieder gefunden werden kann, ist auch eine neue Beziehung zwischen den Geschlechtern möglich. Hier liegt – bei aller Verschiedenheit – auch die *heutige* Gemeinsamkeit im beschnittenen und eingeschränkten Kontakt beider Geschlechter zu lebendiger Sexualität. Dies läßt sich gerade am Aspekt der Hingabe zeigen. Wenn Hingabe keine männliche Möglichkeit darstellt, so besteht weibliche Hingabe häufig aus einem Spaltmuster, in dem die Frau sich auf den Mann und seine Bedürfnisse ausrichtet und die eigenen Wünsche dabei in den Hintergrund rückt. Lebendige Hingabe jedoch würde die Auflösung eines solchen Spaltmusters bedeuten.

Lebendige Sexualität bedeutet aber auch, die Unterschiede zwischen weiblichem und männlichem Erleben zu respektieren. Dabei geht es nicht allein um das tiefere Eingebundensein der Frau in eine Vielfalt organismischer Zyklen, sondern auch um das Erleben der sexuellen Vereinigung und des Orgasmus. Beim Mann ist der orgastische Höhepunkt eine Explosion, die den Samen ausschießt, also eine Entladung im wörtlichen Sinn. Der Orgasmus und seine Funktion werden als eines erlebt. Der Orgasmus der Frau hingegen ist wellenförmig, läßt oft auch mehrere Höhepunkte hintereinander oder ineinander übergehend zu. – Das sind Grundmuster, die auch in anderen Bereichen mitformend wirken. Bei einer Geburt beispielsweise identifizieren sich Männer am ehesten mit dem Herauskommen des Kindes, das wie eine Ejakulation verstanden wird, während Frauen sich vor allem mit den wellenförmigen Wehen eins wissen und die eigentliche Geburt aus diesem Rhythmus heraus empfinden. So ist konsequenterweise der Mann als Gynäkologe bei der »Austreibung« dabei, während die Hebamme den Rhythmus des Gebärens als ganzen begleitet.

Auch die Dynamik, welche auf die Zeugung folgt, ist für Frau und Mann sehr verschieden. Für den Mann ist mit der Ejakulation die »Geschichte der Zeugung« abgeschlossen. Bei der Frau folgt der wesentliche Teil anschließend, ihr selbst zunächst verborgen, ihrem Zugriff entzogen. Die Zeugung ist nur der Anfang eines möglichen, lange währenden Prozesses, in dem die Frau ein Neues nährt und wachsen läßt. Die zeugende Kraft des Mannes und die lebensspendende der Frau durch Schwangerschaft und Geburt lassen sich nicht gegeneinander ausspielen. Sie gehen auch nicht in der Polarität von »aktiv« und »passiv« auf. Vielmehr sind sie Grundmuster des Bezogenseins, deren Bedeutung wir erst voll wahrnehmen können, wenn die alten Geschichten aufgelöst sind.

Die sexuelle Vereinigung gibt noch weitere Aspekte dieser Grundmuster frei. Der Mann dringt in die Frau ein und wird von ihrer Scheide umschlossen. Er kehrt zurück in den Schoß, aus dem er einmal kam. Darin verbinden sich also ein progressiver, vordrängender, und ein regressiver Aspekt. Für die Frau ist sexuelle Vereinigung etwas anderes. Sie ist Raum der Rückkehr. Rückkehr in den Mutterschoß bedeutet für sie deshalb, selbst Schoß zu werden. Sie ist für sich selbst die eigene Mutter, die Raumschaffende und Raumgebende, nicht das Kind, das in ihr ist. Eindringen und aufgenommen werden sind der männliche Pol der Dynamik, durchdrungen werden und aufnehmen der weibliche. In beiden ist jedoch die Polarität von aktiv und passiv enthalten – nur je verschieden akzentuiert. Unsere bisherigen männlich-weiblichen Geschichten haben wenig mit dem tatsächlichen organismischen Muster zu tun.

Sexualität ist jedoch mit einer weiteren folgenschweren Geschichte verbunden: Sexualität ist nur animalischer Trieb, also das eigentlich Tierische im Menschen. Doch wenn wir uns auf die »Natur« beziehen, geht es allein um die Fortpflanzung. Dann gibt es Lust nicht als etwas Selbständiges, sie ist nur funktional. Die katholische Kirche hat sich konsequent auf diese Ebene gestellt: Sexuelle Lust ist nur erlaubt in Verbindung mit Zeugung, sie ist rein funktional. Das ist die folgerichtige Reduktion von Sexualität auf die Ebene der Natur. So kann es keine menschliche Sexualität im Unterschied zur tierischen geben. Der einzige – und erschwerende – Unterschied besteht dann darin, daß die menschliche Sexualität nicht auf bestimmte Perioden der Fruchtbarkeit beschränkt ist. Letztlich basiert diese Geschichte von der »tierischen Sexualität« im Menschen auf der alten Trennung von Körper und Geist, von Tierischem und Himmlischem im Menschen. Doch gerade unsere sexuellen Probleme widerlegen diese Auffassung. Stanley Keleman hat in einem Workshop ein treffendes Beispiel erzählt: Die ejaculatio präcox (der vorzeitige Samenerguß) ist vom Standpunkt der Natur aus gesehen kein Problem. Wie der Samenerguß stattfindet, spielt keine Rolle, Hauptsache, er findet statt, damit die Fortpflanzung gewährleistet ist. Erst auf der menschlichen Ebene, wo es um das Erleben der Sexualität und um den Aspekt der Beziehung geht, wird der vorzeitige Samenerguß zu einer Störung.

Sexualität ist also ein Aspekt des Menschlichen, der gestaltet und in Beziehung eingebunden sein will. Dabei spielt es zunächst keine Rolle, ob diese Beziehung nur eine momentane oder eine länger dauernde ist. Immer geht es darum, ob ein befriedigendes Erleben damit verbunden ist. Dies bedeutet *nicht*, daß Sexualität nicht mit Trieb, mit der instinktiven Ebene verbunden ist. Doch handelt es sich immer um Triebhaftigkeit, deren Urheber und Gestalter wir zugleich sind. Daß sexuelles Verlangen mich einfach überfällt und zum Ausagieren zwingt oder bekämpft und beherrscht werden muß – gerade dies ist nicht eine Gegebenheit, sondern bereits eine bestimmte Art und Weise, wie wir als Menschen mit unserer Sexualität umgehen, ist also eine verkörperte Geschichte. Es geht daher um die Frage, wie wir Erregung, die in uns aufsteigt, aufbauen, sich ausbreiten lassen oder zurückhalten können. »Überfallen werden« ist deshalb nicht eine Gegebenheit, sondern ein Muster, wie jemand mit Erregung umgeht, ebenso wie wenn er vom Beherrschen und Kontrollieren seiner Triebe spricht. Menschliche Sexualität ist also gestalteter Trieb, wie leidenschaftlich, verrückt, ekstatisch sie auch sein mag. Ich kann Erregung allein auf die genitalen Zonen beschränken oder mich völlig überfluten lassen. Meist wissen wir gar nicht, *wie* wir diese Muster aufbauen, um mit unserer Erregung umzugehen, aber wir bauen sie auf, und sie haben ihre geheime Bedeutung, die mit unserer Geschichte im Zusammenhang stehen.

Ein Beispiel mag dies verdeutlichen: Eine Frau Mitte Dreißig äußerte im Lauf ihrer Therapie: »Es war mein ganzer Ehrgeiz, eine gute Geliebte zu sein. Ich hatte eigentlich schon immer Freude an der Sexualität gehabt, aber es war dennoch ein Krampf. Ich gab mich auch dann erregt, wenn ich es nicht war, oder zwang mich zum Sex, obwohl ich lieber nur geschmust hätte. Ich bekam dafür Bewunderung. ›Noch nie hatte ich es mit einer Frau so schön im Bett‹ – das war mein höchster Lohn. So bewies ich auch meiner Mutter, daß ich nicht war wie sie, so spröde und hölzern. Bei meinem jetzigen Freund begriff ich aber, daß ich ihn mit unter Druck setzte, weil er ja mithalten mußte. Und jetzt fange ich an, besser zu spüren, was *ich* möchte.«

Die Frau zeigte auch, wie sie sich körperlich zu dieser Geliebten machte. Sie zog ihren Oberkörper nach oben, riß die Augen weit auf, lächelte. »Ich drücke mein Zwerchfell hinauf. Dann bin ich oben und außen ganz aufgeregt. Aber ich atme nur im Brustraum, flatterig und unregelmäßig. Mit meinen Bauchmuskeln presse ich gleichzeitig nach unten. So entsteht ein Druck auf meine Vagina, und ich kann meine sexuelle Begierde steigern. Doch der Bereich zwischen Zwerchfell und Scham – den gibt es gar nicht.« Nachdem wir eine Weile mit diesem Muster gearbeitet hatten, sagte sie: »Jetzt verstehe ich etwas. Wenn ich das mache, ist mir, als sei ich wie außerhalb meiner selbst. Liebeskontakt lief dann ab, aber es war mir, als sei das doch nicht ich. Das hängt mit diesem Bereich zusammen, den ich nicht spüre.« Als ich die Frau nach einigen Übungen mit Bauchatmung und Beckenbewegungen bat, das alte Muster nochmals zu verstärken und zu lösen, fühlte sie Wärme und dann ein Strömen, das sich über den ganzen Körper ausbreitete. Sie nahm es als ein Schmelzen wahr und hatte Tränen in den Augen. »Erstmals spüre ich meinen Bauch. Das gibt mir Kraft und ein Gefühl, ich selbst zu sein. Ich empfinde mich als kostbar.« Dann schwieg die Frau lange, atmete in vollen Zügen. Sie richtete sich auf und begann zu lachen. Und sie lachte lange, während ein übermütiger Ausdruck in ihr Gesicht kam. »Ich habe eine kleine Hexe im Bauch. Die lacht und will spielen. Die will keine todernst lächelnde Geliebte sein.« Und sie lachte weiter: »Weißt du was, ich habe erstmals warme Pobacken. Ein Hintern – das ist etwas Feines. Puh, ich entdecke ganz neue Körperbereiche in mir. Bis jetzt bestand ich nur aus Gesicht, Brust und Vagina. Und dazwischen mußten makellose ›Verbindungsteile‹ sein. Aber jetzt habe ich auch einen Bauch und einen Po ..., und wer weiß, was noch kommt!«

Die Frau begann, ihren Körper neu zu entdecken, mit den eigenen Augen zu sehen, Bereiche zu spüren, die es bis jetzt nicht gab. Sie hatte sich bisher gleichsam »von außen«, mit den Augen »der Männer« wahrgenommen. Jetzt fing sie an, die Möglichkeiten ihres Körpers auszuloten. »Ich bin ganz fasziniert, was alles mit meinem Körper los ist. Manchmal liege ich einfach da und genieße das für mich. Bis jetzt war so etwas undenkbar. Ich brauchte stets die Bestätigung durch den Mann ... Und ich lache oft, einfach so. Ich lache auch über mich, aber liebevoll.

In der Folgezeit veränderte sich auch das Erleben der Sexualität mit dem Freund. Die Frau sagte: »Endlich wage ich zu spüren, was ich spüre. Das klingt verrückt. Aber es ist wahr. Vorher dachte ich immer: ›Du mußt den Orgasmus spüren – möglichst intensiv.‹ Und ich war unter Druck. Jetzt bin ich neugierig darauf, was ich *wirklich* spüre. Und das ist immer wieder verschieden.« Hier machte sie eine Pause. Ich bemerkte einen Anflug von Verlegenheit. »Ungewohnt, das in Worte zu fassen?«, fragte ich. Sie nickte und fuhr fort: »Ich habe auch nie darüber gesprochen. Ich mußte allein mit meinem Orgasmus zurechtkommen. Ja, und jetzt erfahre ich, daß es so viele verschiedene Arten von Orgasmen gibt. Kurz und heftig, wellenartig strömend, manchmal einfach geil, dann innig, auf den ganzen Körper sich ausbreitend oder mehr auf die Vagina konzentriert ... Manchmal kann ich die Lust zulassen, dann wieder ziehe ich mich etwas zusammen, weil ich den Ansturm nicht ertrage, er mir fast Angst macht ...« Und dann lachte sie: »Ich dachte immer, es gebe nur *einen* Orgasmus, der sich einstellt wie ein Naturgeschehen. Doch jetzt spüre ich, wie ich den Sturm zulasse, ihn durch meinen Körper strömen lasse, mich ihm hingebe oder ihn verringere, abbremse. Es ist ein Abenteuer mit mir selbst und mit meinem Freund ...« In diesen Worten kommt die Erfahrung, daß Sexualität eine Einheit von Gestalten und Geschehenlassen darstellt, klar zum Ausdruck.

Lineare und »spektrale« Sexualität

Mit den bisher geschilderten Erfahrungen wird wiederum eine neue Geschichte über weibliche Sexualität unterstützt. Die Frau muß sich nicht der »Triebhaftigkeit« des Mannes ausliefern, ihre eigene als unzulässig verstehen oder sich die Projektionen des Mannes, der seine Triebhaftigkeit auf das »Weib« legt, gefallenlassen. Heute besteht die Chance, eine eigene, eine persönliche Sexualität zu leben, die eine ganzheitliche und lebendige sein könnte, eingebettet in ein Kontinuum von Berührungs- und Beziehungsmöglichkeiten. Zärtlichkeit etwa läßt eine Vielfalt von Möglichkeiten offen. Sie kann sich in sexuelle Erregung hinüberformen oder das Erleben von Innigkeit und Hautnähe sein, zum verspielten Balgen oder zum stillen Ineinander-Versunkensein werden. Männer sehen häufig in der

Zärtlichkeit nur ein sexuelles Vorspiel, einen oft mühsamen Einstieg in den Koitus. Es ist auffallend, wie viele Frauen sich über die mangelnde Zärtlichkeit ihrer Männer beklagen.

Dazu sagte eine jüngere Frau: »Manchmal möchte ich einfach mit meinem Freund zärtlich sein, mit ihm schmusen, aber er faßt es immer schon als sexuelles Angebot auf. Und ich weiß, worauf es hinausläuft. Auch ich bekomme oft Lust beim Schmusen. Aber ich möchte, daß auch offenbleiben kann, wie es weitergeht. Sonst fühle ich mich unter Druck, und dann fange ich gar nicht erst damit an oder nur, wenn ich schon klar spüre, daß ich Lust aufs Miteinanderschlafen habe. Das ist schade und so phantasielos, wie eine Einbahnstraße, die mir manchmal wie eine Sackgasse erscheint.« – Die alte männliche Geschichte über Sexualität *ist* eine Einbahnstraße, und ich sehe darin mindestens *einen* wichtigen Grund, weshalb vor allem Männer so große Mühe haben, Zärtlichkeit zuzulassen, ohne darin nur ein sexuelles Vorspiel zu sehen, denn Zärtlichkeit wurde als unmännlich abgewertet. Das bedeutet, daß Männer wenig Chance hatten, das Spektrum von Zärtlichkeit formen zu lernen. Auch hier zeigt sich das fatale Mißverständnis, daß die dem »Weiblichen« zugeordnete Zärtlichkeit eben deshalb als eine »mindere« Möglichkeit erschien. Dahinter steht die typisch männliche Sozialisation, in der Gefühle zu zeigen als unmännlich gilt. Hier besteht allerdings auch ein Zusammenhang mit der Ausschließlichkeit der Mutterbeziehung in der Kindheit und der Schwierigkeit, sich aus ihr zu lösen, ohne die Unterstützung des meist abwesenden Vaters zu haben.[47]

Männer haben zudem oft den Eindruck, sie müßten ihre sexuelle Potenz unter Beweis stellen. Gesellschaftlich geprägte Vorstellungen bilden dabei vielleicht nur die Oberfläche. Männliche Potenz ist anfälliger, »punktueller« als die umfassende generative Potenz der Frau. Der Beweis gilt meist der eigenen Identität als Mann, kommt jedoch auch der Frau gegenüber, die nicht enttäuscht werden darf, ins Spiel. Das ist ein Beziehungsproblem der letzten Jahrzehnte, wie ich es in der Jugendberatung in Gesprächen mit jungen Männern deutlich erlebte. Doch viele Mädchen und Frauen waren – und sind oft noch heute – selber sehr ambivalent. Sie wünschen sich einen zärtlichen, liebevollen Partner und sind gleichzeitig fasziniert von Draufgängern, die sie jedoch wiederum ablehnen, weil sie nicht zärtlich seien. Und ein zärtlicher Mann löst Unbehagen aus, wird vielleicht gar nicht ernst genommen.

Dies ist freilich das Dilemma einer Übergangszeit. Frauen lassen ihr Bedürfnis nach einer ganzheitlichen Beziehung zu, tragen allerdings oft noch die alten Beziehungsmuster in sich, die sie aber als nicht erfüllend erleben. Doch neue Beziehungsangebote von seiten eines Mannes machen sie hilflos, weil sie darauf nicht zu »antworten« vermögen. Und der Mann, der anfängt, seinen eigenen Bedürfnissen zu vertrauen, sieht sich zurückgestoßen, wird darin bestätigt, daß er doch »männlich« sein müsse. Und damit wird seine alte Angst reaktiviert, daß nämlich seine »weiblichen Züge« minderwertig seien. Daraus ergibt sich eine schmerzhaft-absurde Situation: Frauen denunzieren – ohne es zu bemerken – die eigene Weiblichkeit, indem sie diese im Mann verachten. Dabei handelt es sich freilich immer um die kulturellen Chiffren von »weiblich« und »männlich« und nicht um Wesenszuschreibungen.

Häufig läßt sich auch beobachten, daß die im Koitus endende Sexualität die einzige intensive Begegnung zwischen Mann und Frau darstellt. Es kann sein, daß dahinter eine tiefe Angst vor Nähe liegt. Vor allem Männer – aber nicht nur sie – verlegen oft auch ihren ganzen Beziehungsausdruck in den Bereich der Sexualität und »verpacken« ihre Sehnsucht nach Nähe, nach Geborgenheit und Zärtlichkeit in den Ausdruck von Sexualität. Der sexuelle Akt ist das Bekannte, alles andere müßte neu geformt werden, und es wäre nicht auszumachen, was dann geschehen könnte. »In der Sexualität kenne ich mich aus. Da fühle ich mich sicher«, sagte mir ein Mann, der seine Frau sehr liebte, diese Liebe jedoch nur in der Form von »linearer Sexualität« zu geben vermochte. Erst als seine Frau an dieser Verkürzung zu leiden begann, realisierte er dies und lernte, ein breiteres Ausdrucksspektrum seiner Gefühle zu formen.

Eine andere Gefahr der Übergangszeit besteht darin, alte Muster in neuem Gewand wieder auftauchen zu lassen, ohne es zu bemerken. Wurde beispielsweise früher der Frau sexuelle Genußfähigkeit abgesprochen, fordern Frauen heute das Recht auf eine erfüllte Sexualität. Doch im Handumdrehen wird das Recht zur Norm und Pflicht. Die Frau verlangt von sich, eine »gute Sexualität« zu haben. Damit setzt sie sich selber unter Druck und inszeniert das altbekannte Kampfmuster. Hinzu kommt, daß oft das Verständnis dessen, was eine »gute« Sexualität sei, aus dem männlichen Entwurf abgeleitet wird. Manchmal geht es – oft uneingestanden – auch darum, sexuelle Leistungen für den Mann erbringen zu müssen oder zu wollen. Umgekehrt wünschen sich Männer oft eine sexuell lebendige Frau und können gleichzeitig nichts von ihrer »Initiantenrolle« abgeben.

Daß wir gerade im Bereich des Sexuellen in einer Übergangszeit leben, zeigen die oft widersprüchlichen Geschichten, die Frauen – und Männer – sich erzählen und damit den Partner oder die Partnerin in eine Beziehungsfalle hineinmanövrieren. Manchmal können diese Muster in der Auseinandersetzung zwischen Frau und Mann aufgelöst werden. Oft gelingt dies jedoch erst nach dem Scheitern einiger Liebesbeziehungen in der Rückbesinnung auf die je eigenen Muster. Hier ist zudem - wie auch in anderen Lebensbereichen – die Diskrepanz zwischen den mit dem Verstand akzeptierten neuen Entwürfen und den trotzdem vorhandenen körperlich-emotionalen Mustern aus familiärer und gesellschaftlicher Herkunft zu berücksichtigen. Wenn wir diesen Unterschied, dieses Mißverhältnis vergessen, täuschen wir uns selbst und landen schließlich in einer schmerzhaften Ent-täuschung über uns selbst.

Wer ist die Schönste im ganzen Land? oder: Schönheit als lebendige Gestalt

Es gibt einen Bereich, der offenbar nur für Frauen von Bedeutung ist: die Schönheit. Sie erscheint in den überkommenen Geschichten als eine objektive Größe, die der einen Frau schicksalhaft zufällt, einer anderen eben nicht. Wenn in früheren Zeiten eine Frau hervorgehoben wurde, pries man vor allem ihre große Schönheit. Das galt für Märchen ebenso wie für literarische Gestalten vergangener Jahrhunderte. Das Schönheitsideal selbst mochte wechseln, doch die guten Königinnen, Heldinnen, Feen zeichneten sich stets durch außerordentliche Schönheit aus, die bösen durch Häßlichkeit. Männer jedoch waren kühn, beherzt, mutig, stark. Neben der edlen und reinen Schönheit gab es allerdings die verführerische, ja die laszive Schönheit.

Was jedoch Schönheit wirklich sei, das läßt sich schwer festlegen. Einerseits gibt es – stets wechselnde – gesellschaftliche Normen,[48] andererseits subjektives Empfinden, das auch mit der jeweiligen Lebensgeschichte verbunden ist. Reklame und Modezeitschriften zeigen heute die schlanke, jugendliche Figur mit gebräunter Haut als Ideal, präsentieren die sportliche, die lässige, elegante oder gar mondäne Schönheit. Nackte oder wenig bekleidete Frauen haben eine makellose Figur, weisen ein ebenmäßiges Gesicht auf, sind entweder eher mädchenhaft oder »weiblich« mit großer Brust – es gibt hier ein breites Spektrum. Nur haben die gezeigten Frauen keine »Geschichte«, keine Spuren eines Lebens, das sie gezeichnet hat. All das ist gleichsam »ausgeblendet«. Das gesellschaftliche Ideal ist also dasjenige einer geschichtslosen Frau ohne Spuren. Die reale Frau kann – will sie diesem Ideal entsprechen – nur versuchen, »Spuren zu verwischen« oder gar keine zu bekommen, während Männer eher »Charakterköpfe« sein dürfen, mit den eingeschriebenen Spuren von Originalität oder Lebenserfahrung.

Geschichten über Schönheit allgemein sowie über den eigenen »Stellenwert« bilden sich bereits in der Herkunftsfamilie. Mütter vermitteln ihren Töchtern Botschaften wie: Wer schön ist, hat keine Probleme. Wir sind nicht so schön, wir müssen versuchen, liebenswert zu sein. Oder: Auf die äußere Schönheit kommt es nicht an, sondern auf den inneren Wert. Einerseits ist Schönheit begehrenswert, andererseits wird sie heruntergespielt und das Mädchen auf »innere Schönheit« verwiesen – ein oft zweifelhafter Trost angesichts gesellschaftlicher Wertungen. Bewunderung, Eifersucht und Entwertungen spielen in vielen Familien eine große Rolle, während für andere das Aussehen gar kein Thema oder zumindest kein vordergründiges darstellt. Oft bekommt fehlende Schönheit jedoch den Stellenwert einer Organminderwertigkeit. Umgekehrt kann Schönheit zu einer »positiven Organminderwertigkeit« werden. Gerade weil wir meist Nöte und Minderwertigkeitsgefühle von Mädchen und Frauen, die nicht so schön sind, leichter nachvollziehen können, möchte ich im folgenden zunächst den anderen Aspekt in den Vordergrund stellen.

»Organminderwertigkeit« im Bereich der Schönheit

Das Problem der Schönheit kann schon die Kindheit überschatten. Ich hatte in der Jugendberatung ein achtzehnjähriges Mädchen, das Depressionen bekam, weil es in Schule und Ausbildung stets Schwierigkeiten hatte. Im ersten Gespräch kam folgendes heraus:

»Als kleines Mädchen wurde ich überall wegen meiner langen Locken bewundert. Überhaupt sagten alle: ›Was für ein entzückendes Kind!‹ Ich war immer der Liebling ›und soo sonnig ...‹. Ich mußte nur einfach da sein, gar nichts tun – und schon hatte ich die Menschen gewonnen. Ich lernte, daß ich mich zurechtmachen lassen, für meine Kleider Sorge tragen und lächeln mußte – dann war alles gut. Ich war auch der ganze Stolz meines Vaters. Meine Mutter und meine Schwestern waren eifersüchtig. Mit der Zeit belastete mich das. Als ich in die Pubertät kam, begann meine Mutter, mich zu entwerten. ›Ein schönes Gesicht allein macht es nicht aus‹, sagte sie oft gehässig. Da hielt ich mich immer mehr an meinen Vater. Doch dann bestand ich die Prüfung in eine höhere Schule nicht. Mein Vater, der Akademiker war, ließ mich von einem Tag auf den anderen fallen. Er schaute mich nicht mehr an. ›So eine Schande‹, sagte er. Meine drei älteren Schwestern waren auf dem Gymnasium. ›Von dir hätte ich das nicht erwartet‹, war alles, was der Vater dazu sagte. – Da brach meine Welt zusammen. Ich war niemand mehr. Ich traute mir nichts mehr zu. Und ich haßte meinen Körper, der mich so verraten hatte. Alles wurde zum Horror – die Schule, die Freunde, einfach alles. Mit Privatstunden schleppten mich meine Eltern durch. Meine Mutter sagte: ›Ich hab's dir ja schon immer gesagt!‹ Die Mädchen in der Schule waren eifersüchtig auf mich, weil mir die Buben nachliefen. Aber ich traute keinem. Ich dachte immer: ›Wenn die mich genauer kennen, hängen sie mich doch wieder ab.‹ Also machte ich immer ganz schnell Schluß mit ihnen. Ich bekam den Ruf, eingebildet und unnahbar zu sein. Mit siebzehn sagte ich mir: ›Jetzt ist es aus, ich mach das nicht mehr mit.‹ Und ich schnitt meine Locken ab, machte mich so häßlich wie möglich. Ich schlief dann später mit Burschen, wenn sie es wollten, mir war alles egal. Vor ein paar Monaten hatte ich eine Abtreibung. Die Eltern setzten mich dann vor die Tür. Jetzt wohne ich in einer WG. Und da sagte mir eine Kollegin, ich könne doch nicht so weitermachen. Ich arbeite als Aushilfe in einem Schuhgeschäft, den ganzen Tag im Magazin. Sonst rauche und trinke ich. Und freue mich nur aufs Schlafen. Ich fühle mich uralt...«

Das ist, etwas zusammengefaßt, der Inhalt unseres ersten Gesprächs. Ich habe nur zugehört, und Myrta sagte, sie sei froh, daß sie all das einmal habe »auskotzen« können. Myrta war ein verwöhnter Liebling aller gewesen. Es wurde in der Folgezeit deutlich, daß sie gelernt hatte, nichts tun zu müssen, als schön und nett zu sein. »Meine Mutter versuchte immer, meinem Vater zu gefallen, aber sie hatte wenig Erfolg damit«, sagte Myrta einmal, »und er verachtete sie, weil sie dumm war. Ich war wenigstens schön. Meine Dummheit kam später an den Tag.«

Myrta war völlig auf ihre Schönheit fixiert worden. »Es war das einzige, was zählte ...« Mit der Zeit kam jedoch heraus, daß ihr Schulversagen mit dem Beginn ihrer körperlichen Entwicklung zusammenfiel. »Mein Vater schaute mich manchmal so seltsam an«, sagte Myrta eines Tages. Allmählich kristallisierte sich heraus, daß sich ihr Vater wohl mit der Abwendung von seiner Tochter gegen die eigenen Gefühle geschützt hatte. »Ich fühlte mich irgendwie schuldig, aber ich dachte, es sei wegen der Schule«, sagte Myrta. In Wahrheit empfand sie ihre Schönheit als schuldhaft: »Ich sollte schön sein und wurde gleichzeitig dafür bestraft. Wenn ich tanzen ging, *mußte* ich mit den Burschen tanzen, die mich fragten. Wenn ich es nicht tat, galt ich als hochmütig, und keiner wagte es mehr, mich zu holen. Sie wurden nämlich von ihren Kollegen gehänselt, wenn sie einen Korb ›von der Schönen‹ bekamen. Tanzte ich mit ihnen, ließ ich mir viel an Annäherung gefallen, aus Angst, sie würden mich wieder als hochnäsig anschauen. Ja, aber dann sagten sie, ich sei leicht zu haben, eben ›so eine‹. Und ich hab mich dann halt auch gerächt. Das war ein Teufelskreis.«

So wurde allmählich das Netz deutlich, in dem sich Myrta verstrickt hatte. Zugrunde lag die problematische Ehe der Eltern, aus der heraus der Vater sich ihr zugewendet und sie als Kind zum Ersatz gemacht hatte. Als Myrta das klar wurde, sagte sie weinend: »Jetzt bricht alles zusammen. Mein Vater hat gar nicht *mich* gemeint. Er hat mich gar nie richtig lieb gehabt. Ich war nur ein Objekt. Und das hat mir den Weg zu meiner Mutter verbaut. Sie mochte mich nicht. Und ich fühlte mich irgendwie schuldig, ohne zu wissen, warum.« Myrta weinte lange. Dann beschloß sie, mit ihrer Mutter zu sprechen.

Es wurde ein sehr offenes Gespräch, nachdem die Mutter zuerst sehr mißtrauisch gewesen war. »Ich ließ aber nicht locker«, sagte Myrta anschließend, »und da sagte mir meine Mutter, sie sei auch stolz auf mich gewesen, auch darauf, daß sie, die eigentlich nicht hübsch sei, eine so schöne Tochter zustande gebracht habe. Aber der Vater habe sie so verletzt, weil er immer wieder gesagt habe, er verstehe nicht, daß sie eine so schöne und herzige Tochter habe hervorbringen können, von ihr habe es die Tochter bestimmt nicht … Und da habe sie eben negative Gefühle bekommen. Aber sie habe auch Angst gehabt, der Vater könne zu weit gehen. Und da sei sie froh gewesen, daß das mit der Schule passiert sei. Für mich – aber auch für sich selbst.« Myrta erfuhr von der Mutter, daß sie im letzten Jahr angefangen habe, ihren eigenen Wert zu entdecken, und ihn nicht mehr von ihrem Mann bestimmen lassen wolle. »Wir waren beide traurig, daß wir einander verpaßt haben«, erzählte Myrta und wirkte ruhiger und gelassener, selbstsicherer. »Ich sehe Frauen nicht mehr einfach als Rivalinnen und Feindinnen«, sagte sie, »ich habe erstmals eine Freundin. Sie hatte anfangs Angst, mit mir auszugehen, wegen der Burschen. Aber ich habe ihr gesagt, wie schwierig es für mich sei. Das hat sie erstaunt. Und jetzt können wir offen zueinander sein.«

Groß war aber immer noch die Wut auf den Vater, die Verletzung und Enttäuschung. »Ich wollte lieber häßlich sein als schön«, sagte Myrta verzweifelt, »dann wüßte ich vielleicht, wer ich bin. Aber die wollen doch nur Bestätigung über mich. Und ich meine über sie. Das geht nie auf. Ich wollte Bestätigung für meinen Körper und wollte doch, daß sie mich um meinetwillen mochten.« Das war Myrtas innerer Widerspruch. Sie machte sich »häßlich« und wollte dennoch ihre Schönheit entdeckt wissen, die das einzig Wertvolle an ihr war – wie sie gelernt hatte –, und wollte gleichzeitig als sie selber entdeckt werden, vereitelte aber diese Entdeckung aus Angst, dann fallengelassen zu werden. »Und so mache ich mich immer wieder zum Objekt und hasse mich gleichzeitig dafür.«

Nach fast einem Jahr versuchte Myrta auch, mit ihrem Vater zu sprechen. »Es war schwierig«, sagte sie, »er wich ständig aus und versuchte, alles als meine Phantasie abzutun.« Und doch lernte sie etwas Entscheidendes aus diesem Gespräch: »Mein Vater war plötzlich nicht mehr so mächtig. Ich sah seine Unsicherheit, seine Angst. Er war nicht mehr der gottgleiche Verleiher von Gunst und Ungunst. Er war ein gewöhnlicher Mann – und mein Vater. Erstmals habe ich eigentlich gemerkt, daß er mein Vater ist, nicht mein Bewunderer und dann mein Verächter.« Damit wurden auch die Gleichaltrigen zu »Menschen«, zu verschiedenartigen Individuen. Sie verstand, daß nicht alle Männer gleich waren. Aber sie hatte immer noch Angst vor einer Freundschaft mit einem Mann.

Dann machte sie eine für sie zunächst verwirrende Erfahrung: Sie begegnete einem sechs Jahre älteren Mann, der vorher eine Freundin gehabt hatte, die als »nicht schön« und »unattraktiv« galt. Und Myrta antwortete seinen Werbungen mit größtem Mißtrauen, vor allem, als er äußerte, er finde sie schön. In einer Auseinandersetzung sagte er ihr: »Was bildest du dir eigentlich ein! Für mich bist du nicht schöner als meine vorige Freundin. Mir hat sie nämlich sehr gefallen, nur daß du's weißt.« – »Ich war so schockiert und beleidigt«, berichtete Myrta, »und da ging mir auf, daß ich meinen Wert eben doch mit meiner Schönheit gleichsetzte. Ich fand es empörend, mit der anderen Frau auf die gleiche Ebene gesetzt zu werden. Meine Reaktion hat mich erschreckt.« Und etwas später: »Da hatte ich nun, was ich wollte, einen Mann, der mich als diejenige nahm, die er gern hatte. Ja, was will ich denn eigentlich?«

Die Situation verschärfte sich. Da sagte Myrtas Freund eines Tages voller Wut: »Die andere Frau sagte mir ständig, ich liebe sie nur aus Mitleid, und du sagst mir, ich liebe gar nicht dich. Du wollest nicht wegen deines Aussehens geliebt sein, aber in Wirklichkeit willst du doch nur meine Bewunderung. Aber ich bewundere dich nicht. Du gefällst mir, ich mag dich gern. Ich lasse mir meine Gefühle von dir weder vorschreiben noch vermiesen.«

Myrta war verzweifelt. Sie kannte sich nicht mehr aus, denn vertraut war ihr nur die Falle ihrer Beziehung zum Vater. Sie fand den Freund hartherzig, fühlte sich unverstanden. Als er deswegen mit in eine Stunde zu mir kam, sagte er zu Myrta: »Ich habe dich einfach gern. Und ich habe keine Lust, meine Gefühle zu erklären. Sie sind da, und du kannst sie annehmen oder nicht. Es tut mir weh, wenn du's nicht tust, aber ich lasse sie mir von dir nicht verdächtig machen. Wenn wir zärtlich miteinander sind, findest du's ja auch schön – nur hinterher machst du alles wieder kaputt. Ich habe versucht, meine Mutter so gern zu haben, wie sie es wollte, das konnte ich nicht. Aber ich habe alles versucht, jahrelang. Weißt du, erst jetzt begreife ich, daß ich liebe, wie ich es eben kann. Und das lasse ich mir nicht mehr wegnehmen. Schließlich hast *du* mir zu dieser Erfahrung verholfen.« Myrta wehrte sich zwar, aber sie begann zu verstehen. Die dreimonatige Abwesenheit ihres Freundes half ihr dabei. Vor seiner Rückkehr sagte sie zu mir: »Ich sah mich immer nur mit den Augen ›*des* Mannes‹, so wie ich es eben erfahren hatte. Und *ich* hatte die Gefühle, die ich mit meinem eigenen Blick auf mich produzierte. Sie haben mit meinem Freund nichts zu tun.« Myrta erfuhr in unserer Arbeit, wie sie den Blick der »Vater-Männer« auf sich selbst verkörperte und sich dann gegen ihn in Wut und Verletztheit versteifte. Als sie begann, dieses Muster aufzulösen, kam tiefer Schmerz zum Vorschein. Dann fing sie an, Vertrauen zu sich zu schöpfen. In der letzten Stunde vor der Rückkehr ihres Freundes sagte sie zu mir: »Ich mag meinen Körper, einfach weil *ich* das bin – Schönheit hin oder her.«

Diese Geschichte zeigt, daß »Schönheit« kein isoliertes Phänomen ist. Sie erscheint hier als »positive Organminderwertigkeit«, um es paradox auszudrücken, und wurde in Myrtas Familie mit der überkommenen Geschichte des weiblichen Objektseins verbunden. Gleichzeitig wird deutlich, daß hinter dem männlichen Anspruch das eigene männliche Minderwertigkeitsgefühl steht – beim Vater und bei vielen Gleichaltrigen. Das führt zu einer mißbrauchenden Liebe. Zuletzt zeigt sich auch, daß Myrta ihre Geschichte *verkör-*

perte. Das bedeutet, daß »Schönheit« auch eine Geschichte der Beziehung zu sich selbst ist – eine erlernte allerdings – und nicht in erster Linie ein »objektives Phänomen«. Das wurde Myrta durch die Reaktion ihres Freundes sichtbar. Zugleich zeigt sich auch, daß die »positive Organminderwertigkeit Schönheit« nicht weniger beeinträchtigend sein muß als ihr Gegenteil. Genau dies brachte eine vierundzwanzigjährige Frau in einer Frauengruppe folgendermaßen zum Ausdruck:

»Ich war immer die Schöne in der Familie, die schöne Italienerin. Mein Vater bewunderte mich, meine Mutter war gekränkt. Ich bin nur die ›schöne Italienerin‹. Für mich interessiert sich niemand. Keiner fragt, wer ich als Person bin. Meine Schönheit ist mir im Weg. Auch meine Schwestern sind eifersüchtig. Ich weiß eigentlich gar nicht, wer ich bin.« Sie weinte und drückte ihren heftigen Schmerz aus. Eine andere junge Frau in der Gruppe wirkte sehr betroffen. »Ich bin eben eine solche häßliche Schwester, welche immer die ›andere‹ beneidete. Ich dachte immer, sie müsse doch glücklich sein. Ich erfahre erstmals, wie schwer auch das sein kann, die Schöne zu sein … Ich bin froh, daß ich dich jetzt gehört habe.« Alle anderen schauten sie erstaunt an, diese hübsche Frau mit dem ausdrucksvollen Gesicht. »Du – die häßliche Schwester?« sagte schließlich eine weitere Frau. »Ja, ich habe mich nie gemocht. Ich habe oft geweint, wenn ich in den Spiegel schaute.« – Alle verstanden in diesem Augenblick, daß »Schönheit« vor allem eine Geschichte ist, eine Geschichte, die von Familien und von der Gesellschaft erzählt, von den Betroffenen übernommen und als Beziehung zu sich selbst verkörpert wird, aber auch eine Geschichte über die Befindlichkeit des anderen, ohne dessen wirkliche Gefühle zu kennen. Wir erfuhren aber auch, daß es möglich war, eine neue Geschichte zu formen, in der es nicht mehr »*die* Schöne« oder »*die* Häßliche« gab, sondern eine Frau, die sich entdecken und als sie selbst erleben kann und für die es auch nicht nur *den* Blick der anderen gibt, sondern viele Menschen, die verschieden reagieren, selbst wenn es Normen gibt, so etwas wie eine kollektive Geschichte der Gesellschaft.

Hier kommt ein weiteres Thema ins Spiel, in dem es nicht nur um Schönheit im engeren Sinn, sondern um »anders sein« geht, um das Herausfallen aus der Norm einer größeren oder kleineren Gruppe. So gibt es Körperbeschaffenheiten, die mit der Norm von »weiblich« oder »männlich« verbunden werden. Ich erinnere mich hier an einen jungen Mann, der seit seiner Jugend daran litt, zu breite, das heißt »weibliche« Hüften zu haben, wie sein Vater ihm immer wieder vorsagte, um ihn damit zu entwerten. Die abweichende Form von Körperteilen, die mit Geschlechtlichkeit identifiziert werden, können besonderes Leiden hervorrufen. Ein Mann machte als Knabe die Hölle durch, weil er wegen einer Fimose als Kleinkind beschnitten worden und später in der Schule von Kameraden viele Male gehänselt und ausgelacht worden war, sobald er sich nackt zeigte. Die Form des Gliedes kann zum Problem werden, ob es nun die Umwelt ist, die entsprechend reagiert, oder der betreffende Knabe oder Mann sich im stillen Vergleichen als abweichend empfindet.

Dasselbe gilt bei Frauen und Mädchen für die Form ihrer Brüste oder der Vagina. Eine junge Frau entschloß sich, ihren zu großen Busen operieren zu lassen, obwohl sie nie abfällige Bemerkungen gehört hatte. Niemand konnte sie von ihrem Vorhaben abbringen. »Ich fühle mich wie von einem Bann befreit«, sagte sie nach der Operation. Ich lernte widerstrebend verstehen, daß dies für sie ein Ritual war, das ihr ermöglichte, sich selber anzunehmen. Sie ging sorgfältiger mit sich um und begann sich aufzurichten. »Ich habe erstmals etwas für mich getan«, sagte sie, »obwohl die anderen mich nicht verstehen können.« Das ist entscheidend für mich. Eine andere Frau lernte mit vierzig, ihren Hängebusen zu akzeptieren und erstmals Freude daran zu haben. »Mein Arzt hat mir vorgeschlagen, ihn doch operieren zu lassen. Aber das konnte ich nicht. Ich merkte plötzlich, daß dies *mein* Busen ist. Und das war die Wende«, sagte sie.

Der komplexe familiäre und gesellschaftliche Raum bilden also den Erfahrungshintergrund, auf dem wir den Bezug zu unserem Körper auch im Kontext von »Schönheit« herausbilden. Da ist die schöne Schwester oder Mutter, die Konfliktbeziehung der Eltern und auch das Alter, in dem sich die Konfrontation mit dem eigenen Anderssein ereignet.

Schönheit und Normgerechtheit stehen oft auch quer zueinander. Die südliche Schönheit wird ausgestoßen, weil sie einer verachteten Minderheit angehört. Rote Haare waren lange eine Art Organminderwertigkeit, was in unserer hennagefärbten rothaarigen Gesellschaft schon fast in Vergessenheit geraten ist. Die Schönheitsbegriffe sind der Mode und den soziologischen Konstellationen unterworfen, ebenso wie die Zuordnungen von »weiblich« und »männlich« in bezug auf Körperbeschaffenheit, Kleidung und Gebaren. Doch jede Abweichung von dem, was als Norm gilt, kann mit Auslachen oder Ausstoßen beantwortet werden – ob nur innerlich oder auch von außen.

Wir beziehen uns jedoch mit unseren Geschichten nicht nur auf unsere äußere Erscheinung, sondern ebenso auf unser inneres Bild dessen, wie wir aussehen. Dieses Bild formte sich meist aus den Erfahrungen unserer Kindheit und Jugend, bleibt aber oft bis weit ins Erwachsenenalter hinein erhalten. Eine etwa fünfunddreißigjährige Frau sagte in der Therapie im Zusammenhang mit diesem inneren Bild: »Ich sehe ein dickes, schwammiges und häßliches Mädchen vor mir, eines, das niemand mag. Noch jetzt fühle ich mich so.« Ich schaute die sehr gut angezogene, schlanke und hübsche Frau vor mir völlig verblüfft an. »*Ich* sehe dich ganz anders«, sage ich, und die Frau vor mir nimmt mein ratloses Erstaunen wahr. »Ja, ja, ich weiß, alle sagen mir das. Aber wenn ich durch die Straßen gehe und mich zufällig in einem Schaufenster sehe, finde ich mich immer noch dick und häßlich. Ich *sehe* das wirklich. Ganz realistisch.«

Diese Frau blickte noch immer gleichsam mit den Augen ihrer Mutter und ihrer Geschwister auf sich. Entsprechende Szenen tauchten auf: »Meine ältere Schwester badete mich jeweils am Samstag in der Waschküche. Sie tat es sehr gehässig, beschimpfte mich und lachte mich aus, weil ich so dick war. Ich wurde zum allgemeinen Gespött. Diese Szene war unausweichlich. Sie wiederholte sich jede Woche. Ich kann die Gefühle, die ich hatte, gar nicht benennen.« Tiefste Verletzung war in den Worten Helgas spürbar. Es wurde deutlich, daß sie sich die Beziehung ihrer Familie zu ihrer Körperhaftigkeit einverleibt hatte. Auch sie selbst schaute sich mit entwertendem Blick an, gab sich innerlich eine Form, durch die sie sich von ihrem Körper trennte: »Ich spüre meinen Körper nicht«, sagte sie. »Ich trage schöne Kleider, um von meinem Körper abzulenken. Aber es ist mir unangenehm, wenn ich durch die Kleider auffalle. Am liebsten ziehe ich mich deshalb sehr dezent an.«

Im inneren Bild der eigenen Gestalt kann sich vieles an schmerzlichen Geschichten aus Kindheit und Jugend verdichten. Nur ein behutsamer Kontakt mit ihm kann Verletzungen heilen und ein neues Bild oder vielmehr eine neue Wahrnehmung entstehen lassen. So erzählte mir eine jüngere Frau, sie sehe vor sich ein schlaksiges Mädchen mit unkoordinierten Gliedern, oben eher zu dünn, aber mit dicken Oberschenkeln. Fettes und unordentlich hängendes Haar. Ein häßliches Gesicht … Es stellte sich heraus, daß die Mutter sie in der Pubertät massiv entwertet hatte. Als ich die Frau bat, die imaginierte Gestalt zu *sein*, zog sie sich von der Mitte aus in die Höhe, zog die Schultern hoch und nach vorn, ließ die Brust einfallen und versteifte den Nacken, indem sie den Hals nach hinten drückte. Das Becken zog sie leicht nach hinten hoch, drückte die Knie durch und hob die Zehen vom Boden. Dadurch entstand eine versteifte Gestalt mit vielfach gebrochenem Energiefluß. Anschließend sagte sie dazu: »Ich fühlte mich so linkisch, ungeschickt und spröde. Und ich weiß nun, daß ich auch jetzt oft dahin gerate, nur nicht so extrem. Immer dann, wenn mich jemand kritisiert, werde ich wieder zu diesem Mädchen. Ich weiß dann nicht, wohin mit mir. Und ich denke dabei: ›Nur nichts anmerken lassen!‹ Und so kann ich mich überhaupt nicht ausstehen!« Als die Frau die mit dem Bild verbundene Haltung aufzulösen begann, sagte sie: »Ich fühle mich größer werden. Der Raum in mir wird weiter. Ich kann atmen. Mein Hals wird länger. Ich kann dir in die Augen schauen. Nur der Kontakt mit dem Boden ist nicht so sicher.« Nach einer intensiven Standübung sagte sie: »Da stehe ich. Und so bin ich. Und … und ich gefalle mir eigentlich.« Etwas später erzählte sie: »Wenn ich Fotos von mir aus meiner Kindheit und Jugend anschaute, waren sie mir irgendwie fremd. Ich sah viel hübscher und lebendiger aus, als ich von mir das Gefühl hatte. Jetzt kann ich mir erstmals vorstellen, daß ich das wirklich war!«

Wir tragen nicht nur innere Bilder von uns mit, sondern sprechen auch gleichsam auf einer inneren Bühne mit uns selber. Wir sagen zu uns etwa: Du bist unmöglich. Schau einmal dein Gesicht an. Die lange Nase und deine Haare. Mach kein so häßliches Gesicht … Vielleicht wird mit der Zeit deutlich, daß wir uns die Stimme von Bezugspersonen aus Kindheit und Jugend einverleibt haben und mit ihr zu uns selber sprechen und Zeit brauchen, um eine liebevollere Sprache für uns selber zu finden.

»Fehlende« Schönheit und Schönheit als positive Organminderwertigkeit können also versehrend und beeinträchtigend sein, je nach der Geschichte, die wir aus dem familiären und weiteren sozialen Umfeld mit uns tragen. Zugleich zeigt sich, daß Schönheit nicht isoliert betrachtet werden kann, sondern einen Aspekt unserer

Identität, unserer Beziehung zum eigenen Selbst und zu anderen Menschen darstellt.

Der Satz »Ich bin die Frau, die ich bin«, bedeutet hier, innere und äußere Wahrnehmung zu verbinden, als lebendige Einheit zu erfahren und eine liebevolle Sprache für sich selbst zu finden, ohne sich mit den üblichen Kategorien und Geschichten über Schönheit zu denunzieren. Damit wird der übliche Begriff von Schönheit jedoch auch relativiert, in den unsere Gestalt nicht ohne weiteres hineinpaßt oder hineinzupassen scheint.

Schönheitsrituale als verkörperte Geschichten

Zum Bereich von Schönheit gehören auch die mit ihr verbundenen Rituale, die sich heute zum Teil relativiert haben, jedoch als verkörperte Geschichten der jetzt älteren und mittleren Frauengeneration noch immer bestehen. Früher wurden schon kleine Mädchen schön gekleidet und mit Haarschleifen frisiert und waren dadurch in ihren Spielen viel eingeschränkter als Knaben.[49] Eine sechzigjährige Frau äußerte sich dazu: »Ich empfand mein Mädchensein immer als Behinderung. In unserer Umgebung gab es fast nur Knaben. Und überhaupt, die Mädchenspiele kamen mir langweilig vor. Mein helles Röcklein war immer schmutzig, die Haarschleifen verlor ich ständig. Und jeden Abend hatte ich Krach mit meiner Mutter. Oh, wie haßte ich diese blöden Verkleidungen. Ich genieße es noch heute, daß ich in Hosen herumlaufen kann!«

Doch der große Einschnitt kam meist erst mit der Pubertät. Eine etwa fünfundvierzigjährige Frau schilderte dieses Erleben sehr eindrücklich: »Da durfte man plötzlich keine kurzen Röcke mehr tragen, mußte die Beine stets nahe beisammen halten, durfte nicht mehr breitbeinig sitzen. Es gab damals die steifen Unterröcke und die ganz engen Röcke. Ich stieß mit meinen Bewegungen wie an die Mauern eines Gefängnisses, das aus meiner Kleidung bestand. Meine Mutter gab mir eines Tages einen breiten Strumpfgürtel, damit meine Form nicht auseinanderfalle. Und einen BH mit Bügel. Ich durfte auch keine flachen Schuhe mehr tragen. So würde ich endlich lernen, wie ein Mädchen zu gehen, meinte meine Mutter.

Damals waren auch die aufgesteckten Frisuren Mode. Der Wind wurde damit zum Feind, das schnelle Laufen, ja selbst das Schlafen. Die Schuhe drückten, und unter Qualen ging ich zu meinen Verabredungen mit Burschen. Ich dachte einfach, das müsse so sein. Erstmals haßte ich es, ein Mädchen zu sein. Das Ganze war wie eine Vertreibung aus dem Paradies. ›So ist das eben, wenn man kein Kind mehr ist, sondern eine Frau wird‹, sagte meine Mutter nur. Heute weiß ich, daß auch sie ihr Frausein als Plage und Einschränkung empfand.«

Das geschilderte Ritual ist jedoch nicht nur etwas Äußerliches. Es beeinflußt die Verkörperung als Mädchen und Frau nachhaltig. Die Frau fuhr in ihrer Darstellung fort: »Ich begann, mich anders zu bewegen. Ich nahm mich zusammen, preßte die Schenkel zusammen, machte kurze Schritte, schränkte überhaupt meine Bewegungen ein. Ich hielt meinen Nacken steif … Mit der Zeit erstarrte ich förmlich. Sicher nicht nur wegen der Kleidung, aber sie verstärkte das Gefühl, es sei schlimm, eine Frau zu werden. Schließlich wurde mir das alles selbstverständlich. Ich konnte mich auch in lockerer Kleidung oder im Badekleid nicht mehr frei bewegen. Zudem war auch beim Baden immer noch die Frisur, die ich ›retten‹ mußte.« Diese Frau schilderte, wie auch die rituelle Mädchenkleidung und das geforderte Gehabe zu ihrer erstarrten, unfreien Verkörperung als Frau beitrugen. Bei den Körperübungen, die ich mit ihr in der Therapie machte, kamen diese Geschichten zum Vorschein. Sie waren ihrem Körper eingeschrieben. Sie spürte die Kleider und die Frisur noch deutlich, als sie versuchte, »breitspuriger«, ausgreifender zu sein, und hörte die damit verbundenen Botschaften ihrer Mutter und den Druck der gleichaltrigen, sich ebenfalls der Norm anpassenden Kameradinnen und die den jungen Burschen zugeschriebenen Erwartungen an sie.

Jugendliche Mädchen beginnen auch, sich herzurichten und sich zu schminken. Sie stellen sich vor den Spiegel, probieren aus, zeigen einander gegenseitig, »wie es gemacht wird«. Manchmal sind es auch verzweifelte und einsame Versuche, dem eigenen, als häßlich empfundenen Gesicht doch noch etwas abzugewinnen. Mädchen sind in diesem Alter in bezug auf Kritik an ihrem Körper besonders verletzbar, entwerten sich oft selber gnadenlos und beginnen bei jeder Bemerkung von außen, gleich wieder an sich zu zweifeln, da sie sich auf keine ihnen vertraute Identität stützen können. Ich erinnere mich, wie ich nach einem meiner ersten Schminkversuche äußerst zufrieden war und erwartungsvoll in die Stube trat. Da sagte mein Vater lächelnd: »Gehst du zur Fasnacht?« Ich verschwand wortlos und wischte mir mit Zornestränen die Farbe wieder aus dem Gesicht. Mein Vater ahnte nicht, wie tief er mich verletzt hatte, da er mich sicher nicht hatte entwerten wollen.

Eine etwa fünfunddreißigjährige Frau sagte rückblickend: »Meine Mutter legte wenig Wert auf ihr Äußeres. Sie schminkte sich nicht und trug immer dieselben einfachen Kleider. Ich selbst mußte immer noch sehr kindliche Kleider tragen, während meine Freundinnen längst Modisches trugen. ›Du kannst noch lange genug erwachsen sein‹, sagte meine Mutter und verleugnete vor sich selber hartnäckig, daß ich kein Kind mehr war. Sie erlaubte mir auch nicht, mich zu schminken. Meine Freundinnen belächelten mich mitleidig. Ich fühlte mich so hilflos, weil ich jene Fertigkeit nicht besaß, mich geschmackvoll zu kleiden, mich gut zu frisieren und zu schminken. Vor einem Fest sagten sie zu mir: ›Nein, also wirklich, so kannst du nicht kommen. Warte, wir machen dich zurecht!‹ Sie toupierten mein Haar und steckten es auf, malten mir rote Lippen, puderten mich und malten lange an meinen Augen herum. Dann durfte ich mich im Spiegel anschauen. Ich erschrak. Eine fremde Frau blickte mich an. Ich erkannte mich wirklich kaum. Ich hatte mit diesem Gesicht nichts zu tun. ›Lächle doch‹, sagten die anderen zu mir. Ich aber saß steif da, wußte nicht, wie ich dreinschauen, noch wie ich mich bewegen sollte. Nichts paßte mehr. Den ganzen Abend fühlte ich mich verloren, obwohl ich bei den Burschen ›Erfolg‹ hatte.«

Die damals Sechzehnjährige konnte die Rolle nicht verkörpern, in die sie sich verkleidet hatte. Sie blieb das unsichere Mädchen, dem die Welt der Gleichaltrigen verschlossen war. Sie erlebte die Diskrepanz durch ihre »Verkleidung« noch deutlicher. »Ich hatte auch plötzlich das Gefühl, wie meine Mutter zu sein, so eckig und ungelenk.« Etwas später sagte die Frau von sich: »Ich habe damals furchtbar gelitten. Vor jedem Fest geriet ich in einen inneren Kampf. Ich versuchte, es den anderen gleichzutun, aber ich sah nie so gut aus wie die. Zumindest meinte ich es. Was die anderen chic machte, sah an mir aus – ja, wie eine schlechte Verkleidung. Aber das Schlimme ist, daß ich diesen körperlichen Kampf auch heute noch spüre, bevor ich ausgehe. Ich fühle mich dann wieder so eckig, schaue mich im Spiegel an und finde meine Haare scheußlich, mein Make-up unpassend … Ich spüre mich überhaupt nicht mehr. Und ich merke, daß ich dann trotzdem funktioniere, daß ich lächle und flirte. Ich mach das wie Handgriffe, die man eingeübt hat. Aber ich komme mir vor wie eine aufgezogene Puppe. Das Ganze hat mit mir nichts zu tun. Ich bin wie außerhalb meiner selbst.«

Die Frau verkörperte noch immer denselben Blick auf sich wie das Mädchen von damals, obschon sie die entsprechenden Rituale längst gelernt hatte. Als es ihr gelang, diese alten Muster aufzulösen, entwickelte sie erstmals einen eigenen Stil und begann, spielerisch mit ihrem Aussehen und Auftreten zu experimentieren. Über ihre Erfahrungen sagte sie: »Ich kann aus mir verschiedene Ichs machen. Das ist lustvoll. Ich habe nicht mehr das Gefühl, eine Fremde zu sein. Ich spüre mich – aber auf verschiedene Weisen. Ich entdecke immer neue Seiten an mir: die Kecke, die Vornehme, die Lustige, die Mädchenhafte.«

Dieses Beispiel zeigt, wie verschiedene Ebenen ineinandergreifen. Zunächst hat diese Frau sich mit der Mutter identifiziert, obwohl sie sich innerlich dagegen auflehnte. Sie erlaubte es sich nicht, »besser« als ihre Mutter zu sein. Zugleich verkörperte sie das kindhafte Mädchen, als das die Mutter sie haben wollte.

Der leibhafte Dialog mit der Mutter spielt oft eine große Rolle. Eine fünfundzwanzigjährige, sehr hübsche Frau brachte es immer noch nicht fertig, sich selbst zu zeigen. Ihre Mutter war eine äußerst elegante Erscheinung, stets Mittelpunkt in Gesellschaften, die die Bewunderung ihrer einzigen Tochter und ihrer Söhne forderte. Umgekehrt entwertete sie die heranwachsende Tochter laufend: »Wie siehst du auch aus! Das steht dir doch nicht! Schminken mußt du dich schon gar nicht!« Die Tochter lernte unbewußt, daß sie die Mutter nicht »überrunden« durfte. Sie blieb im wörtlichen Sinne unscheinbar. Sich schön machen, sich zeigen hat also zunächst – wie die bisherigen Beispiele zeigen – oft etwas mit der Beziehung der Tochter zu ihrer eigenen Mutter zu tun: Ich darf nicht sein wie du. Ich muß sein wie du. Ich muß sein, was du nicht sein konntest. Gleichzeitig geht es auch um die Beziehung zum Vater, dem die Tochter gefallen will, dessen Akzeptanz sie sucht, dessen Bewunderung sie als schuldhaft erlebt oder dessen Gefühle sie zu schonen weiß. In der Familie lernt die Tochter ihre Identität in bezug auf Schönheit und die damit verbundenen Rituale und Rollen.

Sich schön machen hat also jeweils einen anderen Kontext und ist deshalb mit verschiedenen Geschichten verbunden: Schön sein ist schuldhaft. – Schönheit ist etwas für die anderen. – Schönheit ist gefährlich et cetera.

Schon als Mädchen erlernen wir meist die Geschichte, uns »für die Männer« schön zu machen. Wir erzählen uns dabei zudem familiär und gesellschaftlich geprägte Geschichten darüber, was Männer als schön empfinden. Und sehr viele Männer tragen ebenfalls Stereotypen über weibliche Schönheit in sich.[50] Auch hier ist die Grenze zwischen der kreativen Freude, sich zu gestalten, dem Bedürfnis, das Wohlgefallen der Männer zu bekommen, und der Selbstaufgabe und -verleugnung fließend. Es gibt viele Frauen, die sich elegant, »natürlich« oder alternativ zurechtmachen, je nachdem, was für einen Freund sie haben. Oder sie halten an ihrem Make-up-Stil oder ihrer alternativen Aufmachung fest, was immer der für sie wichtige Mann dazu sagt. »Ich gebe mich nicht auf. Ich mache das Theater nicht mit«, behauptet die eine Frau. »Ich bin, wie ich bin, ich brauche keine Schminke«, sagt eine andere. Doch nicht der »Stil« oder die Aufmachung ist das Ausschlaggebende, sondern welche Geschichten und Verkörperungen sich damit verbinden. Die eine Frau bildet ein Muster der Selbstverleugnung, des Sich-nicht-Spürens aus, eine andere ein Muster von Trotz, von Rebellion. Immer sind dies auch einschränkende Muster. Umgekehrt können sie in einer bestimmten Phase der Entwicklung hilfreich sein, als Übergang zu einer neuen Möglichkeit, die eine persönliche Geschichte über Schönheit darstellt, wie in einigen der erwähnten Beispiele zum Ausdruck gekommen ist.

Gerade der jugendliche Protest ist für die Elterngeneration auch ein heilsamer Spiegel – wenn sie wagt, hineinzublicken. Jugendliche wehren sich gegen den Perfektionismus mit ihrer Kleidung, oder sie spielen mit ihrem Äußeren, wie beispielsweise die Punks. Sie machen den Verkleidungsaspekt sichtbar, experimentieren damit – wenn sie nicht einer Gegennorm verfallen. Die sozialen Normen zum Spiel werden zu lassen ist eine der kreativen Möglichkeiten, die hier dargestellt werden. Es wird mit den Erwartungen des Betrachters gespielt, seine Optik entlarvt und das Schauen selbst thematisiert. Da ist etwa ein Punk-Mädchen, das eine hübsche Mädchenfrisur aufweist. Dann dreht es den Kopf – die andere Seite ist kahlgeschoren!

Die bisherigen Gedankengänge und Beispiele bringen uns auf die grundlegende Frage zurück, was denn Schönheit überhaupt sei. Die meisten Menschen machen irgendwann einmal die Erfahrung, daß sie jemanden schön finden können, auch wenn die alten Kategorien sich dieser Erfahrung entgegenstellen. Wir sprechen dann oft von der »Ausstrahlung« eines Menschen. Was ist damit gemeint? Ich möchte versuchen, dies wiederum anhand eines Beispiels zu zeigen:

Ich regte eine Frau an, sich im Spiegel zu betrachten. Es war eine etwa fünfzigjährige Frau. Sie schaute sich lange an, beschrieb, was sie sah, und versteifte sich dabei zusehends. »Das bin ich«, sagte sie schließlich trotzig, »auch wenn ich nicht mehr schön bin, auch wenn ich Runzeln habe und eine schlaffe Haut. Ich bin nun mal älter.« Ich sah, daß die Frau kaum mehr atmete. Nur so konnte sie ihr Spiegelbild überhaupt aushalten. Was war geschehen? Die Frau sah im Spiegel nicht einfach sich selber. Sie sah vor allem eine ältere Frau. Und sie versuchte dazu zu stehen, aber es verschlug ihr den Atem. Sie trotzte den überkommenen Wertungen und übernahm zugleich deren Geschichte: »Schönheit ist gleichzusetzen mit Jugend.« Freilich gibt es eine Schönheit der Jugend, und den Abschied von ihr mögen wir betrauern. Doch ist dies die einzige Bedeutung von Schönheit? Und ist Schönheit ein Maßstab für das eigene Wertsein? Es gibt hier endlose verkrampfte Verteidigungen von Frauen. Und meist machen sie atem-los. Gerade dies konnte ich der Frau deutlich ansehen.

Meine Reflexionen hätten ihr wohl wenig geholfen. Ich schlug ihr deshalb vor, ihre trotzige Verteidigung körperlich zu verstärken und sich dabei weiter im Spiegel anzuschauen und dann diese Verstärkung ganz langsam zu lösen. Während des Lösens kamen der Frau die Tränen. Sie weinte und schaute sich weiter im Spiegel an. Als sie die Augen schließen wollte, bat ich sie, ihr Spiegelbild nicht im Stich zu lassen. Ich hielt ihre Hand, während sie heftig zu schluchzen begann. Sie sah ihr weinendes Gesicht und blieb mit ihm, so wie ich sie ohne Worte begleitete. Nach einer Weile wurde sie ruhiger. Noch immer liefen ihr die Tränen herunter. Langsam und zärtlich wischte sie schließlich ihre Tränen fort. Sonst hatte sie jeweils mit einer heftigen und ungehaltenen Bewegung ihre Augen ausgerieben. Jetzt aber saß sie da und begann plötzlich zu lächeln. Lächelte ihr Spiegelbild an, während ihre Züge weich waren, ihre Hautfarbe die Blässe verlor. Ein staunender Ausdruck kam in ihre Augen: »Das bin ja ich«, sagte sie. »Ja, das bin ich! Und das reicht. Ich fühle mich so warm.« Und dann ganz leise: »Du. Ich mag dich.« – Diese Frau hatte angefangen, eine liebevolle Beziehung zu sich selbst zu finden, sich von innen her zu spüren und von da her auch anders wahrzunehmen.

Es gibt also eine Schönheit, die aus Lebendigkeit geformt ist und quer durch alle anderen möglichen Kategorien hindurchgeht. Eine der bewegendsten Erfahrungen im Raum der Therapie ist es für mich zu sehen, wie Menschen allmählich ihre Schönheit im Sinne von Lebendigkeit und Ausdrucksfähigkeit entfalten. Sie richten sich aus ihrer geduckten Haltung auf, verhärtete Gesichtszüge werden weicher, der Blick wird wacher, zugewandter, der Stand sicherer und zugleich elastisch. Die ganze »Ausstrahlung« verändert sich – ein anderer leibhafter Dialog mit sich selbst und anderen Menschen wird möglich. Die Kategorie unseres üblichen Schönheitsverständnisses wird gesprengt und zugleich neu gefüllt. Schönheit wird zu lebendiger Form. Von hier aus eröffnet sich noch eine andere Dimension. Wir erfahren heute immer deutlicher und schmerzlicher, daß wir mit unseren technischen Möglichkeiten die Natur verunstalten und ihre Schönheit zerstören. Wenn es uns jedoch möglich ist, unsere eigene lebendige Schönheit zu entfalten, können wir aus ihr heraus verantwortlich auf die Natur eingehen, auf ihre lebendige Schönheit antworten.

Phantom, du bist nicht meinesgleichen oder:
Eine liebevolle Beziehung zu sich selbst finden

Bisher sind wir vielen überkommenen Geschichten nachgegangen, die sich Frauen in unterschiedlichen Varianten und Nuancierungen erzählen. Zum Teil sind diese Geschichten so selbstverständlich geworden wie ein ständig im Hintergrund ertönender »Sound«, einige werden schon kaum mehr oder eben erst neu wahrgenommen. Viele sind schmerzlich bewußt, viele noch ohne Sprache, andere gelten als überwunden ... Nicht nur die Vielfalt der Geschichten forderte unsere Aufmerksamkeit, sondern auch die Vielschichtigkeit des Geschichtenerzählens selbst. Doch gibt es noch *eine* Geschichte, welche die meisten anderen Geschichten in entscheidender Weise »mitfärbt«: Es ist die Liebesgeschichte mit uns selbst als Frauen, die sehr oft eben eine »Unliebesgeschichte« ist und sich in inneren Gesprächen mit uns selbst zeigt: Ich bin keine gute Mutter. – Ich mache alles falsch. – Warum gelingt mir das schon wieder nicht?

Freilich kennen auch Männer solche Geschichten, doch die weiblichen haben oft bestimmte unverkennbare Akzente wie die Ablehnung der eigenen äußeren Erscheinung, Schuldgefühle, das Gefühl, für alle Beziehungen verantwortlich zu sein und dieser Anforderung nicht zu genügen, die Tendenz, sich selbst zugunsten anderer zurückzustellen, eigene Bedürfnisse nicht wahr- oder nicht ernstzunehmen und schließlich auch, sich selbst in der Diskrepanz von innerer Anforderung und entsprechendem Unvermögen nicht gern haben zu können. Wiederum ist dies nicht eine Geschichte, die sich einfach ausreden läßt, sondern ein vielfach variiertes, leibhaft einschränkendes Muster. Die neue Perspektive könnte hier sein: eine liebe-volle und lebendige Beziehung zu sich selbst zu finden. Diese Perspektive ist auch in den vorangehenden Kapiteln immer wieder angeklungen. Im folgenden werde ich sie weiter entfalten und vertiefen.

Es ist eine selbstverständliche, aber weitreichende Feststellung, daß wir unser Gesicht nicht sehen können, es sei denn im Spiegel. Und auch unseren Körper sehen wir nur »von oben«. Viele Menschen unserer Kultur identifizieren sich mit diesem Blick und schauen auch innerlich vom Kopf her auf den Körper hinunter. Da wir unser Gesicht nicht erblicken können, kann das Anschauen im Spiegel den Charakter einer Begegnung bekommen, falls wir uns darauf einzulassen vermögen.[51]

Zunächst hat der Spiegel eine klare soziale Funktion. Er dient dazu, jenes Gesicht herzustellen, mit dem wir nach außen treten. Der Blick in den Spiegel steht also im Spannungsfeld zwischen dem unkontrollierten Gesicht und der »sozialen Maske«. Wenn Sie sich vorstellen, daß Sie am Morgen zu Hause sind – gerade eben aufgestanden, ohne Kontakt zu irgendeinem Menschen –, und sich dann vorstellen, daß Sie bald nach außen treten werden, können Sie spüren, wie Sie mit Ihrem Gesicht diese soziale Maske[52] herstellen? Eine jüngere Frau schilderte ihre Erfahrung folgendermaßen:

»Ich saß zunächst einfach so da. Mein Gesicht war wie nach innen gerichtet. Ich ließ meine Backen hängen, mein Kiefer war lose, der Mund leicht geöffnet. Ich fühlte mich nicht ganz wach. Meine Gedanken schweiften umher. Ich mag diesen Zustand, in dem sich Bilder und Gefühle einfach einstellen. Aber ich muß allein sein, sonst fühle ich mich zu verletzlich. Im Übergang zu meinem Tagesgesicht richte ich mich aus meiner Mitte auf, schließe sofort den Mund, presse die Zunge an den Gaumen und gebe damit Druck in den Kopf. Dabei ziehe ich die Augen leicht zusammen. So kann ich ›zielgerichtet‹ denken, mich konzentrieren, aufmerksam sein. Dabei bemerke ich, wie ich den Atem durch das Anheben der Brust leicht anhalte. Das Angespannte der Haltung im ganzen Körper und auch im Gesicht überdecke ich durch ein Lächeln. Ich gebe mir dadurch etwas Freundliches und zugleich Aufgestelltes … Ich bin gespannter, aber auch weniger verletzlich und kann die Situation einigermaßen kontrollieren und die anderen zugleich freundlich stimmen. Schade, daß es für mich nur ein Entweder-Oder gibt, einen brüsken Übergang zu meinem Tagesgesicht. Ich kann da nichts dosieren. Es ist wie ein Reflex.«

Durch das Erspüren des Übergangs von einem »Gesicht« zum anderen wurde es dieser Frau allmählich möglich, sich aus dem Entweder-Oder zu lösen und ein Spektrum zu formen, so daß ihr Muster sie nicht mehr einfach »überfiel«: »Ich muß nicht immer lächeln, mich nicht stets so gerade aufrichten, um möglichst aufgestellt zu sein. Ich kann meine Kiefer zwischendurch lösen. So kehre ich immer wieder für Momente zu meinem frühmorgendlichen oder abendlichen Bei-mir-Sein zurück. Das gibt mir das Gefühl von mehr Freiheit.«

Wir »machen« jedoch nicht nur unser Gesicht, sondern auch den Blick, mit dem wir uns im Spiegel anschauen. Dieser Blick vermag uns zu zeigen, wie wir mit uns selber in Beziehung treten. Eine andere Frau äußerte dazu: »Ehrlich gestanden, wunderte ich mich immer, daß andere mich sympathisch finden. Wenn ich mich so im Spiegel anschaute, mochte ich mich eigentlich nicht. Und jetzt wird mir deutlich, daß ich mich eben auch mit einem besonderen Blick anschaue. Es ist verrückt, aber ich glaube, ich habe mir selber noch nie gerade in die Augen geblickt. Ich halte mein Gesicht immer leicht abgedreht und schaue mich aus den Augenwinkeln an. Dabei halte ich den Atem an und atme nur noch ganz oben in der Brust weiter. Damit wird eine kritisierende und entwertende Stimme in mir laut. Sie erinnert mich jetzt an die Stimme meiner Mutter … Je länger ich mich anschaue, desto starrer werde ich. Das hat weniger mit meinem Tagesgesicht als mit dem Blick auf mich selber zu tun. Es wird mir jetzt klar, daß ich mich auch ohne Spiegel oft gleichsam innerlich so anschaue. Es ist genau dieselbe Haltung.«

Wir arbeiteten daraufhin mit diesem Muster. Als die Frau es erstmals wagte, sich im Spiegel gerade in die Augen zu schauen, war sie betroffen und hielt den eigenen Blick nur kurze Zeit aus. Intensive Gefühle und Erinnerungen kamen hoch. Dann schaute sie sich wieder an, ihr Gesicht wurde weicher, ihr Atem vertiefte sich. Ein fast scheues Lächeln erschien. Anschließend sagte sie: »Ich weiß jetzt erstmals, was Intimität ist. Ich fühle mich mir ganz nahe. Es ist für mich schön zu wissen, daß ich mich selbst so anschauen kann – auch ohne Spiegel. Es ist mein Geheimnis mit mir. Diese Erfahrung hilft mir, mich anzunehmen. Auch wenn ich Schutz brauche, muß ich nicht mehr ganz so stolz nach außen treten wie bisher.«

»Sich mit anderen Augen anzuschauen« bedeutet also, eine neue – und oft liebevollere – Beziehung zu sich selbst zu finden, sich Halt und Unterstützung zu geben, ohne sich versteifen zu müssen, sich zu schützen, ohne Verkrampfung. Die Verhärtungen der sozialen Maske lösen sich langsam auf. Dies erlaubt es, ein breiteres Spektrum möglicher Begegnungsformen mit sich und anderen zu bilden, das die jeweilige Situation und die Eigen-art von Begegnungen mit einbeziehen kann.

Mit dem Blick in den Spiegel sind auch die Geschichten verbunden, die wir uns über uns selber erzählen und entsprechend verkörpern: Ich forderte eine dreiunddreißigjährige, sehr hübsche Frau in einer Therapiestunde auf, sich anzuschauen. Sie warf einen Blick in den großen Spiegel, schrie leise auf und bedeckte ihr Gesicht mit den Armen. »Ich kann nicht«, klagte sie. »Ich ertrage es nicht!« – »Was erträgst du nicht?« fragte ich. »Diese schreckliche Frau da. Ich will das nicht nochmals erleben.« Sie erzählte mir weinend, daß sie als Jugendliche oft in den Spiegel geschaut habe. »Sie haben mich immer ausgelacht, meine Geschwister und meine Eltern. Ich war die ›Unmögliche‹. Ich war die Jüngste und allen zuviel. Sie mochten mich nicht, was immer ich tat, um sie umzustimmen, und sie machten es an meinem Aussehen fest. Als Kind hatte ich O-Beine, vorstehende Zähne. Und die dünnen Haare meiner Mutter. Ich schaute mich an und fand, daß sie recht hatten. Dann wurde ich schlaksig, war flach wie ein Brett. Und sie lachten noch mehr. Ich glich wirklich meiner Mutter, die ich häßlich fand. Und mein Vater sagte mir auch, ich sei wie meine Mutter. Er hatte eine Freundin. Und meine Mutter haßte mich wohl auch dafür, daß ich wie sie war. Vielleicht haßte sie sich in mir. Und ich hasse mich auch. Wenn ich mich anschaue, kann ich nur immer sagen: ›Wie unmöglich! Sieh doch diese Haare! Und die zu kleinen Augen.‹ Ich beschimpfe mich dauernd.«

Ich stellte mich hinter die Frau und schaute mit ihr zusammen in den Spiegel. Sie sah sich selber an, verzog schmerzlich ihr Gesicht. Ich hielt sie umfaßt, und unsere Blicke trafen sich im Spiegel. Sie schaute mich erstaunt an. Eine Weile blieb dieser Blickkontakt, dann schaute sie wieder ihre eigene Gestalt, ihr Gesicht an, drehte sich weg. Ich hielt sie weiter um die Schultern und wartete, bis sie wieder meinen Blick im Spiegel suchte. Nach einer Weile kam ein Anflug von Lächeln auf ihr Gesicht. Ich spürte während der ganzen Zeit viel Wärme und Zuneigung für diese Frau. Nach einer Weile wagte sie wieder einen Blick auf sich selbst und konnte ihn etwas länger halten, bevor sie wieder meinen Blick suchte. Lange ging es hin und her. Ich sah und spürte, wie sich die Frau langsam entspannte. Zuletzt trat ich neben sie, brachte mein Gesicht nahe zu dem ihren. So schauten wir zusammen in den Spiegel, und einen Augenblick lang kam etwas beinahe Übermütiges in unsere Gesichter, etwas Spielerisches. Dann drehten wir uns zueinander und schauten uns an.

Es dauerte noch längere Zeit, bis die Frau sich allein im Spiegel anschauen konnte. Eine Woche nach unserer »Spiegelszene« sagte sie zu mir: »Daß du mit mir in den Spiegel geschaut hast, war meine Rettung. Ich erwartete, daß du mich mißbilligend anschauen würdest wie meine Mutter. Und ich war überwältigt, daß du mich so freundlich angeschaut hast. Ich konnte es gar nicht fassen bei dem Anblick, den ich bot. Ich brachte das anfangs irgendwie gar nicht zusammen. Mit der Zeit hat mich dein Blick angesteckt. Weil du mich so freundlich angesehen hast, konnte ich mich erstmals auch besser anschauen. Ich fand mich nicht mehr so schlimm. Ich traue dem zwar immer noch nicht ganz – aber es ist eine Möglichkeit … Als du dann neben mir standest, warst du wie meine Schwester. Ich hatte die Phantasie, daß wir in den Spiegel schauen und uns entdekken als junge Mädchen. Es war irgendwie lustig und unbeschwert. Ich brauche deinen Blick noch. Sonst halte ich mich nicht aus.« – Über meinen »mütterlichen« und »schwesterlichen« Blick lernte diese Frau, sich selbst liebevoller zu begegnen und anders wahrzunehmen.[53]

Wenn wir es wagen, der Begegnung mit uns selber standzuhalten, und dadurch unsere Geschichten an die Oberfläche kommen, berühren wir auch bisher unbekannte, zum Teil verdrängte Seiten unserer selbst. Im Augen-Blick werden sie plötzlich oder allmählich sichtbar.

Während eines Workshops regte ich die Teilnehmerinnen an, am Abend längere Zeit – mindestens zwanzig Minuten – in den Spiegel zu schauen, vielleicht auch mit sich selbst zu sprechen und anschließend das Erlebte aufzuschreiben. Der Text, den eine junge Frau mitbrachte, lautet:

»Wie ein asiatischer Judo-Kämpfer stehe ich vor mir – vielleicht liegt es am kimonoähnlichen Morgenmantel, versuche ich mich zu beruhigen.

Ich schaue mir direkt in die Augen, und sehr schnell ertrinke ich in diesen Augen – rundherum löst sich alles auf, nichts scheint mehr zu existieren außer diesen Augen, diesem Blick, der starr ist …, unheimlich …, ich versuche wegzukommen und betrachte meine Füße, meine Hände, mein Gesicht. Es juckt mich in den Fingern, meine Hautunreinheiten zu betasten, mich zurechtzuzupfen.

Doch ich sehe mich … Jedesmal, wenn ich schnell schauen möchte, ob diese Augen mich noch immer anstarren, sind sie da.

Selbst wenn ich den Blick senke und den Kopf, habe ich das Gefühl, daß sie mich anstarren.

Ich schaue diese Augen an, stelle mich diesem Blick. Warum nur sind sie hart, so abweisend und kalt? Was ist das für eine Frau, was für ein Mensch, der so versteinert dreinschauen muß?

Wir sind nicht mehr ineinander verflossen, die Gestalt ist mein Gegenüber, ich betrachte dieses Gesicht und warte auf etwas – eine Antwort – eine Frage – eine Geste …, ich weiß nicht was. Was willst du mir sagen? Mein ganzer Körper wird von einem Schauer durchflossen – eine kurze wellenartige Bewegung durchströmt mich. Gleichzeitig glaube ich, daß Tränen in meine Augen schießen, doch merkwürdig …, mein Gegenüber bleibt tränenlos; der Ausdruck der Augen jedoch ist ein anderer geworden, sie sind voller Trauer, und ich weiß, daß es die Einsamkeit ist, die sie traurig macht – und für dieses Alleinsein gibt es keinen Ausdruck außer diesem tränenlosen Blick.

Ich fange an, meine Haare aus der Stirn zu streichen, mich zu berühren, ich muß mich meiner selbst vergewissern. Die Kirchenuhr schlägt halb elf … Ich nehme es wahr und kann es kaum glauben, daß ich eine volle Viertelstunde dagestanden bin vor meinem Spiegelbild. Und während ich in meinem Bett liege und diese Zeilen aufschreibe, habe ich das Gefühl, als stehe die Gestalt immer noch im Spiegel und warte …, aber worauf? Vielleicht darauf, daß ich hingehe und sie in meine Arme schließe und ihr den Weg nach Hause zeige.«

Diese Frau vermochte das Befremden auszuhalten, auch wenn es sie ängstigte. Sie kam mit einer Seite von sich in Kontakt, über die sie im Alltag stets hinwegblicken konnte. Der Schluß des Textes zeigt, daß es – wenigstens ahnungsweise – einen Weg vom Befremden zum Befreunden gibt.

Dennoch gelingt es uns kaum, unser »wirkliches Gesicht« zu sehen, jenes, das nicht schon vom Wissen um Sehen und Gesehenwerden geprägt ist. Vielleicht ist es in seltenen Augenblicken möglich, wenn wir uns plötzlich und unvorbereitet in einem Spiegel sehen. Ich erinnere mich selbst an eine solche Erfahrung: Ich war eben dreißig Jahre alt geworden und befand mich auf der Hochzeit einer Freundin. Ich hatte den ganzen Abend intensiv getanzt und ging zwischendurch einmal hinaus. Als ich mich zufällig umdrehte, fiel mein Blick in einen Spiegel, den ich vorher gar nicht bemerkt hatte. Es war ein Augenblick totalen Erschreckens. Unvorbereitet sah ich eine Frau, die ich noch nie so gesehen hatte, die mir fremd war und mich gleichzeitig tief und unmittelbar anrührte. Mein eigenes Bild traf mich wie ein Blitz. Ich weiß nicht, wie lange ich mich einfach fassungslos anblickte, unfähig, meinem Gesicht die gewohnte Form wiederzugeben und meinen Blick zu verändern. Mir war, als blicke ich in mich hinein, war betroffen vom Fremdsein und empfand gleichzeitig eine leidenschaftliche Zuneigung, eine Wärme, die ich in der Begegnung mit mir selber sonst nicht kannte. Ich hätte einfach so bleiben mögen, und doch ertrug ich den Anblick nach einer Weile nicht mehr. Ich wandte mich ab, bevor ich fähig gewesen wäre, den Augen-Blick in die mir bekannte Haltung hinein zu verändern ... Ich schlief in dieser Nacht überhaupt nicht. Ich hatte eine Ahnung von Dimensionen in mir selbst bekommen, die ich bisher kaum je berührt hatte.«

Neben allem sorgfältigen Erspüren unserer eigenen Muster gibt es jene Momente, in denen wir unmittelbar an eine Grenze kommen, die wir durch unser Zutun niemals erreichen können und wo unsere gewohnte »Fassung« verlorengeht, ohne daß wir uns verlieren. Dann wird augenblicksweise eine Dimension unseres Daseins angerührt, in der wir uns nicht aufhalten können und die dennoch trotz ihrer Flüchtigkeit die Beziehung zu uns selber zu verändern vermag. Das Erschrecken oder mindestens ein »Schauder« bleibt uns dabei nicht erspart. Die Dichterin Annette von Droste-Hülshoff hat das erste mir bekannte Gedicht geschrieben, in dem es um die Begegnung mit dem eigenen Spiegelbild geht, die sehr dramatisch inszeniert wird. Am Ende der ersten Strophe ruft sie aus:

Phantom, du bist nicht meinesgleichen!

Sie rückt ab und nähert sich wieder, erschrickt und fühlt sich angezogen, je nachdem, mit welchen Aspekten von sich selber sie in Kontakt kommt. Dieses Hin und Her gipfelt nochmals in den Worten:

Es ist gewiß, du bist nicht Ich ...

Das Gefühl des Fremden in ihr wird ein letztes Mal übermächtig, doch gleichzeitig erscheint dieses Fremde nicht nur als negativ, es sind »Kräfte«, es ist »Leid« und »Lust«. Das Befremden bleibt:

> Und dennoch fühl ich wie verwandt
> zu deinen Schauern mich gebannt,
> und Liebe muß der Furcht sich einen ...

Was es bedeutet, eine liebevolle Begegnung mit sich selbst zu gestalten, zeigte uns eine junge Frau im Rahmen eines Frauen-Workshops. Sie hatte an einem der Abende eine Zeichnung von sich selber gemacht und hielt ihr Erleben in einem Text fest:

»Ich saß vor einem Blatt Papier und ließ die Bilder des Tages durch meinen Kopf gehen. Ich war entschlossen, etwas zu zeichnen, hatte aber keine klare Vorstellung, was ich auf das Papier bringen wollte. Zeichnen ist für mich nicht das Medium, etwas umzusetzen. Meine Hand hielt den Bleistift, der anfing, ein Augenpaar zu zeichnen. Traurige Augen blickten mir entgegen, und daneben entstand ein trauriger Mund, ein trauriges Gesicht. Ich erkannte mich, es war meine Traurigkeit, meine Trauer. Das Gesicht ging über in einen Hals, den ich mit einem dicken Rollkragen versah. Ich betrachtete meine Zeichnung und wußte, etwas stimmt nicht ... ja, die Frau muß einen Körper haben. Ich griff zum Radiergummi und ließ den Rollkragen verschwinden. Ich begann einen Oberkörper zu zeichnen mit zwei Brüsten wie meine, ein bißchen hängend, nicht ›comme il faut‹, aber weich und schön. Langsam wurde die Frau zu etwas Ganzem. Das Bild war fertig und doch nicht; ja, es war mein ›Frausein‹, mein ›trauriges Kind‹, mein ›du darfst so sein‹. Aber etwas fehlte; wo waren meine sonnige Seite, meine Lebenslust, meine Bewegung? Hinter der ersten Frau entstand meine zweite Frau. Ein feines Lächeln, Augen, die liebevoll und mit Hoffnung in die Welt blicken. Ihre Hände legte sie haltend und zart um meine ›traurige Frau‹.«

Hier wird bildhaft und kommt zur Sprache, was es bedeutet, liebevoll und behutsam, zart und innig mit sich selber zu sein und sich nicht einer festen Vorstellung über sich zu verschreiben. Die junge Frau machte unserer Gruppe mit ihrem Bild und ihrer Geschichte ein kostbares Geschenk: Der Weg zum Befreunden mit uns selbst erspart uns den Augen-Blick des Be-fremdens nicht.

Doch ist der Weg ins Fremde auch gleichzeitig ein Weg »nach Hause«.

»Ich bin die Frau, die ich bin« – befremdet *und* befreundet zugleich.

2 An die Grenze kommen – existentielle Erfahrungen und stumme Geschichten

Das Allmachtsparadigma überschreiten: Wandlung als Grund-Form unseres Lebens

Die Ausgrenzung existentieller Erfahrungen in unserer Gesellschaft

»Herr der Lage« zu sein, alles in der Hand zu haben und zu kontrollieren ist eine Grundtendenz unserer modernen Industriegesellschaft, die sich in dem Maße verstärkt, wie die Auswirkungen unseres Handelns uns weltweit zu entgleiten drohen. Doch dieser »Herr der Lage« ist kein einzelner, der zur Rechenschaft gezogen werden könnte, sondern eine gigantische gesellschaftlich-wirtschaftliche Superstruktur, die sich selbst dem Zugriff entzieht. Die Machttendenzen steigern sich zunehmend zu einem All-Machtswahn,[1] der in letzter Konsequenz in Ver-Nichtung umschlägt, indem das Leben selbst zu-nichte wird. Die Ohnmacht der Macht kommt in den Blick, doch dieser Blick ist wiederum getrübt durch die Vorstellung und Geschichten zur Macht.

Die Allmachtsmuster unserer Gesellschaft haben deshalb einen hohen Preis: Sie schränken das Lebendige ein, reduzieren die Lebensbewegung allgemein auf funktionale und lineare Muster, die als handhabbare erscheinen. So müssen auch existentielle Erfahrungen ausgegrenzt, die Konfrontation mit Geburt und Gebären, mit Sterben und Tod, mit Endlichkeit und Vergänglichkeit ihrer Bedeutung enthoben werden. Aus demselben Grund wurde in diesem Jahrhundert auch die Trennung der verschiedenen Lebensbereiche verschärft und zementiert.[2] Diese Entwicklung setzte unter anderem ein, als die Familie durch die Industrialisierung im 19. Jahrhundert ihre Funktion als Produktions- und Versorgungsgemeinschaft verlor. Der Berufsbereich wurde von der familialen Gemeinschaft abgetrennt, das Leben »halbiert«. In der zweiten Hälfte des 20. Jahrhunderts bekamen die einzelnen Lebensbereiche immer stärker den Charakter von Ghettos: familiäre Ghettos in Großstädten durch riesige Siedlungen, oft weit vom Arbeitsort entfernt, mit erschreckender Anonymität und sozialer Gleichförmigkeit, Arbeitsplatzghettos, abgespalten von jeder Art alltäglichen Lebens, Ghettos für Kranke und Sterbende. Die Reduktion der Familie auf die Kernfamilie, die immer stärker zur Klein- bis Einkind-Familie wurde, führte zudem zur Ghettoisierung auch der alten Menschen.

Diese Abtrennung und schließlich Ghettoisierung der Lebensbereiche und Menschengruppen hatte einen wesentlichen Kontaktverlust mit dem Lebenskontinuum zur Folge, das Aufgehobensein in einem umfassenden Ganzen, aber auch Erfahrung eigener Begrenztheit und Vergänglichkeit bedeutete. Es entstanden in diesem Zusammenhang neue Rituale des Verwaltens und Kontrollierens. Prozesse wurden zu Abläufen umgedeutet, wie sich gerade am Beispiel der Geburt besonders deutlich zeigen läßt. Die programmierte Geburt ist nur eines der sichtbarsten Kennzeichen dieser Tendenz.[3]

So entsteht ein schmerzhafter Widerspruch auch im Lebenszusammenhang der Frau. In der Folge der familialen Entwicklung wurde sie immer mehr zur alleinigen emotionalen Versorgerin der Familie. Ihr obliegt die »Lebensarbeit« und die Betreuung der Kinder. Die Arbeit im Haushalt ist zwar einfacher geworden, die Schaffung des Lebensraumes für die Kinder hingegen komplexer. Frauen müssen vor allem die immer weiter auseinanderliegenden Lebensbereiche überbrücken – diejenigen der Kinder und des Mannes – und haben die in diesen anderen »Welten« entstehenden Defizite der Familienmitglieder auszugleichen.[4] Ihnen ist die Verbindung zu den Ghettos wie etwa Krankenhaus und Altersheim überbürdet, und sie sind verantwortlich für die Bildung sozialer Netze.

Was lassen sich daraus für Schlüsse ziehen? Frauen bewegen sich am Rand der durch das Allmachtsparadigma geformten Lebensgestaltung. Ihnen ist es auferlegt, eine letzte – oft illusionäre – oder gar nur organisatorische Verbindung zwischen den getrennten Bereichen herzustellen. Das Lebenskontinuum zu wahren gelingt ihnen jedoch kaum, weder für sich noch für die Familie. Doch sind gerade Frauen selbst immer wieder sehr unmittelbar mit existentiellen Situationen konfrontiert: zunächst durch das Erleben ihrer Körperlichkeit, die im Zusammenhang mit dem Fruchtbarkeitszyklus, mit Schwangerschaft, Geburt und Stillzeit tiefgreifende Veränderungen erfährt. Die Erfahrungen im Geburtsbereich konfrontieren Frauen unmittelbar mit der Endlichkeit und Un-Berechenbarkeit des Lebens überhaupt. Frauen sind eingefaßt in den Prozeß des »Stirb und Werde«, der sich auf die eigene Person und auf das Kind, das getragen und geboren wird, das gestillt und gepflegt werden will, bezieht. Frauen erleben dadurch intensiv, was es bedeutet, »an die

Grenze zu kommen«, verletzbar zu sein, das Leben nicht in der Hand zu haben.

In unserer vom Allmachtswahn beherrschten Gesellschaft gibt es jedoch kaum Raum, noch weniger eine Sprache für solche Erfahrungen,[5] und da es keinen Resonanzraum für sie gibt, besteht die – begreifliche – Tendenz, sie zu verdrängen. Existentielle Erfahrungen werden von der Gesellschaft selbst entwertet, und so kommen Frauen dazu, schmerzliche Erfahrungen in diesem Bereich sich als »Fehler« oder »Schuld« anzulasten und beglückenden Erfahrungen nicht zu trauen, ihnen nicht den gemäßen Raum zu geben, ja ihn sich entwenden zu lassen, oft ohne es zu merken. Sie bringen sich also nicht nur um Schmerz und Trauer, sondern auch um ekstatische Erfahrungen – um Grenzerlebnisse überhaupt, die ihnen aus ihrer weiblichen Existenz zuwachsen könnten.

Schwellen und Übergänge gestalten

Wir haben das Leben selber nicht »in der Hand«, auch wenn wir uns verschiedene bemächtigende Geschichten erzählen mögen. Das Wagnis des Lebens bedeutet vielmehr, uns seiner Bewegung hinzugeben und sie gleichzeitig zu gestalten. Das ist ein unaufhebbares Paradox. So ist jede ausgebildete Lebensgestalt immer eine vorläufige, sich wandelnde und ist gleichzeitig in der ganzheitlichen Bewegung des Lebenskontinuums aufgehoben. Dadurch bringt uns jede Wandlung auch in Berührung mit einem »Stirb und Werde«. In diesem Sinn möchte ich jetzt dem Allmachtsparadigma das Wandlungsparadigma gegenüberstellen und seine Bedeutung für das Leben der Frau weiter entfalten.

Die Grunddynamik von Wandlung läßt sich auf folgende Weise charakterisieren:[6] Immer wieder bilden wir in unserem Leben eine neue Form und damit auch eine neue Identität aus, etwa im Übergang zum Erwachsenenalter oder zur Mutterschaft, mit dem Beginn einer neuen Liebesbeziehung, beim Aufgeben der Berufstätigkeit im Alter, aber auch im Laufe individueller Krisen. Die neue Form wird uns gewohnt und vertraut, bietet Sicherheit. Sie ist es, die uns oft lange am Alten festhalten läßt, selbst wenn damit auch schmerzliche und einschränkende Erfahrungen verbunden sind. Und doch bilden innere und äußere Notwendigkeiten, Unruhe und Unzufriedenheit mit dem Bisherigen den Anstoß, die vertraute Form wieder aufzulösen. Wir nehmen Abschied von ihr, nehmen das Risiko auf uns, das damit verbunden ist – das Risiko, unsere Sicherheit aufzugeben. Die Grenzen, die wir ausgebildet haben, verschwimmen. Damit kommen wir in eine Phase des Übergangs, in der die alte Form nicht mehr ist, eine neue sich noch nicht gebildet hat. Wir nähern uns dem Zustand des Ungeformten, setzen uns Unsicherheit aus, sind uns selber fremd und unbekannt. Dies mag mit Angst verbunden sein, aber auch mit Neugier und Entdeckerlust. Verdrängte Geschichten kommen an die Oberfläche, es findet jedoch auch ein intensiver Kontakt zu den eigenen Tiefenschichten statt, der »vergessene Schätze« zum Vorschein bringt, kreative Möglichkeiten freisetzt. Es ist eine Inkubationszeit, eine »Schwangerschaft«. Ein neues Selbst ist im Entstehen begriffen.[7] Diese Übergangsphase ist gekennzeichnet durch die Einheit von gestalten und geschehen lassen.

Nicht nur Schwangerschaft, auch die Geburt ist ein adäquates Symbol für diesen Prozeß, da eine Geburt die Dynamik von »Stirb und Werde« auf eine kurze Zeitspanne zusammendrängt, ob wir sie aus der Sicht der gebärenden Frau oder des zur Welt kommenden Kindes betrachten. Die Frau stirbt als diejenige, die sie war, um als Mutter geboren zu werden. Das Ungeborene wird vom Fötus zum Kind. Viele Frauen erleben die Zeit kurz vor der Geburt als Todeszone.[8] Sie empfinden die Angst vor dem Unbekannten und die Sehnsucht nach dem Neuen, dem Kind. So stellt sich auch das Werden eines neuen Selbst oft als Geburt eines Kindes dar: Wir werden geboren, und wir gebären uns selbst, sind uns selbst Mutter und Kind in einem. Als ich mich vor einigen Jahren in einer wichtigen Übergangsphase befand, spürte und sah ich in einer Meditation im Raum zwischen meiner Brust und meinen Armen ein neugeborenes Kind liegen. Seine Augen waren geschlossen, als zögere es noch auf der Schwelle zum neuen Leben. Als ich dieses Kind zu zeichnen versuchte, glich es meinem Sohn kurz nach der Geburt und war gleichzeitig auch Bild für das neue Selbst in mir, das am Entstehen war.

Eine Geburt – symbolisch oder real – ist immer auch eine Grenzerfahrung. Wieder wähle ich ein Geburtserlebnis von mir, um das deutlich werden zu lassen: Als meine Tochter – mein erstes Kind – geboren war und sie plötzlich auf meinem Bauch lag, hatte ich das Gefühl – oder eher die Vision –, daß sich der ganze Raum um mich herum einmal um seine Achse drehte. Das Geschehen war unfaßbar, sprengte mein raumzeitliches Wahrnehmen. Es war ein Grenzerlebnis, das mich aus all meinen gewohnten Kategorien hinauswarf. Als meine Freundin ihren Sohn auf dem Bauch hielt, einige Sekunden nach der Geburt, sagte sie immer wieder, wie entrückt: »Ich glaube es nicht … nein, ich glaube es ja nicht …« Der ekstatische Ausdruck auf meinem Gesicht, der mich auf Fotos so seltsam berührt hatte und den ich auf dem Gesicht meiner Freundin wiedererkannte, zeigte dieses »An-die-Grenze-Kommen«, die Grenzzone, in der sich Tod und Leben berühren, den Augenblick, in dem wir bei uns selber sind und uns doch fremd, über uns hinausgelangen und alte Grenzen sprengen.

Die leibliche Geburt ist jedoch wiederum auch Bild *jeder* Geburt, das heißt jeder Wandlung. Die Dynamik ist vielleicht leiser, dauert über längere Zeit und ist nicht so eindeutig wahrnehmbar. Doch die Grundfigur ist dieselbe. Die leibliche Geburt erschließt zudem eine weitere Dimension: Das Werden einer neuen Form, eines neuen Selbst braucht eine liebevolle Begrüßung wie das neugeborene Kind und ein Vertrautwerden mit ihm. So entstand in mir nach dem Bild des Neugeborenen ein anderes, das mich an meine erste Begegnung mit meiner Tochter unmittelbar nach der Geburt erinnerte: Ein Mädchen lag auf meinem nackten Bauch, den kleinen Kopf zwischen meinen großen Brüsten. Ich spürte seine Wärme, seine ersten sich entfaltenden Bewegungen. Dem neu geborenen Selbst Raum zu geben ist eine »mütterliche« Zuwendung, die seine lebendige Form sich entfalten läßt.

Freilich erzähle ich hier zur Wandlung auch eine Geschichte – *meine* Geschichte –, mit der ich versuche, eine Perspektive anzudeuten, in welcher das Werden eines neuen Selbst organisch das Entstehen einer lebendigen Form und gleichzeitig eines neuen Zugangs zu unserem eigenen Pulsieren darstellt.

Jedes Neue in uns ist jedoch nicht etwas radikal anderes, sondern gleichzeitig eine Variante früherer Grundmuster aus unserem Lebenskontinuum. Ich möchte dies anhand eines Beispiels verdeutlichen: Im Mutterleib lernt das Kind das Bewegungsmuster des Schwimmens. Mit ihm – nur in veränderter Form – »schwimmt« es in einer ungeheuren Drehbewegung aus dem Mutterleib hinaus und erkundet unmittelbar nach der Geburt das neue Element Luft mit den aus dem Element Wasser vertrauten Bewegungen, lernt sie mit der Zeit dem neu erschlossenen Raum anpassen. Robben und Kriechen, schließlich auch Gehen sind immer eine jeweils neue Gestalt und gleichzeitig eine Umgestaltung des Urmusters »Schwimmen«.[9]

Das weibliche Lebenskontinuum bietet Bilder und Erfahrungen an, die helfen, ein vertieftes Verständnis von Wandlung zu gewinnen. Wenn wir den Prozeß, der zur Menarche und viel später zur Menopause führt, oder die Menstruation als Zyklus betrachten, handelt es sich um eine Figur von Wandlung. Dasselbe gilt von der leiblichen Schwangerschaft und Geburt. So begegnen wir als Frauen immer wieder demselben Grundmuster von Wandlung, nur in verschiedenen Formen. Wir können dies als Herausforderung für die Gestaltung unseres Lebens annehmen und uns davon inspirieren lassen. Zwar kann der Menstruationszyklus als Störung erlebt, die Menopause als Makel interpretiert, die Schwangerschaft als notwendige Begleiterscheinung aufgefaßt und die Geburt auf einen Ablauf reduziert werden, der mit der Entbindung endet. Das sind von der Gesellschaft angebotene Erfahrungsmuster, in entsprechenden Praktiken konkretisiert. Umgekehrt besteht die Möglichkeit, sie als Figuren von Wandlung ganzheitlich zu vollziehen. Frauen *können* von ihrem Menstruationszyklus, von ihrer Schwangerschaft, Geburt und von der Menopause lernen, was es bedeutet, Formen zu bilden und aufzulösen, Altes sterben zu lassen und Neues zu gebären. Das ist eine Chance und *keine* Gegebenheit.

Zugleich gestalten wir unsere Übergangszeiten immer auf individuelle Weise. Wir sehen vielleicht, wie wir sie zu überspringen versuchen, sie lange hinauszuzögern, überstürzen oder in Angst geraten. Die eigenen Übergangsmuster zu erspüren bietet die Möglichkeit, sorgfältiger mit dem Prozeß von Wandlung umzugehen, eine reifere Lebensgestaltung zu finden und auch den letzten Übergang einzuüben: das Sterben. Sterben lernen wir, indem wir leben lernen, denn Leben bedeutet Gestaltwandel. Die großen Erfahrungen sind einander verwandt: Geburt – Gebären – Liebesvereinigung – Sterben. Jede dieser Erfahrungen ist eine Grenz-Erfahrung, in der sich personales Erleben mit archaisch-vitalen und geistig-kosmischen Dimensionen verbindet, und jede bedeutet Wandlung, vollzieht den Prozeß von »Stirb und Werde«. Die fundamentalen Prozesse unseres Lebens sind miteinander verwandt und machen seine lebendige Gestalt aus: das je individuell geformte Kontinuum unseres Lebens.

Um die Gestaltung von Übergängen – ob es sich um überpersönliche Wendezeiten oder persönliche Krisen handelt – nochmals zu konkretisieren, möchte ich die folgenden Fragen als Impulse zum Erspüren eigener Übergangsmuster geben: Versuchen Sie einmal zu visualisieren, welche Figur *Ihre* Gestaltung von Wandlung hat. Sie können sich dazu auch einige Hilfsfragen stellen:

Bisherige Gestalt:
- Verlassen Sie eine gewonnene Gestalt sehr schnell wieder, weil Sie Unruhe, Langeweile spüren?
- Dürfen Sie an einer eingeübten Gestalt Freude empfinden, oder gilt das Geformte wenig?
- Halten Sie sehr lange an einer gewohnten Gestalt fest? Vielleicht auch dann, wenn Sie spüren, daß Sie loslassen müßten? Können Sie spüren, was Sie dazu bewegt, am Gewohnten und Eingeübten festzuhalten? *Wie* halten Sie das Alte fest?

Auflösung, Abschied:
- Wie formen Sie die Auflösung einer Gestalt? Welche Gefühle tauchen dabei auf (Angst, Neugierde, Hilflosigkeit)? Und welche Geschichten erzählen Sie sich dazu?
- Erleben Sie diese Phase als sehr schwierig oder inspirierend? Als sehr langwierig oder schnell, gar überstürzt?
- Wie erleben Sie den Übergang vom Gewohnten zur Auflösung?

Übergang, wenig Form:
- Wie erleben Sie die Phase, in der das Bisherige sich aufgelöst hat und das Neue noch nicht greifbar ist (zu überspringen versuchen, passiv werden, sich gelähmt fühlen, erregt sein usw.)?
- Welche Beziehung haben Sie dazu, etwas in sich wachsen zu lassen, mit dem Neuen schwanger zu sein? Wie gestalten Sie Ihre Inkubationszeit?

Neuformung:
- Wie formen Sie eine neue Gestalt? Was bedeutet für Sie »Einübung«?

So können wir vielleicht einen Zugang dazu finden, wie wir selber Übergänge gestalten. Dies zu ergründen ist vor allem dann wichtig, wenn wir in einer Übergangsphase sind, die wir schwer bewältigen können.

Organismische Grundmuster von Wandlung

Für viele Frauen stellen Geburtsträume eine Möglichkeit dar, den Bezug zum eigenen Selbst, das Werden einer neuen Form zu begreifen. Nicht nur Frauen im Bereich des Gebärens, sondern auch ältere Frauen haben intensive Geburtsträume. Sehr oft häufen sie sich gerade während der Wechseljahre oder in einer Lebenskrise. Eine Frau im Alter von achtundfünfzig Jahren hatte nach einer tiefgehenden Partnerschaftskrise, die ihr einen neuen Zugang zu sich selbst ermöglichte, den folgenden Traum:

»Ich bin am Gebären und befinde mich in einem großen, hellen Zimmer, in dem nur ein Bett steht. Ich kann mich frei bewegen, weiß aber, daß ich mich jederzeit auch hinlegen darf, betreut von meiner Hebammen-Freundin und von meinem Mann – beide mir unbekannte Gestalten. Ich sage zu den beiden: ›Ist es nicht wunderbar, daß ich sechsundzwanzig Jahre nach der Geburt meiner Tochter nochmals eine Geburt erleben darf – zu Hause und nicht in der Klinik?‹ Plötzlich erblicke ich an einer Wand ein großes Geviert, auf dessen rot-blau zerfließendem Hintergrund ein Tierkreis gemalt ist. Wir stellen uns alle drei davor und rätseln, in welchem Zeichen wohl das Kind zur Welt kommen werde. Plötzlich sehe ich, wie sich der rotblaue Grund an einer Stelle rechts unten aufzuwölben beginnt. Die Farben dehnen sich aus und bekommen Glanzlichter. Die Stelle erscheint vollkommen plastisch, wie von einem kräftigen Herzschlag durchpulst. Ich betrachte fasziniert, wie der Fleck Leben gewinnt. Ich zeige darauf und sage mit Bestimmtheit: Genau da wird sich das Kind manifestieren.«

Dieser Traum bringt das Wesentliche mit aufregender Deutlichkeit zum Ausdruck: Das »Kind«, das werdende Selbst ist pulsierende Lebendigkeit. Oder anders ausgedrückt: Es wird dort in Erscheinung treten, wo der Kontakt mit dem Puls des Lebens geschieht. Doch nicht das Bild pulsierender Zellen allein ist von Bedeutung, sondern ebenso die dem Traum innewohnende erregende Atmosphäre, die mit innerer Klarheit und Bestimmtheit verbunden ist. Sie ist Ausdruck des organismischen Zustandes der Träumenden und gleichzeitig eine inspirierende Kraft für sie.

Initialträume können von da her verstanden werden als bildhafte und organismische »Sprache« für ein werdendes Selbst, ob es sich nun um Träume über Geburt, Sterben oder andere existentielle Erfahrungen handelt. Träume sind jedoch auch Hilfsquellen im eigenen Wandlungsprozeß, nicht nur deren Ausdruck. Mit dem folgenden Beispiel möchte ich diesen Aspekt weiter ausführen.

Eine Frau, die einige Monate zuvor ein Kind durch eine Totgeburt verloren hatte, träumte den folgenden Traum:

»Ich war am Gebären. Ich preßte mit aller Kraft. Aber es nützte alles nichts. Das Kind rührte sich nicht. Da sagte ich zu mir: ›Du mußt jetzt entspannen, gehen lassen.‹ Und ich ließ alles los. Da spürte ich einen kleinen Rutsch in mir – das Kind war tiefer hinuntergekommen. Da begann ich wieder mit allen Kräften zu pressen. Wieder rührte sich das Kind nicht. Da entspannte ich erneut und ließ einfach los. Siehe da, das Kind rutschte wieder weiter. Nochmals versuchte ich zu pressen, aber es half nicht. Als ich zum drittenmal losließ, kam das Kind zur Welt. Ich sah es herauskommen, aber es wurde gleich größer und war ein etwa sechs Jahre altes Kind. Es glich meiner Tochter, aber auch mir selbst.«

Durch die Totgeburt hatte diese Frau schmerzlich erfahren, daß es Bereiche gibt, denen sie einfach ausgesetzt ist. Sie war mit ihrem vertrauten Muster, »es« schon machen zu können, an eine Grenze gekommen. Solange sie im Traum versuchte, aktiv zu sein, kam ihr neues Selbst nicht zum Vorschein. Der Traum zeigte ihr, daß sie dieses Muster loslassen mußte, damit das »Neue« zur Welt kommen konnte. Während sie den Traum erzählte, sah ich, daß sie körperlich-emotional das vollzog, wovon sie sprach: Ihre kontrollierende Spannung verminderte sich. Sie befand sich in einer Haltung gelösten und gleichzeitig aufmerksamen Wartens. Der Traum mit seinem Bild gab ihr eine klare organismische Anweisung, *wie* sie ihr altes, in der Herkunftsfamilie eingeübtes Muster des Kontrollierens und Machens, das mit Versteifung einherging, aufzulösen vermochte. Sie erkannte dabei, daß wache Aufmerksamkeit ihrer inneren Bewegung gegenüber und Geschehenlassen eine Einheit bilden können und keine Gegensätze darstellen müssen.

Die Schicht in ihr selbst, auf die sie mit dem sechsjährigen Kind verwiesen wurde, war ihr zunächst nicht zugänglich. Als ich sie fragte, was ihr denn selbst in diesem Alter wichtig gewesen sei, kam sie auf die beglückende Atmosphäre, die mit ihrem Eintritt in die Steiner-Schule zusammenhing. Sie erinnerte sich an intensive Naturerlebnisse, an ihre Kreativität damals. Der bevorstehende Schuleintritt ihrer Tochter berührte diese Schicht in ihr wieder. Als ich sie bat, mit der geschilderten Atmosphäre in Kontakt zu bleiben, spürte sie sich weit werden, Wärme aufsteigen und sich ausbreiten. Die Atmung vertiefte sich ... Die Geburt ihres Sohnes war zugleich ein Sterben gewesen, eine schmerzliche existentielle Erfahrung. Während des Trauerprozesses begann auch der kontrollierende Aspekt ihres alten Selbst zu sterben und gab Raum für eine lebendigere Möglichkeit, mit sich und bei sich zu sein. Später stellte sich heraus, daß der Traum nicht nur den endgültigen Abschied von ihrem toten Kind bedeutet hatte, sondern ebenso den Beginn neuen leiblichen Lebens: Einige Tage später geschah die Empfängnis des Kindes, mit dem die Frau jetzt schwanger ist. Es wird bald zur Welt kommen.

Damit wird eine weitere Dimension sichtbar: Immer wieder lösen wir eine Form auf – sterben – und bilden eine neue, gebären uns und werden geboren, beides in einem. Manchmal ist damit auch leibliche Schwangerschaft und Geburt verbunden, gehen diese beiden Ebenen ineinander über. Jede Wendezeit, jede Krise oder auch ein therapeutischer Prozeß stellt ein »kleines Sterben« dar. Jede dieser Wandlungen ist jedoch gleichzeitig auch ein Einüben unseres »großen Sterbens«. So wird Wandlung zu einer Chance für die Gestaltung des eigenen Lebens *und* für diejenige des großen Sterbens am Ende unseres Lebens.[10]

Wenn jede Wandlung, jedes Vollziehen von Übergängen ein »Stirb und Werde« und damit eine Einübung in das große Sterben bedeutet, so bildet die je eigene Geburt – unser erstes »Stirb und Werde« – ein Grundmuster für das Gestalten von Übergängen aus. Wenn wir es zu erspüren vermögen, können wir lernen, Übergänge anders zu gestalten.[11]

Ein Mann, dessen Geburt lang und zäh gewesen war, hatte die größte Mühe, sich in Übergangszeiten zu entscheiden. Er zögerte alles so lange hinaus, bis von außen her eine Entscheidung fiel – genau so, wie seine Geburt von außen mit der Zange beendet worden war. Ein anderer Mann sprach in einem Workshop davon, daß er stets ein würgendes Gefühl im Hals verspüre, wenn er seine Gefühle zum Ausdruck bringen wolle. Als ich sah, wie er seinen Hals verkrampfte, fuhr es mir durch den Kopf: Das könnte ein uraltes Muster sein. Es stellte sich heraus, daß er bei der Geburt die Nabelschnur um den Hals gehabt hatte und beinahe erstickt wäre. Da erhob sich eine Teilnehmerin, die Hebamme war. Sie nahm kurz entschlossen ein Tuch, legte es um den Hals des Mannes, drehte seinen Kopf, bis das Tuch ihn zu würgen begann und mimte so präzise die traumatische Geburt. »Genau das ist es«, sagte der Mann anschließend und atmete erstmals ganz tief durch. Dadurch wurde es möglich, mit dem »Würgemuster« zu arbeiten, mit dem er sich jeden persönlichen Ausdruck leibhaft abgeschnitten hatte.

Wenn die eigene Geburt ein Grundmuster für Wandlung darstellt, so kommen wir in jeder Wandlung, in jeder individuellen Krise und in Wendezeiten mit diesem Muster in Kontakt, aufgrund dessen wir unsere Übergänge gestalten. Im Leben der Frau können etwa die Wechseljahre oder das Gebären eine Herausforderung zur Umgestaltung des individuellen Übergangsmusters sein.

Ich möchte nun ein Beispiel für den Zusammenhang zwischen der eigenen Geburt und dem eigenen Gebären geben: Eine Frau, die selbst durch Kaiserschnitt geboren worden war, erlebte ihre erste Geburt so: »Während der Preßwehen hatte ich plötzlich das Gefühl, nicht weiterzukommen. Ich war wie vor einer Wand. Ich preßte und hatte gleichzeitig den Eindruck, alles was ich tue, nütze nichts. Die Hebamme sagte: ›Es kommt.‹ Aber die Aussage hatte nichts mit mir zu tun. Ich preßte gehorsam. Plötzlich lag das Kind auf meinem Bauch. Zwischen meinen Anstrengungen und der Geburt gab es in meinem Gefühl keine Verbindung.« In der auf diese Geburt folgenden therapeutischen Arbeit erlebte die Frau in tiefer Regression ihre eigene Geburt: Sie empfand sich wie vor einer Wand, strampelte und kämpfte vergebens. »Plötzlich hatte ich das Gefühl, die Welt drehe sich um mich – und ich war draußen.« Die Ähnlichkeit zwischen ihrer eigenen Geburt und derjenigen ihres

Kindes war für sie selbst augenfällig. Zudem erkannte sie darin das Muster, mit dem sie auch die anderen Übergänge gelebt hatte: vergebliches Bewirken – Wand – jähe Wendung mit einem tiefen Orientierungsverlust und einem Gefühl völliger Ohnmacht. Es gab keinen erlebbaren Anteil ihres eigenen Gestaltens.

Als die Frau kurze Zeit später wieder schwanger wurde, träumte sie mehrmals, wie sie preßte und dabei die Bewegung des Kindes bis zum Damm und sein Geborenwerden genau spürte. Als die Geburt dann kam, erlebte sie den Prozeß so, wie sie ihn geträumt hatte: Sie spürte jede Phase ihrer Geburt, erlebte die »Todeszone« kurz vor dem Durchtritt des kindlichen Kopfes und war präsent, als das Kind kam. Sie war dabei mit ihrer eigenen Stärke, ihrer Möglichkeit »mitzutun«, in Kontakt gekommen. Im Zusammenhang mit der Therapie, die in der letzten Phase konkrete Geburtsvorbereitung gewesen war, konnte sie lernen, ein anderes Muster für Übergänge, für Wandlung auszubilden, in dem sie nicht mehr »Opfer«, sondern auch Mit-Täterin war: »Ich hatte das Gefühl, daß es *meine* Geburt war«, sagte sie später über diese zweite Geburt.

Wandlung ist also immer ein leibhafter, ein organischer Prozeß. Doch bringen wir auch entsprechende – ebenfalls leibhafte – Muster mit, aufgrund derer wir Übergänge gestalten. Träume bringen uns nicht nur mit diesen Mustern in Kontakt, sondern helfen auch mit, sie aufzulösen. Therapeutische Methoden können uns überdies mit unserem Urmuster für Übergang – mit der Geburt – in Berührung bringen und ebenfalls dazu beitragen, neue Übergangsformen herauszubilden.

»Das Kind« in mir

Im Laufe unseres Lebens haben wir nicht nur einen, sondern viele Körper, allein in der Embryonalzeit sind es über fünfhundert. Wir haben einen kindlichen Körper, einen jugendlichen, den Körper eines jungen Erwachsenen ... Es handelt sich dabei zunächst um die Ebene des biologischen Körpers, der uns mitgegeben ist, dessen Entwicklung einem organismischen Programm entspricht. Doch ebenso verkörpern wir uns als Kinder unserer Familie und Gesellschaft, haben also auch einen sozialen Körper. Aus den Erfahrungen der Kindheit formen wir die Grundmuster unserer Verkörperung, die wir auch in unser Erwachsenenalter mitnehmen. Unsere Entwicklung, die wir zunächst als einen chronologischen Ablauf fassen können, ist nicht nur eine zeitliche Dynamik. Vielmehr tragen wir die Verkörperung entsprechender Lebensphasen noch immer als Schichten unseres Selbst in uns weiter. Wir können uns auch als Erwachsene »kindlich«, »jugendlich« oder gar »fetal« fühlen. Allerdings gibt es Menschen, die sich krampfhaft an ihre erwachsene Existenz klammern und alle kindlichen Aspekte von sich weisen. Und es gibt Menschen, die sich erwachsen geben und sich kindlich, ja kleinkindlich, fühlen, Menschen, die in Kindlichkeit steckengeblieben sind.

Unsere Entwicklung stellt ein Wachstum von einer Form zur nächsten dar. Bei vielen Menschen wurde diese Formbildung in irgendeiner Weise in bestimmten Phasen beeinträchtigt. Dadurch wird es schwierig, eine lebendige erwachsene Form herauszubilden, die einen schöpferischen Kontakt mit den anderen, kindlichen Schichten des Selbst zuläßt. Mit allen Schichten sind immer auch Geschichten verbunden, die – oft unbewußt – mit der entsprechenden Form einhergehen, etwa: »Nur kein Kind sein, dann bist du ausgeliefert und hilflos.« – »Nur als hilfloses Kind kannst du von anderen etwas bekommen.« – »Nur keine Frau werden – das ist für die anderen viel zu gefährlich.« Es ist jedoch klar, daß »Kindsein« in jeder dieser Geschichten eine Verkörperung darstellt, sei es das resigniert-eingesunkene, das trotzig-verdichtete, das stolz sich versteifende Kind. Daraus läßt sich etwas für uns sehr Wichtiges ableiten: Das Kind, das *ich* war, ist nicht einfach eine Vergangenheit, sondern ein in der Tiefe meines Organismus bereitliegendes Muster, das an die Oberfläche kommen kann. Wir verkörpern also das Kind in uns auf eine je individuelle Weise.

Viele Menschen haben eine negative Beziehung »zu dem Kind, das sie waren«. »Ich will mit diesem Kind nichts mehr zu tun haben«, sagen sie vielleicht, »ich bin froh, daß ich erwachsen bin.« Oder: »Ich will es vergessen, ich kann es nicht ausstehen!« Dieses »Kind« ist jedoch nicht Vergangenheit, es ist ein ständig wieder auftauchendes Bild mit einer zugehörigen Geschichte, die wir uns immer wieder erzählen. Es ist organismisch noch ein Teil der eigenen Gestalt, die wir immer wieder als Muster verkörpern. Wir formen das »linkische Mädchen«, das »dicke, unförmige Kind«, das »böse Kind« in uns. Das Muster kommt – oft unbewußt – in bestimmten Situationen wieder an die Oberfläche oder kann durch Imagination und entsprechende Übungen spürbar gemacht werden. Auch eigene Kinderfotos können diesen Prozeß unterstützen.

Eine ältere Frau brachte mir eine Fotographie aus ihrer Säuglingszeit, die ein kräftiges und frohes Baby zeigte. »Findest du das Bild auch so schlimm?«, fragte sie mich. Ich schaute sie völlig verständnislos an: »Schlimm??«, fragte ich. »Ja, siehst du, meine Mutter fand es immer gräßlich. Sie rief jedesmal aus, wenn sie es sah, und legte es gleich wieder entsetzt weg.« Ich sagte zu ihr: »Schau dir das Bild jetzt an! Laß dir Zeit. Nimm einfach wahr, was du siehst.« Nach einer längeren Pause: »Es ist doch gar kein häßliches Baby! Es ist ein herziges Kind mit seinen Pausbacken.« Das war ein erster Schritt, um der eigenen Wahrnehmung zu trauen und eine neue Beziehung zum von der Mutter und damit auch von ihr selbst abgelehnten »Kind« zu finden und damit zu einem neuen Aspekt ihrer selbst. In der gleichen Zeit träumte sie, daß sie ein Kindlein in Eis und Schnee gefunden habe. Es war vor Kälte erstarrt. Sie nahm es unter ihre Kleider und wärmte es auf, bis es sich zu bewegen begann. Sie trug es nach Hause … Der Traum war also eingebettet in einen Prozeß, in dem die Frau begann, ihre Erstarrung, die sie aus einer lieblosen Kindheit mitgebracht hatte, aufzulösen, indem sie buchstäblich »auftaute«.

Der Kontakt mit dem kleinen Kind in uns kann jedoch auch einen »vergessenen Schatz«, eine Kostbarkeit zutage fördern, die uns neue Möglichkeiten für unsere Lebensgestalt erschließt. Dabei bleibt das Geschlecht des Kindes vielleicht ohne große Bedeutung oder stellt gerade den wesentlichen Aspekt dar. In diesem Zusammenhang zeichnete eine jüngere Frau zwei Bilder von sich. Das eine stellte ein kleines Mädchen, eine »lustige Bohne« dar, das andere das Mädchen im Übergang zum Erwachsenwerden, sittsam auf einem Stuhl sitzend. Unter das zweite Bild schrieb sie: »Seht nur! Ich bin die tüchtige, strahlende B. Körperliches Befinden: angespannt und gestelzt, Beine aneinandergepreßt, Füße nur halb auf dem Boden, Fersen abgehoben, Hände fassen einander, flache Atmung, Zwerchfell hoch, Brustbein vorgestellt, Härte zwischen Schulterblättern, Tendenz zu hohlem Kreuz, Hals eingebogen, Kopf nach vorn gestreckt, Gesicht in ›strahlendem‹ Lächeln fixiert. Gefühle:

geteilt in stolz und unsicher, bewunderungssüchtig, ›ich bin einsame Spitze‹ und ›wie lange halte ich das noch aus, bis man's merkt?‹ Umwelt: Mutter, Vater, Lehrer, Pfarrer, Publikum.« Zum ersten Bild, das die »lustige Bohne« darstellte, schrieb sie: »Guete Tag! Körperliches Befinden: angenehm, nackte Füße auf dem warmen Grasboden, Arme und Beine frei, leichter Körper in leichter Kleidung, Sonne im Gesicht, neugierige Augen, struppiges Haar. Gefühl: lebenslustig. Umwelt: Wasser, Gras, Luft, Sonne, Tiere, die Welt, Kinder, die mit mir spielen wollen.«

Welches war der Zeitpunkt gewesen, in dem die »lustige Bohne« zum sittsamen Mädchen wurde? »Mit zwölf Jahren«, antwortete die Frau. Und weshalb war es so wichtig, zu diesem »tüchtigen« Mädchen zu werden? Sie sagte darauf: »Ich durfte nicht zur Kirchweih oder sonst mit den anderen gehen. Zuerst durfte ich nicht, und später hatte ich keine Ahnung, wie ich es überhaupt anstellen sollte, mich einem Burschen zu nähern. Ich wurde nur rot und begann zu schwitzen. Dafür wurde ich ehrgeizig. Oh! Das war der Ausweg. Für meine Leistungen bekam ich Lob, Bewunderung. Das hob mich hinweg über die Tatsache, daß ich nie einen Freund hatte. Im Schulzimmer war ich überlegen. So konnte ich lange meinen Schmerz und meine Sehnsucht zudecken.«

Hier wird die mangelnde Vorbereitung des Mädchens auf den Umbruch der Pubertät, noch zusätzlich umstellt mit Tabus, deutlich. Solange sie ein Kind war, durfte sie lebendig sein, doch als die Lebendigkeit den Bereich des Erotischen und Sexuellen mit eingeschlossen hätte, mußte sie erstarren. Ich regte die Frau an, die »lustige Bohne« zu verkörpern. Da sagte sie: »Ich bin unbeschwert. Ich weiß nicht, was als nächstes passiert. Ich habe Lust, etwas zu machen. Ich schaue raus in die Welt. Ich bin neugierig.« Darauf sagte ich: »Dies ist ein Schatz, den dir dieses Kind gibt. Versuche zu spüren, wie es ist, wenn du ihn annimmst.« – »Ich spüre ein Kribbeln am ganzen Körper. Der Kopf wird zusehends leichter. Die Füße setze ich fest auf.« Ich antwortete ihr darauf: »Es ist eindrücklich, wie sichtbar wird, ob eine Form nährt oder nicht. Sobald sie nährt, wird der Körper lebendig.« Für die junge Frau ging es nicht darum, einfach die »lustige Bohne« zu verkörpern, sondern darum, eine erwachsene Form zu finden, in die sie die Lebendigkeit des kleinen Mädchens integrieren konnte.

Das »Kind« in mir ist eine Schicht meines Selbst, die entdeckt, angenommen, oft weiter entfaltet oder umgeformt werden will. Eine wichtige Bild-Ebene betrifft demnach auch das »Wachsen des Kindes«. Sie zeigt an, daß wir dem Kind in uns, das früher in seinem Wachstum hin zur erwachsenen Gestalt beeinträchtigt gewesen war, *jetzt* dieses Wachstum ermöglichen können. Auch dafür möchte ich ein Beispiel geben. Es handelt sich um einen Ausschnitt aus der Arbeit mit einer Klientin in einer Wochenendgruppe, welcher einen neuen Zugang zu ihrer eigenen Lebendigkeit, zum Kind in ihr ausdrückt.

Sie malte ein Bild ihrer Lebensdynamik. Es zeigte Figuren auf einem Halmabrett, die nur auf Schnittpunkten stehen durften. »Mit etwa vier Jahren konnte ich nicht mehr die lustige, umherrollende Kugel sein. Ich mußte mit aufs Brett. Beim Zeichnen bekam ich Lust, mich mitten ins Feld zu stellen. Als ich die Zeichnung nachher bei der Besprechung meiner Kollegin zeigte, mußte ich Blätter hineinzeichnen – etwas Lebendiges.« Das Bild zeigt die zwanghaft starre Struktur des familiären Systems, aber auch ihre eigene leibhafte Starre und Schematisierung, die im Auflösen begriffen war. Als wir mit dem Bild des Halmabrettes arbeiteten, ließ ich Gaby auf einem solchen Schnittpunkt stehen. Neben und hinter ihr stellte ich noch andere Teilnehmer als Figuren auf. Ich ließ sie von einem Schnittpunkt zum andern gehen. Gaby scherte nach einer Weile aus und begann, sich zu bewegen. Plötzlich stockte sie. »Ich möchte gern über das Raster hinwegspringen, doch ...«, da begann sie zu weinen. »Ich möchte springen und habe Angst, ins Leere zu fallen.« Und sie schluchzte weiter. Ich vermutete, daß nie jemand sie aufgefangen hatte. »Hast du jemals in jemandes Arme springen können?« fragte ich. »Eben nicht«, sagte sie. »Möchtest du?« fragte ich. »Ja«, sagte sie plötzlich fest und entschlossen. »Ich dachte das auch. Jemand müßte mich auffangen.« Ich forderte Gaby auf, sich jemanden auszuwählen, und sie nahm sich einen sehr kräftigen Teilnehmer. Sie stellte sich auf ein Sofa und sprang ihm mehrmals wie ein Kind in die Arme. Er fing Gaby auf und trug sie. – Dann sagte sie: »Ich möchte mich nach hinten fallen lassen.« Derselbe Mann fing sie von hinten auf, ließ sie immer noch ein bißchen weiter fallen. Dann äußerte sie den Wunsch, sich auch nach vorne fallen zu lassen. Ich stellte mich vor sie hin, und wir schubsten Gaby hin und her, bis sie genug hatte. Im Fallen begann sie, eine neue Form – die des Vertrauens – einzuüben. In der Folge setzte sie zu Hause diese »Übung« fort, weil sie erkannte, daß sie dadurch ihren Lernprozeß vertiefen konnte. So war es ihr möglich, Kontakt zu ihrem lustigen Kind zu bekommen und ihr inneres Kind wachsen zu lassen.

Damit kommt jedoch eine weitere wichtige Perspektive in den Blick: Ich bin das »Kind in mir« und ich bin zugleich seine »Mutter«. Es handelt sich also auch um eine Beziehungsqualität, darum, eine liebevolle Beziehung zu diesem Kind in sich zu formen.

Es gibt eine Übung, die ich manchmal als Hilfe einsetze: Werden Sie ruhig, und entspannen Sie sich. Stellen Sie vor Ihrem inneren Auge eine Leinwand auf und lassen Sie darauf das Kind erscheinen, das Sie waren. Schauen Sie es an und spüren Sie, welche Gefühle Sie zu ihm haben, welche Wörter und Sätze Ihnen in den Sinn kommen. – Treten Sie nun näher zum Kind, Sie als erwachsene Person. Nehmen Sie Kontakt zu Ihrer Mitte auf. Nehmen Sie sich Zeit dazu. Lassen Sie jetzt aus Ihrer Mitte heraus heilende Worte oder Gesten aufsteigen, die dem Kind vor Ihnen helfen können. Gehen Sie jetzt noch näher zu diesem Kind und sagen Sie ihm, was innerlich in Ihnen aufsteigt, oder tun Sie innerlich, was Sie fühlen, das es braucht. Bleiben Sie eine Weile mit dem Kind und spüren Sie die Resonanz in sich. Dann verabschieden Sie sich von ihm und kehren zurück.

Eine Frau Mitte Vierzig, die schon eine Weile dabei war, sich mit dem Kind in ihr auseinanderzusetzen, sagte nach dieser Übung: »Ich sah plötzlich, wie traurig das Mädchen vor mir war, wie allein. Und daß es aus Verzweiflung so »unmöglich« war. Da hatte ich den Wunsch, es zu umarmen. Ich tat es und spürte dabei, wie es weich wurde und sich an mich schmiegte. Als ich mich verabschiedete, wurde es wieder traurig. Aber ich sagte ihm, daß ich es lieb habe und wieder in die Arme nehmen würde.« Während die Frau dies erzählte, sah ich sie selber weich werden. Tränen standen in ihren Augen. Ich bat sie, einfach da zu bleiben und das wirken zu lassen. Lange Zeit saß sie still, während die Tränen flossen. Dann legte sie die Arme um sich, als ob sie ein Baby wiegen würde. Wir sagten nichts mehr, und sie ging bewegt fort. Als sie eine Woche später wiederkam, sagte sie zu mir: »Weißt du, ich habe mich oft abends so gehalten, um die Wärme zu spüren ... ja, die Wärme für das Kind in mir. Die Wärme für mich. Es ist mir, als fange ich an, mich mit dem Kind in mir zu versöhnen. Und ich habe den Eindruck, daß es zu wachsen beginnt.« Dabei zeigte sie auf ihren Leib. »Ich bin erfüllt von dieser Wärme. Nur muß ich mich immer wieder halten, damit ich die Wärme nicht wieder verliere.«

Das ist ein bewegendes Beispiel dafür, wie eine Frau eine liebevollere Beziehung zu sich zu formen beginnt, angeregt durch eine Imagination, die ihr zeigte, *wie* sie diese Form lernen konnte. Und sie spürte selbst, daß sie diese leibhaft einüben mußte.

Die Entstehung eines neuen Selbst kann auch auf andere Weise sichtbar werden. Ein Mann, der schon jahrelang in Therapie kam, machte während eines Workshops eine Zeichnung, die er erschüttert in die Gruppe brachte. Er wollte sprechen und geriet ins Stokken. Da zeigte er uns das Blatt, auf das er geschrieben hatte: »Dieses Kind hat keine Sprache. Es kann nur versuchen, seine Sehnsucht zu zeichnen.« Das Bild zeigt einen Vater, umgeben von Büchern, der seine Lebensweisheiten ebenfalls aus einem Buch seinem Sohn doziert. Der Sohn jedoch hat keinen Boden, keine Umwelt. Er steht in einem totalen Vakuum, sprach- und weltlos. Die Not ist un-sagbar. Und doch gilt seine Sehnsucht dem unerreichbaren Vater, den er so dringend bräuchte. Ein Teilnehmer aus der Gruppe, der eben seinen kleinen Sohn verloren hatte, kam auf ihn zu und nahm ihn in die Arme. Paul begann heftig zu weinen. Durch die Zuneigung eines Mannes, der seinen Vater darstellte, fand er in der Erschütterung und im Schmerz eine neue anteilnehmende Beziehung zu sich selbst, zum verlorenen Bub in sich. Am Tag darauf zeichnete er ein Bild, das den Vater und ihn selbst in freundschaftlicher Umarmung zeigt. Es drückt nicht nur eine neue mögliche Beziehung zum leiblichen Vater aus, sondern auch zu dem Bub in sich, dem er nun selber ein liebevoller Vater zu sein vermochte.

Im selben Workshop machte ein anderer Mann ebenfalls eine Zeichnung und sagte dazu: »Ich wollte eigentlich mich selber zeichnen. Während des Zeichnens merkte ich plötzlich, daß ich ja meinen Vater zeichnete. Ich erschrak, weil mir deutlich wurde: ›Du bist ja dein Vater!‹« Die Zeichnung war im Zusammenhang mit einer intensiven Auseinandersetzung mit ihm entstanden. Er fuhr fort: »Dann mußte ich plötzlich noch eine Figur zeichnen. Sie wird noch nicht deutlich, ist erst in Umrissen da. Aber es ist mir klar: Das bin jetzt *ich*. Ich bin im Entstehen begriffen.«

Diese Beispiele zeigen, wie vielschichtig der Prozeß von Wandlung ist, der zum Formen eines neuen »Selbst« führt. Innere Bilder und Zeichnungen helfen, ihn für uns selber begreifbar zu machen.

»Es gehört halt einfach dazu« und andere Geschichten

Mit der Dynamik leibhafter Schwangerschaft und Geburt verbindet sich in unserer Gesellschaft und Kultur eine ambivalente Geschichte. Sie erscheint in Mythen immer wieder als Figur des »Stirb und Werde« und ist in unserer Gesellschaft zugleich lange Zeit Ausdruck weiblicher »Schwäche« gewesen. Heute überschneiden sich alte Geschichten und neue Perspektiven, aber auch Entwürfe einer natürlichen und sanften Geburt mit zunehmender Perfektionierung der technologischen Geburt. So entstehen Spannungen und Widersprüche, aber auch stumme Geschichten, die immer wieder in Gesprächen mit Frauen zum Ausdruck kommen und denen ich im folgenden nachgehen möchte.

Die Umgestaltung während Schwangerschaft und Geburt ist ein vielschichtiger und anfälliger Prozeß. Häufig erkennen Frauen ihre Schwangerschaft nicht allein an körperlichen Symptomen, sondern an ihrer sich wandelnden Befindlichkeit. Archaische und kosmische Träume begleiten viele Frauen durch ihre Schwangerschaft. Die körperlich-emotionale Veränderung ist jedoch nicht ein isoliertes Phänomen, sondern steht im Zusammenhang mit der Art und Weise, wie wir gelernt haben, mit Wandlungen umzugehen, deren Matrix die eigene Geburt darstellt. Ich meine auch festgestellt zu haben, daß sogar die eigene intrauterine Zeit in Träumen und oft unerklärlichen inneren Zuständen durch unbewußte Identifikation mit dem ungeborenen Kind wieder angerührt werden kann. Dasselbe gilt auch für das Erleben während der Geburt. Tiefe Schichten der eigenen Geschichte klingen an und kommen in den verschiedensten Formen an die Oberfläche, oft unverstanden, manchmal ahnungsweise begriffen.

Heute sind jedoch die Erfahrungen im Raum der Geburt eng mit den entsprechenden Geburtsarrangements verbunden. Die hochtechnisierte Geburt verspricht eine gute Entbindung ohne Risiko, obwohl gerade diese »Risikolosigkeit« auch neue Risiken produziert. Die entsprechenden Krankenhausrituale fordern zudem ihren

Preis; sie sind in hohem Maß entpersönlicht. Das körperliche Geschehen der Frau wird abgespalten, ebenso durch die medizinische Sprache wie durch die »Ein-griffe«, was dazu führt, daß Frauen selbst ihren Körper als etwas ihnen Fremdes erleben. Die Rituale sind entsexualisierend, neutralisierend, vom Rasieren der Schamhaare bis zu der Körperstellung, in der »entbunden« wird. Zudem ist der Frau eine völlig passive Rolle zugeordnet.

Daß Frauen sich diesen Arrangements lange Zeit kritiklos unterzogen haben, zeigt, daß sie deren Sozialisation entsprachen, nämlich sich der Führung des Mannes zu überlassen, sich von der eigenen Körperlichkeit abspalten und sich zum Objekt machen zu lassen. Damit werden alte Geschichten von Frauen in moderner Verkleidung weitergeführt. Nicht das Ausgeliefertsein an den eigenen Körper und seine biologische Dynamik steht im Vordergrund, sondern die Auslieferung des Körpers an die Medizin. »Mein Arzt meint…«, »mein Arzt will …« sind häufige Wendungen, die ich zu hören bekomme. Eine junge schwangere Frau erklärte: »Ich habe mir vorgenommen, Schwangerschaft und Geburt so zu gestalten, wie ich es für gut halte. Doch wenn ich zum Arzt gehe, und er sagt etwas anderes, kann ich einfach nichts mehr dagegensetzen. Ich stehe da wie als kleines Mädchen vor meinem Vater, ich verstumme einfach. Das wurde mir aber erst bewußt, als mich mein Mann darauf aufmerksam machte. Jetzt möchte ich lernen, auf eigenen Füßen zu stehen. Sonst habe ich dann auch nicht ›meine‹ Geburt, sondern diejenige, die mir von außen gemacht wird.« Wir arbeiteten zusammen an ihrem leibhaften Beziehungsmuster zum Vater, das ihr in Fleisch und Blut übergegangen war. Entlastend war, daß ihr Mann sich weigerte, die »Papa-Rolle« zu übernehmen. Als sie in der Lage war, ihr Kleinmädchenmuster ein Stück weit aufzulösen, sagte sie unvermittelt: »So, jetzt nehme ich die Vorbereitung meiner Geburt in die Hand. Ich spüre ganz deutlich, was *ich* will. Und ich muß jetzt handeln. Vor dem Handeln habe ich mich immer gedrückt.« Die Frau entschied sich für eine Hausgeburt. »Ich vertraue meinem Körper, und zu Hause kann ich besser auf ihn hören«, äußerte sie vor der Geburt, die sie dann als ihre eigene, persönliche erlebte.

Die alten Muster der Selbstaufgabe und der Übergabe von Verantwortung tragen meines Erachtens viel dazu bei, daß Frauen sich trotz aller aufklärenden Literatur über Schwangerschaft und Geburt[12] immer noch entfremdenden medizinischen Arrangements

163

ausliefern. Dazu kommt, daß diese Arrangements oft bequemer sind, vor allem wenn das Wagnis der Eigenverantwortung so angstbesetzt ist. Gerade diese Angst wird von medizinischer Seite auch immer wieder benutzt, um Frauen gefügig zu machen und ihre Partner zu verunsichern.

Durch enteignende Praktiken, durch die medizinische »Eingriffsmentalität« ließen sich Frauen um das existentielle Erleben der Geburt bringen. So entstanden in diesem Bereich zahllose stumme Geschichten. Wir kennen einerseits die mumifizierten Schreckensgeschichten über die Geburt mit ihrem versteinerten Schmerz, anderseits die klischierten »Es-ging-alles-gut-Geschichten«. Sie haben etwas Stereotypes, weil die eigentliche Erfahrung nicht berührt werden darf, sondern verdrängt werden muß. Viele dieser Erlebnisse galten und gelten als normale Beigabe einer Geburt und dürfen deshalb nicht zur Sprache kommen. Es gehört halt einfach dazu … Damit wird die je individuelle Erfahrung entkräftet, sie hat keine Legitimation. Doch lange gab es eben nicht nur keine Sprache für das eigene Erleben, sondern auch keine Perspektiven, die anderes hätten erwarten lassen.

Einmal habe ich einen Vortrag über die Wendezeiten im Leben der Frau gehalten. Fast alle Anwesenden waren ältere Frauen. Deshalb nahm ich mir vor, den Bereich des Gebärens nur kurz zu streifen. Doch die Frauen blieben spürbar reserviert – bis ich zum Thema Geburt kam. Ich sah, wie sie nun in Bewegung gerieten und von ihren Geburten zu sprechen begannen, manche unter Tränen. Lange zurückgehaltenes Leid kam plötzlich zum Vorschein, wurde wieder fühlbar und fand eine Sprache, obwohl die Erfahrungen oft zwanzig Jahre oder mehr zurücklagen. Doch eingeschrieben in den Organismus der betreffenden Frauen, waren sie noch immer gegenwärtig. Das Anhören fremden Leides brachte das eigene an die Oberfläche und gab zugleich die Erlaubnis, es auszusprechen. Die Frauen haben einander ermutigt, die eigene Erfahrung ernst zu nehmen und sie als bemerkenswerte zu verstehen.

Immer mehr Frauen erleben – auch im Rückblick – ihre Geburten als beeinträchtigend und enteignend. Mit Schmerz und Wut lesen sie Entwürfe über natürliches und sanftes Gebären. Mehrere Frauen sagten mir, sie hätten, als sie in meinem Buch ›Wendezeiten im Leben der Frau‹ zum Geburtskapitel kamen, es in die Ecke schmeißen mögen. Sie hätten mit mir innerlich wütende Gespräche geführt. Da wurde mir klar, daß die Vision, die ich zu entwerfen versuchte, an die vielen stummen Geschichten rührte, die Frauen zu realisieren anfangen. Aus der Berührung mit diesem Schmerz entstand das vorliegende Kapitel. Vor kurzem sagte mir eine Frau: »Ich war so wütend und verzweifelt beim Lesen, doch das hat bei mir etwas in Gang gesetzt. Ich begann die Geburten meiner Kinder, aber auch vor allem meine eigene Geburt zu verarbeiten. Jetzt fühle ich mich von einem schweren Kloß befreit.« Dies ist eine mögliche Chance in der Begegnung mit neuen Entwürfen: die schmerzhaften eigenen Geschichten an die Oberfläche zu bringen und aufzulösen. Doch brauchen wir einen Raum, in dem dies geschehen darf – einen Sprachraum und Beziehungsraum.

Vor allem schwere, traumatische Geburten sind noch weithin stumme Geschichten, die oft »zufällig« im Rahmen einer Therapie – auch mit älteren Frauen – aufbrechen. Eine Frau erzählte mir zwanzig Jahre nach ihrer Kaiserschnittgeburt: »Als sie mir das Kind brachten, war es mir fremd. Ich zweifelte, ob es überhaupt *mein* Kind sei. Und ich empfand nicht die geringste Freude, nur Gleichgültigkeit. Da dachte ich, daß etwas mit mir nicht stimme, daß ich keine richtige Mutter sei. Ich verlor jedes Selbstvertrauen im Umgang mit dem Kind ...« Hier entstand zunächst wieder eine stumme Geschichte, welche die Frau nie gewagt hat, jemandem mitzuteilen, weil sie alles ihrer eigenen Mangelhaftigkeit zuschrieb. Doch gibt es hier nicht nur eine stumme, sondern auch eine »vorenthaltene« Geschichte, da die Erkenntnisse über die Folgen von Kaiserschnitt und Trennung von Mutter und Kind erst langsam an die Öffentlichkeit dringen und deshalb immer noch vielen Frauen nicht bekannt sind.[13]

Aufgabe der Kliniken ist heute deshalb, Müttern von frühgeborenen, durch Kaiserschnitt oder durch eine andere traumatische Geburt geborenen Kindern Information und Unterstützung zu vermitteln. So können Selbstzweifel verhindert und Voraussetzungen für das Zustandekommen der Mutter-Kind-Bindung geschaffen werden.[14] Diese erste wichtige Betreuung allein genügt jedoch oft nicht. Das erlebte Trauma ist dem mütterlichen Organismus »eingeschrieben« und muß wieder aufgelöst werden, nicht zuletzt, wenn es um eine nächste Schwangerschaft geht. Doch die Verarbeitung von traumatischen Erfahrungen bei der Geburt bekommt erst allmählich die ihr zustehende Bedeutung. Immer noch bleiben viele

Frauen mit ihrem Schmerz, ihrer Enttäuschung und ihrer Verzweiflung allein. Auch die Botschaft von seiten der Psychotherapie, daß diese Erfahrungen einer begleitenden Verarbeitung würdig seien, wird erst in der letzten Zeit vor allem durch Frauen vermittelt.

Wir brauchen im therapeutischen Raum vermehrt Angebote, die es Frauen ermöglichen, ihre traumatischen Erfahrungen im Geburtsbereich auch in Gruppen zu verarbeiten. Bisher kamen Frauen oft erst in die Therapie, wenn sie wieder schwanger waren und mit ihren Ängsten nicht fertigwurden. Nur eine intensive, vor allem auch körperbezogene Arbeit vermag in der noch verbleibenden Zeit bis zur Geburt bei der Auflösung der Probleme und Ängste zu helfen. Dann ist die Gestaltung der nächsten Geburt weniger Belastungen ausgesetzt, muß nicht unbedingt zur Wiederholung der vorangegangenen angstbesetzten und verunsichernden Geburtserfahrung führen. Auch die Beziehung zu den Kindern könnte entlastet werden, und die Gefahr, pessimistische Botschaften über das Gebären an die nächste Generation zu vermitteln, würde kleiner. Zudem wäre es den Frauen möglich, das durch ihre Erfahrung verminderte Selbstwertgefühl wieder zu gewinnen. Dazu möchte ich ein Beispiel geben:

Eine Frau, die es gewohnt war, sich von Kindheit an stets unter Kontrolle zu halten, fühlte sich von ihrem Geburtsschmerz so überrollt, daß sie die ganze Fassung verlor und nur noch einen sinnlosen Kampf gegen ihren Schmerz führte, nach immer mehr Schmerzmitteln verlangte und schließlich bei der Geburt völlig betäubt war. Eine unterstützende *menschliche* Begleitung in ihrer ständig wachsenden Panik hatte gefehlt. Die Geburt erschien ihr im nachhinein als Horror, und sie kam zu mir, als sie im siebten Monat mit dem zweiten Kind schwanger war. Der Gedanke an die nächste Geburt versetzte sie in Panik. Wir hatten nur noch wenig Zeit zur Verfügung. Es ging für die Frau vor allem darum, mit ihrem »Kontrollmuster« Kontakt aufzunehmen, damit sie lernen konnte, es wenigstens teilweise aufzulösen. Da jedes Muster seinen »Schatten« hat, erfolgt auf das Verstärken der Kontrolle unter dem Geburtsschmerz der Umschlag ins Gegenteil: Angst und Schrecken, als es ihr nicht mehr möglich war, die Situation in der Hand zu haben. Dadurch wurde der Schmerz zum Feind. Mit Hilfe von inneren Bildern veränderten wir die Optik und damit ihre Geschichte: Wehen sind nicht identisch mit Schmerz. Sie haben eine auf- und abschwellende Dynamik. Wir können mit ihr gehen oder uns verweigern. Ich regte die Frau deshalb an, ein Bild für die Bewegung der Wehen zu erfinden. Sie wählte die Welle und eine sich öffnende Blume. Dazu kam die konkrete Geburtsvorbereitung zusammen mit dem Partner durch die Hebamme. Die Arbeit an der Auflösung des alten Kontrollmusters, die ihr Vertrauen in die eigenen Kräfte gab und die Angst vor dem Unbekannten verminderte, das Erschaffen neuer Bilder und die Vermittlung einer Struktur durch entsprechendes Atmen ermöglichten dieser Frau die Erfahrung einer relativ angstfreien und glücklichen zweiten Geburt.

Ein wichtiges Thema im Zusammenhang mit der Geburt ist die eigene Körpergeschichte. Die einen Frauen dürfen sich nur an ihrem Frausein freuen, wenn sie auf eine Mutterschaft zugehen. Andere Frauen erleben durch das Kind im Bauch erstmals leibhaftes »Erfülltsein«, entrinnen für Monate dem Gefühl innerer Leere. »Endlich darf ich meinen Bauch zeigen«, sagte eine dicke Frau strahlend zu mir. Umgekehrt kann die Angst vor eigenem Lebendigsein, vor innerer Bewegung durch die Schwangerschaft und durch die Kindsbewegungen vergrößert werden. Oder der mangelnde Bezug zum eigenen Körper wird durch die Beziehungslosigkeit zum wachsenden Kind im eigenen Bauch schmerzhaft deutlich. Schwangerschaft und Geburt können auch der Beginn einer neuen und tieferen Beziehung zur eigenen Körperlichkeit sein: »Erstmals erlebte ich so deutlich, was mein Körper alles kann, was er ist. Ich habe Vertrauen in ihn gewonnen. Und es ist mir erhalten geblieben«, sagte mir eine junge Mutter drei Jahre nach der Geburt ihres Kindes.

Doch umgekehrt verlieren Frauen durch eine problematische Geburt oft das Vertrauen in ihren Körper, beginnen ihm zu mißtrauen, ihn zu hassen, weil sie mit ihm »versagt« haben. Manchmal braucht es lange, bis ein neues Befreunden mit ihm wieder möglich wird. Besonders schmerzlich ist es, wenn die versehrende Geburtserfahrung eine alte »Unliebesgeschichte« mit dem eigenen Körper wieder aufleben läßt. Gleichzeitig kann es auch eine Herausforderung bedeuten, diese alte Geschichte behutsam – oft auch mit therapeutischer Hilfe – aufzulösen.

Sehr viele Frauen unserer Gesellschaft bringen überkommene Geschichten mit, welche die eigene Körperlichkeit entwerten oder zumindest nicht ernst nehmen. Auf diesem Hintergrund akzeptierten – und akzeptieren – Frauen oft enteignende Klinikarrangements als notwendige Rituale, um die Mutterschaft zu erlangen. Die schmerzlichen Erfahrungen erscheinen dabei gleichsam als Tribut für das Kinderkriegen.

Frauen geben damit auch – ohne sich dessen bewußt zu sein – ihr Einverständnis für die gesellschaftlich sanktionierte Initiation des Kindes in unsere Welt, die als Ritual aufgefaßt werden kann und auf Plötzlichkeit, Trennung und »Behändigung« angelegt ist. Daß sich Frauen dabei vergewaltigt fühlen, nehmen sie wiederum – wie alle anderen Bemächtigungen – als notwendig hin, teilweise auch heute noch.

Das Recht auf die »eigene« Geburt

Es war ein Mann, der die Gewaltsamkeit unserer Geburtsarrangements als erster erfaßte: Frédérick Leboyer.[15] Er setzte sich dafür ein, daß ein eigentlicher Paradigmenwechsel stattfand, indem er ein neues Verständnis der Geburt entwickelte und in die Praxis umsetzte. Er nannte es die »sanfte Geburt«, die dem Kind ermöglicht, *seinen* allmählichen Übergang in diese Welt zu finden, sich aufgehoben und geborgen zu fühlen, anstatt abrupt einem völlig Neuen ausgesetzt zu werden. Leboyer begriff das Wesentliche über die Dynamik von Wandlung und bereitete ihr einen Raum für das Kind, das seinen ersten Übergang erlebt.

In der Folge begannen die Frauen allmählich zu verstehen, daß es nicht nur um das Wohl des Kindes allein, sondern auch um die Gestaltung *ihres* Übergangs während des Gebärens ging, daß beide Aspekte unlösbar miteinander verbunden sind. Dies führte dazu, daß sie sich gegen die technologische und entpersönlichte Geburt zur Wehr setzten, die sie auch von ihrem Körpererleben abschnitt. Eine neue Perspektive ist die »natürliche Geburt«, in der die gebärende Frau von Menschen begleitet und unterstützt wird und dennoch *ihre* Geburt entsprechend ihrer Eigenart, ihren Kräften und Möglichkeiten gestaltet,[16] also ihre eigene und persönliche Geburt erlebt. Auf diesem Hintergrund entstanden alternative Geburtsarrangements, die ein Gebären in Sicherheit und Geborgenheit erstreben.

Durch dieses neue Bewußtsein von Frauen wird der versehrende Aspekt schwerer, ja traumatischer Geburten in seiner ganzen Tragweite sichtbar. Der Schmerz, nicht vaginal gebären zu können, keine »normale« Geburt erlebt zu haben, trifft Frauen meist sehr tief und existentiell, auch wenn Eingriffe wirklich notwendig waren.

Viele dieser Frauen fühlen sich von einer Umgebung mißverstanden, die ihnen signalisiert: »Sei doch froh, daß dennoch alles gutgegangen ist.« Damit wird die Erfahrungstiefe, die mit einer Geburt verbunden ist, heruntergespielt. Eine junge Mutter sagte nach zwei Kaiserschnitten: »Ich weiß ja, daß es sein mußte. Und doch bleibt in mir dieses starke, auch körperliche Verlangen, ein Kind wirklich zu gebären. Ich kann es nicht wegschieben und muß lernen, damit zu leben. Aber ich lasse es mir nicht wegreden.« Erst wenn Frauen ihre Sehnsucht und ihren Schmerz wahrnehmen und dazu stehen dürfen, müssen belastende Geburtserfahrungen nicht länger stumme Geschichten bleiben.[17]

Doch gibt es auch hier dieselbe Umkehrung wie in anderen Bereichen weiblicher Lebensgestaltung: Eine natürliche Geburt zu »haben« kann für viele Frauen wieder zu einem erdrückenden Soll werden, dessen Nichterfüllung Minderwertigkeits-, Versager- und Schuldgefühle zeitigt, und zwar neben jenen Verlustgefühlen, die oft schon schmerzlich genug sind. Dadurch wird die Chance, die eine neue Perspektive bietet, in ihr Gegenteil verkehrt. Die weiblichen Minderwertigkeitsgefühle tragen in sich den Motor, »es besser zu machen«, um dadurch vollwertig zu werden. Die Umdeutung von Perspektiven zu Normen läßt das Eigene wieder verschwinden und im Vergleich mit anderen Frauen, die »besser geboren haben«, wertlos werden. Doch dürfen solche Reaktionen nicht nur auf die betreffenden Frauen zurückgespielt werden. In ihnen kommt ebenfalls eine tiefe Not zum Ausdruck: »Bin ich denn nicht in Ordnung, wenn ich eine Zangengeburt, einen Kaiserschnitt oder sonst keine natürliche Geburt gehabt habe?« Die einen Frauen reagieren mit Resignation und Rückzug, andere mit Wut auf jene, die »es geschafft« haben oder die natürliche Geburt »als das einzig Richtige darstellen«, andere verschließen sich und wollen »nichts mehr davon hören«. – Hier zeigt sich auch, wie anfechtbar und verletzlich Frauen in bezug auf ihren Körper sind, mit dem sie soviel an Erleben zu bewältigen haben, und wie wenig

Raum und Verständnis es dafür in einer männlich dominierten Gesellschaft gibt.

Das berechtigte Anliegen jeder Frau darf es deshalb sein, die *ihr* mögliche Geburt zu vollziehen als die Frau, die sie jetzt ist, unverstellt von beeinträchtigenden Geburtsarrangements. Ich könnte es nochmals anders und direkt sagen: Die Frau, die ich bin, bin ich mit all meinen Möglichkeiten, meinen Stärken und Schwächen, meinen Grenzen und meinen Chancen, bisherige Grenzen zu sprengen, mit meinen Verstrickungen in gesellschaftliche und familiäre Muster, mit dem Freiraum, den ich in der Auseinandersetzung mit ihnen gewonnen habe. Vielleicht habe ich noch Schwierigkeiten, meinen Körper anzunehmen, mit ihm zu gehen, meine starke Kontrolle aufzugeben. Vielleicht habe ich große Angst vor der Geburt ... Und die Frau, die ich bin, bin ich auch mit den schicksalhaften Aspekten, die ich nicht in der Hand habe und die mich vielleicht einer ganz anderen Situation aussetzen, als ich erhoffte. Vielleicht gelingt es mir annähernd – oft nicht beim ersten Mal –, meine *persönliche* Geburt zu leben, losgelöst aus den überkommenen Geschichten, die ich mir nicht länger zueignen will. Dies wäre eine Geburt, die mit meiner lebendigen Lebensbewegung eins wäre ... Die Frau, die ich bin, bin ich auch hier als eine, die unterwegs ist.

»Ich bin die Mutter, die ich bin«

Die Geburt ist jedoch nicht das Ende, sondern auch der Beginn einer Wandlung. Die eigene Körperlichkeit verändert sich mit und nach der Geburt, die Beziehung zum neugeborenen Kind ist eine andere als zum ungeborenen, die Partnerschaft ist nicht mehr die alte, der Lebenszusammenhang muß neu geformt werden. Viele Bücher enden mit dem Darstellen der Geburt, und auch die meisten Frauen und Paare können nicht über die Geburt hinausdenken. »Geburt gut – alles gut« – diese Formel stimmt so nicht, obwohl wir sie aufgrund von Geburtsanzeigen und Wochenbettbesuchen gerne glauben möchten. Zwar gibt es auch heimliche Gedanken von Müttern – und Vätern – Schwangeren gegenüber wie: Die haben noch keine Ahnung ... Die werden es schon noch sehen. Was denn? Das, was oft auch eine stumme Geschichte bleibt, also der Bezug zum eigenen Körper als neugeborene Mutter, die eigene Erschöpfung und Überforderung, die totale Umkrempelung des Alltags, die Probleme in Partnerschaft und Sexualität, die aggressiven Impulse dem eigenen Kind gegenüber. Einige dieser stummen Geschichten möchte ich im folgenden ansprechen.

Bei einer Veranstaltung mit jüngeren Frauen, die fast alle Mütter waren, sprach ich das Körperempfinden nach einer Geburt an.[18] Ich erzählte von meinen eigenen Gefühlen und Körperwahrnehmungen. Auch diesmal – wie schon so oft – wirkte mein persönliches Formulieren als Erlaubnis. Plötzlich war es, als breche ein Damm. Die Frauen begannen zu sprechen. Alles Stereotype war wie weggeblasen. Ich hatte über mein Befremden von damals gesprochen, als ich meinen leeren und schlaffen Bauch sah, und ich erfuhr, wie viele Frauen die Vorstellung hatten, gleich wieder zu sein »wie vorher«, oder eigentlich gar nicht begreifen konnten, daß das Kind nun »draußen« und nicht mehr »drinnen« war. Vom schmerzenden Beckenboden war die Rede, der sich anfühlte, als würde er nun gleich »herausfallen«. »Ich fühlte mich wie ausgefranst«, sagte eine Frau. »Ich fragte mich immer, ob andere Frauen auch solche Empfindungen in der Vagina hätten«, sagte eine andere, »niemand hat je etwas davon gesagt.«

Genau das war es: Die Sprachlosigkeit über das Körpererleben setzte sich nach der Geburt schmerzhaft fort, obwohl es naheläge zu fragen: »Ging es dir auch so?« Viele Frauen sprachen von ihrem Dammschnitt, von den Schwierigkeiten, die sie noch lange nach der Geburt hatten. Eine Frau erzählte, der Arzt habe sie vernäht mit der Bemerkung: »Ich habe Sie wieder schön eng gemacht. Jetzt sind Sie wieder gut für Ihren Mann.« Solche Äußerungen verfestigen das Gefühl vieler Frauen, durch eine Geburt versehrt und für den Mann sexuell nicht mehr interessant zu sein. Die Beziehung zum Bluten während der Lochien, zu den prall werdenden Brüsten beim Zeitpunkt des Milcheinschusses kamen zur Sprache. Es war nicht das einzig Entscheidende, ob diese Erfahrungen positiv oder negativ waren, sondern daß es sie *gab* und daß sie ausgesprochen werden wollten. Freilich war es auch wichtig, Schmerzhaftes zum Ausdruck zu bringen und Gehör zu finden, Resonanz zu spüren. Es bildete sich einmal mehr ein Raum, in dem »Frauengeschichten« auf eine neue Weise Gestalt bekamen. Dies war das eigentlich Kostbare:

Es gab ein Erleben der Zugehörigkeit, des Verbundenseins und der Legitimation eigener Erfahrung durch das Zur-Sprache-Kommen.

Ein solcher Sprachraum kann mithelfen, Erfahrung zu integrieren und eine neue Beziehung zu sich selbst und damit auch zur eigenen Körperlichkeit zu formen. Daß andere Frauen Ähnliches erlebt haben, kann aus der inneren stummen Isolation herausführen. Das Sprechen anderer kann zu einer Quelle der Ermutigung werden, eine Sprache für die je eigenen Erfahrungen zu finden. Wenn das Eigene mitgeteilt wird, kann auch ein Raum des Tragens und Getragenseins entstehen. Auch Frauen ohne die entsprechenden Erfahrungen müßten nicht mehr ausgeschlossen sein, sondern könnten einbezogen werden. So würden Frauen einen Bezug zum *ganzen* Lebenskontinuum bekommen, dem sie angehören, wie immer ihre individuelle Lebensgestalt aussehen mag. Zudem stünden Frauen ihrem eigenen Erleben nicht mehr so hilflos und stumm gegenüber, wenn ein Sprachraum geschaffen wäre, in den sie sich vor und nach der Geburt und überhaupt in jeder Lebensphase einbeziehen könnten. Ich meine allerdings nicht die stereotypen Frauengeschichten, die das Erleben eher verdecken als ausdrücken. Ich meine vielmehr einen lebendigen Sprachraum, der nur entstehen kann, wenn Mitteilen im weitesten Sinn geschieht.

Wenn Frauen sich untereinander mitzuteilen beginnen, müssen auch die stummen Geschichten nicht mehr unbedingt eine Mauer in der Partnerschaft bilden. Wie unterschiedlich auch das Erleben von Frau und Mann gerade im Geburtsbereich ist, könnte dennoch das Aussprechen der je eigenen Gefühle und Wahrnehmungen auch verbindend sein. Umgekehrt brauchen sowohl Frauen wie Männer den Austausch mit dem eigenen Geschlecht. Davon zeugt die zunehmende Zahl nicht nur von Frauen-, sondern auch von Männergruppen.

Auch die beginnende Mutterschaft ist oft ein Ineinander von stereotypen, auferlegten stummen und neuen Geschichten. Einerseits erfuhren – und erfahren teilweise heute noch – Frauen ihr Muttersein als ein Leiden, als unabänderliches Übel, als Gefangenschaft allenfalls als »goldenen Käfig«. Andererseits sind »Muttergefühle« und »Mutterfreuden« ein vorgegebenes und auch vielumkämpftes gesellschaftliches »Soll«.[19] Der Gegensatz besteht jedoch nicht nur in »Leid« gegen »Freude«. »Mutterfreude« selbst kann ein Stereotyp, eine Norm sein. Dies zeigen entsprechende Schilderungen von

Frauen über ihre Erfahrungen als Mutter, die seltsam plakativ sind und viele stereotype Wendungen enthalten. Verkörpert wird dabei nicht die beglückende Erfahrung, die ja auch da ist, sondern die Norm selbst, die den Charakter von »es muß so sein, dann bin ich in Ordnung« hat. Dies ist jedoch wiederum nicht nur ein inneres Problem von Frauen, sondern wird durch entsprechende gesellschaftliche Arrangements provoziert.

Auch wenn Krankenhäuser damit begonnen haben, einen »Touch« natürlicher Geburt zu vermitteln, ist der Kontakt zwischen Mutter und Kind in vielen Kliniken noch immer strukturiert genug. Trennende Tendenzen bestimmen oft auch den Umgang mit dem Baby zu Hause. Lange wurde nach Zeitplan gefüttert, das Kind nur kurze Zeit gestillt, ins Kinderzimmer weggelegt, im Kinderwagen aufbewahrt. Einige dieser Strukturen haben sich bis heute erhalten. Eine adäquate Mutter zu sein bedeutet also, die gesellschaftlich sanktionierten Beziehungsmuster einzuhalten, oft *gegen* die eigenen Impulse und Bedürfnisse, falls sie überhaupt wahrgenommen werden dürfen. Zum von außen – etwa durch Ärzte und Psychologen – deklarierten »Wohl des Kindes« waren – und sind teilweise auch heute – Mütter bereit, die eigenen Gefühle hintan zu stellen und sich fremden Vorgaben zu unterziehen.

So gesehen, ergeben sich zwei Widersprüche: Zwar ist die Mutter allein zuständig für den kindlichen Beziehungsbereich, doch die *Gestaltung* wird zum Teil von außen vorgeschrieben und von der Mutter befolgt, ob sie sich damit gefühlsmäßig identifizieren kann oder nicht. Über lange Zeit wagten es nur wenige Frauen, gemäß ihren eigenen Einsichten und Gefühlen Beziehung zu formen. Der zweite Widerspruch betrifft die Vorstellungen über das »Wohl des Kindes« selbst. Die Wichtigkeit der mütterlichen Beziehung wird hervorgehoben, doch selbst die psychologischen Darstellungen stellten die auf Trennung angelegten Strukturierungen dieser Beziehung kaum in Frage. So entstanden ebenfalls stumme Geschichten, die vom Verpassen der Beziehung zum Kind oder ihrer eigenen Erfüllung als Mutter handeln. Zudem verzichten viele Mütter auf längeres Stillen, auf große Nähe zum Kind in der ersten Zeit, weil sie die Partnerschaft als gefährdet erleben und sich dieser zusätzlichen Unsicherheit nicht aussetzen können oder gelernt haben, fremde Bedürfnisse vor die eigenen zu stellen. Andere Mütter versuchen verzweifelt, die unterschiedlichen Bedürfnisse in ihrer Familie unter *einen* Hut zu bringen. Erschöpfungsdepressionen sind deshalb eine weitere, oft noch stumme Geschichte, die unter anderem auch mit unseren üblichen familiären Arrangements in Zusammenhang stehen.

In der letzten Zeit haben sich die psychologischen Erkenntnisse über die frühe Mutter-Kind-Beziehung differenziert. Die subtilen Interaktionsmuster nach der Geburt, die Stillbeziehung, die Bedeutung des Tragens wurden öffentlich gemacht, ebenso wichtige Aspekte in der Betreuung frühgeborener Kinder.[20] Auch Frauen selbst haben neue Perspektiven für die erste Zeit der Mutterschaft entworfen. Junge Mütter der letzten Jahre entwickeln ein neues Selbstbewußtsein *als* Mütter, indem sie die Möglichkeiten der Mutterschaft neu ausloten. Mutterschaft in diesem Kontext bedeutet, *alle* Aspekte des Mutterseins wahrzunehmen und zu akzeptieren: die Freude – jenseits plakativer Muttergefühle –, die ekstatischen Momente, die Schmerzen und Schwierigkeiten, die Veränderung der eigenen Körperlichkeit, Erschöpfung, Aggression und Depression, Zweifel und Überforderung. Wesentlich dabei ist die Fähigkeit, ein Spektrum zuzulassen und zu formen und das Recht auf das *eigene Erleben* als Mutter.[21]

Die Geburt stellt eine große Veränderung in der Beziehung zum Kind dar. Werdende Mutter zu sein und das Kind in sich geborgen zu wissen ist etwas anderes, als es »außerhalb« des eigenen Leibes mit sich zu haben. Eine Mutter erzählte mir, sie habe erst nach zwei Jahren begriffen, daß sie gefühlsmäßig ihr Kind gar nicht geboren, sondern immer noch in sich getragen habe, sich so verhalten und das Kind so gespürt habe, als sei es noch ein Teil von ihr. In einem solchen verlängerten intrauterinen Beziehungsmodus ist es für das kleine Kind sehr schwierig, sich mit seinen wechselnden Bedürfnissen aufgehoben und beantwortet zu erleben. Die Frau sagte dazu: »Wenn mein Kind weinte, erschrak ich und hatte sofort Gefühle der Fremdheit. Heute weiß ich, daß ich es ihm einfach übelnahm, daß es nicht eins war mit mir. Am schönsten war es für mich, wenn die Kleine in meinen Armen schlief ...« Schwierig ist es in einer solchen Beziehungsform für das Kind auch, sich als eigenes Wesen mit eigener Dynamik erleben zu lernen.

Freilich gibt es auch Mütter, welche die Beziehungsform in der Schwangerschaft kaum ertragen und erschrecken, wenn ihr Leib »von etwas Fremdem bewohnt« wird. Sie fühlen ihre Identität in

Frage gestellt oder gar verletzt. Im ersten Beispiel wird der Traum einer ewigen Einheit zerstört. Die Mutter, die das Kind »in sich behält«, ist vielleicht zugleich das Kind, das sich in den ursprünglichen Zustand zurücksehnt. Die andere Frau hingegen hat sich viel eher mit ihrer Selbständigkeit überidentifiziert. Sie darf vielleicht gar nicht erst mit ihrem Mangel in Berührung kommen, sich auf keinen Fall ausgeliefert und ohnmächtig fühlen. Schwangerschaft, Geburt und Mutterschaft können solche Gefühle wieder aktivieren. Dann ist es wichtig, sie auch wahrhaben zu dürfen und anzunehmen, um sie vielleicht auch verarbeiten zu können.

Auch wenn die biologische Dynamik das Entstehen und Formen einer primären Bindung unterstützt, ist sie dennoch auch etwas Individuelles. Sie hängt damit zusammen, wie eine Frau überhaupt Beziehung zu formen gewohnt ist, wie sie ihre eigene Liebesgeschichte erlebte. Es ist hilfreich, mit dieser Geschichte in Kontakt zu kommen, um die eigenen Möglichkeiten und Grenzen zu spüren. Oft tauchen auch Gefühle aus der eigenen frühkindlichen Zeit auf, die kaum ins Bewußtsein treten und als solche erkannt werden. Immer mehr Frauen haben heute jedoch den Mut, sich in solchen Situationen therapeutische Hilfe zu holen. Dennoch verzahnen sich auch hier oft Schwierigkeiten aus der eigenen Geschichte, aus derjenigen des Partners und gesellschaftlich bedingte. Immer wieder besteht die Gefahr, daß Frauen den Fehler nur bei sich selbst suchen.

Insgesamt geht es jedoch auch hier um das Anliegen, einen eigenen und je persönlichen Weg zu finden. »Wie kann ich als die Frau, die ich bin, die Beziehung zu meinem Kind gestalten?« *Eine* Chance besteht – wie schon mehrmals betont – darin, die eigenen Gefühle und Reaktionen wahrzunehmen. Wenn Angst vor dem Vereinnahmtwerden da ist, dann ist sie eben da. Man kann sich dann erzählen: »Diese neuen Tendenzen sind doch Unsinn. Ich gehe nicht in diese Falle!« So wird das Kampfmuster rationalisiert und legitimiert. Oder man kann sich sagen: »So bin *ich. Ich* habe Angst.« Und dann: »Wie kann ich mit ihr umgehen?« Eine große Schwierigkeit ist allerdings, daß solche Gefühle als »verboten« oder gar als schuldhaft erlebt werden. Doch viele Frauen haben sie – nur werden sie meist verschwiegen oder in Ideologien verkleidet. Die Angst kann bedeuten, daß ich selbst eine Geschichte der Vereinnahmung habe und ein Protestmuster ausbilden mußte. Oder daß ich vor den Ansprüchen anderer zu verschwinden fürchte. Manchmal hilft das

Eingestehen der Ängste, um die eigene Geschichte von der Gegenwart zu trennen. Das Kind ist *nicht* meine Mutter, mein Vater et cetera. Dann wird vielleicht deutlich, wieviel Nähe ich jetzt zulassen kann.

Dazu kommt, daß die Nähe mit dem Baby nicht den »Ewigkeitscharakter« der mißbrauchenden Liebe in der eigenen Kindheit hat, sondern *eine* Phase von Beziehung darstellt. Vielleicht kann ich die Forderung des Kindes nicht aushalten, bringt mich sein Weinen in eine Not, Verzweiflung oder Wut, die mit eigenen frühkindlichen Erfahrungen zu tun haben. Kann ich spüren, daß diese Gefühle mehr mit mir als mit dem Kind zu tun haben? Und vielleicht muß ich lernen, meine eigenen Grenzen zu respektieren auch gegen alle Vorstellungen, wie eine »gute Mutter« zu sein habe. Nicht nur die Geburt ist eine Zeit der Selbsterkenntnis und ein Lernprozeß, auch die Gestaltung der ersten Beziehung zum Kind ist es. Die Erkenntnis der eigenen Möglichkeiten und Beschränkungen bietet vielleicht die Chance, mehr Nähe zuzulassen oder mehr Distanz zu halten und auch eine liebevollere Beziehung zu sich selbst zu gestalten.

Vielleicht bringt es mich aber auch in Not, daß ich ganz allein mit dem Kind bin, ohne Unterstützung durch den Partner und ohne tragendes Beziehungsnetz. Eine »gute« Mutter bin ich jedoch nicht nur aus mir selbst, sondern aus der ganzheitlichen familiären *und* gesellschaftlichen Verantwortung für das Kind.

Die Geschichten, die Frauen trennende Strukturen vorschreiben, sind am Verschwinden. Doch die »Erlaubnis«, die Symbiose mit dem Baby in aller Intensität zu leben, hat ebenfalls ihre Kehrseite. Es entstehen neue überfordernde Situationen, in denen die Mutter ihre Grenzen völlig verliert und sich einem »Muß« gegenüber sieht, das sie in Gefühle der Unzulänglichkeit treibt. Viele junge Mütter kippen denn auch beim nächsten Kind aus lauter Angst wieder ins Gegenteil: in Überstrukturierung der Beziehung zum Kind.

Mütter geben auch langsam und zögernd zu, was für ungeahnte Aggressionen sie ihrem Kind gegenüber empfinden: »Ich fange an, Kindsmißhandlungen zu verstehen«, sagen mir Mütter oft. Doch meist erleben sie ihre »bösen« Gefühle auch als schuldhaft.

Nochmals ist es hier wichtig, daß die Erfahrungen in der Beziehung zum Kind mit dem *ganzen* Spektrum an Gefühlen keine stummen Geschichten mehr zu sein brauchen. Dann kommt nicht nur die eigene Geschichte mit ihren Brüchen, Grenzen und Möglichkeiten in den Blick, sondern auch die Gebrochenheit unserer gesellschaftlichen Situation, die nicht nur im je eigenen, privaten Schicksal ausgetragen werden darf.

Begegnung mit dem Tod im Raum des Gebärens – verdrängte Erfahrungen in unserer Gesellschaft

Viele Frauen kommen durch die Gestaltung ihres Lebenskontinuums sehr unmittelbar in Kontakt mit der existentiellen Dimension des Lebens, vor allem dort, wo sie mit der Erfahrung von Tod verbunden ist. Da in diesen Bereichen durch das Allmachtsparadigma die Illusion der Kontrollierbarkeit aufrechterhalten wird, werden die entsprechenden Erfahrungen zu »stummen Geschichten« – kollektiv weitgehend tabuisiert und verdrängt. Eine Frau, die ein Kind tot zur Welt gebracht und dieses Erleben verarbeitet hatte, sagte zu mir: »Schwangerschaft und Geburt bedeuten immer auch Begegnung und Auseinandersetzung mit dem Tod.« Das gilt allgemein, doch wenn »alles gut geht«, läßt sich diese Dimension auch verdrängen. Schwieriger wird es, wenn es um die Erfahrungen von Abort, Fehl- oder Totgeburt geht. Freilich können auch solche Erfahrungen verdrängt werden. Sie bleiben jedoch oft als leibhafte Grundmuster im Organismus erhalten und holen die betroffene Frau, aber auch deren Familie – meist unbewußt – ein.

In den letzten zehn bis zwanzig Jahren ist die Auseinandersetzung mit dem Sterben und mit der Sterbebegleitung zu einem öffentlichen Thema geworden.[22] Dennoch gibt es auch hier immer noch stumme Bereiche, welche die Betroffenen mit ihrer Erfahrung allein lassen. Es geht mir jetzt vor allem um den Tod von Kindern, die nie »das Licht der Welt erblickten«.[23] Diese Erfahrungen sind um so anfälliger für Verdrängung. Fehlgeburten kommen meist überraschend, überfallen die betroffene Frau, und nachher geht das Leben einfach weiter. Was solche Erfahrungen *wirklich* bedeuten, wird erst sichtbar, wenn Frauen es wagen, sich mit ihnen auseinanderzusetzen und auch im Rahmen einer therapeutischen Begleitung zu verarbeiten. Ich selber habe durch solche Begleitungen viel darüber gelernt, was Frauen an Unterstützung benötigen.

Spontanabort – eine bemerkenswerte Erfahrung?

Kann ein Spontanabort noch etwas anderes sein als »Zwischenfall«, als ein ohnmächtiges Erleiden, ein nachträgliches Verdrängen des Erlebten? Eine Frau, die in langjähriger Arbeit an sich selber mit Wandlungsprozessen umgehen gelernt hatte, schrieb ihr Erleben im Zusammenhang mit ihrem Abort auf. Sie gab mir die Erlaubnis, diesen Text hier wiederzugeben:

»Ich habe mir lange Zeit ein zweites Kind gewünscht. Ich lebte allein mit meiner Tochter, und als sie acht Jahre alt war, lernte ich meinen Freund kennen. Ein Jahr später wurde ich schwanger. Ich spürte Aufregung, Freude, Angst. Angst, ob ich mit dreiundvierzig Jahren noch die körperliche Kraft und innere Bereitschaft hätte, mein Leben auf ein zweites Kind hin umzugestalten. Freude und Erregung, weil mein Wunsch nun doch noch einmal wahr geworden war.

In der achten Schwangerschaftswoche begann eine leichte Blutung, am zweiten und dritten Tag wurde sie stärker. Ich ahnte allmählich, was vorging, denn in meiner ersten Schwangerschaft hatte ich keinen Tropfen Blut verloren, noch je eine wilde Wehe gespürt, obwohl ich mich viel bewegt hatte. Ich nahm nun auch wahr, daß ich diesmal nicht von ›meinem Kind‹ sprechen konnte, sondern ›nur‹ von meiner Schwangerschaft. Die Beziehung zum Leben in mir war weniger wirklich als bei der ersten Schwangerschaft.

Am dritten Tag rief ich den Arzt an, weil das Blut nicht aufhörte zu fließen. Als er sagte, er wolle sehen, wie es ›meinem Kindlein‹ gehe, hörte ich mich antworten, ich sei ziemlich sicher, daß es nicht mehr lebe. Es war Mittwoch, und für Freitagmorgen hatte ich bereits den ersten Termin bei ihm. Ich wollte nicht früher hingehen, spürte, daß ich diese Zeit noch für mich brauchte.

Am Donnerstagabend wurde das ›Bauchweh‹ intensiver, und als ich meiner Tochter gute Nacht gesagt hatte, gab ich mich dem Geschehen hin. Ich spürte hinein in meinen Körper und in meine Gefühle, zündete eine Kerze an, legte Cembalokonzerte von Bach auf, nahm mein Tagebuch zur Hand. Ich schrieb, ich weinte, hörte Musik, dachte nach. Ich atmete mit dem Schmerz, damit er den Muttermund eröffne, ließ den Schmerz wieder los, wenn die Kontraktion verebbt war, spürte genau hinein, wo ich noch eine Spannung hielt, sei's in einer Zehe, einem Finger, im Rücken, löste auch sie wieder auf. Ich weinte, weil ich kein Kind mehr haben konnte, und ich weinte gleichzeitig aus Erleichterung. Wenn wieder eine Wehe kam, gab ich dem Atem Raum in mir, ließ ihn, so achtsam es ging, kommen und gehen. Alles war vielleicht wie auf hoher See, ein ganzes Mitgehen mit dem Schmerz, mit der Entspannung, mit der Erleichterung, der Enttäuschung, der Traurigkeit, dem Verlust. – Endgültig zu spät für ein zweites Kind! Und doch richtig so.

Am nächsten Morgen ging ich wie abgemacht zum Arzt, und er leistete mir eine Art Hebammendienst. Er zeigte mir, was in mir gewachsen war, und ich wollte es sehen: Es war die Plazenta, fast handgroß, der Embryo hatte sich wieder zurückgebildet. Der Laborbefund bestätigte meine Ahnung, die Plazenta hatte sich nicht verwurzeln können in meiner Gebärmutter, und so hat das neue Leben in mir keine Nahrung bekommen. Eine Woche später hatte sich die Gebärmutter wieder zusammengezogen, und nach vier weiteren Wochen stellte sich die Menstruation wieder ein.

Nun lebe ich mit einem winzigen Rest von Risiko. Ich fühle mich sicherer, wenn ich in meinem Körper keine Kräfte und Energien ›unterbinden‹ muß – das ist für *mich* mit meiner Geschichte jetzt richtig, weil ich im Grunde mehr als nur ein Kind gewollt habe.«

Ein Spontanabort muß – wie diese Erfahrung zeigt – nicht unbedingt nur »Schicksal« sein, das über die Frau hereinbricht und sie wehrlos ausliefert. Es gibt – so absurd dies klingen mag – auch die Möglichkeit, ihn zu *leben*, zu vollziehen und die auftauchenden Gefühle anzunehmen.

Was ein Abort für eine Frau als Geschehen letztlich *bedeutet*, ist mit der Lebensgestalt jeder einzelnen Frau verbunden. Manchmal handelt es sich um den jähen Abbruch einer Hoffnung, einer Perspektive, der um so bedrängender und schmerzlicher ist, je tiefer ein Kind ersehnt wurde. Eine Frau, die alles dransetzen mußte, um überhaupt schwanger zu werden, wird einen Abort anders erleben als eine Frau, die schon Kinder hat. Die einen Frauen verlieren dadurch das ohnehin labile Vertrauen in ihren Körper, andere sehen einen solchen Verlust als etwas, das einfach geschehen kann, und kommen gut mit dieser Erfahrung zurecht. Ganz schwierig wird es vor allem, wenn sich solche Erfahrungen häufen und eine Frau erkennen muß, daß ihr Kinderwunsch nicht mehr in Erfüllung gehen wird.

Die Bedeutung eines Spontanaborts läßt sich also niemals festlegen, sondern nur aus dem Schicksal und der Geschichte jeder einzelnen Frau heraus verstehen. Doch wiederum ist es wichtig, die vorhandenen Verlustgefühle ernst zu nehmen und nicht zu einer stummen Geschichte verkommen zu lassen, weil es ja »nur« ein Spontanabort ist.

Wie tief in unsere ganzheitliche Gestalt eine beginnende Schwangerschaft und ihr spontaner Abbruch greift, zeigte mir das Erleben einer Freundin, welche auf diese Weise ihr drittes Kind verlor: In der achten Schwangerschaftswoche hatte sie einen Wochen früher festgelegten Termin für einen Ultraschall bei ihrer Ärztin. Es war ein Freitagmorgen. Bis dahin war es eine »runde« Schwangerschaft gewesen. Ursula freute sich auf ihr drittes Kind. Doch das Bild auf dem Ultraschall war verschleiert, und die Ärztin sah keine Herzaktivität. Einige Stunden später war Ursula bei einem Spezialisten. Jetzt wurden auf vaginalem Ultraschall die Fruchtblase und das Kind sichtbar. Doch es bewegte sich nicht. Der Arzt hatte das Gefühl, das Kind sei gestorben, da es keine Lebenszeichen gab. Eine Hormonuntersuchung bestätigte einige Tage später diese Vermutung. Das Erstaunliche jedoch war, daß der Embryo die richtige Größe für sein Alter hatte. Er konnte höchstens vor ein bis zwei Tagen gestorben sein. Darüber war Ursula sehr betroffen, denn plötzlich kam ihr der Traum in den Sinn, den sie am Donnerstagmorgen in der Früh gehabt hatte. In diesem Traum saß sie auf dem WC und hatte wehenartige Bauchschmerzen. Dann plumpste etwas aus der Vagina in die WC-Schüssel. Ursula wußte im Traum genau: Das ist ein Abort, das Kind ist weg. Sie stand vom WC auf und wollte den Klumpen untersuchen, doch er war bereits fortgeschwemmt ... Ursula erwachte und war erleichtert, daß es nur ein Traum gewesen war. Als meine Freundin dies alles dem Arzt erzählte, schaute er sie mit großen Augen an und war sichtlich berührt, denn sie mußte diesen Traum ungefähr zu dem Zeitpunkt gehabt haben, als das Kind starb. Ursula sagte mir auch, die ganze kurze Schwangerschaft hindurch sei »Abort« ein Thema gewesen. Viele andere Frauen hätten ihr von ihren eigenen Erfahrungen erzählt. »Es war einfach anders als bei den anderen Schwangerschaften. Ich hatte unbewußt immer Angst«, sagte Ursula zum Schluß, »obwohl es gleichzeitig auch eine gute Zeit war.«

Wenn Frauen ihre Wahrnehmungen und Gefühle ernst nehmen,

können sie die Sprache ihres Körpers verstehen lernen und die Zeichen bewußt aufnehmen, die ihnen ihr mit dem kindlichen Organismus aufs engste verbundener eigener Organismus vermittelt. So ist es auch möglich, schmerzliche Erfahrungen als einen eigenen Prozeß zu erleben und nicht als etwas, das sich fernab in einem enteigneten Körper vollzieht.

Abschied von Kindern, die nie das Licht der Welt erblickten ...

Tiefer und nachhaltiger als ein Spontanabort wirkt jedoch der Verlust eines Kindes in der fortschreitenden Schwangerschaft oder am Geburtstermin. Sobald eine Frau die Bewegungen des Kindes spürt, wird die Beziehung zu ihm faßbarer und konkreter. Eine Fehl- oder Totgeburt ist deshalb auch ein *persönlicher* Verlust *dieses* Kindes, dessen Leben die Frau in sich deutlich wahrgenommen hat. Zudem muß sie ihr Kind jetzt *gebären*, das heißt durch eine intensive und oft sehr schmerzhafte Erfahrung hindurchgehen.

Die meisten Frauen sind mit solchen Geburtserfahrungen äußerst einsam. Lange bekamen Frauen in den Kliniken wenig Anteilnahme. Im Vordergrund stand die medizinische Handhabung des Geburtsverlaufs, und der Partner war noch viel selbstverständlicher ausgeschlossen als bei einer normalen Geburt. Außerdem ist es für den Mann überhaupt schwierig, die ganze Tragweite des Verlustes nachzuempfinden, da der leibhafte Bezug, die Tiefenkommunikation mit dem ungeborenen Kind fehlt. Eine Frau erzählte in diesem Zusammenhang, sie habe nach ihrer Fehlgeburt ein Jahr lang mit ihrem Partner die größten Schwierigkeiten gehabt. Dann stellte sich heraus, daß er das tot geborene Kind überhaupt nie als Kind empfunden und die Geburt nicht als Geburt erfahren hatte. Dieser Unterschied im Erleben tut sehr weh und ist oft nur schwer zu überbrücken. Doch gibt es für den Partner wenigstens die Möglichkeit, am Schmerz der *Frau* teilzunehmen und sie im Trauerprozeß zu unterstützen. Dies geht jedoch nur, wenn die Verlustgefühle *sein* dürfen und zur Sprache kommen können.

Eine weitere Isolation für betroffene Frauen besteht darin, daß es bislang keine unterstützenden Trauerrituale gab. Das Sterben eines solchen Kindes ist gesellschaftlich bedeutungslos geblieben. Schon das Wort »Fehl-Geburt« ist eine sprechende Bezeichnung, in der nichts vom körperlich-emotionalen Erleben der Frau mitschwingt – im Gegenteil! Wenn sie mit leerem Bauch und leeren Armen nach Hause geht, nimmt das Leben meist einfach seinen Fortgang. Die Umgebung reagiert weitgehend mit Hilflosigkeit, mit stummer Zurückhaltung und verhindert dadurch nochmals das Mit-teilen des Erlebten. Und doch ist das tote Kind ein *präsentes* Kind – auch für seine lebenden Geschwister. Durch Sprachlosigkeit in der Familie wird es totgeschwiegen. Dadurch entsteht ein doppelter Verlust. Eine Frau erzählte mir, daß ihr Sohn jedem Besuch die Fotographie seines Bruders zeige, die nach der Fehlgeburt von ihm gemacht worden war. Das tote Kind *ist* sein Bruder und bleibt ein Mitglied der Familie.

Wir beginnen heute, diese Erfahrungen für die Mutter und die anderen Familienmitglieder ernster zu nehmen. Doch viele ältere Frauen sagten mir, daß sie den Tod ihres Kindes – sei es zu früh oder am Termin tot geboren – nicht wirklich betrauern und damit auch nicht verarbeiten konnten. Ähnliches gilt allerdings auch für den späteren Verlust eines lebend geborenen Kindes. Schmerz, Trauer und Selbstzweifel bleiben als unbewußte Muster bestehen und beeinträchtigen oft auch das Leben der anderen Kinder in der Familie. Im Laufe einer Therapie kommen solche Erlebnisse zum Vorschein, sei es als betroffene Mutter oder als Geschwister in der Herkunftsfamilie. In dem Maß jedoch, in dem Frauen sich das Recht auf ihre eigene Geschichte als Frau nehmen und einen entsprechenden Bewußtseins- und Sprachraum schaffen, können sie auch solche Erfahrungen ernst nehmen. Zunehmend kommen auch Frauen nach Fehl- und Totgeburten in die Therapie. Einige zentrale Aspekte möchte ich anhand eines Beispiels ansprechen:

Eine Frau, die ich Eva nennen will und die schon längere Zeit bei mir in Therapie war, erwartete ihr zweites Kind. Es ging ihr in den ersten Monaten der Schwangerschaft sehr schlecht. Im sechsten Monat ging sie zum Arzt, weil sie das Gefühl hatte, ihrem Kind gehe es nicht gut. Doch der Arzt fand nichts Beunruhigendes. Die Tiefenkommunikation gab ihr jedoch – wie vielen anderen Frauen auch – Zeichen über den Zustand des Kindes, der aber medizinisch noch nicht feststellbar war. Als Eva im siebten Monat war, erfuhr sie, daß ihr Kind nicht mehr lebte. Eva war völlig aufgelöst, nachdem der erste Schock vorbei war. »Es war schrecklich«, erzählte sie mir, »mein Mann wollte nicht dabei sein. Die Geburt war mühsam. Das Kind durfte ich nicht sehen, weil es schon seit Wochen tot war und angefangen hatte, sich zu schälen.« Ein paar Tage später sagte sie mir: »Ich bringe das Gefühl nicht los, daß man mir das Kind einfach gestohlen hat. Weggenommen.« Das Geschehen war für sie im wörtlichen Sinn nicht greifbar. »Niemand hat sich um mich gekümmert. Als die Geburt vorbei war, da war für Arzt und Schwestern alles erledigt.« Und dann schrie sie auf: »Aber ich habe doch ein Kind geboren! « Eva hatte keine Möglichkeit gehabt, sich von ihrem Kind zu verabschieden und zu trauern. Ihr Mann hatte kurz nach der Geburt eine längere Verpflichtung auswärts, und so fanden sie in ihrem Prozeß des Trauerns lange Zeit nicht mehr richtig zusammen.

Eva machte mir lange einen seltsamen Eindruck, den ich mir nicht erklären konnte. Sie bewegte sich langsam und vorsichtig, und ihr Gesicht hatte einen seltsam fernen Ausdruck. Ich ertappte mich dann dabei, daß ich die Tatsache, daß sie nicht mehr schwanger war, einfach »vergaß«. Das war der Schlüssel: Eva war trotz der Geburt noch immer schwanger. Sie blieb dicker als sonst und bewegte sich tatsächlich wie eine Schwangere. Doch ich zögerte eine Weile, ihr dies mitzuteilen. Als ich sie schließlich darauf ansprach, war sie wie erlöst: »Es tut gut, das zu hören. Ich beginne so, mich besser zu begreifen – und zu akzeptieren.« Sie blieb bis zum eigentlichen Geburtstermin »schwanger« – auch in ihrem organismischen Ausdruck. Dann begann sich ihr Körper erst zu verändern, und sie sagte: »Jetzt fühle ich mich wie nach der Geburt.«

Doch eine weitere Krise kam, deren Sinn ich zunächst auch nicht verstand. Etwa drei Monate lang stritten sich Eva und ihr Mann ständig. Und das ältere Kind forderte sie fast Tag und Nacht. Es wollte auch den Stubenwagen wieder vom Dachboden herunter haben und legte sich hinein, spielte »Baby«. Dann klang der Konflikt ziemlich schnell ab. »Wie alt wäre dein Kind jetzt?« fragte ich Eva. Sie schaute mich an, und wir begriffen beide gleichzeitig: Die Familie hatte mit den Konflikten unbewußt die Leere ausgefüllt, die entstanden war in einer Zeit, die der intensivsten Pflege des neuen Kindes gegolten hätte. »Wenn das Kind dagewesen wäre, hätten wir jetzt schon wieder etwas Spielraum gehabt«, sagte Eva. Und erst jetzt hatte sie die innere Freiheit, sich wieder mehr anderem zuzuwenden. »Ich fühle mich auch nicht mehr so fragil wie vorher«, sagte sie lächelnd. Unterdessen hatte sie eine neue Teilzeitarbeit gefunden. Ich lernte von Eva, daß bei einem so abrupten Ende der Schwangerschaft nicht nur Trauerarbeit geleistet werden, sondern die organismische Dynamik einbezogen werden muß, welche Schwangerschaft, Geburt und die erste Zeit danach auf verschiedenen Ebenen vollzieht.

Nun kam die eigentliche Trauerarbeit. »Ich wußte es schon lange« sagte Eva, »aber ich wollte es einfach nicht wahrhaben. Immer wieder sprach ich mit meinem Kind. Seine Bewegungen fühlten sich so kraftlos an. Ich tastete nach dem Kind, sprach ihm gut zu und spürte doch, daß es immer leiser wurde. Ich fühlte es, bevor es medizinisch feststellbar war. Aber ich wollte es dennoch nicht ganz wissen.« Evas Kind war an einer Infektion gestorben. »Dann blieben die Bewegungen aus. Ich fühlte, daß das Kind tot sei. Doch ich wollte es nicht hergeben.« Die ganze Dynamik der Leugnung kam hier zum Ausdruck. Intensiv waren auch die Schuldgefühle, die in der Frage gipfelten: »Habe ich mein Kind ermordet?« Es ist klar, daß fast jede Frau genügend »Gründe« für ihre Schuld findet, wenn sie zurückblickt. Das würde aber heißen, daß wir das Leben der Ungeborenen völlig in der Hand hätten. Es mag Zusammenhänge geben, doch jedes Kind hat auch seine eigene Dynamik. Ich sagte zu Eva: »Schau, wenn das eindeutig wahr wäre, daß deine ambivalenten Gefühle den Tod des Kindes herbeigeführt hätten, dann gäbe es viel weniger Kinder auf dieser Welt. Es überleben Kinder, welche die Mutter verzweifelt abzutreiben versucht, während andere sterben. Wir sind nicht in der Lage, das Schicksal auszumachen.« Für Eva war dies der Augenblick, sich mit dieser schicksalhaften Dimension auseinanderzusetzen, die gerade *sie* getroffen hatte. »Dein Kind ist gegangen«, sagte ich leise. Ich sah den Schmerz in Evas Augen, die Auflehnung.

Bald darauf machte ich einen fünftägigen Therapieworkshop, an dem Eva teilnahm. Im Laufe der Tage kam sie und sagte: »Ich möchte mich von meinem Kind verabschieden.« Ich holte eine Puppe, legte sie auf ein Fell und deckte sie mit einem Tuch zu. »Wenn ich das Kind doch wenigstens unter einem Tuch hätte anrühren dürfen«, hatte mir Eva einmal gesagt. Daran dachte ich jetzt. Sie suchte sich in der Gruppe »ihren Mann« aus, dann kniete sie sich vor das »Kind« hin. Die übrigen Gruppenmitglieder rückten näher. Eva berührte das Kind unter dem Tuch und begann zu weinen. Sie tastete es ab, liebkoste es, rief es an.

»Du Liebes«, sagte sie. »Ich wußte während der Schwangerschaft gar nicht mehr, wie lieb ich dich habe. Ich habe dich so lieb!« Und Eva schluchzte herzzerreißend. »Mein Kind!« rief sie. Nach langer Zeit richtete sie sich auf. »Ich möchte Abschied nehmen«, sagte sie. »Leb wohl, mein Kleines«, sagte sie unter Tränen. »Leb wohl. Ich lasse dich. Ich akzeptiere, daß du gegangen bist, auch wenn es weh tut«, sagte ich Eva vor. Sie wiederholte die Worte und sagte dann mit entschiedener Stimme: »Ja, ich akzeptiere es.« Wir erhoben uns, und in einer Prozession trugen wir das Kind, ins Tuch gewickelt, hinaus und legten es in ein aus Kissen bereitgemachtes Grab. »Ich bin bei dir, und wir wollen es gemeinsam tragen«, sagte der »Mann« zu Eva. Nochmals sagte sie Lebewohl. Dann verschlossen wir das Grab. Eva ging still und aufrecht zurück. »Es ist gut«, sagte sie leise. »Ich spüre, daß ich das Kind jetzt wirklich hergeben kann.«

Eva wurde zwei Jahre später wieder schwanger und gebar ihr Kind zu Hause. Auch wenn Nöte und Ängste auftauchten, wurde sie trotzdem nicht das Opfer ihrer Befürchtungen und erlebte *ihre* persönliche Geburt. –

Freilich gibt es diese heilenden Möglichkeiten im Raum der Therapie. Doch läßt sich aus solchen Prozessen auch die klare Notwendigkeit ableiten, daß Frauen *unmittelbar* nach der leiblichen Geburt die Gelegenheit zu einem Kontakt mit ihrem toten Kind gegeben werden muß – auch wenn es sich »nur« um eine Fehlgeburt handelt! Sicher fühlen sich nicht alle Frauen dazu imstande, doch sollte zumindest das Angebot von seiten der Klinik bestehen. Dasselbe gilt natürlich auch für Kinder, die am Termin tot zur Welt kommen, oder für solche, die später sterben. Ich kenne eine junge Frau, deren Kind mit einem Herzfehler geboren wurde. Die Ärzte gaben ihm nur einige Tage Leben. Doch starb es erst nach acht Monaten. Ich vergesse das winzige Mädchen mit seinem ausdrucksvollen Gesichtlein und den intensiven Augen nie. Als es starb, blieb seine Mutter eine Nacht lang bei ihm und las ihm, dem toten Kind, die Tagebuchaufzeichnungen vor, die sie über sein kurzes Leben gemacht hatte.

Viele Frauen beschäftigt auch der Gedanke, was bei einer Fehlgeburt nach dem Tod aus ihrem Kind wird, für das kein eigenes Grab vorgesehen ist. Sie wissen es oft nicht, wagen nicht zu fragen. Jeder

Frau müßte der Raum gewährt werden, in dem sie *ihre* Entscheidung – wenn möglich mit dem Partner zusammen – treffen könnte. Wie wichtig dies ist, zeigt die Äußerung einer Frau, deren Kind im fünften Monat tot zur Welt kam: »Ich hätte kein eigenes Grab für mein Kind gewollt. Das wäre mir zu persönlich gewesen. Ich hätte das Gefühl gehabt, es mehr in unseren Bereich zu ziehen, als es wollte. Aber es war gut für mich zu wissen, daß es bei jemandem in den Sarg zu liegen kam und so ein Begräbnis erhielt.« Hier fällt zudem auf, daß die meisten Frauen ihr tot geborenes Kind beim Namen nennen, wenn es in der späteren Schwangerschaft zur Welt kommt und sich gegen das Wort »Fehlgeburt« wehren.

Zum Prozeß der Verarbeitung gehört auch, daß manche Frauen das Bedürfnis haben, an den Ort ihres Erlebens zurückzukehren, wenn der erste Schmerz überstanden ist. Eine der Frauen, die ich begleitet habe, suchte auch nochmals das Gespräch mit den Beteiligten, mit dem Arzt, der Hebamme und der Krankenschwester. Durch die Konfrontation mit dem Ort und den Personen löste sich ein Bann. Es ging dieser ihre Gefühle ernst nehmenden Frau darum, sowohl die problematischen und verletzenden wie auch die unterstützenden Aspekte im Kontakt anzusprechen. So kann sich das Trauma langsam auflösen, der Schmerz abklingen, auch wenn Spuren bleiben. Vor allem habe ich erlebt, daß solche Frauen eine nächste Schwangerschaft ohne tiefe Angst eingehen können: »Es ist zwar nicht wie vorher. Der Gedanke an den Tod ist mir näher. Aber ich bin nicht besetzt davon«, sagte mir eine Frau, die nach einer Totgeburt, die sie sorgfältig verarbeitet hatte, wieder schwanger war.

Im Bereich von Fehl- und Totgeburt sind zwei Aspekte von großer Bedeutung: die Begleitung der Frau während und unmittelbar nach der Geburt. Ihre Geburtserfahrung muß ernst genommen und unterstützt werden. Sie braucht Raum für den Abschied von ihrem toten Kind, so wie sie es wünscht und die Situation es erlaubt. Die Frau ist Mutter geworden – Mutter eines gestorbenen Kindes. Sie ist eine Trauernde und benötigt Zeit für diesen Prozeß, aber auch einen Sprach-Raum für ihre Erfahrung und ihre Gefühle. Eine therapeutische Begleitung kann sinnvoll und hilfreich sein. Häufig besteht jedoch die therapeutische Arbeit darin, den bei der Geburt mangelnden Raum für das Erleben der Frau

nachträglich zu bieten. Dies ist eine Möglichkeit, die wir glückli-
cherweise haben, und dennoch kann den betroffenen Frauen viel erspart bleiben, wenn die »Fehl«-Geburt keine »fehle« Geburt mehr
ist.

Schwangerschaftsabbruch – eine double-bind-Geschichte

Gesellschaftliche Normen und persönliche Geschichte

Im Bereich von Schwangerschaft und Geburt gibt es eine weitere Geschichte, über die zwar viel gesprochen wird, die jedoch vom körperlich-emotionalen Erleben her eine stumme Geschichte geblieben ist: der Schwangerschaftsabbruch.[24] Eine Frau, die sich dazu entschließt, befindet sich von den gesellschaftlichen Normen her gesehen in einer double-bind-Situation, die verschiedene Akzente hat: Falls sie nicht in einer Partnerbeziehung lebt, wird sie mit einem Kind zwar heute nicht mehr geächtet, begibt sich jedoch meist in eine gesellschaftliche und wirtschaftliche Randposition, in der ihr oft auch eine emotionale und praktische Unterstützung fehlt. Ein Schwangerschaftsabbruch wiederum ist zwar legal möglich, wird aber noch von sehr vielen Menschen moralisch grundsätzlich verurteilt. Wie auch immer die Frau sich entscheidet – es ist irgendwie falsch. Dazu kommt, daß viele Mädchen und Frauen vom Mann oder den Angehörigen unter Druck gesetzt werden, sei es, um einen Schwangerschaftsabbruch zu verhindern oder um ihn durchzusetzen. Dabei gibt oft nicht die ethische Überzeugung den Ausschlag, sondern das Eigeninteresse der Bezugspersonen. Vor allem Jugendliche sind diesen Beeinflussungen oft hilflos ausgesetzt.

Die Legalisierung des Schwangerschaftsabbruchs wird neben allen Erleichterungen auch als zusätzliches Druckmittel eingesetzt. Durch den Ultraschall haben Ärzte ein wirkungsvolles Machtmittel in der Hand, um Frauen in einen noch tieferen emotionalen Konflikt zu stürzen, wenn diese ihr Kind während des Ultraschalls gesehen haben. Die gesellschaftlichen Normen lassen zudem keine Differenzierungen zu. Ob ein sechzehnjähriges Mädchen, eine überlastete Mutter oder eine Frau nach einer flüchtigen Begegnung mit einem Mann die Schwangerschaft abbricht – das individuelle Schicksal kommt kaum in den Blick, so wenig wie die soziale und wirtschaftliche Situation. Wer für sich selbst diese Möglichkeit nicht akzeptieren kann, läuft zudem oft Gefahr, Frauen, die anders entscheiden, von vornherein zu verurteilen. Es geht vor allem darum, die eigene Einstellung als die für einen selbst gültige zu verstehen und nicht unbesehen auf »alle Frauen« zu übertragen.

Wird einerseits ein Schwangerschaftsabbruch oft als »Mord« bezeichnet, so wird die Gewalttätigkeit, die eine aufgezwungene Schwangerschaft darstellen kann, gar nicht sichtbar. Weiter wird verleugnet, daß ein Embryo oder Fötus nicht ein fertiger Mensch ist, sondern durch den Beziehungsraum, auf den es sich hin entwickelt und den es lebensnotwendig braucht, erst zu einem gesunden Menschen wird. Die Geschichte eines Kindes, das unerwünscht ist, das in einer lieblosen, ablehnenden Umgebung oder mit einer hoffnungslos überforderten Mutter – oder Eltern – aufwächst, wird gesellschaftlich erst zur Kenntnis genommen, wenn es »auffällig« wird. Diese stumme Geschichte wird oft unterschlagen, wenn es um die Frage des Schwangerschaftsabbruchs geht. Ich kenne beispielsweise viele Menschen, die als Kinder dafür schuldig gesprochen wurden und büßen mußten, daß die Eltern ihretwegen zur Heirat gezwungen waren oder ihretwegen zusammenblieben. Ein Mann äußerte dazu: »Ich mußte mir meine Existenz gleichsam abverdienen, und dieses Gefühl ist mir geblieben. Ich hatte auch Angst davor, daß eine Frau von mir schwanger werden könnte. Ich suchte immer eine ›ideale Situation‹ – und die gibt es nicht.« Eine vierzigjährige Frau mußte sich damit auseinandersetzen, daß sie das Kinderkriegen verpaßt hatte. Da die Eltern ihretwegen geheiratet hatten – die Eltern der Mutter hatten den Mann moralisch unter Druck gesetzt –, wurde sie von ihrem Vater gehaßt und gequält. Er behauptete sogar, sie sei nicht seine Tochter. Aufgrund dieser Geschichte wagte sie es nicht, eine Familie zu gründen. Mit zwanzig Jahren hatte sie einen Schwangerschaftsabbruch gehabt. Niemand wußte etwas davon – nicht einmal der betreffende Mann –, und dies aus Angst, auch sie könnte unter Druck gesetzt werden. Viele unerwünschte Kinder lehnen sich selber ab, können sich im Leben nicht verwurzeln.

Hinter dieser ganzen Dynamik steht eine überkommene Geschichte, in der Schwangerschaft die Sache der Frau ist, sie allein für Verhütung zuständig ist. »Warum hat sie denn nicht aufgepaßt?« ist eine häufig aufkommende Frage. Oder der Mann sagt: »Ich passe schon auf«, und die Frau wagt nicht, sich zu widersetzen. Kommt es zu einer Schwangerschaft, so muß die Frau die Folgen tragen. »Sie wußte ja, worauf sie sich einließ.« Gewiß sind Urteile heute nicht mehr so absolut – aber sie bestehen nach wie vor. »Die Frau kann ja das Kind zur Adoption geben«, ist ein häufiges Argument. Wie hart ein solcher Entscheid ist, können jedoch nur die betroffenen Frauen wissen. »Ich dachte bei jedem Kind, es könnte meines sein, wenn es das entsprechende Alter hätte«, sagte mir eine Frau, die unter dem Druck ihrer Familie ihr neugeborenes Kind weggegeben hatte, als sie achtzehn Jahre alt war.

Noch vor zehn bis fünfzehn Jahren hatten junge Mädchen panische Angst, wenn sie ihren Eltern sagen mußten, sie seien schwanger. Sie fürchteten, bedroht, geschlagen und weggejagt zu werden. In der Jugendberatung gab es oft dramatische, ja gefährliche Szenen, wenn wir schwangere Mädchen nach Hause begleiteten. Vor der Legalisierung des Schwangerschaftsabbruchs riskierten verzweifelte Mädchen und Frauen oft ihr Leben durch gewagte Eingriffe. Ich erinnere mich an ein Mädchen, das mit Stricknadeln die Gebärmutter so sehr verletzt hatte, daß es als Notfall ins Krankenhaus kam und die Gebärmutter entfernt werden mußte.

Ein Schwangerschaftsabbruch war früher nicht nur teuer und illegal, sondern oft auch mit demütigender Behandlung durch den Arzt verbunden. Eine fünfzigjährige Frau erzählte mir, daß der Arzt ihr damals während eines Schwangerschaftsabbruchs bis ins kleinste Detail alles geschildert hatte, was er tat und sah – um sie zu bestrafen. Sie war zwei Monate nach der Geburt des zweiten Kindes wieder schwanger geworden und sah sich kräftemäßig außerstande, diese Schwangerschaft durchzustehen. Doch die Szene verfolgte sie noch jahrelang.

Es sind vor allem Frauen der heute mittleren und älteren Generation, die Erinnerungen an solch schwere und traumatische Situationen mit sich tragen und sie damals oft ohne Hilfe, ja im Verborgenen, durchzustehen hatten. Diese leidvollen Geschichten tauchen in der Therapie oft irgendwann einmal auf. Lange wurde ihnen auch im therapeutischen Raum – selbst wenn sie zur Sprache kamen – wenig Beachtung geschenkt. Durch die Therapieerfahrungen wurde mir die Verarbeitung der Geschichten im Schwangerschaftsbereich immer wichtiger, vor allem die Auflösung der damit verbundenen traumatischen Körpermuster, der Schuldgefühle, die viele Frauen als Bann über sich erlebten. Einige der Frauen, mit denen ich gearbeitet habe, waren über sechzig Jahre alt und weinten über das, was mit ihnen geschehen war, »als sei es gestern gewesen«.

Oft bin ich als Therapeutin überhaupt der erste Mensch, dem Frauen diese Geschichten erzählen. Es sind stumme Geschichten geblieben – bis heute. Nicht viele Frauen wagen es, im Freundeskreis oder gar öffentlich von ihrem Schwangerschaftsabbruch zu sprechen, ausgenommen im Rahmen der Frauenbewegung und in Frauengruppen.

Freilich stellt sich die Frage, wie eine ungewollte Schwangerschaft am ehesten vermieden werden kann. Sie läßt sich jedoch nur stellen, wenn sie nicht denunzierend für jene verstanden wird, denen »es« passiert. Jugendliche haben oft noch kaum einen Bezug dazu, daß sie selber wirklich schwanger werden könnten, obwohl sie das nötige Wissen haben. Dies kommt nicht zuletzt daher, daß Aufklärung als sachliche Information »gehandhabt« wird, ohne im Raum der Beziehung aufgehoben zu sein. Auch Aufklärung über Aids wird meist auf dieselbe entpersönlichende Weise in Großveranstaltungen der Schulen durchgeführt.

Es gibt unendlich viele Situationen, aus denen eine »ungewollte« Schwangerschaft entstehen kann, was immer »ungewollt« überhaupt bedeuten kann. Da ist ein Mädchen, das sich aus Verzweiflung über den Verlust des Freundes dem nächstbesten Mann hingibt und seinen Beteuerungen, schon »aufzupassen«, Glauben schenkt. Es gibt die Frau, die nicht wagt, nein zu sagen, und vorgibt, die Pille zu nehmen, weil sie die Abneigung des Mannes gegen Präservative kennt. Immer geht es um eine *individuelle* Geschichte, aus der die Schwangerschaft entsteht. Es ist eine gefährliche und denunzierende Annahme, hinter jeder ungewollten Schwangerschaft stehe ein unbewußter Kinderwunsch, obwohl es Fälle gibt, für die das zutrifft. Oft sind eine Krise, Unsicherheit in der Beziehung oder Angst vor Verlust die Wurzeln einer Schwangerschaft. Der unbewußte Kinderwunsch ist nur *eine* mögliche Ursache. Solange wir nicht gewillt sind, die *individuelle* Situation wahrzunehmen, entstehen stumme Geschichten, weil die Erfahrungen plakativen Deutungen unterworfen werden. Immer wieder wird Frauen auch vorgeworfen, daß sie sich »leichtsinnig« in Konstellationen begäben, in denen eine ungewollte Schwangerschaft voraussehbar sei. Ganz abgesehen davon, daß der Vorwurf meist nur die Frau und nicht auch den Mann trifft, gibt es dazu eine zentrale Hintergrundgeschichte: Frauen haben die jahrhundertealte Enteignung ihrer Körperlichkeit als Beziehung zu ihrem Körper verinnerlicht. Sie setzen ihn versehrenden Eingriffen aus, ohne sich dieses Beziehungsmusters zu ihrer Körperlichkeit bewußt zu sein. Eine ungewollte Schwangerschaft und der folgende Abbruch sind also oft auch als Ausdruck der »Unliebesgeschichte« der Frau mit sich selbst oder einer inneren Krise zu verstehen.

Ist ein Mädchen oder eine Frau ungewollt schwanger, so ist die Zeit der Entscheidung kurz. Nur eine nicht wertende, die persönliche Entscheidung fördernde Unterstützung kann hier sinnvoll sein und überhaupt *einen Prozeß ermöglichen*. Es gibt immer nur eine in der bestehenden Situation bestmögliche Entscheidung. Vielleicht ist es für uns alle schwer zu akzeptieren, daß es hier nicht einfach eine *Lösung* gibt. Weder das Austragen eines unerwünschten Kindes noch ein Schwangerschaftsabbruch ist *die* Lösung! Der Unterschied zwischen Entscheidung und Lösung wird verwischt. Die Erkenntnis, daß es existentielle Lebenssituationen ohne Lösung gibt, wirkt beunruhigend. Nicht zuletzt deshalb werden Schuldsprechungen davorgestellt, um individuell und kollektiv existentiellen – und gesellschaftlichen – Anfechtungen auszuweichen. Dieser Dynamik ist es meines Erachtens auch zuzuschreiben, daß relativ wenige Mädchen und Frauen nach einem Schwangerschaftsabbruch in eine Therapie gehen, selbst wenn sie in innere Nöte geraten.

Ich habe einige Frauen erlebt, denen es wichtig war, von dem Kind, das werden wollte, Abschied zu nehmen. Sie wagten es allerdings nicht, über dieses Bedürfnis mit anderen Menschen zu sprechen. »Wie kann man von einem entstehenden Kind Abschied nehmen, wenn man es gar nicht gewollt hat?«, ist eine befürchtete Frage. Es ist, als habe eine Frau, die eine Schwangerschaft abbricht, kein Recht auf einen inneren Prozeß, auf Abschied, Trauer und Wehmut – vielleicht sogar *ohne* Schuldgefühl. Dieses Gefühl des Schuldigseins ist eigentlich das einzige, was einer Frau im Zusammenhang mit einem Schwangerschaftsabbruch zugestanden wird. Umgekehrt ist das Wahrnehmen von Schuldgefühlen deshalb so gefährlich, weil es das Verdikt der Gesellschaft bestätigt.

Ich erinnere mich hier an die erschütternde Szene einer jungen Frau, die zweimal eine Schwangerschaft abgebrochen hatte, weil sie an Epilepsie litt. Trotz ihrer katholischen Erziehung schien sie alles gut zu überstehen. Erst Jahre später brachen in einer Gruppe ihre wahrhaft vernichtenden Schuldgefühle hervor, die sie krampfhaft zu verbergen versucht hatte. Weinend sagte sie: »Bei jeder Diskussion um den Abtreibungsparagraphen hätte ich mich niederwerfen und schreien mögen: Ich habe abgetrieben; mea culpa, mea culpa, mea maxima culpa ... Und genau das konnte ich ja nicht, das hätte mich zerstört.« So entsteht eine verheerende Dynamik: Frauen können sich nicht mit ihren Schuldgefühlen auseinandersetzen, weil sie sich zutiefst mit der moralischen Verurteilung identifizieren. Ebenso verbergen sie manchmal, daß sie sich *ohne* schwerwiegende Schuldgefühle mit ihrem Schwangerschaftsabbruch auseinandersetzen, weil das auf Ablehnung stößt. Es bleiben also nur verborgenes Leiden und trotzige Bagatellisierung. Oder anders gesagt: Wenn erwartet wird, daß Frauen an ihrer »Tat« leiden, kann das wirkliche, persönliche Gefühlsspektrum nicht wahrgenommen werden, und das Akzeptieren des eigenen Entscheids fällt unter den Verdacht einer amoralischen, gefühllosen Haltung. Doch daß ein Schwangerschaftsabbruch schwer wiegt, läßt sich nicht beiseiteschieben.

Die Grenze zu einem »leichtfertigen« Umgang mit Schwangerschaftsabbruch ist schwer auszumachen. Geht es nur um die eigene Bequemlichkeit? Handelt es sich um Beziehungslosigkeit dem eigenen Körper und dem darin wachsenden Kind gegenüber? Wird der Konflikt einfach verdrängt? Stehen eigene Kindheiterlebnisse dahinter? Nur die je persönliche Geschichte kann darauf Antwort geben. Doch umgekehrt muß auch eine solche Fragestellung hinterfragt werden: Ist der funktionale Umgang mit Leben nicht auch ein Stück unserer abspaltenden gesellschaftlichen Geschichte, die sie selbst nicht zu sehen gewillt ist und stellvertretend an diesen Frauen verurteilt? Diese Frage muß mindestens als Anfechtung bestehen bleiben.

In der Therapie begegne ich beiden Möglichkeiten: eine Frau in ihrem Abschiedsprozeß zu begleiten, auch wenn Schuldgefühle nicht im Vordergrund sind, und der Auflösung vernichtender Schuldgefühle. Frauen bringen jedoch oft Jahre nach dem Abbruch ihre Erfahrung zur Sprache, um sie verarbeiten zu können. Jeder Schwangerschaftsabbruch, den ich als Therapeutin begleite oder nachträglich mit einer Frau verarbeite, hinterläßt in mir Betroffenheit. Es geht dabei *nicht* um eine moralische Wertung, sondern um ein existentielles Angesprochensein. Vielleicht kann ich es mit der Frau teilen, manchmal ist es einfach *mein* Teil im Prozeß.

Mit der Fruchtwasserpunktion und der Chorionbiopsie[25] bekommt jedoch das Thema des Schwangerschaftsabbruchs noch eine weitere Dimension. Frauen jenseits des fünfunddreißigsten Lebensjahres werden von den meisten Ärzten genötigt, diese Untersuchung durchzuführen. Viele Frauen erschrecken, wenn sie die Kindsbewegungen spüren, bevor sie den Befund wissen, und realisieren, was ein Abbruch durch eine eingeleitete Geburt bedeutet. Das Umgehen mit einem »positiven« Befund erweist sich oft als traumatisch. Berichte von betroffenen Frauen kommen kaum an die Öffentlichkeit. Obwohl Frauen oft zur Untersuchung genötigt werden, erregen sie den Unwillen der Ärzte, wenn sie nicht sogleich in einen Schwangerschaftsabbruch einwilligen: Sie hätten es sich vorher klar überlegen müssen! So etwas kann nur sagen, wer keine Ahnung davon hat, was es bedeutet, schwanger zu sein. Frauen sehen sich so in ein Netz verstrickt: Viele Ärzte befürworten kategorisch den Schwangerschaftsabbruch, wenn eine Behinderung vorliegt. Die Gesellschaft hat alles Interesse, so wenig behinderte Kinder wie möglich unterstützen zu müssen, und verurteilt gleichzeitig die »Tat« eines Abbruchs.

Ich kenne dieses Dilemma aus eigener Erfahrung. Als ich nach der Fruchtwasserpunktion, zu der ich mich hatte überreden lassen, die ersten Bewegungen meines Kindes spürte und wahrnahm, wie sich die Beziehung zu ihm zu formen begann, erschrak ich. »Niemals!«, dachte ich. Mein Partner spürte, wie mir zumute war, legte die Hand auf meinen Arm und sagte einfach: »Wir behalten es, was auch sei.« Ich war ihm zutiefst dankbar, weil er spürte, was in mir vorging. Als ich meinen Arzt fragte, wie *er* denn entscheiden würde, sagte er forsch: »Ist doch klar. Niemals ein behindertes Kind.« Unser Kind war gesund. Seit diesem Erleben ist mir eines klar: Wie auch immer die Entscheidung schließlich ausfällt, geht es darum, das Erleben der Frau – und ihres Partners – ernst zu nehmen.

Entscheidungen können nur aus einem Prozeß erwachsen, der mit vorweggenommener Klarheit nichts mehr zu tun hat. Auch wenn die Frau sich schließlich für einen Schwangerschaftsabbruch entscheidet, braucht sie oft diesen Prozeß, um das ganze auszuhalten. Wohl fällt die Entscheidung mit einer Chorionbiopsie leichter, weil sie schon in der neunten Schwangerschaftswoche vorgenommen werden kann. Dennoch bleibt auch hier die Frau *ihrer* Entscheidung ausgesetzt, *ihrem Prozeß*, ohne die Sicherheit einer »Lösung« zu haben. Zudem ist das Risiko eines Spontanaborts nach der Chorionbiopsie größer und kommt deshalb für Frauen nicht in

Frage, die zu einem Spontanabort neigen oder spät zum ersten Mal schwanger werden und nichts aufs Spiel setzen möchten. Doch wird auch ihnen mit entsprechenden Statistiken Angst gemacht.

Trotz aller Legalität bleibt auch ein solcher Schwangerschaftsabbruch noch weithin eine stumme Geschichte. Eine Frau hatte sich nach einer Chorionbiopsie und im Anschluß an eine Beratung bei mir zu einem Schwangerschaftsabbruch entschlossen, weil ihr entstehendes Kind mongoloid war. Einige Zeit später sagte sie: »Ich kann es nicht einmal meiner engsten Freundin sagen, obwohl ich zu meiner Entscheidung stehe. Sie würde mich verurteilen. Es ist schlimm, von dem nicht sprechen zu können, was einem zuvorderst ist.« Diese Frau erlebte, daß ihre Erfahrung für sie selbst keine stumme Geschichte mehr zu sein brauchte, daß es hingegen nach außen noch immer eine solche war. Freilich ist ein Schwangerschaftsabbruch oft für jene Frauen nicht nachvollziehbar, die selbst ein behindertes Kind haben und dieses Schicksal annehmen können, aber auch für Frauen, die sich sehnlich Kinder wünschen und keine bekommen. Hier tut sich eine »Schicksalskluft« auf, die nur schwer überbrückt werden kann, da so verschiedenartige Geschichten im Hintergrund stehen.

Es gibt jedoch noch andere grundsätzliche Überlegungen im Zusammenhang mit dem Erkennen von Behinderungen. Unsere gesellschaftliche Tendenz geht dahin, immer mehr Risiken auszuschalten, gerade auch im perinatalen Bereich. Sie wird dann verhängnisvoll, wenn wir glauben, durch die technologische Perfektionierung das Leben »im Griff« zu haben und die existentielle Dimension, die mit der Entstehung von Leben verbunden ist, auf diese Weise überdecken zu können. Gerade deshalb ist auch das Thema des Schwangerschaftsabbruchs ein so schwieriges: Es geht hier um Entscheidungen, welche an die Wurzel unserer Existenz rühren. Wir dürfen sie weder kriminalisieren noch verharmlosen, sondern müssen eine solche Situation in ihrer ganzen individuellen und gesamtmenschlichen Tragweite ernst nehmen.

Wie plakativ das öffentliche Bewußtsein funktioniert, zeigt sich auch darin, daß im Zusammenhang mit den genannten Untersuchungen fast ausschließlich die Trisomie 21 (Mongolismus) genannt wird. Es gibt jedoch noch andere Trisomien, die wenig bekannt sind und eine Diagnose darstellen, die für das Kind kaum Überlebenschancen bietet. Hier geht es um die Entscheidungen, die Schwangerschaft *früher* abzubrechen, und nicht darum, ob eine Frau es sich zutraut, ein vielleicht schwer behindertes Kind großzuziehen. Auf solche Kinder wartet *keine* Lebensqualität. Trotz der statistischen Seltenheit habe ich mehrere Frauen mit einer solchen Diagnose (Trisomie 18 und 13) betreut. Ich war beeindruckt, wie intensiv diese Frauen sich mit dem Geschehen auseinandersetzten, sich genügend Raum für ihre Entscheidung nahmen, obwohl die Ärzte gleich handeln wollten und nicht begriffen, daß es da noch etwas zu überlegen gibt. Alle Frauen haben ihr Kind nach der Geburt gesehen und gehalten, haben Abschied genommen und die Trauer zugelassen. Das ganze Erleben war so anders als das, was man sich im Zusammenhang mit einem Schwangerschaftsabbruch vorzustellen gewohnt ist. Die betroffenen Frauen wußten, daß es für ihre Kinder keine Hoffnung gab. Eine der Frauen entschied sich zur Einleitung der Geburt, weil die ganze Familie an die letzte Belastungsgrenze gekommen war. Sie spürte, daß sie es allen Beteiligten nicht mehr zumuten konnte, auf eine Fehl- oder Totgeburt zu warten oder darauf, daß das Kind kurz nach der Geburt sterben würde. Sie bereitete sich innerlich vor. Der Mann war bei der Geburt dabei, und beide hielten anschließend das tot geborene Kind im Arm. Die Frau ließ den einige Monate dauernden Trauerprozeß zu und konnte erleben, wie die ganze Familie sich langsam wieder erholte.

Eine andere Frau, die ich Linda nenne, hatte zwei Kinder durch Kaiserschnitt geboren. Beim dritten Kind stellte sich während der Schwangerschaft heraus, daß etwas nicht stimmte. Aufgrund eines Ultraschalls wurde in der 29. Woche eine Fruchtwasserpunktion mit dem Ergebnis Trisomie 18 vorgenommen. Linda dachte bis dahin noch: »Für die Geburt kann ich mir nur Kaiserschnitt mit Vollnarkose vorstellen.«

Es kam anders. Als der Arzt ihr vorschlug, das Kind durch Einleitung vaginal zu gebären, willigte sie ein. Als Linda nach der Geburt zu mir kam, sagte sie als erstes: »Es war für mich ein Erlebnis, normal gebären zu dürfen – aber das kann ich niemandem sagen. Ich würde nicht verstanden.«

Das Glück einer normalen Geburt war möglich, obwohl das Kind eine Stunde nach der Geburt starb. Ich lernte aus dem Erleben von Linda eindrücklich, daß eine Geburt für eine Frau eine zentrale Bedeutung hat, so sehr, daß sie sogar dann möglich ist und als Chance gelebt werden kann, wenn sie zum Tod des Kindes führen muß. »Es war ein Geschenk, das mir mein Sohn gemacht hat. Und ich bin ihm dankbar dafür.« Das ist eine »unmögliche« Geschichte, sie schlägt all unseren Vorstellungen ins Gesicht. Und doch geht es darum, daß diese Geschichte für eine Frau, die sich so sehnlich eine normale Geburt gewünscht hat, sein darf, obwohl die Schwangerschaft frühzeitig beendet wurde.

Nach der Geburt hielt Linda ihr Kind in den Armen, bis es starb. In der ersten Zeit war sie vom Wunsch besessen, möglichst schnell wieder schwanger zu werden. Sie spürte selbst, daß in diesem Wunsch etwas Zwanghaftes lag. Zunächst war das Erlebnis, verlassen zu werden, eine schmerzliche Wunde, die sie schon aus ihrer Kindheit mitbrachte. Die Geburt brachte eine mehrwöchige Unterbrechung der Therapie. Als Linda wiederkam, war sie sehr verändert. Unterdessen gebar ihre Freundin, die den gleichen Geburtstermin hatte, ihr Kind. Das stürzte Linda in eine tiefe Depression. Sie erzählte: »Einige Tage nach dieser Nachricht erlebte ich an einem Morgen meine ›emotionale Geburt‹. Dafür war während der körperlichen Geburt kein Raum gewesen. Ich weinte und weinte. Es war keine Frage mehr, mich zu beherrschen. Ich konnte es nicht. Die Gefühle waren zu stark, sie überwältigten mich.«

Linda hatte von ihrer Mutter die Botschaft mitbekommen: Eine Geburt ist etwas Schlimmes. Aber man muß sie lautlos ertragen – nicht wie die Italienerinnen, die immer schreien. Dieser Botschaft war sie bei den ersten beiden Geburten – Kaiserschnitte durch Periduralanästhesien – gefolgt. Das Schicksal ihrer dritten Geburt hat sie so in der Tiefe getroffen, daß die alten Muster einfach nicht mehr durchzuhalten waren. Darin lag für sie eine heilende Dimension. Sie half ihr, die alte Geschichte zu durchbrechen. Mit ihrer emotionalen Geburt konnte sie von ihrem Kind Abschied nehmen. »Ich kann jetzt meinen Sohn dort lassen, wo er ist. Ich muß nicht mehr bei jedem Baby daran denken, wie alt mein Sohn jetzt wäre, obwohl diese Gedanken schon kommen. Aber sie beherrschen mich nicht mehr. Nach dieser zweiten inneren Geburt konnte ich auch meine Freundin mit ihrem Kind besuchen.«

Ein schwieriger Aspekt blieb für alle betroffenen Frauen: Sie wagten nur im engsten Freundeskreis von der Tatsache des Schwangerschaftsabbruchs zu sprechen, denn – so sagten sie – er wird immer nur mit Mongolismus verbunden und verurteilt. »Ich müßte viel zu viel erklären, und das schaffe ich nicht«, sagte mir eine der Frauen. Nach außen hin blieb also die Geschichte als eine stumme bestehen. Das Etikett »Schwangerschaftsabbruch« verwehrte es ihnen, das Erlebte anderen mitzuteilen. Daß ich selbst als Therapeutin diese Frauen begleiten durfte, war für mich eine bewegende Erfahrung, die mir gezeigt hat, wie groß der Abgrund zwischen persönlichem körperlich-emotionalem Erleben und unseren Vorstellungen zu sein vermag. Es wurde mir auch klar, daß wir uns kollektiv durch Abwehr und damit verbundener Normierung um die Teilnahme an menschlichen Prozessen bringen, die uns selber menschlicher machen würden. Das mag paradox klingen – es ist aber *ein* Paradox unseres Lebens, dem wir uns nicht entziehen können, ohne das Leben selbst zu verraten.

Verkehrung von Geschichte und Erfahrung:
Inzest und Vergewaltigung als gesellschaftliches Tabu

Die tiefenpsychologischen Modelle haben viel dazu beigetragen, Geschichten von Frauen im beschriebenen Sinn stumm bleiben zu lassen. Erst in den letzten Jahren haben Frauen selbst im Raum der Psychologie begonnen, die tradierten Modelle zu hinterfragen. Alfred Adler war der erste Psychotherapeut, der die »Minderwertigkeit der Frau« als männliche Geschichte entlarvte, das männliche Selbstverständnis als ein »jahrhundertealtes Vorurteil von der Überwertigkeit des Mannes« bezeichnete.[26] Dennoch gab es auch in seinem emanzipatorischen Verständnis blinde Flecken. So wurde das emanzipatorische Bestreben von Frauen, das die traditionelle Rollenverteilung in Frage stellte, als »männlicher Protest« und damit als neurotische Tendenz interpretiert. Erst auf dem Hintergrund neuer, von Frauen geschaffener Modelle wird es für Frauen auch möglich, ihre Bedürfnisse zu artikulieren. Damit beginnen Geschichten, die lange Zeit stumm bleiben mußten oder als illegitim verstanden wurden, ihre Berechtigung zu erhalten. Einerseits werden Erfahrungen und Bedürfnisse von Frauen nicht sogleich aufgrund männlicher Interpretationsschemata neurotisiert, andererseits können Störungen in Zusammenhang mit alten kulturellen Mustern gebracht werden, wodurch sie nicht mehr als »Schuld der Frau« aufgefaßt werden müssen.[27]

Der Körper weiß die Wahrheit: verdrängte Inzesterlebnisse

In engem Zusammenhang mit der Psychoanalyse Freuds ist eine weitere, zu schwerwiegenden Beeinträchtigungen führende stumme Geschichte zu sehen, die erst in den letzten Jahren zur Sprache zu finden beginnt: der Inzest. Als krankmachend wurde bis dahin *nicht* die Inzesterfahrung selber betrachtet. Vielmehr wurde diese als eine Geschichte im Sinne der Einbildung aufgefaßt,[28] die als Indiz für Krankheit verstanden wurde, was von heute aus gesehen einer

Menschenrechtsverletzung gleichkommt. Entsprechende psychologische Modelle spiegeln dabei die familiäre und gesellschaftliche Situation wider: Die Männer, die den Inzest in irgendeiner Form inszenierten, blieben in diesem Modell wiederum die »großen Abwesenden« und damit auch die Unschuldigen. Daß Mädchen – oft unbewußt – die Schuld für das Tun ihres Vaters auf sich nahmen und darüber schwiegen oder es verdrängten, ist nicht ausschließlich der tiefen familiengebundenen Loyalität zuzuschreiben, sondern auch der allgemeinen Tendenz, den Mann als Abwesenden aus allen Verantwortungszusammenhängen zu entlassen.

Vor einigen Jahren haben Frauen damit begonnen, in gegenseitiger Unterstützung ihre Erfahrungen zur Sprache zu bringen und sie auch öffentlich zu machen.[29] Es entstehen auch immer mehr Selbsthilfegruppen von betroffenen Frauen. Untersuchungen haben die Folgen von Inzesterfahrungen herausgearbeitet, etwa tiefsitzende Schuld- und Minderwertigkeitsgefühle, das Gefühl, schmutzig und ekelerregend zu sein, mangelnder Bezug zum eigenen Körper und zur Sexualität sowie Spaltungstendenzen und Gefühle der Entfremdung. Diesen eingehenden Darstellungen habe ich nichts Wesentliches hinzuzufügen.[30] Hingegen habe ich durch meine Arbeit einige spezifische Einsichten in therapeutische Möglichkeiten im Umgang mit Inzest gewonnen.

Die ersten sexuell mißbrauchten Frauen, mit denen ich vor vielen Jahren durch eine Therapie in Berührung kam, konnten sich nicht »daran« erinnern, hatten keine Ahnung, daß ein großer Teil ihrer Schwierigkeiten mit Inzesterlebnissen im frühen Kindesalter zusammenhingen. Durch meine therapeutischen Methoden kamen wir mit ihnen in Berührung: Häufig fordere ich Menschen auf, ihre Körpermuster wahrzunehmen. Dabei lasse ich sie sich hinlegen, damit sie den spontan auftauchenden Bildern, Gefühlen und Körperreaktionen besser Raum geben können. So kommen auch Bewegungsmuster an die Oberfläche, die sonst durch andere Muster überdeckt sind. Dabei ergab sich etwa die folgende Situation:

Eine Frau liegt zunächst ruhig da. Dann tauchen Gefühle der Bedrohung auf. Die Frau krümmt sich zusammen, schützt in panischem Schreck ihre Genitalien. Sie versteht das sich hartnäckig wiederholende Körpermuster nicht. »Was ist das? Was macht mein Körper da?« Das ganze vollzieht sich gleichsam »außerhalb« ihrer selbst. Sie realisiert zunächst nicht einmal, daß sie ihre Genitalien schützt. Nach einiger Zeit tauchen Bilder auf. »Jemand will mich packen«, oder: »Eine dunkle Gestalt beugt sich über mich – ich weiß nicht, wer es ist –, und was will sie?« Die Gestalt ist oft lange – manchmal über Monate – nicht erkennbar. Dann zeigt sich vielleicht das Kleid oder die Hand der Person, oft nur für Sekunden, als sei es ein Traum gewesen. »Das war doch mein Vater…?« Oft wird die Szene blitzartig erkannt und ebenso schnell wieder beiseite geschoben.

Die Selbstzweifel beginnen: »Das ist nur meine Einbildung«, oder gar Schuldgefühle: »Daß ich von meinem Vater so etwas denken kann!« Das Erleben von Alleinsein und Ohnmacht ist groß, bis die Wahrheit meist nach vielmaligem Herantasten zugelassen werden darf. Doch schon viel früher hat oft der Körper die stumme Geschichte beredt zum Ausdruck gebracht. Die Szene ist sichtbar, wird körperlich inszeniert, bevor sie verstanden und in ihrer Bedeutung erfaßt wird. Andere Frauen kommen durch ihr Panikmuster in Kontakt mit einer entsprechenden Szene. Eine dieser Frauen versteifte sich, ihre Hände zitterten wie spastisch, und sie rief in Entsetzen immer wieder: »Nein …, nein …, nein, bitte nicht …, bitte nicht …« Auch sie wußte nicht, was das sollte.

Nicht nur Körpermuster, auch Bilder und Träume können den Zugang zu verdrängten Erlebnissen geben. Eine Frau träumte, daß eine Faust sich von unten auf sie zubewegte, während sie auf der Toilette saß. In einer Gruppensitzung regte meine Kollegin sie an, sich diese Faust vorzustellen. »Sie hat Schwielen und ist behaart…« Und nach einer Weile erschrocken: »Es ist die Faust meines Vaters …« Und plötzlich ist sie in der Szene drin, schreit und wimmert: »Nein, bitte nein! Du tust mir weh…, hör auf…, mein Löchlein ist doch viel zu klein…« Diese Frau hatte immer unter schweren Spannungen im Unterbauch und unter Menstruationsbeschwerden gelitten, die sie mit der ablehnenden Haltung ihrer Mutter gegenüber in Verbindung brachte. Nun wurde dahinter noch eine ganz andere Geschichte sichtbar.

Ich lernte die Dynamik sehen, in der Frauen beginnen, mit ihren Inzesterfahrungen Kontakt aufzunehmen. Nach einer Phase des Zweifelns – das kann doch nicht wahr sein – kommen meist die Gefühle von Schmerz, Wut und Empörung zum Vorschein, welche dazu beitragen, die versehrte leib-seelische Integrität wiederherzustellen und die körperlichen Muster des Traumas aufzulösen. Auch wenn die Frau ihre Inzesterlebnisse erinnert, bleibt sie oft lange in den organismischen Mustern von Schreck und Entsetzen gefangen.

Schließlich kann der Zugang zu sich selber nur gefunden werden, wenn die entsprechenden körperlichen Schock- und Panikmuster gelöst werden. Es handelt sich bei den Versehrungen durch Inzest nicht nur um »Seelenmord«, sondern um Mord an der Lebendigkeit eines Mädchens, also um einen *leibhaft-emotionalen* Mord. Erst nach langer Arbeit wird es diesen Frauen oft möglich, ihren eigenen Körper wieder zu spüren, sein Pulsieren wahrzunehmen und eine positive geschlechtliche Identität aufzubauen. Keine dieser Frauen war ohne tiefere Störung davongekommen, wußte jedoch nicht um deren Ursache. So blieb die Inzesterfahrung konsequent während der ganzen Kindheit eine stumme Geschichte. Auch wenn Mädchen und Frauen »es« wissen, bin ich als Therapeutin oft die erste Person, der das furchtbare Geheimnis anvertraut wird – selbst heute noch.[31]

Viele Mädchen lassen inzestuöse Beziehung zu, nicht nur weil sie durch Drohungen eingeschüchtert wurden, sondern weil es die einzige Form von Nähe war, die sie erleben können. »Ich wollte es ja selbst«, sagte mir eine Frau weinend, die in einer völlig lieblosen Umgebung großgeworden war. Als etwas vom Heikelsten erweist sich das Eingeständnis, bei den sexuellen Betätigungen Lust empfunden zu haben. Oft braucht es ein oder mehrere Jahre, bevor eine Frau dies eingestehen kann, weil sie darin den endgültigen Beweis ihrer Schuld sieht. Solange diese Lustgefühle jedoch nicht ausgesprochen werden können, bleibt jeder Ausdruck von Wut und Schmerz letztlich gebrochen.

Die Objektsituation der Frau in unserer Gesellschaft trägt wesentlich zur skandalösen Häufung von Inzest bei. Die mangelnde sexuelle Befriedigung in der Partnerschaft wird oft als Grund solcher Vergehen angegeben. Warum müssen dann aber die eigenen Töchter »dran glauben«? Töchter werden von Vätern – oder anderen nahen Verwandten – offenbar ebenso als Sexualobjekte gesehen wie Frauen im allgemeinen. Und die meisten von ihnen scheinen sich nicht bewußt zu sein, was sie ihren Kindern antun. Eine junge Frau, die von ihrem Vater mißbraucht worden war, erzählte ihm kurz vor seinem Sterben von den Nöten, die mit dem sexuellen Mißbrauch verbunden waren. Fassungslos gestand er, daß er das nie gedacht hätte. Wie grundlegend muß Sexualität und das Erleben sexueller *Beziehung* gestört sein, wenn Kinder und Erwachsene austauschbar sind, wenn sexueller Kitzel oder gar sadistische Formen von Sexualität mit Kindern einer erwachsenen sexuellen Beziehung vorgezogen werden. Die Inzestproblematik ist also nicht nur ein individuelles, sondern ein gesellschaftliches Problem, Ausdruck einer weit verbreiteten Abspaltung des Sexuellen aus dem ganzheitlichen lebendigen und menschlichen Bezug.

Im Zusammenhang mit der Täterschaft von Vätern ergibt sich ein weiteres heikles Problem. Die Tendenz, die Schuld schnell auf die Mütter zu schieben, ist verbreitet. Insofern sie einfach der Entlastung des Mannes dient, ist sie gefährlich. Wie steht es jedoch um die Mitwisserschaft von Müttern? Es gibt die ahnungslosen Mütter, die nur allzu froh sind, wenn der Mann von ihnen läßt, und nicht fragen, wohin er mit seiner Sexualität geht. Viele *wollen* es nicht wissen, weil sich mit den Erlebnissen nur Gewaltsamkeit verband oder die eigene Geschichte ihre sexuellen Gefühle sterben ließ. Andere ahnen etwas und reden sich ein, es sei nur ihre Einbildung. Oder wenn ihre Töchter ihnen erzählen, was geschehen ist, reagieren sie mit der gesellschaftlich sanktionierten Geschichte: »Das ist nicht wahr, du bildest dir das nur ein.«

Die Grenze zwischen Ahnungslosigkeit, Verdrängung oder Verleugnung und Verrat der eigenen Töchter ist oft schwer auszumachen. Wieviel Haß dem eigenen Geschlecht und sich selbst gegenüber, wieviel Angst vor dem eigenen Mann spielt beim Verrat der eigenen Tochter mit? Nur das Gespräch mit den betroffenen Müttern vermag die ganze jeweilige Verstrickung an den Tag zu bringen. Wichtig ist, daß die jeweiligen Motive und Hintergründe nicht als plakative Argumente mißbraucht werden – vor allem nicht, um wiederum die Mütter schuldig zu sprechen. Ich habe zudem festgestellt, daß manche Frauen, die von ihrem Therapeuten sexuell mißbraucht wurden, in einer inzestuösen Beziehung aufgewachsen waren und eine Wiederbelebung ihres Traumas erfuhren. Dadurch wird die therapeutische Situation zu einem doppelten Mißbrauch, der die Frauen noch tiefer verletzt zurückläßt.

Und die Väter? Von den betroffenen Töchtern her gesehen, ist die Situation klar: Eine Befreiung ist erst möglich, wenn die Frau oder das Mädchen zuletzt die Schuld dorthin zurückgeben kann, wo sie hingehört: zum Vater und zu den Eltern! Erst dann – und nicht früher – kann auch das Verständnis für die Verstrickung des Vaters oder der Eltern befreiend wirken. Es kann aber nicht verlangt werden. Inzest ist ein Unrecht. Dies muß um der existentiellen Ordnung willen gesagt sein. Kinder haben keinen Zugang zu erwachsener Sexualität, keine Möglichkeit zu sexueller Verbindung. Mißbraucht werden ihre Anhänglichkeit, ihr Zärtlichkeitsbedürfnis, ihre kindliche Liebe, ihre erotischen Gefühle, die ersten sexuellen Regungen, ihre Angst vor der Übermacht des Erwachsenen, ihre Hilflosigkeit und Sprachlosigkeit, ihre Ohnmacht angesichts der Übermacht. Die Chance, Sexualität später ganzheitlich in einer angstfreien Beziehung zum Mann zu leben und immer wieder als ekstatisches Grenzerlebnis zu erfahren, ist vertan. Der Zugang zu einer existentiellen Dimension des Lebens ist verschlossen. Der kindliche Organismus kann sich bei solch mißbrauchenden Erfahrungen nur verzerren und seine Lebendigkeit einbüßen. Bevor dies klargestellt ist, gibt es auch von außen kein Verständnis für Täter. Doch dann ist es auch möglich, mit Tätern zu arbeiten, auf ihre Geschichte einzugehen, welche die Verzerrung ihrer Sexualität bewirkt hat, ohne zu vergessen, daß diese Exponenten einer tiefen, gesellschaftlich verankerten Verzerrung sind.

Vergewaltigung oder: »Wer ist schuld?«

Die gesellschaftliche Tendenz, die Schuld dem weiblichen Geschlecht zuzuschieben, zeigt sich auch im Bereich der Vergewaltigung.[32] Der Verdacht, die Frau habe »provoziert«, »eingeladen«, »verführt«, wird immer wieder vernehmbar, selbst in bezug auf junge Mädchen und Kinder. Nicht selten werden sie zu Hause beschimpft oder zumindest unbewußt geächtet. Ich habe immer wieder erlebt, daß Mädchen sich mit dem Täter identifizieren und tiefe Schuldgefühle haben, wenn er »ihretwegen« bestraft wird. Sie zeigen oft in der Folgezeit eine Tendenz zu Selbstbestrafung, deren Zusammenhang ihnen jedoch nicht bewußt ist. Sie erliegen der überkommenen Geschichte, derzufolge sie durch ihre Geschlechtszugehörigkeit »schuld« sind – schuld am sexuellen Verlangen des Mannes sowie an seiner sexuellen Verstörtheit. Manchmal muß ich annehmen, daß Mädchen die nie ausgesprochenen Inzestwünsche des Vaters »ausleben«, indem sie sich in vergewaltigende und verstörende Beziehungen mit erwachsenen Männern einlassen. Die Arbeit mit vergewaltigten Frauen, deren Vergewaltigung im Kindes- oder Jugendalter stattfand, ist in einiger Hinsicht derjenigen mit inzestuös mißbrauchten Frauen zu vergleichen. Doch Frauen, die im Erwachsenenalter vergewaltigt wurden, brauchen oft ebenfalls Hilfe, um die traumatischen körperlich-emotionalen Muster wieder aufzulösen. Die organismische Fixierung, die mit solchen Erfahrungen verbunden ist, kann nicht ernst genug genommen werden.

Vergewaltigte – und inzestuös mißbrauchte – Kinder und Jugendliche sind zudem noch einer anderen versehrenden Dynamik ausgesetzt, vor allem, wenn sie polizeilich verhört werden: Sie haben für das, was ihnen widerfahren ist, noch gar keine adäquate Sprache, werden jedoch gezwungen, »es« genau, bis ins kleinste Detail, zu schildern. Dies bedeutet nochmals eine traumatische Fixierung auf das Erleben der Vergewaltigung, eine Art doppelte Vergewaltigung, wobei der Zugang zu dessen emotionalem Ausdruck versperrt wird. Anhand von Rollenspielen mit betroffenen Frauen wurde mir das deutlich. Mädchen fühlen sich zudem oft schuldig, wenn dem Vergewaltiger ein Prozeß gemacht und er verurteilt wird. Dies hängt wohl nicht zuletzt mit den direkten Konfrontationen im Gerichtsverfahren, aber auch mit der ambivalenten Einstellung der Gesellschaft dieser Art von Vergehen gegenüber zusammen. So entsteht die absurde Situation, daß Eltern Vergewaltigungen der Polizei nicht melden, um ihre Kinder vor einem neuen Trauma zu bewahren – begreiflicherweise. Und damit wird die genannte »Schonhaltung« dem Täter gegenüber nochmals zementiert. Nicht das Verhalten der Eltern ist in Frage zu stellen, sondern die gesellschaftliche Einstellung. Verständnis für Täter ist erst zulässig, wenn die Zuordnungen im Bereich der Tat klar sind.

Voraussetzung für einen heilenden Prozeß bei Inzest und Vergewaltigung ist also zunächst die Auflösung jener überkommenen Geschichte, derzufolge die Frau als Objekt der männlichen Sexualität zugleich die Anstifterin und Schuldige sei – wie schon in der Geschichte von Eva mit dem Apfel – und Inzesterfahrungen nur die Ausgeburt ihrer Phantasie. Nur dann ist Raum für das Zur-Sprache-Kommen der stummen Geschichten. Und nur eine ganzheitliche Therapieform, die – im Raum der therapeutischen Beziehung aufgehoben – auch die körperlich-emotionalen Muster in die Arbeit einbezieht, kann zu einer heilenden Verarbeitung führen, die den Zugang zur eigenen Lebendigkeit wieder ermöglicht.

Da es in den meisten die Frau betreffenden Bereichen lange keine Sprache gab, die individuelle Erfahrungen von Frauen aufzunehmen vermochte, waren diese in gesellschaftlichen Normen und Vorstellungen gleichsam »eingefroren«. Durch das Mitteilen stummer Geschichten im Alltag, in Gruppen und im therapeutischen Raum entsteht ein exemplarisches Sprechen, das als neuer Sprachraum die individuellen Geschichten von Frauen aufzunehmen vermag. Sie werden so ermutigt, ihre eigenen Geschichten zu erkennen und ernst zu nehmen, aber auch Erkenntnisse öffentlich zu machen und zu handeln, um Frauen weitere versehrende Erfahrungen – etwa auch im Geburtsbereich – zu ersparen.

Je mehr Frauen lernen, ihre stummen Geschichten zur Sprache zu bringen, desto eher können sie selbst andere Frauen unterstützen, so daß die Verarbeitung solcher Erfahrungen nicht allein auf den therapeutischen Raum beschränkt bleibt und tragende Beziehungsnetze geschaffen werden können.

Zuletzt ist das Anteilnehmen an Erfahrungen von Frauen auch eine Chance, die eigenen Perspektiven zu erweitern, Vorstellungen abzubauen und Mut im Hinblick auf die eigenen Erfahrungen und den Umgang mit ihnen zu gewinnen und vielleicht auch mit bisher unerkannten stummen Geschichten in Kontakt zu kommen. Dies gilt für die Begegnung mit Frauen allgemein, aber auch für den Prozeß als Therapeutin. Die Chance besteht darin, miteinander unterwegs zu sein.

3 Individualität und Verbundenheit – unseren Beziehungskörper formen

Liebe als umfassende Lebensbewegung

In unserer Gesellschaft ist der Begriff »Liebe« schwierig und verdächtig geworden. Die überlieferten Geschichten haben uns gelehrt, Liebe müsse selbstlos sein, bedeute, dem anderen zu dienen,
sich selbst zu verleugnen, zu tun, was andere verlangen. Neuere Geschichten lehren uns, daß wir möglichst individualistisch sein sollten, ohne Kompromisse unseren eigenen Weg gehen müßten. Das
Glaubensbekenntnis der Gestalttherapie drückt dies sehr pointiert
aus:

> Ich tu, was ich tu, und du tust, was du tust.
> Ich bin nicht auf dieser Welt, um nach deinen Erwartungen zu
>   leben,
> und du bist nicht auf dieser Welt, um nach den meinen zu
>   leben.
> Du bist du, und ich bin ich,
> und wenn wir uns zufällig finden – wunderbar.
> Wenn nicht, kann man auch nichts machen.[1]

Menschen haben nicht nur ein tiefes Bedürfnis, geliebt zu werden,
sondern ebenso zu lieben. »Liebe ist die Erfahrung, lebendig zu
sein.«[2] Ohne Leben gibt es keine Liebe. Als lebendige Menschen
sind wir fähig, das Leben zu lieben – das Leben in uns und um uns.
Doch gerade die »Selbstliebe« wurde jahrhundertelang als Egoismus diskriminiert. In dem Maß, in dem »Nächstenliebe« das eigene
Selbst ausschloß, schränkte sie auch die Liebe zum Leben, zum Lebendigen ein und wurde lebensfeindlich. Umgekehrt hat die »Ich-
Kosmetik« unseres Jahrhunderts den Bezug zum Leben ebenso verzerrt. Selbstliebe heißt jedoch, das Leben auch in uns selbst zu
lieben.
  Die Liebeserfahrung in der Beziehung mit den Bezugspersonen –
meist Mutter und Vater – legt den Grund dazu, wie ein Kind sich
selbst als liebens-wert erfährt, und damit auch, welche Liebesbezie-

211

hung es zu sich selbst zu formen vermag. Sich selbst zu lieben bedeutet, im Kontakt mit dem eigenen inneren Pulsieren zu sein und ihm zu vertrauen. Ohne Fürsorge für uns selbst, ohne Interesse an uns selbst und ohne Intimität mit uns selbst verpassen wir Wesentliches von dem, was Liebe bedeutet; es sei denn, wir betrachteten Liebe nur als eine Idee, als ein Gefühl, eine geistig-seelische Qualität ohne Verbindung zu unserem Organismus, doch: »Love is a cellular radiance, an organismic pulsation, a tissue fluid, a sweetness. It is an inner vital response, an impulse, a wave of the goodness of our organ life.«[3]

Lebendig sein heißt auch zu wachsen, sich von Form zu Form weiterzuentwickeln und zu wandeln. Doch wenn Lebendigkeit eine organismische Qualität ist, die wir auch als »Liebe« bezeichnen können, so bedeutet sie nicht nur Selbstliebe, sondern Liebe zum Lebendigen überhaupt. Oder anders gesagt: Liebe ist das Bedürfnis zu leben, lebendig zu sein *und* für andere Sorge zu tragen.

Wenn es darum geht, Leben formen zu helfen, so betrifft dies das eigene innere Wachstum, aber ebenso dasjenige anderer Menschen, ja das alles Lebendigen überhaupt. Alfred Adler hat vor etwa sechzig Jahren das Gemeinschaftsgefühl als ein »Einig sein mit dem All«[4] beschrieben. Für ihn war klar, daß Leben unteilbar ist ebenso wie die Liebe, die mit Leben aufs engste verbunden ist. Leben bedeutet immer Leben, das *wir* gestalten, für das wir besorgt sind. Leben zu fördern ist jedoch auch ein Engagement für die Zukunft, für Leben, das werden wird.

Selbstgestaltung: unsere kindliche Liebesgeschichte

Von Geburt an formen wir allmählich leibhaft unsere Gestalt. Wir bilden unsere Beziehung zum Grund des Daseins aus, die gleichzeitig ein Vertrauen in die tragende Kraft des eigenen Organismus bedeutet. Wir richten uns auf in die Vertikale, formen unseren Stand, unsere Stellung-Nahme in der Welt, gewinnen Perspektive und Überblick, bilden Autonomie als Polarität von Begrenzung und Entgrenzung aus. Wir gestalten unser Ausgreifen in die Welt und die Art und Weise, wie wir uns zu uns selbst zurücknehmen. Wir entwickeln einen Bezug zu unserem organismischen Pulsieren, bauen Erregung auf und lösen sie wieder. Wir schaffen uns Innenraum, eine innere, lebendige Welt, und lernen, mit Nähe und Distanz umzugehen.

Wir formen auf diese Weise im Laufe unserer Kindheit unser je eigenes In-der-Welt-Sein als paradoxe Einheit von Individualität und Verbundenheit. Die Lebensgestalt, die wir als Kinder ausbilden, ist unser inneres Bewegungsgesetz,[5] dem wir unbewußt folgen. Als erwachsene Menschen haben wir die Möglichkeit, dieses Bewegungsgesetz umzugestalten, sei es durch äußere Anstöße oder innere Krisen und Wendezeiten, die unsere bisherige Lebensgestalt in Frage stellen. Immer betreffen solche Umgestaltungen die Weise, wie wir in der Welt stehen, Bezug auf sie nehmen und in ihr handeln.

Die menschliche Selbstgestaltung geschieht jedoch immer im Raum von Beziehung. Entscheidend ist, wie die primären Bezugspersonen und die weitere Umgebung den formenden Prozeß des Kindes unterstützen, ermutigen und fördern. Entsprechend seiner Entwicklung braucht das Kind auch immer wieder eine neue Qualität von Beziehung. Von seiten der Erwachsenen geht es also nicht nur darum, eine liebevolle Beziehung zu verwirklichen, sondern die Art des Bezogenseins auf kindliche Bedürfnisse auszurichten und zu wandeln:[6]

Nach seiner Geburt ist das Menschenkind völlig auf seine Bezugspersonen angewiesen. Im Vergleich zu den höheren Säugetieren ist es eine physiologische Frühgeburt, es müßte also bei der Geburt bereits aufrecht stehen, gehen und über Anfänge des Sprechens und Denkens verfügen. In den ersten neun Lebensmonaten lebt es aber gleichsam »embryonal« und braucht die menschlichen Beziehungen als »sozialen Uterus«.[7] Es ist deshalb auch weniger durch ein artgemäßes Programm vorgeprägt, sondern wird zu einem Zeitpunkt seiner Entwicklung geboren, in dem es höchst beeindruckbar ist und alle wesentlichen Impulse für sein Wachstum der aus den menschlichen Beziehungen bestehenden »Gebärmutter« verdankt. Durch diese Offenheit und Beeindruckbarkeit ist dem Menschen die Möglichkeit gegeben, ein eigen-artiges, ein individuelles Wesen zu werden. Dies ist Chance und Gefährdung zugleich.

Das Kind, das aus der Einheit mit der mütterlichen Gebärmutter kommt, braucht also zunächst die Beziehungsform der Fürsorge, des Geborgen- und Aufgehobenseins. Wenn es anfängt, sich aufzurichten und gehen zu lernen, benötigt es Bei-Stand für seinen unsicheren Organismus, bis es gelernt hat, einen eigenen Stand auszubilden. Wenn das Kind beginnt, eigenständig zu werden, braucht es nicht mehr in erster Linie Fürsorge, sondern Anteilnahme an seiner werdenden Autonomie, ein achtsames Begleiten und Unterstützen in seinen Versuchen, sich abzugrenzen, auf sich selbst zurückzuziehen und wieder Verbindung aufzunehmen. Sein Nein will respektiert werden, und dennoch braucht es auch Begrenzung durch die Erwachsenen. Nur so wird es fähig, sich den Rhythmus von Begrenzung und Entgrenzung einzuverleiben. Anteilnahme bedeutet eine Beziehung zwischen zwei für sich bestehenden Menschen. Austausch – ein anderer Aspekt dieses Beziehungsmodus – respektiert auch den Innenraum des Kindes mit seinen »Geheimnissen«, sein Bedürfnis nach Spiel-Raum und Experimentieren. Das Kind braucht das freudige Interesse an seinen Entdeckungen, an neuerworbenem Können, an seiner Zulänglichkeit im wörtlichen Sinn. Das Kind beginnt auch, Perspektiven zu entwickeln, sich auf Vergangenheit und Zukunft zu beziehen. Es will wissen, wie es ist, »groß« und erwachsen zu sein.

Im Laufe seiner Entwicklung braucht das Kind also Anteilnahme an den verschiedensten Stadien seines Wachstumsprozesses, in dem es immer neue Formen seines In-der-Welt-Seins hinzugewinnt. In der Pubertät beginnt der jugendliche Mensch schließlich, seine geschlechtliche Gestalt, seine neue Beziehung zum andern Geschlecht herauszubilden, und will in dieser neuen Gestalt angenommen und begleitet werden.

Wenn Eltern fähig sind, die verschiedenen, sich wandelnden Beziehungsformen zu ihren Kindern leibhaft zu gestalten, helfen sie dem Kind dabei, eine eigene erwachsene Gestalt zu finden. Ursprünglich waren wir alle im Mutterleib von einer Welt schützend umfangen, als Erwachsene tragen wir eine Welt *in* uns, die unsere eigene innere Welt ist. Wir können diese Welt anderen Menschen mitteilen und eine intime Beziehung zu anderen Menschen – vor allem in einer Partnerschaft – gestalten. Wir sind bei uns selbst »zu Hause« und gleichzeitig auf den anderen Menschen angewiesen. Wir können diese Beziehungsform auch als paradoxe Einheit von Eigenständigkeit und Abhängigkeit oder von Individualität und Verbundenheit bezeichnen.

Wir formen also unsere Gestalt als Kinder im Beziehungsraum von Familie und Gesellschaft, um uns selbst wieder für den formenden Prozeß der nächsten Generation zu engagieren – ob wir eigene Kinder haben oder nicht.

Ich möchte das bisher Gesagte noch unter einem anderen Gesichtspunkt beleuchten: Wir haben viele Körper, etwa denjenigen des Embryos und Fötus, des Babys, des Kleinkindes, eines größeren Kindes, und wandeln uns in einen erwachsenen Körper usw. Im Laufe unserer Entwicklung formen wir verschiedene Beziehungsstadien oder »Beziehungskörper«. Zu Beginn ist es derjenige von Nähe, Abhängigkeit und Urvertrauen, dann wandelt er sich zur Form von Getrenntsein, Unabhängigkeit und Austausch, geht über zu einer leidenschaftlicheren Form, die mit dem pubertären Erwachen von Sexualität verbunden ist. Zuletzt gelingt es uns vielleicht, eine reife Gestalt zu finden, eine Möglichkeit, bei uns selbst und gleichzeitig mit dem anderen zu sein, uns an einem gemeinschaftlichen Leben zu beteiligen und uns dafür einzusetzen.

Unsere kindliche Entwicklung kann also als unsere Liebesgeschichte verstanden werden. Dabei kommt es nicht nur darauf an, wie wir geliebt wurden, sondern auch, wie wir zu lieben gelernt haben.[8] Wir können Kinder – und damit auch die eigene Kindheit – nur begreifen, wenn wir das tiefe Bedürfnis des Kindes zu lieben, sein vitales Interesse für seine Eltern und andere Bezugspersonen ernst nehmen. Es gibt immer wieder jene zarten und innigen Momente, in denen die Liebe der Kinder als Ausdruck ihrer Lebendigkeit sichtbar wird. Es gibt deshalb nicht nur die Geschichte, in der sich das Kind als ungeliebt, als mißbraucht erlebt, sondern auch diejenige, in der seine Liebe nicht angenommen, übersehen, entwertet, verlacht oder an die Öffentlichkeit gezerrt wird. Und es gibt jene Eltern, die so sehr darauf bedacht sind, ihrem Kind »alles« zu geben, daß das Bedürfnis des Kindes, seine Liebe auf seine Art zu leben und zu zeigen, keinen Raum hat. Das Zärtlichkeitsbedürfnis des Kindes bedeutet nicht nur, Zärtlichkeit zu bekommen, sondern auch Zärtlichkeit zu schenken. Es will beispielsweise nicht nur gestreichelt sein, sondern auch selbst streicheln.

Oft entsteht in Kindern das Gefühl, die eigene Liebe sei nicht in Ordnung, lächerlich oder lästig. Eine jüngere Frau erzählte, daß ihre Mutter sie wenig beachtet und kaum geliebt habe. Und wie hat diese Frau selbst ihre Mutter geliebt? Sie sagte dazu: »Ich habe immer versucht, mich nützlich zu machen. Wenn meine Mutter Hilfe brauchte, bin ich eingesprungen. Immer hoffte ich, sie würde es bemerken, doch es war für sie selbstverständlich. Sie sagte kaum je ein Wort. Um meine Geschwister hat sie sich gesorgt, denn mein Bruder war ständig krank, und meine Schwester hatte immer Mühe in der Schule.« Das Erleben für sie war: Ich habe ständig durch Arbeiten um meine Mutter – und auch um den Vater – geworben, doch es nützte nichts. Diese Frau hatte den Eindruck, etwas an ihrer Liebe sei nicht gut genug: »Ich liebe jemanden, mache Anstrengungen – und gebe auf«, sagt sie von ihren gegenwärtigen Beziehungen. Ob die Frau ihre Mutter geliebt hat? »Ja, ich habe sie sehr gern gehabt – aber es war eben nicht das Richtige.« Ich versuchte zusammen mit ihr die Verkörperung ihrer Liebe zur Mutter zu erspüren. Als sie das Muster auflöste, richtete sie sich auf, atmete tief und schaute mich lange an. Dann sagte sie leise: »Ich bin warm. Ich liebe. Es ist gut so. Es ist *meine* Liebe. Der Wert der eigenen Liebe besteht in sich.«

Als Kinder bilden wir allmählich eine Form aus, die unser erwachsenes In-der-Welt-Sein bestimmt und unser Bewegungsgesetz genannt werden kann. Wie wir zu uns selbst und zu anderen Beziehung gestalten, hängt mit unserer kindlichen Liebesgeschichte zusammen. Doch die Beziehungsvielfalt unseres Lebens fordert uns auch heraus, uns immer wieder neu in Beziehungen zu verkörpern, sei es in den wechselnden Phasen der Partnerschaft, als Eltern heranwachsender Kinder, als Partner und Eltern zugleich, sei es in unserer weiteren sozialen Umgebung oder im Berufsleben. Beziehungsformen wechseln nicht nur im Laufe der Zeit, sondern bestehen auch nebeneinander und stellen dadurch einen eigentlichen »Beziehungstanz« dar.

Auch die Zugehörigkeit zum einen oder anderen Geschlecht bestimmt die Art und Weise mit, wie wir etwa Eigenständigkeit, Autonomie und Aggression in der Kindheit formen lernen und unsere Liebesgeschichte ausbilden. Im folgenden möchte ich einige wichtige Aspekte unseres In-der-Welt-Seins angehen und vor allem die geschlechtsspezifischen »Schattierungen« herausarbeiten, die mit ihm verbunden sind.

Hunger und Sättigung

Das Kind im Mutterleib lebt schwerelos in einer es völlig umfangenden Welt und über die Nabelschnur in einer ständigen pulsierenden Verbindung mit dem mütterlichen Organismus. Nach der Geburt pulst die Nabelschnur langsam aus, während sich der Blutkreislauf des Kindes dramatisch umstellt und sich die Lungen erstmals entfalten. Die Abnabelung bedeutet, daß eines der grundlegendsten Muster unseres Lebens in Kraft tritt: die Lungenatmung. So erlebt das neugeborene Kind das Ende der bisherigen Existenzform in der ununterbrochenen Verbindung mit einer lebensspendenden Quelle.[9] Ein neues Muster formt sich durch das Stillen: Hunger – Er-füllung – Sattheit – Hunger ...[10] Dieses organische Muster ist jedoch ein ganzheitliches, das eine Grundlage für »Hunger« und »Sattsein« auf den verschiedensten Ebenen unseres Daseins bildet. Der »Mund-Brust-Kontakt« als Grundmuster ist eingebettet in ein differenziertes Beziehungskontinuum, in dem sich das Kind diesen Rhythmus von Verbindung und Trennung einverleiben lernt.

Wenn dieser Rhythmus als Trink- und Beziehungsrhythmus gestört ist, bildet das Kind entsprechend beeinträchtigende Muster aus: Es zieht sich zusammen oder versteift sich, identifiziert sich krampfhaft mit seinem Getrenntsein auf Kosten möglicher Verbindung oder bildet ein Muster des »Ungestilltseins« heraus, der Sehnsucht nach Verbundensein. Ich brauche nichts, ich kann es allein, ist eine zugehörige Geschichte mit dem Hintergrund: Wenn ich bedürftig bin, bin ich ausgeliefert. Eine andere Geschichte lautet: Meine Sehnsucht ist übergroß, mein Hunger unstillbar – ich darf mich ihm gar nicht aussetzen. Das Sehnsuchtsmuster ist letztlich nicht mehr auf Erfüllung ausgerichtet, sondern macht sich selbständig, ist eine Verkörperung, die Erfüllung gar nicht mehr zulassen kann. Das Sehnsuchtsmuster ist eine »Verewigung des Hungers«. Dies zeigt sich vor allem darin, daß Sättigung gar nicht als solche erlebt wird: Ich habe Angst davor, daß du weggehst. Dann ist wieder alles vorbei. Diese Äußerung zeigt, daß gar kein Vertrauen in einen

Rhythmus da ist. Es gibt kein »nächstes Mal«, keine Kontinuität im Wechsel. Getrenntsein und Verbundensein sind deshalb oft isolierte Zustände, die nichts miteinander zu tun haben. Die Rhythmen von Hunger und Sättigung, von Nähe und Getrenntsein wären jedoch miteinander verbunden.

Trennung und Verbindung bekommen im Laufe der Kindheit die verschiedensten Gestaltungsaspekte: In dem Maß, wie das Kind sich selbst als eigenen Organismus erfährt, beginnt es, Verbindung bewußt zu gestalten, etwa in Form von Austausch und Zärtlichkeit. Es lernt, sein Nein, seine Abgrenzung auszubilden und sie wieder aufzulösen. Es bekommt ein Gespür für seinen Innenraum, begibt sich in eigene, von ihm selbst gestaltete Räume – Höhlen, Hütten, Zimmerecken – und bildet Geheimnisse, die es für sich behält oder preisgibt.

Im Jugendalter beginnt sich ein weiteres Verbindungs-Trennungsmuster auszubilden:[11] der sexuelle Kontakt mit dem anderen Geschlecht. Er beruht auf der vorübergehenden pulsierenden Verbindung der Genitalien. Auch hier können frühere Erfahrungen den Wechsel von sexuellem Hunger und Erfüllung beeinträchtigen und entsprechende Konflikte hervorrufen. Doch sexuelle Störungen haben auch einen anderen Hintergrund, denjenigen unserer Überflußgesellschaft, in der alle Bedürfnisse – auch die Sexualität – maximalisiert und konsumiert werden müssen: »Wir werden nicht einen Mangel an Befriedigungsmitteln, an Gütern haben, sondern an Bedürfnissen; nicht die Ressourcen sind begrenzt, sondern die Wünsche.«[12]

Wenn wir die menschliche Entwicklung überschauen, ergibt sich die folgende Dynamik: Wir beginnen unsere Existenz damit, daß wir *in* einer Welt leben, völlig umfangen von ihr. Dann folgen die Trennungs-Verbindungsrhythmen. Im Laufe unserer Kindheit beginnen wir jedoch auch, eine Welt in uns zu formen, bis wir als erwachsene Menschen eine Welt in uns tragen, die wir anderen Menschen mitteilen können. Diese gegenseitige Teilhabe ist ein wesentliches Element menschlicher Beziehungen.[13]

Das Gestalten menschlicher Beziehung läßt sich nochmals von einer anderen Seite her verstehen: Das Kind lebt zunächst in einer Welt, die es gänzlich umfängt und eine gewisse Ein-förmigkeit aufweist. Durch die Geburt gerät diese Welt in Bewegung. Sie verengt sich mit dramatischem Druck, gibt wieder Raum frei, verengt sich von neuem und schiebt das Kind in einen engen Tunnel. Es wird dabei erstmals hautnah berührt, stimuliert und massiert und rutscht Zentimeter um Zentimeter durch den Geburtskanal, bis sein Kopf und anschließend sein Körper geboren werden. Plötzlich wird der Raum weit und unendlich:

»Unfaßbarer, unbegreiflicher Augenblick, Augenblick der Geburt, in dem das Kind die Mutter verläßt … Seht, es treibt an den Strand. Noch tragen es die Wellen. Stoßen es etwas höher den Strand hinauf. Setzen es schließlich ab.

Nun ist es frei. Und verwirrt von seiner Freiheit …«[14]

In hautnahem Kontakt mit der Mutter beginnt das Neugeborene sich zu »ent-falten«. Es findet im neuen Weltraum seinen Halt durch das Berührt- und Getragensein. Der für das Kind un-endliche Welt-Raum ist gegründet im leibhaften Beziehungs-Raum, den zunächst die körperliche Präsenz der Mutter gewährt. Gibt es diese nicht, so wird die Unbegrenztheit der Welt, der das Neugeborene ausgesetzt ist, zum Ab-grund. Der »soziale Uterus« ermöglicht es dem Kind also, Vertrauen in den »Grund« des Daseins zu finden, und schließlich, sich selbst zu be-gründen.

Getragensein ist also ein qualitatives Erleben. Ausdrücke wie »ich fühle mich aufgehoben, getragen« geben die Ganzheitlichkeit dieser Erfahrungen wieder. Sie zeigen jedoch noch ein Weiteres: Getragensein wird zu einer *einverleibten* Erfahrung. Ihr Fehlen zeigt eindrücklich, worum es geht. Eine junge Frau, die erstes Aufgehobensein hatte entbehren müssen, sagte zu mir, sie fühle sich wie eine umherirrende Sternschnuppe im All. Ein anderes Mal äußerte sie: »Manchmal habe ich den Eindruck, ich könnte durch die Maschen der Schöpfung hindurchfallen.« Ein Mann fand für sein Existenzgefühl das Bild eines kleinen grünen Pflänzleins in einer Pechlandschaft. Dies sind alles Bilder, welche die Grund-losigkeit des eigenen Daseins, die Verlorenheit und Einsamkeit zum Ausdruck bringen. Es gibt jedoch für die einzelnen Menschen nicht nur die beiden Extreme Verlorenheit und Vertrauen, sondern ein Spektrum von Möglichkeiten, bei denen das Vertrauen in den Grund des Daseins intensiver oder anfälliger ist, was sich auf das Gestalten von Beziehungen auswirkt.

Doch was ist organismisch gesehen dieser »Grund«, in den wir unter günstigen Bedingungen Vertrauen gewinnen, jenes Urvertrauen,[15] das wir als eine Qualität unserer Existenz wahrnehmen? Es ist eine Wahrnehmung der tragenden, lebendigen Kraft unseres eigenen Organismus. Ein Traum, den ich vor einiger Zeit hatte, mag diese schwer zu beschreibende Qualität bildhaft-atmosphärisch zum Ausdruck bringen:

»Ich stand allein auf einem Felsen und schaute hinunter ins Tal, in dessen Tiefe auch ein See lag. Ich spürte Lust, vom Felsen zu springen, hatte jedoch Angst vor der Gewalt des Fallens. Dennoch entschloß ich mich, setzte zum Sprung an – mit angehaltenem Atem. Doch der erwartete Sturz blieb aus: Ich schwebte und ›flog‹ langsam nieder. Die Luft hatte die Qualität einer feinen, durchsichtigen Flüssigkeit, die mich auf- und niedertrug. Ich schwebte leicht in die Höhe zu den Wolken hinauf und mit ausgebreiteten Armen, die Brust der Tiefe zugewendet, wieder nieder. Immer wieder. Das ganze hatte für mich eine fließende, ruhige und zugleich spielerische Qualität. Darüber wurde es langsam Nacht. Während ich weiter der Tiefe zu und wieder hinaufschwebte, sah ich unter mir tausende farbige Lichter, die ein reiches Muster bildeten, das mich an lichtdurchflossene Glasfenster in Kirchen erinnerte. Immer wieder schwebte ich auf die Farbenlichter unter mir zu. Meine Brust weitete sich, und ein wachsendes Entzücken, eine selige Erregung erfaßte mich. Dann erwachte ich. – Ich fühlte mich neu, sehr zart und lebendig. Die ›flüssige Luft‹ war mein eigenes Protoplasma, in dem ich entsprechend der pulsierenden Bewegung des Organismus auf- und niederschwebte.«

Der Traum bedeutete das Ende einer langen Phase der Niedergeschlagenheit, die auf einen schweren Unfall meiner kleinen Tochter gefolgt war. Dabei war ich auch meiner eigenen Verlassenheit im Spital in den Monaten nach meiner Geburt und später in vielen Kinderheimaufenthalten nochmals begegnet. Nun hatte ich tiefer als je zuvor den »Grund meines Daseins« erspürt und mich mit der Lebendigkeit meines pulsierenden, mein Leben »tragenden« Organismus gefunden.

Aufgehobensein wird durch die Urerfahrung des kleinen Kindes schließlich zu einer eigenen ganzheitlich-organismischen Qualität. Sie wird erlebbar als Vertrauen in sich selbst, als Erfülltsein von sich selbst und zugleich auch als Grundvertrauen in die Existenz, in die universale Lebensbewegung.

»Einverleibte Beziehung« ist Einheit der Beziehung zu sich selber und zu anderen. Urvertrauen ist der »Grund« unseres Bezogenseins. Wenn Kinder sich gefährdet oder überfordert fühlen, wollen sie dahin zurückkehren und sich dieses Grundes wieder versichern. Sie möchten auf den Arm genommen werden, sich einkuscheln. Wir nennen dieses Verlangen »Regression«.[16] Wieder klein sein wollen bedeutet, jenes Getragensein nochmals zu erfahren, das dem eigenen Organismus den Kontakt mit diesem Beziehungsgrund wieder ermöglicht und verstärkt, wenn er sich unter dem Druck einer Situation verringert hat. Zu kurz gekommene Kinder können auf diese Weise auch einen organismischen Lernprozeß nachholen, der ihnen früher verwehrt war. Ähnliches gilt auch für den therapeutischen Prozeß mit erwachsenen Menschen, die diesen »Beziehungsgrund« in sich nicht leibhaft auszubilden vermochten.

Es gibt noch eine andere Möglichkeit, zu diesem »Grund« zurückzufinden. Wenn mein fünfjähriger Sohn nachts zu mir kommt und sich an mich kuschelt, spüre ich, wie er mit seinem ganzen organismischen Sein in vertraute Babymuster zurückkehrt. Sein Mund macht sogar manchmal wieder jene Saugbewegungen, die ich aus der Zeit des Stillens von ihm kenne. Bei kleineren Kindern ist diese Rückkehr deutlicher spürbar, doch kehren wir alle mehr oder weniger ausgeprägt wenigstens im Schlaf in diesen »Grund« zurück.

Die Erfahrung des Getragen- und Aufgehobenseins ermöglicht es jedoch auch, sich fallenlassen zu können. Jene Frau, die Angst hatte, sie könnte durch die Maschen der Schöpfung hindurchfallen, empfand es als lebensbedrohend, sich fallenzulassen. Sehr viele Menschen in unserer Kultur reißen sich zusammen und meiden all jene Zustände, welche etwas von der Qualität des Fallens haben. Sie können nicht ruhen, haben Mühe mit dem Schlafen oder mit dem Übergang zwischen Wachen und Schlafen und mit tiefen Beziehungen zu anderen Menschen. Auch »to fall in love« ist gefährlich, wenn Beziehungen die Qualität eines tragenden Grundes nie oder nur wenig aufwiesen.[17] Angst vor Nähe ist sehr oft Angst vor der Grund-losigkeit, welchen Namen wir ihr auch geben mögen. Sie ist nicht für alle Menschen gleich groß, doch wir berühren fast alle immer wieder einmal diese Grund-Angst. Es mag hilfreich sein, sie als das zu erkennen, was sie ist. Nicht jede Angst vor Nähe hat allerdings mit dieser Angst vor dem Grund-losen zu tun.

Und noch etwas ist für erwachsene Beziehungen – auch für diejenige zwischen Frau und Mann – bedeutsam: Wir bilden zwar eine erwachsene Beziehungsform heraus, doch gleichzeitig tragen wir in unserem Organismus auch alle früheren Beziehungsstufen als Möglichkeiten mit. Eine lebendige Beziehung zu leben bedeutet, im Miteinandersein den Kontakt zu den verschiedenen Schichten des Selbst aufnehmen, ihn bei sich selbst und beim anderen zulassen zu können. Es geht nicht nur darum, sich »in *die* Liebe fallenzulassen«, sondern auch darum, sich *in der* Liebe fallenzulassen, und zwar wechselweise. Das kann spielerisch, zärtlich oder eine ernste Versenkung sein. Es geht zunächst nicht darum, eigene Defizite aufzuholen, sondern darum, andere Schichten an die Oberfläche kommen zu lassen. Darf ich das verspielte kleine Mädchen, der kleine Bub sein? Darf ich dir in die Arme springen? In deinem Schoß liegen? Darf ich in deinem Bauch sein? An deiner Brust liegen? Kannst du mir Vater und Mutter sein? Bruder und Schwester? ... Ich meine dies *nicht* als Ausschließlichkeit, die immer den anderen – und sich selbst – auf bestimmte Muster festlegt oder vom anderen Heilung erwartet. Ich meine es vielmehr als eine Form der Intimität, in der es möglich wird, einander das weite Spektrum des eigenen Selbst zu zeigen und anzuvertrauen.

Manchmal gelingt diese Rückhaltlosigkeit, dieses schöpferische Anklingenlassen der verschiedenen Ebenen erst nach langer Zeit, manchmal auch eher in den ersten Jahren der Liebe, wenn die Kreativität in der Beziehung noch lebendig ist, die Rollen weniger festgelegt, tiefe Wunden aus der eigenen Geschichte noch nicht vom anderen berührt und verletzt sind. Ich habe selbst diese Möglichkeit mit einem Mann in meinem Leben über eine längere Zeit erleben dürfen und dadurch Zugang zu mir bisher unbekannten Aspekten meines Selbst gefunden und mich mit solchen, die ich für illegitim hielt, versöhnen gelernt. Vor allem habe ich begriffen, daß das »Eintauchen in den Beziehungsgrund« nicht ein wehrloses Versinken, sondern Aufgehobensein bedeutet und *einen* Aspekt des Beziehungsspektrums darstellt, in dem wir uns bewegen können.

Eine jüngere Frau erzählte mir, wie sie mit ihrem Freund diesen »Beziehungsgrund« erlebte: »Ich begann die Beziehung zu meinem Freund mit dem Entschluß, endlich eine ›erwachsene Frau‹ zu sein. Ich identifizierte mich vor allem mit der sexuellen Leidenschaft, die ich erstmals so intensiv erlebte. Mit der Zeit waren wir nicht mehr nur leidenschaftlich, sondern oft auch verspielt, experimentierten mit unseren sexuellen Möglichkeiten. Dazwischen erzählten wir einander stundenlang von unserem Leben, unseren Gefühlen, berieten einander in bezug auf bestimmte Lebenssituationen. So wurden wir langsam vertrauter miteinander. Wir spürten, wo unsere Verletzlichkeiten waren. Da erlebten wir eines Tages etwas für uns sehr Wichtiges. Wir waren in ein Thermalbad zum Baden gegangen. Dort waren wir fast allein und spielten im Wasser miteinander. Dann hielten wir uns eng umschlungen und wiegten uns hin und her, auf und ab. Mein Freund streichelte mich sanft, trug mich. Ich ließ mich plötzlich fallen, war eins mit dem Wiegen, machte Saugbewegungen, saugte das Wasser von seiner Haut, kuschelte meinen nassen Kopf an seine Brust, während mir die Tränen hinunterliefen. Er wischte mir mit der Zunge die Tränen, das Wasser weg. Ich lachte und weinte gleichzeitig … Ich weiß nicht, wie lange es dauerte, bis wir in die ›Wirklichkeit‹ zurückkehrten. Wir berührten das, was wir erlebt hatten, nicht mit Worten. Doch es war eine neue Innigkeit zwischen uns, die uns neue Formen von Nähe ermöglichte und unsere Angst vor Distanz beiderseits verminderte. Wir können nahe sein und einander auch wieder loslassen.«

Auch andere Erfahrungsebenen können so zum Tragen kommen. Eine jüngere Frau sagte nach ihrer ersten Schwangerschaft: »Erst als ich einen dicken Bauch bekam, spürte ich überhaupt, wie schön es ist, einen Bauch zu haben. Nach dem ersten Leeregefühl unmittelbar nach der Geburt begann ich, meinen Bauch ernster zu nehmen, liebkoste ihn oft. Und erstaunlicherweise – oder doch nicht! – begann sich mein Mann öfter in meinen Schoß zu legen. Er streichelte meinen Bauch auch, obwohl kein Kindlein mehr darin war. Er selber hatte eigentlich seinen Bauch immer gemocht, und ich hatte ihn dafür oft belächelt. Einmal, als ich so mit meinem Bauch ›meditierte‹, hatte ich das Gefühl, schwanger zu sein. Und gleichzeitig war ich das Kind im Bauch. Ich spürte beides in völliger Gleichzeitigkeit und Einheit. Es war ein überwältigender Augenblick. Ich war tragend und getragen zugleich, war Mutter und Kind in einem. Ich war meine eigene Mutter für das Kind in mir und das Kind meiner Mutter, die ich war ... Und mir war, als sei ich irgendwie angekommen, zu Hause, auf dem Grund bei mir – und gleichzeitig bei meinem Mann.«

Beziehungen vertiefen sich, wenn dieser »Grund« immer wieder einmal berührt wird. Es gibt auch Beziehungsphasen, in denen der Kontakt zu diesem Grund spürbarer und intensiver ist. Manche Paare leben auch eine Zeitlang fast ausschließlich in einer »symbiotischen Beziehung«, um damit eigenen früheren Mangel auszugleichen. Das mag not-wendend sein. Oft ist allerdings dann der Übergang in eine andere Beziehungsform, die einen größeren Wechsel von Nähe und Distanz beinhaltet, schwierig und schmerzhaft. Tiefgehende Defizite können jedoch durch eine Partnerschaft nicht ausgeglichen werden. Hier braucht es einen heilenden Beziehungsraum, den eine Partnerschaft, die einen spektralen Beziehungsraum mit verschiedenen Ebenen darstellt, nicht bieten kann. Eine echte Chance – auch für die Partnerschaft – besteht jedoch darin, das Spektrum der eigenen Beziehung auszuweiten und zu vertiefen bis zum »Beziehungs-Grund« im Miteinandersein zwischen Partnern, mit Kindern, mit nahestehenden Menschen überhaupt. Es gibt in uns nicht nur ein Breitenspektrum, in dem wir lernen, Nuancen eines Gefühls – etwa von Freude oder Wut – zu formen. Es gibt ebenfalls ein »Tiefenspektrum«, das die Schichten unseres Selbst bis hin zum Beziehungsgrund umfaßt und das auch in erwachsenen Beziehungen »ins Spiel« gebracht werden kann.

Leibhafter Dialog

Die bisherigen Überlegungen haben gezeigt, daß wir schon von Geburt an beginnen, uns in Beziehungen und durch Beziehungen zu formen. Dies ist ein ganzheitlicher Prozeß, der deshalb immer auch als leibhafter Dialog zwischen dem Kind und seinen Bezugspersonen verstanden werden kann. Dabei nimmt das Kind die Intentionalität oder Qualität des Kontaktes auf. Es spürt etwa, ob die Mutter oder der Vater sich ihm als ganze Person zuwendet oder sich im Kontakt versteift, zusammenzieht, abgewandt bleibt, depressiv oder besitzergreifend ist. Dann vermag das Kind keine eigene lebendige Form zu entwickeln, versteift seinen Organismus gegen die Berührung, vermag keine Grenzen auszubilden, zieht sich zusammen oder ist wie gelähmt. Die Schwingung von Mutter und Vater zum Kind beeinflußt weitgehend, wie das Kind die Beziehung zu den Menschen und zu sich selber, zum eigenen Pulsieren formt. Unsere weiche, ungeschützte Vorderseite ist besonders empfänglich für die Schwingung des anderen, und wenn keine Zu-neigung da ist, bildet es einen starken, die Lebendigkeit einschränkenden Schutz gegen die Welt aus, oder es wird so verletzlich, daß es deshalb die Menschen von sich fernhält. Es wird zudem meist eine Form ausbilden, in der es auch sich selbst gegenüber nicht liebevoll zu sein vermag.

Ein wichtiger und intensiver Bereich unserer Beziehungsgestalt ist Berührung. Doch gerade unsere Gesellschaft ist sehr berührungsarm. Wir geben uns knapp die Hand – nur Frauen dürfen einander allenfalls umarmen. Kinder waren lange Zeit sehr schnell für Zärtlichkeiten »zu groß«, und Babys wurden allzuschnell in Kinderzimmer weggelegt. Hautnähe reduzierte sich oft auf »funktionales Berühren«. Zudem galten – und gelten – Berührung und Zärtlichkeit als »unmännlich«. Frauen haben, auch vor allem im Zusammenhang mit den Kindern oder untereinander, einen gewissen Narren-Freiraum, der ihnen etwas mehr an Hautnähe ermöglicht.

Ein kleines Kind ist fundamental auf Berührung angewiesen. Je inniger die Beziehung zwischen Mutter oder Vater und Kind ist, desto reicher und differenzierter ist dieses Spektrum an Hautkontakt, vom Stillen über Tragen und Pflegen bis zu verspielten Zärtlichkeiten. Gerade das Stillen selbst initiiert eine Fülle von Berührungsmustern: saugen, im Arm liegen, hochgehoben und wieder an die Brust genommen werden, später auch spielen mit den Brustwarzen usw. Berühren und Tragen in den verschiedensten Formen regen den kindlichen Organismus an und vertiefen den Austausch zwischen dem Kind und seiner Bezugsperson. Meist sind es die Mütter, die in der Beziehung mit ihrem Säugling neue Dimensionen von Berührung und Zärtlichkeit erleben. Die Zärtlichkeit des Babykörpers, sein Duft, seine Bewegungen, der alle Sinne beanspruchende intensive Kontakt mit dem Kind – dieses Erleben vermag in der Mutter, manchmal auch bei Vätern, gleichsam neue Sinne wachzurufen. Gerade wenn die Partnerschaft arm an Hautnähe und Zärtlichkeit war, ziehen sich Mütter auf die Nähe mit ihren Kindern zurück. Mütter größerwerdender Kinder erleben das Seltenerwerden verspielter und zärtlicher Nähe oft als schmerzlich.

Liebevolle Berührung ist ein lebendigkeitspendender Aspekt des leibhaften Dialogs mit dem Kind, Lieb-losigkeit eine ebenso leibhafte Beeinträchtigung. Dazu sagte eine Frau, deren Körper – ihr selbst unbegreiflich – bei jeder Berührung zusammenfuhr: »Der Körper meiner Mutter war so kalt, daß ich immer erschrak, und ihre Hände waren hart, wenn sie mich anfaßte. Ich verstehe jetzt, warum ich immer das Gefühl hatte, ein Ding, ein Gegenstand zu sein, und mich auch selbst so behandle.« So bilden sich entsprechende Muster im Zusammenhang mit Berührung aus. Menschen empfinden Berührung nur als Druck, als Bedrohung, als unangenehm, oder sie können nur berühren, ohne sich berühren zu lassen, oder wollen nur angerührt werden, ohne selber geben zu können. Sie können kein Spektrum an Berührung ausbilden und pflegen und »hantieren« ohne Zärtlichkeit, greifen zu, ohne leise berühren zu können, oder lernen nicht richtig anzufassen, berühren nur »wie ein Hauch«. Oder Berührung wird sogleich erotisiert, ist nur im Zusammenhang mit Sexualität möglich.

Alle diese Unvermögen und Einengungen werden in der Beziehung Erwachsener bedeutsam und führen oft zu schmerzhaften Beziehungsproblemen. Sie stehen im Zusammenhang damit, welche Qualitäten von Berührung ein Mensch in seiner Kindheit erlebte und wie das Berührungskontinuum durch die Kindheit hindurch Gestalt fand. Die unterschiedliche Sozialisation von Mädchen und Buben auch im Hinblick auf Zärtlichkeit und Nähe eröffnet sehr häufig eine Kluft in der Begegnung zwischen Frau und Mann.

Immer wieder erlebe ich in der Therapie, welch tiefe Bedeutung der »mitschwingende« Körperdialog für unsere Entwicklung hat. Einmal hielt ich eine Frau im Arm, Brust gegen Brust. Sie empfand dabei ein tiefes Bedürfnis nach mütterlicher Nähe und weinte, als sie meine Berührung spürte. Mit der Zeit wurde sie ruhiger. Der Rhythmus ihres Atems, den ich direkt an meiner Brust wahrnahm, vertiefte sich. Ich hatte den Eindruck, daß wir beide von einer auf- und niedergehenden Welle getragen waren. Es war eine wortlose, selbstverständliche Einheit. Dabei bemerkte ich, daß wir im selben Rhythmus atmeten. Irgendwann begann die Frau sich zu bewegen, sich zu räkeln, zu strecken und schließlich lachend umherzukugeln. Dann kuschelte sie sich wieder an, entfernte sich, kam wieder und saß zuletzt still mit geschlossenen Augen da, in ihre eigene Atmung versunken. Nach einer längeren Zeit sagte sie, indem sie die Augen weit öffnete und mich anlachte: »Du hast mich atmen gelehrt. Ich hatte sonst immer ein Durcheinander mit meinem Atem. Mit deinem Atem konnte ich den meinen finden. Ich konnte mich sogar wegbewegen, und er war immer noch da, ist es noch.« In dieser Erfahrung kam die fundamentale Bedeutung unseres leibhaften Dialogs eindrücklich zum Tragen.

Das liebende Mitschwingen, Zu-Neigung und die Abgrenzung der eigenen Gestalt sind die Basis dessen, wie wir Beziehung leben können. Eine Frau, die ich in einer Übung in einer Gruppe bat, einfach dazustehen und dann langsam ihre Hände aufzutun, spürte, wie sie fast ohnmächtig wurde, als sie ihre Hände zu öffnen begann. Sie hatte gelernt, mit geschlossenen Fäusten in der Welt zu stehen und »sich zu behaupten«. Wenn sie die geballten Fäuste auflöste, begann sie, in sich zusammenzusacken: »Ich verliere dabei allen Halt«, sagte sie. Ich bat sie, die Haltung des Zusammensackens zu verstärken und anschließend wieder aufzulösen. Nach der Übung stand sie aufrecht da. Als sie aus dieser Haltung heraus ihre Hände öffnete, nahm sie wahr, wie sich ihre Brust weitete und die Atmung sich vertiefte: »Mein innerer Raum wird größer, meine Brust beweglich und doch stark.« Ich bat sie, Augenkontakt mit mir aufzunehmen, wenn sie dazu bereit sei. Gleich wollte sie ihre Brust wieder versteifen. Als sie diesem Impuls nachging, entstand ein Trotzmuster mit dem Satz: »Du kriegst mich nicht!« Der Abschied von diesem Muster ermöglichte es ihr, still vor mir zu stehen, mich anzuschauen. Ihre Erfahrung faßte sie später in die folgenden Worte: »Wenn ich mich trotzig versteife, spüre ich nur *mich*. Du kannst mir nichts anhaben, aber ich habe auch keine Verbindung zu dir. Wenn ich in mich zusammensacke, sehe ich nur dich, aber du bist dann übermächtig. Vorhin jedoch war eine Verbindung mit dir. Ich spürte meine Atembewegung. Doch sie war gleichzeitig wie eine Bewegung *zwischen* uns.« Damit formulierte die Frau die paradoxe Einheit von Individualität und Verbundenheit, die Beziehung ermöglicht, ohne sich an den anderen zu verlieren oder sich nur gegen ihn abzugrenzen.

Stand gewinnen

Nach einer Zeit des Getragenseins und erster Beziehung mit dem Boden durch Krabbeln und Kriechen richtet das Kind sich auf, stellt sich auf die Füße und begibt sich damit aus der Waagrechten in die labilere Position der Senkrechten. Das bedeutet: Unser menschlicher Stand ist unsicherer, aber dadurch auch wieder reaktionsfähiger als derjenige höherer Säugetiere. Wir gewinnen Boden und formen uns leibhaft in diesem Suchen und Finden. Wir richten uns auf, und unser Blick weitet sich, wir entwickeln eine Perspektive und können über das Naheliegende hinausschauen und so Horizont gewinnen.

Jeder einzelne Mensch gestaltet seinen Stand anders, »nimmt Stellung« aufgrund dessen, wie er sich seine Geschichte einverleibt hat. Wir formen die Muster unseres »In-der-Welt-Seins«, die Art, wie wir mit dem Boden in Verbindung sind, in die Welt ausgreifen, sie hautnah werden lassen und uns in die Höhe aufrichten. Indem wir »Stellung« nehmen, gestalten wir unsere Individualität.

»Wenn wir auf unseren eigenen Füßen stehen, sammeln wir uns und drücken unser Selbst aus. Wenn wir aufstehen, verlagert sich der Schwerpunkt vom Erleben auf den Ausdruck. Das Erleben ist zwar im Ausdruck vorhanden, erfordert aber weder Sammlung noch Wagnis. Die Erfahrung füllt und erweitert uns, die Äußerung formt uns. Der Aufenthalt in der Senkrechten statt in der Waagrechten verändert den Strom der Empfindungen, polt das Nervensystem um und macht uns geselliger, wacher und individueller.«[18]

Indem wir aufstehen, wenden wir unsere ganze Vorderseite der Welt zu, nicht nur Augen, Nase und Ohren, sondern auch Brust, Bauch, Geschlechtsorgan. Tiere haben ihre Vorderseite geschützt. Doch indem wir uns aufrichten, können wir auch lieben, wenden wir dem anderen unsere ganze verletzliche und weiche Vorderseite zu. Deshalb wird in der Mythologie die Liebe sehr oft mit Verwundet-sein in Verbindung gebracht. Indem wir uns auf Menschenweise der Welt zuwenden, sind wir auch verwundbar.

Indem ich mich aufrichte, forme ich die Haltungen, die ich der Welt gegenüber einnehme, forme mein Stehen, entscheide, ob ich aufrecht stehe und Rückgrat habe, »auf meinen Füßen stehe«, forme meinen Kontakt mit der Welt – ob ich nun offen und empfänglich bin oder »den Kopf hoch trage«, »hartnäckig« bin oder »engstirnig«, ob ich einfach nur »schwarz sehe«, ob ich »zugreife«, alles »in den Griff bekomme«, »in der Hand habe«, ob ich »den Kopf verliere« – all dies sind Muster unseres In-der-Welt-Seins.

Viele Menschen merken im Laufe einer Therapie, daß sie dabei sind, einen anderen Stand, eine andere Gangart einzuüben, etwa weil sie bisher eine depressive, niedergedrückte Haltung hatten, »am Boden waren«, wie es unsere Sprache weiß;[19] weil sie das Gefühl hatten, im Boden zu versinken, sich am Boden festsaugen zu müssen, weil sie sich »hin-fällig« fühlten oder »abhoben«, »wegflogen«. Manche Menschen stehen dagegen nur »auf einem Bein« oder bewegen sich unschlüssig vom einen auf das andere, krallen ihre Zehen fest usw. Ein eindrückliches Beispiel ist das folgende:

Eine Frau erzählte in einer Gruppe: »Ich verstehe zum ersten Mal, was ich mit meinem Körper mache. Normalerweise stehe ich gut auf den Füßen. Es gibt jedoch Situationen, in denen ich mich vom Boden wegziehe. Wenn ich diese Haltung verstärke, spüre ich, wie ich die Schultern hinaufziehe und nur noch auf den Zehen stehe. Das gibt mir das Gefühl, ohne die anderen sicher zu sein. Ich möchte nicht auffallen und einfach verschwinden. Beim Auflösen dieser Haltung kommt der Satz in mir hoch: ›Darf ich euch wohl in Anspruch nehmen?‹« – Diese Frau hat sich als Kind häufig von der eigenen Mutter attackiert gefühlt. »Wenn ich die Haltung verstärke, habe ich ein Gefühl wie ›ich gehe in mein Häuslein‹. Im Häuslein ist es zwar anstrengender, aber richtiger. Je steifer, desto unverletzlicher … Es ist beschissen, wenn man sich nicht wehren kann. Ich muß deshalb von Zeit zu Zeit da hinauf.« Dies tut die Frau, obwohl der Preis hoch ist: Einsamkeit. Es ist ein Muster, welches das Gefühl der Wehrlosigkeit zu kompensieren versucht.

Als ich eines Tages auf der Straße ging, spürte ich, wie ich allmählich langsamer dahinschritt, beim Abrollen der Füße mehr Druck gab. Nun geschah etwas für mich Verblüffendes. Ich spürte nicht mehr, wie *ich* Druck gab, sondern wie der Boden mir gleichsam eine Kraft in die Füße gab, die mich gehen ließ, als habe ich Federn unter den Füßen – mein Gang wurde buchstäblich »federnd«. Das Abheben wurde stets wieder genährt durch die Kraft des Bodens. Nicht *ich* bewegte mich vorwärts, sondern die Kraft des Bodens trug mich von Schritt zu Schritt, bis ich keine Unterscheidungen mehr zwischen meinem Tun und dem Erleben des Bodens machen konnte. Meine vorher kalten Füße waren sehr warm geworden, und ich fühlte ein Prickeln in ihnen.

Um uns aufrichten zu können, brauchen wir auch ein Gefühl innerer Festigkeit. In unserer Sprache sagen wir etwa von jemandem er habe »Rückgrat«. Tatsächlich ist es ja auch unser Skelett, das uns trägt. Die einen Menschen erleben sich »geknickt«. »Ich spüre einen Teil meiner Wirbelsäule einfach nicht«, sagen sie, andere stehen gebeugt wie unter einer schweren Last. Wieder andere stehen da, als hätten sie »einen Besenstiel verschluckt«. Das Rückgrat ist jedoch etwas Festes und Federndes zugleich.[20] Flexible Festigkeit wäre die paradoxe Formel, die zu unserer »Aufrichtigkeit«, zu unserer Stellungnahme gehört.

Eigenständigkeit und Abhängigkeit – ein Konfliktmuster?

Anschließend an die bisherigen Überlegungen können wir der Frage nachgehen, wie wir als Frauen und wie Männer mit ihrer Eigenständigkeit und Autonomie umgehen.

Wenn wir die Vergangenheit anschauen, so ist die Geschichte weiblicher Eigenständigkeit und Autonomie eine gebrochene und widersprüchliche. In unserer Sprache gibt es zwar den Ausdruck alleinstehend. Doch eine allein-stehende Frau ist »eine Frau ohne Mann«. Es gibt zu denken, daß nur Partnerlosigkeit mit dem Ausdruck »alleinstehend« bedacht wird. Ist Partnerschaftlichkeit mit dem Verlust an Eigenständigkeit gekoppelt? Und warum – so kann man weiter fragen – gibt es für in Partnerschaft lebende Menschen keine Bezeichnung außer »verheiratet«, also keinen qualitativen Ausdruck? Der Aspekt der »Ständigkeit« kommt hier offenbar nicht in Betracht. Jahrhundertelang lebten Frauen streng eingebunden in die Ordnung einer Herkunftsfamilie und gingen dann in diejenige des Ehemannes über, wenn sie nicht den Weg ins Kloster nahmen. Es war ein Leben in gesellschaftlicher Abhängigkeit. In vielen Zeiten und Situationen bestand jedoch der Widerspruch, daß Frauen zwar abhängig waren, gleichzeitig jedoch ein größtes Maß an Verantwortung zu tragen hatten. Das ergibt eine ganz bestimmte Art von Geschichten, wie sie zum Teil auch heute noch anzutreffen sind. Frauen sagen etwa: »Letztlich muß *ich* die wesentlichen Entscheidungen treffen, doch darf ich das meinen Mann nicht merken lassen. Ich gebe ihm den Eindruck, als ob es *seine* Ideen seien ...« Hier kommt ein Doppelmuster zum Tragen, Formen von Eigenständigkeit bei gleichzeitigem Verbergen dieser Eigenständigkeit, das viele Frauen kennen.

In Kriegs- und Notzeiten waren es oft die Frauen, welche ihre ganze Familie durchbrachten. Sie trugen lebenswichtige Entscheidungen und vollbrachten oft Unglaubliches, um die Kinder am Leben zu erhalten. Aus Erzählungen und aus der Therapie weiß ich ebenfalls, wie irritierend es für Kinder war, wenn ihre Mütter in die Abhängigkeit zurückfielen, sobald die Männer etwa aus dem Krieg oder der Kriegsgefangenschaft zurückkamen. War das wirkliche Eigenständigkeit und Autonomie? Eine der Frauen beantwortete die Frage so: »Ich tat einfach, was ich mußte. An mich dachte ich dabei nicht. Es war keine Entscheidung, eigenständig zu sein. Ich dachte an meine Familie. Daraus schöpfte ich die Kraft zum Handeln. Ich war es gewohnt, zu tun, was von mir verlangt wurde, sei es durch den Mann oder durch das Schicksal.« Das ist keine Eigenständigkeit, aus der sich eine neue Identität als Frau ableitet. Das eigentliche Muster ist Sorge und Verantwortung für die anderen, das ein gewisses Maß an Autonomie mit sich bringt, die jedoch wieder aufgegeben wird, wenn die Situation eine andere wird. Auch das ist ein typisch weibliches Muster unserer Gesellschaft. Es handelt sich dabei gleichsam um eine *unpersönliche* Eigenständigkeit, in der Frauen sich wenig spüren.

Vor allem leben viele von ihnen trotz aller Verantwortungen, die sie übernehmen, »auf den Füßen des Partners«. Was das bedeuten kann, wurde einer fünfzigjährigen Frau bewußt, die kurz zuvor ihren Mann »verloren« hatte, weil er mit einer anderen Frau weggegangen war: »Zuerst konnte ich es gar nicht verstehen. Ich war doch nur für meinen Mann dagewesen, hatte alles für ihn getan. Ich half ihm im Beruf, tippte seine schriftlichen Arbeiten, kümmerte mich um die Kinder und hielt sie von ihm fern, damit er ungestört arbeiten konnte. Und plötzlich verliebte er sich in eine andere Frau ...«

Mit dieser Erfahrung war viel Bitterkeit verbunden: »Er hat sich das alles gefallen lassen, hat von mir profitiert, und jetzt, wo er das nicht mehr nötig hat, wirft er mich weg wie einen abgenützten Handschuh ...«

Der Aspekt des Ausnutzens ist der Anteil des Mannes an dieser Beziehung. Die Frau erlebte sich als »ausgelöscht, als Nichts«, weil sie sich mit dem überkommenen Muster der Gebenden und sich Opfernden identifizierte, das ihr schon die eigene Mutter vorgelebt hatte. Schließlich erlebte sie, daß alles Rechten und Hadern sie nur zurückband. Bei einer Übung im Stehen sagte sie: »Ich spüre meine Beine gar nicht. Ich stehe wie auf Prothesen. Vielleicht stand ich gleichsam auf den Beinen meines Mannes. Früher war es mein Vater, der ›meine Schritte lenkte‹. Er sagte mir den ganzen Tag auf unserem Hof, was ich zu tun hatte und wie ich es machen mußte. Und ich rannte hin und her. Aber ich war wie ein aufgezogener Roboter, nur merkte ich das gar nicht. Es fällt mir erst jetzt auf. Ich sehe mich laufen, aber ich spüre mich dabei nicht. Meine Beine laufen, ›aufgezogen‹ vom Befehl meines Vaters.« Erst allmählich lernte diese Frau, auf ihren eigenen Beinen zu stehen. Einmal sagte sie: »Jetzt kann mich niemand mehr wegwerfen, weil ich Stand habe. Wenn mein Mann von mir weggeht, tut das zwar sehr weh, aber ich falle dabei nicht um. Ich stehe auf *meinen* Füßen und spüre den Boden unter mir.« Diese Frau begann, eine neue leibhafte Form, eine *persönliche* Eigenständigkeit herauszubilden.

Als Frauen erstmals in der Geschichte begannen, sich dieser Möglichkeit bewußt zu werden, tat sich eine Kluft in Beziehungen auf. Das wohl klassische Beispiel ist Ibsens »Nora«, in abgewandelter Form auch heute noch eine mögliche Beziehungsgeschichte zwischen Frau und Mann. Nora erkennt, daß sie als »Puppe« gelebt hat und von ihrem Mann auch als solche behandelt wird. Nora verläßt ihren Mann, um eine eigenständige Frau zu werden. Ihre erste autonome Tat – übrigens um ihren Mann zu retten – wird von ihm als ehrenrühriger Übergriff abgelehnt. Sie realisiert, daß ihr gemeinsames Beziehungsmuster zu tief greift, um es miteinander aufzulösen. Das Revolutionäre in diesem Stück ist, daß die Frau sich für ihre persönliche Eigenständigkeit und Autonomie entscheidet. Doch Verbundenheit und Eigenständigkeit geraten nun in einen unaufhebbaren Widerspruch.

Auch heute geht eine Frau oft ein Wagnis ein, wenn sie die – meist

erst im Laufe der Zeit erworbene – Eigenständigkeit dem Mann zu-
mutet. Viele Männer sind ja ebenfalls in Abhängigkeiten eingebunden, in gesellschaftlichen Zwängen verhaftet, in denen die männliche Eigenständigkeit und Autonomie mit einem Leistungs-Streß-
Muster verwechselt wird oder eine überkompensatorische Abwehr
der eigenen Ohnmacht darstellt. Dann wird die persönliche Eigenständigkeit der Frau zur Bedrohung.

So ergibt sich im Laufe der Zeit ein bemerkenswerter Widerspruch: Frauen verbergen ihre Eigenständigkeit und geben sie zugunsten ihrer Männer auf, leben »auf den Füßen« des Partners,
während dieser sich meist ihm selber nicht bewußt – auf die Frau
stützt. So entstehen diffuse, verleugnete oder unbewußte Abhängigkeiten, welche der Beziehung zwischen Frau und Mann ein labi-
les Fundament geben, obwohl dies häufig nicht bewußt wird.

Viele Frauen leben heute auch ein typisches Spaltmuster: Sie verkörpern im Beruf – manchmal auch mit ihren Kindern – eine persönliche Eigenständigkeit, um in der Partnerschaft wiederum in
Abhängigkeit oder unpersönliche Eigenständigkeit – oder beides
zugleich – zurückzukehren. Freilich gibt es auch viele Frauen, die in
der Berufssituation dieselben Muster leben wie in engen Beziehungen, weil viele Berufe dies von einer Frau fordern und sie anstiften,
in den überkommenen »weiblichen« Geschichten zu verbleiben.

Männer hingegen leben oft in hierarchischen Strukturen, die von
ihnen Unterordnung verlangen. Einerseits verhalten sie sich Auto-
ritäten gegenüber wie Söhne angesichts ihrer Väter, die sie idealisieren und heimlich bekämpfen, um nach unten die »Vaterposition«
einzunehmen. Das ergibt ein inneres Spaltmuster von Abhängigkeit
und Dominanz, bedeutet jedoch nicht Eigenständigkeit. Die zu
Hause selbstverständlich erwartete emotionale und praktische Versorgung durch die Frau bedeutet vielleicht Herr-schaft, meist auch
Abhängigkeit, aber wiederum nicht Eigenständigkeit.

Frauen erleben jedoch den Konflikt zwischen Eigenständigkeit
und Verbundensein auch heute meist intensiver als Männer. Eine
weibliche Geschichte lautet: »Wenn ich eigenständig bin, dann bin
ich allein. Dann will mich auch kein Mann. Deshalb muß ich mich
aufgeben und abhängig sein.« Für viele Frauen gibt es nur die Wahl
zwischen Eigenständigkeit, gekoppelt mit Alleinsein, und Abhängigkeit, verbunden mit »Nähe«. Vor allem ältere Frauen verzichten
häufig auf eine erneute enge Beziehung: »Ich kann es mir nicht mehr

vorstellen. Ja, eigentlich vertraue ich mir auch nicht. Ich weiß genau, daß ich wieder ins alte Muster zurückfallen würde. Ich würde meine Selbständigkeit aufgeben, nur noch auf den Mann schauen und seine Wünsche erfüllen. Und dann käme das Gefühl des Betrogenseins, weil ich irgendwie leer ausgehe. Aber ich weiß genau: *Ich* mache das mit mir. Vielleicht verlangt das der Mann auch. Es kommt nicht so drauf an. Ich habe dieses Muster in mir drin.« So äußerte sich eine fünfundvierzigjährige Frau, die mehrere Beziehungen eingegangen war und immer wieder am selben Ort landete, bis sie ihrem Muster nicht mehr ausweichen konnte. Gerade in der Arbeit mit dieser Frau wurde deutlich, wie zerstörerisch das Spaltmuster Eigenständigkeit/Abhängigkeit ist.

Doch das Bedürfnis nach emotionalem Austausch und wirklicher Intimität bleibt, vor allem bei Frauen. Abhängigkeit im Sinne von Selbstaufgabe vermag jedoch keine Intimität zu erzeugen. Hinter dem schmerzlichen Zwiespalt stehen auch die Beziehungsgeschichten der Kindheit. So lernen Buben, sich früh abzugrenzen und gleichzeitig ein passives Muster auszubilden, das auf Versorgtwerden ausgerichtet ist, ohne sich emotional wirklich einzulassen. Das Mädchen identifiziert sich – oft unbewußt und trotz allen Protests – eher mit der Mutter und lernt, daß es zu geben anstatt zu bekommen hat. Doch dieses »Versorgermuster« ist selbst einengend und fixierend. Eine Frau entdeckte dabei folgendes: »Tief innen, so im Bereich des Sonnengeflechts spüre ich eine Sehnsucht. Ich habe sie als rote Blume gezeichnet, die sich öffnen will. Aber gleichzeitig habe ich Angst und ziehe mich dort zusammen, bis die Blume ihren Kelch schließt. Nun ist nur noch ein Schmerz da, etwa so groß wie eine Knospe. Ich halte das nicht aus. Mein ganzer Körper um diesen innersten Kern herum beginnt krampfhaft zu handeln. Ich erspähe mit angehaltenem Atem die Bedürfnisse meines Partners, meiner Kinder, erfülle sie hastig, fast gierig, während ich die schmerzende Stelle in mir fast vergesse.« Frauen lernen vor allem, ihre emotionalen Bedürfnisse in Bedürfnisbefriedigung umzukehren, wenn sie nicht als »Egoisten« gelten wollen, was wiederum – wie im letzten Beispiel – mit einem leibhaften Muster einhergeht.[21]

In den Äußerungen einer anderen Frau mit zwei kleinen Kindern kommt dies noch krasser zum Ausdruck: »Ich fühle mich ausgelaugt. Mein Rücken tut weh. Er ist so müde. Oft möchte ich mich einfach anlehnen. Aber mein Mann will das nicht … Ich sitze dann da, etwa bei Tisch. Ich habe das Gefühl, mich nie mehr erheben zu können, möchte mich nur fallenlassen. Und dann merkt es eines der Kinder. Und ich – ich reiße mich mit aller Kraft hoch. Ich stelle mein Rückgrat wieder her, und das ist richtig schmerzhaft. Aber es geht reflexartig. ›Du weißt, was Du zu tun hast‹, sagt eine Stimme in mir. Ich stehe also auf, tröste das Kind, gebe ihm, was es braucht. Und während ich das tue, bin ich gleichzeitig das Kind, das gefüttert, getröstet, umarmt wird. Das klingt vielleicht verrückt. Aber von diesen Bildern lebe ich zur Zeit. Ich bin die Mutter und träume gleichzeitig, meine Kinder oder auch mein Mann zu sein. Ich gebe und nehme gleichzeitig, was ich gebe. Ich bin eine Selbstversorgerin, fast unheimlich.« In einer Imagination sah sich diese Frau mit steifem Rückgrat und hochgezogenem Körper, fast ohne Bodenkontakt, und in sich drin ein kleines, zusammengesunkenes Mädchen. Erst in einer längeren therapeutischen Beziehung begann die junge Frau langsam, sich aufzurichten und die äußere Versteifung aufzulösen, fand mehr Standfestigkeit und wagte es, ihrem Mann ihre Bedürfnisse zuzumuten, die er langsam annehmen lernte, weil er erlebte, daß Stärke und Schwäche wechselnde Beziehungsformen zu sich selbst und zwischen ihm und seiner Frau sein konnten und Eigenständigkeit und Abhängigkeit einander nicht ausschlossen.

Von ihrer Geschichte her bringen Frauen also meist sehr wenig an persönlicher Eigenständigkeit mit. Dort jedoch, wo Frauen es wagen, sich auf ihre eigenen Füße zu stellen, wird sehr oft die Bodenlosigkeit des Mannes sichtbar. Ein fünfzigjähriger Mann drückte dies so aus: »Ein Leben lang hatte ich das Gefühl, Männer seien stärker. Auch meiner Frau gegenüber empfand ich mich so. Sie bewunderte mich, und ich förderte sie großzügig. Aber eines Tages ging sie fort. Sie wollte keine ausgeliehene Autonomie. Ich fiel darauf in eine Depression, wie ich sie nicht für möglich gehalten hätte. Meine ganze Stärke war weg. Es ist so verrückt. Ich war stark, weil ich meinte, sie sei schwach. Dabei lebte ich irgendwie von ihr. Und jetzt beneide ich sie, weil sie erlebt, daß sie an Stärke, an Lebensqualität gewinnt, und ich muß mich mal erst mit meiner Ent-Täuschung auseinandersetzen.«

Was ist denn eine »eigen-ständige Beziehung? Ich möchte versuchen, auch diese Frage von ihrer Verkörperung her zu beantworten. Dazu ein Beispiel:

Ich machte mit einem Paar eine Übung, in der beide so aufeinander zugehen sollten, wie es für sie stimmig war. Die Frau erlebte, wie sie zunächst zögerte, an eine Schwelle kam und dann ihrem Mann mit geschlossenen Augen in die Arme fiel. Dieser jedoch versteifte sich gegen ihre Berührung. »So geht es immer«, klagte sie, »wenn ich auf ihn zugche, stößt er mich weg.« – »Mach es nochmals und halte an der Schwelle inne«, schlug ich vor. »Jetzt fühle ich mich hilflos«, sagte sie. »Schau deinen Mann an«, forderte ich sie auf. »Nein, nein«, erwiderte sie, »ich habe Angst, nur Ablehnung zu sehen.« Da bat ich sie, ihre Hilflosigkeit zu verstärken und langsam wieder aufzulösen. Sie tat es und richtete sich langsam auf. Ich sah, wie der Mann gleichzeitig unbewußt seine versteifende Haltung löste und seine Hände sich öffneten. »Versuch jetzt, deinen Mann anzuschauen.« Zögernd hob sie den Blick. Beide standen einander gegenüber. Sie ging einen Schritt näher und blieb wieder stehen. »Ich habe dich noch gar nie richtig angeschaut«, sagte sie plötzlich. Beide blieben lange stehen. Dann gingen sie langsam aufeinander zu und gaben sich die Hände. Anschließend sagte sie: »Ich habe erstmals gespürt, daß ich auch Zeit und Distanz brauche. Es ist für mich gut so.« Und er antwortete: »Ich nehme dich wahr. Du bist einfach du, Lydia, und du bist so anziehend für mich wie damals.« – Es kam heraus, daß sie ihre Eigenständigkeit in dem Maße aufgegeben hatte, wie sie ihn zu lieben begann. Immer mehr war er zu ihrem unnahbaren Vater und sie selbst zu seiner depressiv-anklagenden und schweigenden Mutter geworden. Jetzt standen beide voreinander und vermochten es in diesem Augenblick, einander wahr-zunehmen, auch wenn das erst der Anfang eines langen gemeinsamen Prozesses war.

Eigenständigkeit ermöglicht es, Grenzen aufzulösen und sich wiederum zu be-grenzen: Wir neigen uns zu und verbinden uns, und wir ziehen uns wieder auf uns selber zurück. Das ist eine rhythmische Gestalt, eine »Kontaktwelle«.

Im Zusammenhang mit Standfestigkeit beginnt ein Kind auch, seine Autonomie einzuüben. Es lernt, sein Ausdehnen und Zusammenziehen eigen-mächtig und willentlich zu formen. Es lernt damit auch, nein zu sagen und dieses Nein wieder aufzulösen, wenn ihm Raum dafür gegeben wird.

Das Nein ist ein wichtiger Aspekt der eigenen Begrenzung.[22] Das leibhafte Nein braucht Mut, weil wir damit Trennung und Einsamkeit wagen. Sich-Zusammenziehen ist ein Ausdruck von Selbstbehauptung. Ohne Trennung, ohne Nein ist auch kein Ja möglich, das erneute Lockerung der Grenzen bedeutet. In der Ausbildung von Grenzen, im Innehalten spüren wir uns am deutlichsten. Wir brauchen dieses Innehalten, um unserer selbst gewahr zu werden.

Besonders Frauen haben oft große Mühe, sich abzugrenzen und ein Nein oder »Halt« zu formen, das für sie selber und für andere glaubhaft ist. Eine jüngere Frau streckte ihre Hände weit und verkrampft von sich, mit hochgezogenen Schultern und verringertem Atem. Ich bat sie, mit ihren Armen einen Raum vor ihrer Vorderseite zu bilden, ihn zu spüren und anschließend die Hände auswärts zu drehen, um diesen wahrgenommenen Raum zu schützen. Die Frau äußerte dazu: »Ich spüre jetzt den Raum, der zu mir gehört und eine Verbindung vom Körper zu meinen Händen. Ich habe Kraft mit meinem Nein, ohne mich verkrampfen zu müssen.«

Es gibt auch viele hilflose Nein-Formen oder Trotz-Muster, die kaum mehr aufzulösen sind, heimliche Nein-Formen, die von anderen kaum wahrgenommen werden. Im Laufe eines Workshops realisierte eine Teilnehmerin, daß sie sich während einer Atemübung stets aufblähte. Dadurch spürte sie einen starken inneren Druck. Ich bat sie, diese Form zu verstärken und wieder zu lösen. Dabei kam ihr in bezug auf ihre Familie der Satz: »Ich mache, was ihr wollt – und ich mache doch, was ich will!« Das genaue Muster war also: innerer Widerstand bei gleichzeitigem Verbergen dieses Widerstandes.

Die gesellschaftlich vorgegebene Norm billigt Frauen wenig an abgrenzenden Qualitäten zu, im Gegensatz zum Mann. Schon im familiären Umfeld lernt eine Frau kaum, ein Nein zum Ausdruck zu bringen, sie entzieht sich eher auf indirekte Weise durch »Nicht-

Dasein«, grenzt sich nur in Extremsituationen ab oder formt das vorhin beschriebene Trotzmuster. Freilich kennen auch Männer diese Möglichkeiten, nur erzählen sich Frauen und Männer oft eine je andere »gesellschaftlich gefärbte« Geschichte dazu. Überdies haben Männer manchmal Mühe, ihr Nein zu differenzieren. Sie bilden ein »Nein basta!« und versteifen sich dabei. »Ich muß dabei bleiben – wenn ich nur ein wenig loslasse, werde ich unsicher, und mein Nein wird wirkungslos.« Mit diesem extrem »harten« Nein ist häufig viel Angst verbunden, man könnte »es« nicht glauben. Manchmal ist es auch kaum mehr möglich, diese Extremposition aufzulösen. »Ich kann mit meinem Nein schon gar nicht mehr aufhören, obschon ich möchte«, sagte ein Mann, der sich in seiner Haltung so verkrampft hatte, daß er in ihr richtig blockiert war. Oft erlebt ein Mann, daß sein Nein gar nicht so aufwendig sein muß, wenn er es von einer flexiblen Standfestigkeit her aufbaut – und daß er es bei Bedarf intensivieren und wieder mildern kann.

Die Gestaltung von Eigenständigkeit und Autonomie ist also für beide Geschlechter ein Thema. Für unser heutiges Verständnis von Beziehung ist es wichtig, einen eigenen Stand zu finden und Autonomie herauszubilden.[23] Unsere Eigenständigkeit fordert andere Qualitäten als früher, wo Frau und Mann noch verbindlich in eine gesellschaftliche Struktur eingebunden waren, die ihnen auch Bei-Stand gab. Wir müssen lernen, Eigenständigkeit als »allein-stehend sein« zu verkörpern, ohne dabei un-verbunden zu sein. Dies gilt vor allem auch für Partnerschaft.

Immer stärker wird für Frauen auch Eigenständigkeit und Autonomie in der Öffentlichkeit zum Thema. Eine jüngere Frau sagte in einer Gruppe: »Wenn ich einer Gruppe von Menschen gegenüber bin oder gar in der Öffentlichkeit stehe, spüre ich mein Rückgrat kaum. Ich habe das Gefühl, ich müßte zehn Frauen im Rücken haben, um es zu wagen.« Einerseits ist die gegenseitige »Rückenstärkung« eine wichtige Möglichkeit, vor allem unter Frauen. Anderseits geht es darum, sich diese auch einzuverleiben – das eigene Rückgrat zu stärken, ohne es zu versteifen und starr zu machen, wie es die männliche Geschichte den Männern nahelegt.

Hier befinden sich Frauen oft auch in einer Falle. Haben sie »Rückgrat«, werden sie als »hart« oder »männlich« denunziert, sind sie unsicher, werden sie als »typisch weiblich« entwertet. Das heißt: Imitieren sie »männliche« Muster wirklich, ist es falsch. Haben sie

Rückgrat, wird dies ebenfalls als »männlich« mißverstanden. Sind sie »weiblich«, sind sie zwar, wie sie sein sollen, aber das wird auch entwertet. Eine Frau faßte das in die für die Öffentlichkeit sehr oft zutreffende – Formel: »Bin ich ›weiblich‹, ist es falsch. Bin ich ›männlich‹, ist es falsch. Bin ich einfach *ich selber*, werde ich in eine der Kategorien eingepaßt – und es ist wieder falsch. Ich bin auf jeden Fall angreifbar, und doch fühle ich mich manchmal auch stark, standhaft.« Nur wenn wir bereit sind, diese Dynamik, die in der Öffentlichkeit noch weitgehend gilt, wahrzunehmen, läßt sich ermessen, wie schwierig es in diesem Raum ist, Eigenständigkeit zu verkörpern. Dazu kommt, daß Frauen dazu neigen, den anderen Frauen gegenüber dieselben Kategorien zu benutzen und das eigene Geschlecht unbewußt in Identifikation mit männlichen Schablonen zu entwerten. Die Solidarität unter Frauen ist also auch hier oft eine gebrochene. Manchmal fällt einer Frau die Rückenstärkung durch andere Frauen zu, oft befindet sie sich jedoch auch in einem kräfteraubenden Alleingang. Manchmal gelingt dieser Alleingang, oft bleiben aber Unsicherheiten und Anfechtungen von innen *und* außen bestehen und lassen Versagen oder einen »bitteren Rest« zurück, der alte Wunden aus der eigenen und kollektiv weiblichen Geschichte berührt. Es gibt hier keine vorgefertigten und vorweggenommenen Lösungen, auch keine allgemein verbindlichen – vielleicht aber immer wieder verbindende – Perspektiven und ein Unterwegssein mit allen Brüchen und kleinen Schritten.

Von der Zu-länglichkeit bis zur Wut – das Spektrum von Aggression gestalten

Aggression ist etwas, das wir häufig mit Destruktion gleichsetzen und deshalb von vornherein mit negativen Vorzeichen versehen. Doch wörtlich bedeutet »Aggression« – lateinisch: ad-gredi – »etwas angehen«. Dadurch erschließt sich ein anderes Spektrum dieses belasteten Begriffs:[24]

Schon kleine Kinder ertasten und erkunden, was ihnen entgegenkommt, was sie mit wachsender Körperbeherrschung ergreifen können. »Zulänglich werden«[25] bedeutet deshalb primär zu-langen können. So lernen Kinder allmählich, Dinge zu be-greifen und zu er-fassen – nicht nur körperlich. Wird dieses erste Einüben von Aggression durch die Umgebung gefördert, erlebt ein Kind sich selbst als »zulänglich« und gewinnt dadurch Mut, den Kreis seines Wirkens zu vergrößern, zu vertiefen und die Formen seiner Aggression zu differenzieren. Wird es in seinem Erkunden gestört, lernt es, sich zurückzuhalten, Impulse des Ausgreifens zu unterdrücken oder sich der Welt in zerstörerischem Zupacken zu bemächtigen.

Erwachsene mißverstehen dieses erste Experimentieren oft als »kaputt machen« und engen den kindlichen Spielraum ein. Doch im Erproben erfährt das Kind allmählich seine Wirk-Mächtigkeit. Es lernt auch, die Welt als gegenständliche zu verstehen, ihre Eigenart und ihre Grenzen zu respektieren. Mit der Zeit erschafft und erbaut es sich auch eigene »Welten«, kreiert Neues. Durch die Intensität, mit der ein Kind etwas erschafft, es pflegt und betreut, macht es zudem eine wichtige Werterfahrung: Lieb wird mir etwas, mit dem ich mich eingehend befaßt habe. Werden früh enge Strukturen vorgegeben, geht die eigene Kreativität verloren, und das Kind beginnt, seinen eigenen Impulsen zu mißtrauen. Bekommt es keine Grenzen, verliert es sich und kann seinem Wirkenwollen keine Form geben. Von da her wird verständlich, daß Kinder das ihnen Lieb-Gewordene und den Raum ihres Wirkens verteidigen, ja auch sich selbst im Gefühl für den eigenen Wert zu behaupten suchen. Sind sie in ihrem Selbstwertempfinden beeinträchtigt, ziehen sie sich zurück oder bilden zerstörerische Aggressionsformen aus. Wut und Empörung gehören deshalb zum weiten Spektrum von Aggression und können

Ausdruck der eigenen Kraft wie auch einer Hilflosigkeit sein, die oft verzweifelt überkompensiert wird, als »blinde« oder »ohnmächtige« Wut und schließlich als Destruktion.

Unsere menschliche Aufgabe ist es demnach, leibhaft ein Spektrum von Aggression auszubilden, es selbst zu formen und nicht von ihm beherrscht zu werden – weder in übermäßiger Zurückhaltung, noch in zerstörerischen Impulsen.[26]

Zu-greifen

In unserer Gesellschaft haben wir die größte Mühe, ein Aggressionsspektrum zu formen. Das gilt für die meisten Menschen beiderlei Geschlechts. Doch haben die damit verbundenen Probleme meist auch eine geschlechtsspezifische »Prägung«. So war der Handlungsraum von Frauen vor allem seit der Industrialisierung weitgehend auf den Kreis der Familie beschränkt.[27] Dort durfte sie nicht nur, dort *mußte* sie zugreifen, auch wenn dieser weibliche Wirkungskreis im Laufe der Zeit gesellschaftlich immer mehr entwertet wurde. In Notzeiten – vor allem im Zweiten Weltkrieg – waren Frauen allerdings gezwungen, weiter auszugreifen, um die Existenz der Familie zu sichern, was ihnen zum Teil auch ein anderes Selbstverständnis vermittelte. Dennoch ist für Frauen der heute mittleren und älteren Generation der Mangel an Welterfahrung und der damit verbundenen Wirkmächtigkeit ein zentrales Thema. Sie empfinden oft ein starkes Nachholbedürfnis und gleichzeitig ihr eigenes Ungeübtsein.

Das Zugreifen von Frauen hat deshalb meist auch eine andere Qualität als dasjenige von Männern. Es scheint mir aus diesem Grund wichtig, von der Frage auszugehen, wie Frauen ihr »Zulangen« und »Ausgreifen«, ihren Übergang zum Handeln konkret und leibhaft formen. Dabei beziehe ich mich vor allem auf die Arbeit mit einer Gruppe, in der das Thema »Aggression« in den Mittelpunkt rückte.

Ich beginne mit der Äußerung einer Mutter, einer Frau von etwa vierzig Jahren, die neben Kindern und Hausarbeit ihrem Mann im Geschäft half und von sich sagte: »Ich kann ganz gut zupacken. Ich sehe immer gleich, wo ich gebraucht werde, und bin schnell im Reagieren. Man sagt von mir, ich könne effizient arbeiten. Das stimmt wohl auch. Was immer ich anpacke, das mache ich ganz.« Diese Frau hat ein Muster für Zupacken ausgebildet, das sich zwar auch bei Männern finden läßt, vor allem jedoch ein weibliches ist. Ich bat die Frau herauszufinden, wie sie dieses Muster mache. Dabei kam folgendes heraus: »Das Wichtigste ist mein Blick. Es ist eine bestimmte Art von Aufmerksamkeit. Ich sinke in der Mitte etwas ein und ziehe die Schultern hoch. Mein Atem wird flach. Ich spüre nur noch meine Augen, die allem rund um mich herum folgen. Und wenn irgendwo eine Lücke entsteht, jemand nicht weiter weiß oder etwas benötigt, dann schnelle ich auf, ziehe mich mit einem Ruck aus der Mitte hoch und nach vorne. Dabei halte ich meinen Atem noch mehr an.« Es zeigt sich also das folgende Muster: Aufmerksamkeit – Vorschnellen – Zupacken. Dabei spürt sich die Frau jedoch kaum. »Ich bin immer schon beim anderen.«

Ich bat die Frau, das reflexartige Vorschnellen in Zeitlupe auszuführen und dabei zu intensivieren und ebenso langsam wieder zurückzugehen, das Muster also aufzulösen. Erstaunt sagte sie anschließend: »Ich spüre mich da sitzen und schaue zu. Und ich habe plötzlich Raum zum Entscheiden, ob ich zupacken *will* oder nicht. Ich spüre den *Übergang* von meinem Wahrnehmen zum Handeln. Und – so komisch es klingt – ich bin mit dabei, ich habe eine Wahl. Mein Handeln war vor allem ein ›Einspringen‹. Ich war ständig am Reagieren. So machte ich mich unentbehrlich. Schon als Kind. Ich war auf eine unscheinbare Weise wichtig. Die anderen merkten kaum, daß ich es in Händen hielt … Jetzt hingegen spüre ich eine Bewegung von meinem Körper zu den Armen, nehme mein Rückgrat wahr, das mich hält. Und ich fühle eine warme Kraft in meinen Armen und Händen.« Das Zupacken bekam eine andere Qualität. Die Frau spürte, daß *sie* mit ihren Händen zulangte, nicht nur für andere, sondern auch für sich selbst. Dabei entdeckte sie auch, daß sie die Dinge, die sie anfaßte, deutlicher und differenzierter wahrnahm. »Ich war eher wie eine präzis funktionierende Maschine, aber ich konnte mich dabei nicht spüren. Meine Hände taten etwas, aber sie gehörten nicht zu mir.«

In dieser Gruppe wurden beim Thema »zulangen« die verschiedenen Geschichten deutlich, die Frauen damit verbinden. »Jedesmal, wenn ich unbekümmert zugreifen will – etwa bei Arbeiten im

Garten –, zucke ich zurück und höre eine Stimme in mir, die sagt: ›Psst, laß das, sonst machst du dich schmutzig.‹ Es war klar, daß mein Bruder das sehr wohl tun durfte, weil er ein Bub war. Ich aber durfte nicht an die Dinge herangehen. Ich mußte eigentlich immer ›behandschuht‹ durchs Leben. Und ich war auf den Mann angewiesen, der zupacken durfte.« Auch dieses Zurückzucken vor der »dreckigen Wirklichkeit« ist eine mögliche verkörperte Geschichte, und wiederum eine vor allem weibliche, eine, die von der männlichen Gesellschaft den Frauen in höheren gesellschaftlichen Schichten auferlegt wurde.

Eine andere Frau in der Gruppe erzählte: »Wenn ich selbstverständlich etwas anpacken will, zögere ich. Ich habe zunächst nicht verstanden, warum. Ich halte inne und suche mit meinem Blick jemanden. Da hörte ich den Satz, den ich damit verbinde: ›Darf ich?‹ Ich brauche immer eine Erlaubnis, bevor ich zupacke. Im Haus war es die Mutter, die alles kontrollierte. Sie erwartete, daß man es ganz genau machte. Sie durfte man nicht fragen, man mußte ›es‹ wissen. Und da habe ich auch heute noch diese innere Spannung. ›Ob es wohl recht ist...?‹ Draußen regierte der Vater. Man durfte in der Werkstatt oder im Garten nie etwas selbständig machen. Ich durfte nur zudienen. Wenn ich bettelte, sagte er: ›Du kannst es ja doch nicht. Mädchen verstehen nichts davon. Geh zur Mutter und hilf ihr!‹ Ich bin dann Hauswirtschaftslehrerin geworden. Einfach weil ich dachte, daß ich das kann.«

Dies ist nochmals eine Geschichte, die das Zupacken auf einen bestimmten Bereich einengt, in dem es jedoch genau zu erfüllende Gesetze gibt, während in Außenbereichen nur »zudienen« als Handlungsmuster möglich ist. Viele der anwesenden Frauen brachten zum Ausdruck, daß sie vor allem in den Außenbereichen des Lebens ein »Hemm-Muster« hätten, daß sie innehielten, zögerten, sich klein machten, zudienten. Dabei wurde auch klar, daß es nicht *das* weibliche Muster gibt, sondern eine Vielzahl von Verkörperungen, die im Zusammenhang mit der familiären Situation standen, die jedoch zugleich auf einer Bandbreite lagen, welche die Gesellschaft als weibliche Form für Aggression zugestand. Das wurde deutlich, als eine Frau nach den bisherigen Äußerungen förmlich platzte und sagte: »Ich habe es genau anders herum erlebt. Ich kann zupacken. Alle, die mit mir Kontakt haben, wissen das. Aber es hat immer den Anstrich des ›Männlichen‹. Frauen bewundern mich oft, aber es hat einen Beigeschmack. Und Männer sagen mir, daß sie froh seien, weil ich ›anders‹ bin. Aber ich fühle mich irgendwie draußen. Ich hätte ein Bub werden sollen. Und so war ich als Kind eben Papas Bub. Er nahm mich überallhin mit und zeigte mir alles, brachte mir alles bei. Eigentlich bin ich froh darum, aber ich weiß oft nicht, wer ich bin. Und Männer sehen in mir den Kumpel, den Kamerad, aber nicht eine Frau. Das macht mich einsam unter Frauen und letztlich auch unter Männern.«

Zwei Aspekte werden hier deutlich. Da unsere Gesellschaft das Zupacken nach außen hin für Frauen weitgehend tabuisiert hat, wird seine Verkörperung durch Frauen enteignet, und schließlich enteignen sich Frauen selbst, indem sie ihr Zupacken – oder andere Aspekte ihres In-der-Welt-Seins – als »männlich« bezeichnen. Zugleich hat das Gestalten von Aggression sehr viel mit unserer Arbeitsteilung zu tun, durch die eine »weibliche« und eine »männliche« Welt entsteht. Als wir mit der Frau arbeiteten, die ihr Muster als »männliches« beschrieben hatte, kam etwas für uns alle sehr Lehrreiches heraus. Ich bat die Frau, den Übergang zum Zupacken als ihr Muster zu zeigen. Sie stellte sich hin, »pumpte« ihren Brustkasten auf, indem sie gleichzeitig den Bauch einzog, die Beine weiter auseinander stellte, die Füße auswärts gedreht. Dann spannte sie ihren Schultergürtel an und biß die Zähne aufeinander. Ich bat die Frau, das Muster langsam wieder aufzulösen. »So kann ich doch nicht handeln«, preßte sie gleich heraus, »ich habe ja gar keine Kraft.« Ich regte die Frau an, ihre Übung zu wiederholen, ins Extrem zu steigern und dann den Übergang zum Handeln wirklich zu vollziehen. Sie blies sich wieder auf, spannte an und »explodierte«. Sie begriff, daß ihr »kraftvolles Handeln« mit diesem Explosionsmuster verbunden war. Sie konnte sich Handeln gar nicht anders vorstellen. Und zugleich war es dieses Explosionsmuster, das sie mit der »männlichen« Geschichte verband.

Wir wiederholten das Muster, und ich bat die Frau, jene Schwelle zu finden, von der aus ihr Handeln und Zupacken gerade noch möglich scheine. Nach einer Weile sagte sie: »Es ist völlig ungewohnt. Ich bin auch irgendwie ratlos.« Und noch etwas später: »Jetzt erfahre ich etwas Neues. Bisher habe ich alles angepackt, als ob ich Schwerarbeit verrichten müßte. Ich habe – um es bildlich zu sagen – einen Bleistift mit derselben Kraft hochgehoben wie einen Baumstamm. Jetzt merke ich, daß ich differenzieren kann. Etwa von anrühren über anfassen bis zupacken.« Und nach einer weiteren Pause: »Das ganze hat jetzt mit ›weiblich‹ oder ›männlich‹ überhaupt nichts mehr zu tun.«

Aus diesem Prozeß lassen sich wichtige Aspekte ableiten. Die meisten von uns entwickeln ein Aggressionsmuster, das sie künftig auch als weibliches oder männliches identifizieren, wobei Zaghaftigkeit, Vorsicht, Scheu als weiblich, kühnes, festes, kräftiges Zupacken als männlich aufgefaßt wird. Zusätzlich entsteht oft ein Doppelmuster von »zu Hause« und »draußen«, das unsere Arbeitsteilung in der Art unserer Verkörperungen widerspiegelt. Daß es sich um »Geschichten« handelt, wird durch die Arbeit mit den entsprechenden Mustern deutlich.

Aggression hat auch mit Eigenständigkeit zu tun, wie anhand des beschriebenen Gruppenprozesses wiederholt deutlich wurde. Muster des »Zudienens«, der Abhängigkeit von Erlaubnis beruhen nicht auf Eigenständigkeit. Das läßt sich auch körperlich an der oft mangelnden »Bodenständigkeit« sehen. Es sind jedoch nicht nur sogenannte weibliche Muster, denen der Kontakt mit dem Boden fehlt, sondern oft auch männliche. Die Kraftexplosion trägt den betreffenden Menschen aus sich weg, und die »Breitspurigkeit« täuscht Stabilität vor, die gar nicht besteht. Aus einem unsicheren wie aus einem überkompensierend breitspurigen Stand mit aufgeblasener Brust ist es schwierig, das eigene Zugreifen zu differenzieren.

An-greifen

Frauen durften in der Vergangenheit nicht an-greifen, nicht kämpfen, sich nicht wehren – außer etwa durch Tränen.

Der Traum, einmal physisch kämpfen zu dürfen, findet sich bei vielen heutigen Frauen, die jedoch oft behaupten, darin ungeübt zu sein. Dahinter liegen typische Kindheitsgeschichten. Kinder balgen und rangeln fürs Leben gern. Es gibt ein ganzes Spektrum vom zärtlichen Necken über spielerisches Kräftemessen bis zum wütenden Kampf. Das ist jedoch ein subtiler Lernprozeß: Wie kann ich meine Kräfte einsetzen, ohne dem anderen im Spiel ernsthaft weh zu tun?

Wie kann ich meine Wut einbringen, ohne destruktiv zu werden? Das sind Fragen, welche Kinder sich nicht bewußt stellen, die jedoch leibhaft gegeben sind. Und letztlich geht es darum, wie Eltern und die Gemeinschaft auf das Spektrum der kämpferischen Impulse ihrer Kinder zu antworten vermögen. »Meine Mutter war zu schwach, man mußte sie immer schonen.« – »Mein Vater setzte einfach seine Kraft ein, und da hatte ich keine Chance.« – »Sobald ich mich wehrte, bekam ich Schläge.« Durch solche Erfahrungen wird das Ausbilden eines Spektrums von Aggression beeinträchtigt. Das brauchen noch keine geschlechtsspezifischen Erfahrungen zu sein. Doch auch sie schlagen sich in den Aggressionsmustern nieder: »Schäm' dich, ein Mädchen tut das nicht!« – »Du bist doch kein Bub. Laß das!« – »Du kannst dich doch anders wehren als mit Fäusten.« Mädchen wurden angehalten, sich aus Kämpfen fernzuhalten, ihre Kräfte nicht zu messen. Häufig wurden auch schon spielerische Impulse unterbunden und als unweiblich gebrandmarkt, obwohl es noch gar nicht ums Kämpfen ging. Buben sollten stark sein, sich schlagen können, ohne nachher zu weinen. Sie sollten »hart im Nehmen« sein. So wurden Mädchen und Buben auf ihre zukünftige Rolle vorbereitet. Buben, die nicht zu kämpfen verstanden, wurden von ihren Vätern oft ausgelacht. Und wenn Mütter ihre Söhne an Bubenspielen hinderten, empfanden diese es als demütigend, in weiblichen Mustern gefangen zu sein, und machten diese Niederlagen später oft überkompensatorisch wett, häufig auch auf verbaler, intellektueller Ebene.

Kämpfen ist also ein wichtiger Aspekt des Aggressionsspektrums. In therapeutischen Workshops erlebe ich oft den Wunsch von Frauen *und* Männern, einmal kämpfen zu dürfen. Dabei kommen verschiedene Bedürfnisse zum Tragen. Einerseits wollen Frauen balgen und dabei die Kraft eines »Vaters« spüren, der Stand hält und sie doch nicht einfach überwältigt oder sie wollen wirklich kämpfen, ihre eigene Kraft und Kampfeslust erleben.

Dabei machen Gruppen immer wieder dieselbe verblüffende Erfahrung: Unscheinbare, eher zarte Frauen zeigen plötzlich eine vehemente Kraft, wenn die Gruppe, gleichsam als Repräsentantin der Gesellschaft, ihnen dazu die »Erlaubnis« gibt. Die Reaktion auf diese Erfahrung ist verschieden: »Ich wußte gar nicht, daß ich so stark bin.« – »Ich habe immer gedacht, wenn ich meine Kraft zeige, zieht sich der andere zurück.« – »Ich war immer die Unterlegene in meiner Familie, weil ich die Jüngste war.« – »Als Mädchen durfte ich nie rangeln und kämpfen, und ich wußte gar nicht, ob ich es überhaupt kann.« – »Ich weiß schon, daß ich stark bin, aber ich habe es nie direkt gezeigt.« Das sind alles Geschichten, mit welchen sich Frauen am Ausdrücken ihrer Stärke hindern.

Oft sind es ähnliche Muster wie beim »Anpacken«. Im Hintergrund stehen familiäre und gesellschaftliche Geschichten. Es gibt allgemeine Familienmuster, die Aggression als »Angriff« verbieten, es gibt auf weibliche Kinder beschränkte Familienmuster, aber auch solche, die Buben treffen. Ein schwacher Vater, eine leidende Mutter muß von der eigenen Vitalität und Kampfeslust verschont werden. Damit wird die Kraft denunziert, sie wird zu etwas Gefährlichem, und es entsteht oft ein tiefes Mißtrauen in die Qualität der eigenen Kraft – bei Buben wie bei Mädchen. Nur ist die Geschichte häufig je verschieden akzentuiert: Das Mädchen ist – so will es die Gesellschaft – zarter und feiner. Angriffslust ist etwas, das Mädchen nicht haben oder verstecken sollen. Es ist nicht in Ordnung, gehört nicht zur »Natur« des Mädchens. Buben müssen – so die entsprechende Geschichte – ihre Natur beherrschen und zurücknehmen, sollen sie nicht so hemmungslos ausleben, sondern sich unter Kontrolle haben und dennoch Kraft und Aggressivität zeigen.

Die »männliche Kraft« wird verherrlicht oder auch verteufelt. In Workshops erlebe ich oft, daß sich ein Mann wünscht, mit einer Frau kämpfen zu dürfen – und zwar mit einer, die »man auch anfassen darf«. Nach einem Kampf sagte ein Mann schmerzerfüllt: »Erstmals habe ich eine Frau wirklich angepackt. Und sie ist nicht zerbrochen ... Frauen hatten für mich immer etwas Unberührbares, waren zarte Blumen, die man nur leise streicheln durfte. Vor drei Jahren ging meine Frau weg, weil sie sich von mir eingeengt fühlte. Ich war wie vor den Kopf geschlagen. Bis heute verstand ich nichts. Ich war doch so zartfühlend gewesen. Ich hatte ihr doch keine Gewalt angetan. Und jetzt weiß ich. Ich habe *mir* Gewalt angetan und sie damit ebenfalls eingeengt. Sie konnte mich gar nicht spüren.«

Nochmals etwas anderes ist die *Gestaltung* eines Kampfes und die damit verbundenen Geschichten. Ich möchte nur einige Aspekte mit entsprechenden Fragestellungen andeuten: Wie setze ich meine Kraft ein – plötzlich und ausbruchsartig, den anderen leerlaufen lassend, mit Tricks, mit Wendigkeit und Durchschlüpfen? Eine andere Ebene ist der Verlauf des Kampfes: Wie reagiere ich, wenn ich spüre, daß ich stärker bin/der andere stärker ist? Wie gehe ich mit Sieg oder Niederlage um? Die einen Menschen spüren, daß sie viel Kraft auf einmal einsetzen und sie damit verpuffen, andere können lange zuwarten, wagen jedoch nie einen Angriff und verbleiben immer in der Reaktion. Die einen schlagen zu, wenn der »Feind« schwächer ist, andere geben sogleich nach, weil sie sich irgendwie »schuldig« fühlen oder nicht gewinnen dürfen. Die einen geben ihr Letztes, wenn sie am Verlieren sind, gehen an ihre äußerste Grenze, andere resignieren, sobald sie die Kraft des anderen spüren usw.

Ein körperlicher Kampf – vor allem vor einer Gruppe von Menschen zeigt die Kampfmuster der Beteiligten sehr deutlich, und es ist hilfreich zu erfahren, wie man selber Angriff, Kampf und Beendigung eines Kampfes formt. Das eine ist, Kampf *überhaupt* zu wagen, etwas anderes, seine Kräfte sinnvoll einzusetzen, und ein weiteres, den Kampf beenden zu können.

Ich arbeite in Gruppen manchmal mit Übungen, in denen es darum geht, die eigene Kraft sinnvoll einzusetzen. »Kampf« hat etwas zu tun mit Aufbauen und Lösen von Spannung, mit dem Herausbilden einer kontrollierbaren Bewegung, die jedoch nur auf der Basis von Standfestigkeit aufgebaut werden kann, zudem ist in vielen individuellen Kampfmustern der Energieverschleiß bereits dadurch einprogrammiert, daß keine Verbindung zwischen Angriff und Körper besteht.

Das Spektrum von Wut

Wir kommen mit diesen Überlegungen jedoch auch in jenen Bereich, in dem wir Aggression als Wut erleben und äußern. Vor allem für Frauen ist Wut häufig ein Tabu, wie es die gesellschaftliche Norm nahelegt. »Wohin mit meiner Wut?«[28] ist eine Frage, die nicht nur den Titel eines Buches ausmacht, sondern die Not vieler Frauen zum Ausdruck bringt. Häufig werden negative Geschichten mit der Wut verbunden, etwa: »Wut ist etwas Primitives – ich doch nicht.« – »Ich darf meine Wut nicht zeigen, sonst werde ich abgelehnt.« – »Wut ist etwas Katastrophales. Sie darf nicht sein – um keinen Preis.« – »Ich bin nie wütend. Man kann Probleme schließlich anders lösen.« Und so weiter. Mit diesen Geschichten sind entsprechende Körpermuster verbunden.

Viele Menschen, welche in die Therapie kommen, haben ein Leben lang »den Kopf hochgehalten«, »die Zähne zusammengebissen«, das Weinen blieb ihnen »im Hals stecken«. Sie hatten sich »zusammengerissen«. Mit Hilfe von Körperübungen können die nie ausgedrückten Gefühle zum Ausdruck kommen. Menschen beginnen Wut zu zeigen und drücken sich körperlich intensiv aus. Gerade Frauen fühlen sich manchmal sehr erleichtert: »Zum ersten Mal konnte ich einen Ton von mir geben und einmal laut sein.« – »Nie durfte ich schreien – aber ich kann es doch. Ich habe fast nicht geglaubt, daß dies meine Stimme sei.« – »Es tat so gut, einmal mit den Beinen zu schlagen und Fäuste zu machen. Ich konnte mich bisher nicht wehren, nicht wütend sein.« Ein gängiges Muster unter Frauen ist, an der Stelle von Wut zu weinen, »dann wurde ich getröstet. War ich wütend, wandten sich alle von mir ab. Und noch jetzt kommen mir immer die Tränen, und das will ich doch gar nicht.«

Die alten, hemmenden, die Wut beherrschenden oder in Tränen umgewandelten Muster sind im wörtlichen Sinne »eingefleischt«. Deshalb ist es oft so befreiend, zum ersten Mal Wut spüren und zeigen zu dürfen – ohne verurteilt zu werden. Doch auf längere Sicht genügt das bloße Ausdrücken von Gefühlen nicht. Es geht – vereinfachend gesagt – nicht darum, den gleichsam versteckten Behälter von Wut zu leeren, um befreit zu sein. Wut ist nicht einfach etwas Verstecktes, das ans Licht gebracht werden muß. Vielmehr geht es für viele Menschen darum, Wut *formen* zu lernen, denn Wut ist nicht einfach Wut. Es gibt sehr viele Wutmuster, solche, die bedrohend, gefährlich, kraftlos, hilflos und wirkungslos sind. Die einen Menschen werden von einer »blinden« Wut ergriffen – sie schließen beispielsweise die Augen, um sie auszudrücken, und verlieren dabei den Kontakt mit dem Boden. Andere Menschen überfällt eine »ohnmächtige« Wut.

Eine jüngere Frau in der besagten Gruppe meinte: »Ich dachte immer, mein Problem bestehe darin, viel zu wütend zu werden. Ich war bestrebt, mich zu beherrschen, und explodierte dann im dümmsten Moment. Anschließend schämte ich mich furchtbar. Ich hatte es wieder einmal nicht geschafft. Und mein Ausbruch war immer wirkungslos. Vor kurzem begriff ich, daß meine Wut eine ohnmächtige war, eigentlich mehr Verzweiflung als Wut mit dem Gefühl: ›Du kannst dich ja doch nicht durchsetzen.‹ Erst jetzt lerne ich, wie ich eine kraftvolle Wut haben kann, eine wirkliche Wut, und zwar, bevor ich eigentlich schon aufgegeben habe.«

Es fallen hier auch die vor allem passiven Bilder auf: »ergriffen«, »überfallen«, »gepackt werden« oder »hineingeraten«. Die Wut wird oft auch als etwas Fremdes erlebt, das gar nicht zu einem selber gehört. Das ist ein Spaltmuster. Es gibt auch Menschen, die ihre eigene Wut gar nicht spüren, keine Beziehung zu ihr haben und erschrecken, wenn sie erstmals an die Oberfläche kommt.

Das »Entdecken« der eigenen Wut kann also befremdend oder befreiend sein. Dasselbe gilt vom ersten Ausdrücken von Wut. Ein Bann ist gebrochen, das hemmende Muster kann aufgelöst oder ein neuer Kontakt zur eigenen Kraft hergestellt werden, welcher die Wut nicht ohnmächtig, sondern kraftvoll werden läßt. Es geht jetzt darum, Wut als zur eigenen Person gehörend und nicht mehr als »fremde Macht« zu erleben und neue Möglichkeiten für das Ausdrücken von Wut zu erproben, wenn alte Muster aufgelöst sind. Wut ist ebenfalls keine »fixe Größe«, sondern stellt ein Spektrum verschiedenster Färbungen von Ärger bis Empörung dar. Viele Menschen kennen zunächst nur *eine* Färbung, haben nur diese eine zur Verfügung, leben in einem Entweder-Oder: Ich halte mich zurück oder ich explodiere.

Es geht also darum, zunächst die einem selbst zur Verfügung stehenden Muster zu erkennen, zu erspüren und die inneren Geschichten zu »hören«. Zu den überkommenen Geschichten gehört – vor allem bei Frauen –, daß Wut von vornherein etwas Negatives sei. Wut kann jedoch eine positive, und das heißt eine lebendige Form sein. Eine Mutter mit jugendlichen Kindern erzählte:

»Ich hatte mir geschworen, mit meinen Kindern immer geduldig zu sein und sie nie anzuschreien, wie ich es zu Hause erlebt habe. Vor einigen Monaten provozierte mich jedoch meine vierzehnjährige Tochter so sehr, daß ich sie – zum ersten Mal – anschrie. Ich wehrte mich für meinen Platz, den meine Tochter einfach vereinnahmt hatte. Sie sagte dann: ›Mami, es erstaunt mich gar nicht. Ich habe mich immer gewundert, warum du nie wütend wirst. Und es ist mir ganz schön auf die Nerven gegangen. Ich fühlte mich immer so schuldig, wenn ich selber wütend wurde.‹ Seither geht es bei uns lauter zu. Aber es ist auch lebendiger. Wir schreien uns manchmal an. Es ist dann jedes Mal wie ein reinigendes Gewitter und keine Katastrophe.«

Viele Mütter nehmen sich vor, mit ihren Kindern nie wütend, sondern immer geduldig zu sein. Sie verurteilen andere Mütter, die aggressiv sind. Oder sie schweigen beschämt über die eigenen Wut-Szenen zu Hause. Hier spielen oft alte Normen in neuem Gewand eine große Rolle. Es ist »unweiblich«, wütend zu sein. Und es ist zudem »unmütterlich«, den eigenen Kindern gegenüber Wut zu zeigen. Doch die meisten dieser Mütter sitzen einem Mißverständnis auf, in dem Wut mit einer autoritär-vergewaltigenden Haltung verwechselt wird. Und die auf diesem Mißverständnis beruhende Haltung wird mit dem alten weiblichen Tabu in eins gesetzt.

Gerade Kindern gegenüber gibt es jedoch auch eine Wut, die keine positive Kraft mehr ist, dann, wenn der Organismus des Kindes sie nicht aufnehmen kann. Einen Säugling zu schlagen, weil er ständig weint, ist so bedrohlich für das Kind, daß es seinen Selbstausdruck einschränkt. Das heißt *nicht*, daß die Wut der Mutter – oder des Vaters – unverständlich sei. Sie ist oft Ausdruck letzter Verzweiflung: »Ich kann nicht mehr!«

Viele Eltern – vor allem Mütter – geraten im ununterbrochenen Zusammensein mit ihren kleinen Kindern so sehr an die Grenze, daß sie die Kinder oft »an die Wand schmeißen möchten«. Sie lernen Impulse in sich kennen, die sie nie in sich vermutet hätten. Das ist erschreckend. Immer wieder höre ich ähnliche Äußerungen, die ich meist nur in meiner Funktion als Therapeutin erfahre: »Ich beginne langsam zu verstehen, daß Eltern ihre Kinder mißhandeln. Zum Glück habe ich immer noch eine innere Kontrolle, die mich davor bewahrt.« Beschämt gestehen Mütter oft auch, daß sie ab und zu einmal ihr Kind schlagen. Heute wird dies kaum mehr als legitime Erziehungsmaßnahme gerechtfertigt, sondern als persönliches Versagen erlebt, als Ausdruck eigener Ohnmacht. Schuldzuweisungen helfen hier nichts, denn vieles kommt zusammen: Die unbewußt angestaute Wut aus der eigenen Geschichte, Konflikte in der Partnerschaft, die Hilflosigkeit im Umgang mit Kindern, ohne auf bestehende *erfahrene* Modelle zurückgreifen zu können, die Unfähigkeit, sich selbst wirksam abgrenzen zu können, die Einsamkeit der Mütter in der Erziehung ihrer Kinder, die Ansprüche, die sie an sich selber stellen, und die überfordernde Alltagssituation als solche.

Auch die verzweifelte und jähe Wut von Müttern ist eine stumme Geschichte, die am Ende nur auf sie selber als alleinige Schuld zurückfällt, wenn sie »so etwas« von sich preisgeben. Eines ist der Schaden, den ein Kind durch wiederholtes Geschlagenwerden erfährt, ein anderes die Not der Mütter selbst, die nicht nur ihr individuelles Problem ist. Anhaltende destruktive Wut ist jedoch ein Zeichen dafür, daß eine Person oder eine Familie Hilfe braucht – praktische oder therapeutische Hilfe. Doch gleichzeitig handelt es sich auch um ein gesamtgesellschaftliches Problem, das nicht einfach auf einen einzelnen – nur zu oft auf die Mutter – abgewälzt werden kann.

Es ist wichtig, in bezug auf Wut eine Unterscheidung vorzunehmen. Es kann heilend für einen Menschen sein, mit seinen ungeformten Wut-Impulsen in Kontakt zu kommen oder mit Wut zu experimentieren, sie auf bisher nie gewagte Weise zum Ausdruck zu bringen. Dafür bietet der geschützte Raum der Therapie eine Chance. In unserem Leben ist jedoch Wut nichts Isoliertes, sondern ein Aspekt von Beziehung. Wenn sie die Selbstgestaltung anderer Menschen beeinträchtigt, ist sie keine positive Form mehr. Nur sind die Geschichten und die tatsächliche Wirkung oft zweierlei. Wir erzählen uns vielleicht, daß der Partner oder die Partnerin unsere Wut nicht ertragen könne, daß wir sie dem anderen nicht zumuten dürfen. Wir machen ihn dadurch oft zu einem schwachen Gegenüber, das geschont werden muß, oder zum schlechthin Übermächtigen.

Auch hier kommen oft wiederum »weibliche« und »männliche« Muster unserer Gesellschaft zum Tragen. Frauen, die so wenig Erlaubnis haben, ihre Wut zu zeigen, greifen zu indirekten Möglichkeiten. Übrig bleibt ihnen – gesellschaftlich gesehen – die »Macht durch Ohnmacht«, wobei ihnen oft gefühlsmäßig nur der Ohnmachtsaspekt zugänglich ist. Dazu gehören Schwäche, Krankheit, Rückzug und Schweigen. Der Anspruch auf Schonung ist eine Form von Machtausübung. Viele Männer – und auch die Kinder – lassen sich so in Bann halten. Ein Mann, der diese Grenzen überschreitet, wird zum Bösewicht. Und er wird es nochmals, wenn er zum »Strafvollzieher« an den Kindern gemacht wird. Viele Kinder haben Mitleid mit ihren Müttern und stellen sich auf deren Seite. Gleichzeitig nehmen es vor allem Töchter ihren Müttern übel, daß sie ihnen ein Vorbild von Schwäche anbieten.

Frauen haben durch ihre Geschichte gelernt, Wut zu delegieren, sie nicht selbst zu leben, sondern sie durch andere – Mann und Kinder – leben zu lassen. Damit beschreibe ich allerdings übliche Muster, die im Einzelfall auch mit umgekehrter Rollenverteilung gelebt werden können. Die eigene Wut nicht selbst zum Ausdruck zu bringen bedeutet hier, die Verantwortung für sie nicht selbst übernehmen zu können, nicht zur eigenen Wut zu *stehen*. Die eigene Wut zum Ausdruck zu bringen ist vor allem für Frauen oft mit großen Ängsten verbunden. Deshalb ist eine andere Möglichkeit, damit umzugehen, die »ohnmächtige Wut«. Frauen halten sich zurück, bis sie explodieren, weinen und schreien. Doch dabei erleben sie nicht ein Gefühl von Kraft, sondern von Niederlage. Sie haben sich einmal mehr nicht beherrschen können, Anlaß und Reaktion sind unverhältnismäßig. Die Wut bleibt in dem Sinne wirkungslos, als sie nicht mit Handeln verbunden ist, die Frau sich nochmals ihre Schwäche demonstriert, überdies Schuldgefühle hat und als »zu emotional« belächelt oder kritisiert wird. Der Ausbruch prallt ab und gibt dem Mann oft die Möglichkeit, sich nochmals in ein Muster des Verschließens und der Überlegenheit zu flüchten. Der Mann kann durch Gewalttätigkeit zum Problemträger werden, die Frau durch ihre ohnmächtigen Wutanfälle. Dabei ist allerdings zu sehen, daß der »Problemträger Mann« viel weniger zur Rechenschaft gezogen wird als die »Problemträgerin Frau«. Auch in dieser Hinsicht kommen Frauen eher in eine Therapie als Männer.

Für viele Frauen ist der Kontakt mit ihrer Wut erschreckend. Deshalb wählen sie oft – wenn überhaupt – eine Wut, bei der sich der Partner draußen halten kann. Es scheint einfacher, eine Wut zu zeigen, die auf sie selber zurückfällt, als sie dem Partner zuzumuten. Eine jüngere Frau, die ich bat, im Stehen mit ihrer Wut dem Partner gegenüber Kontakt aufzunehmen, äußerte: »Ich fühle mich stark bei dieser Wut. Das habe ich noch nie erlebt. Aber gerade diese Stärke macht mir Angst. Ich möchte sagen: ›Nein, nein, ich meine es nicht so.‹ Und ich habe den Impuls, mich klein zu machen.« Ich bat die Frau, in ihrer Vorstellung den Mann anzuschauen. »Das kann ich fast nicht. Ich möchte wegschauen.« Und nach einer Weile: »Das ist es ja gerade. Die Verbindung von Stärke und Wut macht mir Angst. Mein Mann könnte sehen, daß ich stark bin. Und daß es mir ernst ist. Aber eigentlich ist es so: Ich bin stark. Und es ist mir ernst.«

Als diese Frau einige Zeit später ihre »kraftvolle Wut« ihrem

Mann gegenüber zum Ausdruck brachte, entgegnete er: »Ich wußte es eigentlich schon immer. Und es machte mich oft so wütend, daß du so schwach warst. Jetzt kann ich dir wenigstens begegnen.« Diese Erfahrung war ermutigend, aber oft erleben Frauen auch das Gegenteil und damit das Befürchtete: daß der Mann diese Wut nicht erträgt, daß es zu einer schwerwiegenden Beziehungskrise oder gar zur Trennung kommt. Oft offenbart sich an diesem Punkt die hinter-gründige Ohnmacht des Mannes, wenn auch häufig getarnt mit Abwehr, Auftrumpfen und Drohungen. Dennoch kann es eine Chance auch für die Beziehung sein, wenn Frauen lernen, zu ihrer Wut zu *stehen*.

Andernfalls entsteht ein fatales Vexierbild: Ein Mann sieht sich durch die »ohnmächtige Macht« seiner Frau in Bann gehalten. Er erlebt gefühlsmäßig *nur* den Aspekt der Macht bei der Frau, die ihn bedroht, und verstärkt die Pose der Macht, die ihm den Zugang zu seiner eigenen Ohnmacht verschließt. Und die Frau erlebt entweder ebenfalls nur seine Macht-Seite oder sie tut so, als ob sie diese sähe, während sie in Wirklichkeit seine untergründige Manipulierbarkeit entdeckt und sie verstohlen – und oft verzweifelt – ausnützt: Män-ner sind wie Kinder. Man kann sie sich gefügig machen. Man muß ihnen nur die Illusion ihrer Macht lassen, dann kann man alles mit ihnen machen ... Das sind keine einzelnen Äußerungen, sondern das häufige »Credo« noch unserer Mütter- und Großmütter-Gene-ration, das gleichzeitig ein Ausdruck ihrer Einsamkeit und ihrer verzweifelten Verachtung war.

Hier wird die Macht zur Rache: Die Frau rächt sich am Mann für ihre Unterdrückung, an ihm selbst und an den Kindern. Und der Mann rächt sich an der Frau für ihre verdeckte Machtausübung. Die Auswirkung auf die Kinder kann bedenklich sein. Mütter rächen sich an ihren Töchtern für das eigene ungelebte Leben und gestatten ihren Töchtern nicht, selbst lebendig zu sein, während sie die Söhne auf ein Männerleben vorbereiten, das von Idealisierung und Ent-wertung gleichzeitig getragen ist. Väter machen ihre Töchter zum Objekt, spielen sie gegen die eigene Frau aus oder übertragen ihren Frauenhaß auf die Töchter, weil die eigene Frau durch ihre ohn-mächtige Macht dafür nicht erreichbar ist. Sie lassen die eigenen Söhne nicht erwachsen werden, weil sie die Infragestellung durch diese Söhne fürchten, und fordern von ihnen gleichzeitig jene »Männlichkeit«, die sie als Väter nur als Pose zu leben vermögen.

Das sind von beiden Seiten double-bind-Botschaften an das eigene und an das andere Geschlecht.

Da taucht denn auch für beide Geschlechter die Frage auf, wem die Wut jeweils wirklich gilt. Vielleicht sind es nicht die Kinder, die wir meinen, wenn wir sie anschreien, sondern die Partnerin oder der Partner, mit denen wir nicht wagen, einen Konflikt auszutragen. Und oft ist es auch nicht der Partner allein, sondern eine Bezugsperson aus der Kindheit. »Wohin mit meiner Wut?« heißt vor allem auch: »Wer ist der eigentliche und ursprüngliche Adressat meiner Wut?« Das erlaubt uns, in konkreten Situationen zu differenzieren und zu trennen: »Du bist nicht mein Vater/meine Mutter. Du bist mein Partner/meine Partnerin.« Diese Differenzierung ist eine erste, oft notwendige Möglichkeit, Konflikte zu entschärfen, auch wenn die gesellschaftliche Realität noch immer wider-ständig genug bleibt.

Manche Menschen halten an der Wut ihren Bezugspersonen gegenüber fest, weil sie keine andere Beziehungsform kennen. Es gibt deshalb Paare, die sich ein Leben lang streiten. Menschen können oft ihr Wutmuster nicht auflösen, weil sie organismisch nicht wissen, wie sie das tun sollen. Oft ist die Wut auch ein Schutz vor anderen Gefühlen, die an die Oberfläche kommen, wenn das körperlich-emotionale Wutmuster aufgelöst ist. Es können Trauer, Schmerz, Verzweiflung oder Resignation sein. Wiederum läßt sich – in einem anderen Zusammenhang – sagen: Wut ist nicht einfach Wut. Es gibt Trauer, welche Wut vermeidet. Und es gibt Wut, die Trauer oder verwandte Gefühle mit entsprechenden Körpermustern verdeckt. Sehr häufig verdecken gerade Frauen wiederum ihre Wut mit der – ungefährlicheren – Trauer, während Männer eher dazu neigen, ihre Trauer mit Wut zu überdecken. Doch damit sind wiederum nur Tendenzen angesprochen. Und ebenso schwer, wie es Männern oft fällt, die Wut ihrer Frauen anzunehmen, haben Frauen Mühe, mit der Trauer von Männern umzugehen. Das, worunter wir leiden, ist auch das Bekannte. Wir haben – wenn auch ein einschränkendes – Repertoire von Mustern, um damit umzugehen. Das Neue macht Angst und erzeugt Hilflosigkeit – bei beiden Geschlechtern, wenn sie auch wieder je verschieden mit ihr umgehen.

Historisch gesehen, ist die männliche Gesellschaft Frauen gegenüber die unterdrückende. Doch wenn die Frau sich genötigt sah, deshalb verdeckte, ohnmächtige Macht- und Aggressionsmuster auszubilden, stimmt von daher die Aufteilung Macht = Männer und Ohnmacht = Frauen auf der Partnerschaftsebene nicht auf diese lineare Weise. Es gilt also für Frauen einerseits, den historischen Zusammenhang zu sehen, um Mut für die Legitimation eigener Macht und Aggression zu gewinnen und zu ihr zu stehen, andererseits geht es auch darum, die *beiderseitigen* Macht-Ohnmacht-Verstrickungen wahrzunehmen. Das bedeutet Anerkennung der Schwierigkeiten beider Geschlechter, ohne daß Frauen dabei in ihr – bekanntes – Schonungs- und Schuldmuster zurückfallen müssen.

Zerstörerische Aggression

Viele Menschen haben jedoch auch Angst vor Wut, weil sie diese in ihrer Kindheit nur als Haß und Destruktion erlebt haben. Es gibt für sie nur diese eine Wut. Jedes Anzeichen von Wut wird mit diesen Kindheitserfahrungen identifiziert – und unterdrückt. Das ist ein Teufelskreis, weil unterdrückte Wut eine Macht darstellt, die ständig bekämpft werden muß. Und andererseits ist dem Opfer von Aggression in zerstörerischem Sinn gerade diese Aggression auch eingefleischt. Dies drückte ein Mann im Laufe unserer Arbeit in der Gruppe mit seiner Geschichte aus:

»Ich kann genauso wenig zupacken und aggressiv sein wie ihr Frauen. Ich bin unfähig, etwas fest anzupacken. Ich habe mich einerseits dafür verachtet – eben weil es unmännlich ist –, und gleichzeitig wollte ich eben nicht so sein wie ›sie‹. Ich denke dabei vor allem an meinen Vater und einige seiner Kumpanen. Meinen Vater erlebte ich als gewalttätigen Mann. Er war bärenstark und konnte schuften wie ein Pferd. Vor allem haßte ich seine Hände. Während unseres Gesprächs in der Gruppe kam mir eine Erinnerung in den Sinn. Wir hatten immer kleine Katzen, die getötet werden mußten. Ich kann es fast nicht sagen, aber mein Vater zerdrückte sie einfach in der Hand und lachte dabei, wenn ich schreiend weglief. Wenn ich das erzähle, wird mir übel, und ich spüre, wie meine Hände vereisen und ich sie kaum mehr bewegen kann. Wenn er wütend war, packte er uns an den Oberarmen und drückte zu, bis wir in Panik schrien, weil wir glaubten, daß er uns zerquetschen würde. Meine Mutter war eine feingliedrige Frau. Wenn er sie in die Arme nahm, schrie sie auf. Ich dachte immer, er würde sie eines Tages einfach zerbrechen ...«

Es kam heraus, daß der junge Mann, der eigentlich selber sehr kräftig war, sich geschworen hatte, niemals zuzupacken. Es gab ja für ihn nur *ein* Muster, dasjenige seines Vaters, der im ganzen Dorf als ein »Kerl« galt. Doch wenn er an seinen Vater dachte, spürte er eine kalte Wut in sich. Es war für ihn schlimm, daß er in sich genau jene gewalttätigen Impulse spürte, die er so haßte und verachtete, und deshalb seine Hände »vereisen« ließ. Er verschrieb sich einem »weiblichen« Muster, um demjenigen des Vaters zu entgehen, identifizierte »männlich« jedoch immer mit gewalttätigem Zupacken. Schließlich gestand der Mann, daß er eine mörderische Wut in sich spüre und es deshalb nie wagen würde, sie an die Oberfläche kommen zu lassen. Mit anderen Worten: Für diesen Mann gab es nur sein »weibliches Hemm-Muster« oder zerstörerische Aggression. Er konnte kein Spektrum von Wut formen, sondern fürchtete, von seinen Impulsen überschwemmt zu werden. Als der Mann dies zum Ausdruck brachte, sagte eine der Frauen, daß es ihr ganz genauso gehe: »Ich könnte jemanden umbringen. Ich weiß es. Deshalb bin ich immer so kontrolliert.«

Mörderische Wut ist eine stumme Geschichte in unserer Gesellschaft, obwohl sie ständig und in verheerendem Ausmaß gelebt wird. Das Opfer von Destruktion wird zum – zumindest potentiellen – Täter. Ich erinnere mich an zwei Szenen aus einer therapeutischen Ausbildungsgruppe, an der ich teilnahm: Eine Schwarze, die in Harlem großgeworden und den schlimmsten Demütigungen und Mißhandlungen ausgesetzt gewesen war, geriet in unserer Gruppe in eine solche Wut, daß sie sich beim Schlagen ihre Knöchel durch eine dicke Matratze hindurch wund schlug. Wir alle – lauter Weiße – waren zutiefst betroffen. Das »Opfer« verkörperte vor unseren Augen die mörderische Wut seiner Peiniger. – Ein anderes Mal war ein deutscher Mann in der Gruppe, der als fünfjähriger Junge mitansehen mußte, wie sein Vater von der Gestapo abgeholt wurde. Sieben Jahre später kam der Vater als gebrochener Mann zurück. In einer Situation, die ihn an dieses Trauma erinnerte, sprang er auf und ging haßerfüllt, zum Schlag ausholend, auf den Therapeuten zu. Wir alle erstarrten in Entsetzen. »Jetzt wird er den Therapeuten umbringen«, schoß es mir durch den Kopf. Wir alle nahmen wahr, wie gefährlich die Situation war. Der Therapeut jedoch stand ruhig da. Er streckte die Arme aus, um ihn zu empfangen. Der Mann hielt inne, starrte ihn fassungslos an – und fiel ihm schluchzend in die Arme. – Nicht nur der Haß des Opfers wurde hier sichtbar, sondern auch die tiefe Verzweiflung, die unter dem Haß lag. Nur die Zu-neigung des Therapeuten konnte bewirken, daß der Haß sich löste und der Kontakt mit dieser verborgenen Ebene möglich wurde und einen heilenden Prozeß einzuleiten vermochte.

Auch in meinen eigenen Gruppen und Workshops stoße ich auf diese Dimension von Wut und Haß. Sie bringt uns in hautnahe Verbindung mit den furchtbaren, zerstörerischen Aspekten des Weltgeschehens, und zwar auf eine Weise, in der es uns möglich wird, unseren Anteil darin zu erkennen.

Einmal spielten wir eine Szene aus dem Dritten Reich, in der wir darstellten, wie die Großmutter einer jüdischen Teilnehmerin von der Gestapo abgeholt wurde. Es war schwierig, Menschen zu finden, welche mitmachen wollten. Schließlich stellten sich zwei Männer zur Verfügung, welche die Schergen so spielten, daß es uns alle fror. Anschließend sagten beide betroffen, sie hätten realisiert, daß sie nicht nur gespielt, sondern etwas zum Ausdruck gebracht hatten, was in ihnen selber sei. Plötzlich war die Szene eine Realität unter uns geworden. Wir konnten sie nicht mehr »draußen« halten.

Nach dieser Erfahrung wurde es für mehrere Teilnehmer beiderlei Geschlechts möglich, mit ihren eigenen zerstörerischen und selbstzerstörerischen Mustern in Kontakt zu kommen. Gleichzeitig wurde eine unausweichliche Verantwortung sichtbar. »Ich kann nur lernen, mit meinen eigenen verborgenen mörderischen Impulsen klarzukommen«, sagte eine Frau. In der Betroffenheit durch die Szene wurde es möglich – ohne Verurteilung –, an den eigenen Mustern zu arbeiten. Darin drückt sich natürlich auch eine – meine – Hoffnung aus, mit der therapeutischen Arbeit ein wenig zum Heilwerden von Menschen beizutragen, aber auch mich selbst in diesen Prozeß einzuschließen.

Eine schwerwiegende Anfechtung bleibt: Opfer und Täter stehen in geheimer Verrechnung zueinander. In den Opfern bilden wir die Täter von morgen heran. Das ist nicht nur ein Geschehen von Individuum zu Individuum, sondern eine Rassen und Völker umfassende Dynamik, in der genau der Haß verkörpert wird, der in die Menschen hineingeprügelt und -geschlagen wurde. Mißhandelte Menschen – auf welcher Ebene auch immer – erlernen ein zerstörendes Muster. Viele von ihnen mißhandeln und zerstören entweder sich selbst oder andere oder beide. Und als Zerstörte, ihrer Lebendigkeit Beraubte, zerstören sie auch die Welt. Ich sage »sie«, aber die Wenigsten von uns haben keinen Anteil an dieser Dynamik, in der Menschen sich verhärten, verwüsten und abtöten und damit auch unsere Welt zerstören. Wäre es nicht so, müßten wir heute nicht um den Fortbestand unserer Welt bangen. Und wir müssen bangen – oder wir *müßten*. Statt dessen lassen wir weltweit die fortschreitende Zerstörung zu – wenn wir sie nicht aktiv fördern. Haben wir den Bezug zum Leben, zum Lebendigen so weitgehend verloren, daß dieses Lebendige keine Dimension unseres Empfindens und Handelns mehr darstellt? Weder für uns selbst noch für die Menschen um uns, die Natur und die zukünftige Generation, die unter unseren Augen heranwächst, nicht zu reden von weiteren Generationen? Hier stellt sich die Frage, ob Frauen gerade heute eine vermehrte Chance haben, der weltweiten Zerstörung entgegenzuwirken. Es ist eine heikle Frage, und ich, die ich da schreibe, bin ja selbst eine Frau.

Einen ersten Aspekt könnte ich formulieren: Ich bin durch meine Lebensweise als Frau den unmittelbaren Prozessen des Lebens näher, durch meine Körperlichkeit als Frau, durch den nahen Bezug zu den Kindern, mit denen ich ausschließlicher lebe als die meisten Männer heute. Das bedeutet auch, daß sich meine eigenen zerstörerischen Tendenzen nicht weit weg und gar ins Abstrakte enthoben verwirklichen, sondern daß ich sie unmittelbar erlebe, ihnen schutzloser begegne. Die größere Enge des Lebenskreises läßt weniger an Flucht zu. Ich meine dies als Chance, die ich auch wahrnehmen muß, nicht als einfache Gegebenheit. Und in den eigenen Kindern sehe ich die mögliche Zerstörung des Lebendigen unausweichlich. Das macht mich vielleicht wacher für die zerstörerischen Tendenzen schlechthin.

Wie verführbar durch Ideologien wir Frauen jedoch auch sind, hat gerade die Geschichte des Dritten Reiches gezeigt. Solange wir unser Minderwertigkeitsgefühl verkörpern, bleiben wir auch für Ideologien anfällig, die gegen das Lebendige gerichtet sind, wenn sie nur eine Aufwertung unseres Frauseins versprechen. Minderwertigkeitsgefühle tragen ein zerstörerisches Potential in sich, erzeugen Wut und Haß. Wenn es uns gelingt, diese Minderwertigkeitsmuster aufzulösen, die wir uns als Frauen durch unsere gesellschaftliche Situation einverleibt haben, kann Wut als Empörung wirkmächtig werden, wenn es um den Widerstand gegen die zerstörerische Aggression dem Lebendigen gegenüber geht. Und hier kann die größere Lebensnähe vielleicht zum Tragen kommen. Dazu brauchen wir jedoch die Unterstützung durch andere Frauen, deren Rückenstärkung, Beistand und Ermutigung.

Doch die Vorstellung uneingeschränkter Solidarität unter Frauen, die schon durch die Tatsache des Frau-Seins gegeben wäre, ist eine Illusion. Zwar entsteht oft ein Beziehungsraum unter Frauen, der eine vertiefte Solidarität *ermöglicht*. Umgekehrt wirken jedoch die Kränkungen, die wir *als Frauen* aus unserer Geschichte mitbringen, und die mit ihnen verbundenen Minderwertigkeitsgefühle auch trennend. Nur wenn wir bereit sind, diesen Kränkungen nachzugehen und sie ernst zu nehmen – sei es für sich selbst oder im Miteinandersein –, läßt sich Trennendes überwinden. Durch einen solchen Prozeß – und nicht von vornherein – ergibt sich eine Chance für Frauensolidarität und für solidarisches *Handeln*. Das bedeutet jedoch auch, daß wir vermehrt Aggression als Wirkmächtigkeit, als ein Eingreifen in die Welt formen lernen, ein Eingreifen, das nicht die bemächtigenden Muster aus unserer männlich dominierten Welt weiterführt.

Damit ist auch eine weitere weit verbreitete Illusion angesprochen: Daß es genügt, wenn wir uns auf unseren »kleinen Kreis« beschränken, und daß dann schon alles gut wird, wenn wir hier unser Bestes geben. Das allein reicht nicht. Wir müssen die gesellschaftlichen, die politischen und wirtschaftlichen Zusammenhänge miteinbeziehen. Doch auch das bleibt zwiespältig genug. Sollen wir unsere Kräfte in Auseinandersetzung mit verhärteten Systemen aufreiben? Und wo sind die Grenzen – *unsere* Grenzen? Reicht es, unsere Anliegen an einige Frauen in der Öffentlichkeit zu delegieren? Und wenn wir sie unterstützen wollen, sind wir da nicht zurückverwiesen auf die Probleme unserer Frauensolidarität? Vielleicht bleibt schließlich noch die Verweigerung. Diejenige *in* der Öffentlichkeit oder die Verweigerung des Öffentlich-Seins. Doch die Lücken, die Frauen dann hinterlassen, schließen sich schweigend. In einer Frauendiskussion sagte eine Frau dazu: Wenn Lücken wenigstens schreien würden, aber sie tun es nicht – das System reproduziert sich selbst.

In derselben Diskussion tauchte die Frage auf: Gibt es Formen der Verweigerung, die Präsenz bedeuten? Und wie wirksam ist diese Präsenz, ohne nur auf die Verweigernden zurückzuschlagen? Dies sind Anfechtungen, die wir auszuhalten haben. Wir müssen sie aushalten, ohne allgemeingültige Lösungen für unser Handeln zu sehen, wie es männliche Muster nahelegen. Etwas mag uns Frauen dabei zu Hilfe kommen. Lebenssituationen haben für uns weniger »Ewigkeitscharakter«. Wir denken nicht so sehr »auf Lebenszeit«, auch im Hinblick auf politische Positionen und Ämter. Frauen leben eher in »Phasen«, von denen keine verabsolutiert werden kann. Diese zyklischen Muster, die den Frauen durch ihre Lebensgestaltung eher präsent sind, ihr unterschiedliches Verhältnis zur Zeit können als Handlungsgrundlage in der Öffentlichkeit eine Chance bedeuten: »Ich kann in einem bestimmten Rahmen handeln – auf Zeit. Zupacken und handeln ist eines, loslassen ein anderes.«

In diesem Zusammenhang muß noch eine andere Illusion angesprochen werden: Die Idee, Frauen allein seien imstande, die heutige unheile Welt zu »erlösen«. Mit dieser Idee sitzen auch wir Frauen Allmachtsvorstellungen auf, die mit dem alten weiblichen Muster gepaart sind, als Frau *allein* für die Erhaltung von Leben und für die Versorgung des Lebendigen zuständig zu sein. Nur wenn wir diese Allmachtsphantasien nicht an uns nehmen, können wir als Frauen es auch wagen, Macht zu ergreifen – nicht Macht als Unterdrückung, sondern als Handlungsraum zur Erhaltung des Lebens in einem umfassenden Sinn. Und doch taucht auch mit dieser Formulierung eine weitere Frauengeschichte auf: diejenige von »Selbstlosigkeit« und »Reinheit«. Die Forderung, nur »lebenserhaltende Macht und Aggression« zu verwirklichen, kann an dieser Stelle wieder umschlagen und das individuelle und kollektive Handeln von Frauen angesichts dieses Anspruchs erneut brechen.

So besteht ein schmaler Grat zwischen der Übernahme männlicher Muster, die einen möglichen Sieg aufs ganze gesehen wieder in eine Niederlage verkehren würden, und der Übernahme männlicher Forderungen für »weibliches« Handeln. Halten wir diesen Balanceakt aus? Und halten wir das Wagnis aus, uns zu verstrikken, ohne damit den Stab über uns zu brechen und uns erneut handlungsunfähig zu machen? Und eine letzte Frage: Kann das Zulassen all dieser Anfechtungen auch unsere Stärke bedeuten? Vielleicht eine neue Form von Wirkmächtigkeit? Die Frage bleibt – wir können nur mit ihr unterwegs sein.

Identität und Beziehung als Ausdruck der familiären Liebesgeschichte

Im Beziehungsraum der Familie bilden wir unsere Identität und die Beziehungsformen zum eigenen und zum anderen Geschlecht aus. Die Weise, wie wir im leibhaften familiären Dialog uns als geliebt erlebten und selber lieben lernten, durchformt auch unsere erwachsene Liebesgeschichte. Auf die Aspekte der geschlechtsbezogenen Liebesgeschichte möchte ich jetzt eingehen.

Im Rahmen der Frauenbewegung wird die Familiendynamik der herkömmlichen Familie und ihre Auswirkungen auf die Entwicklung, das Selbstverständnis und die Beziehungsmöglichkeiten des Mädchens kritisch untersucht.[29] Die Basis dieser Überlegungen bildet das gesellschaftliche Arrangement, in das die moderne Kleinfamilie mit der üblichen Arbeitsteilung, mit der Abwesenheit des Vaters und der alleinigen Zuständigkeit der Mutter für die »Lebensarbeit« und die emotionale Versorgung der Familienmitglieder, eingebunden ist. Diese Familie, wie sie sich seit der Industriellen Revolution immer deutlicher herausgebildet hat, ist eine überlastete Struktur und wird so zum Symptomträger der gesellschaftlichen Dynamik, während umgekehrt gerade in die Familie oft allzu große Hoffnungen für die Gesundung unserer Gesellschaft gesetzt werden.[30]

Von Frauenseite her wurden vor allem auf der Basis der Psychoanalyse die Konsequenzen unserer Familienstruktur für das Mädchen, von Männerseite für den Jungen dargestellt. Vergleicht man die Aspekte, die beide Seiten erarbeitet haben, so erscheinen sie für beide Geschlechter – wenn auch in unterschiedlicher Weise – folgenschwer. Ich möchte nur ein paar wenige Gesichtspunkte anführen.[31]

Für unsere Überlegungen ist vor allem entscheidend, daß die weibliche wie die männliche Liebesgeschichte, die wir in unserer Familie herausbilden, ebenfalls eine *verkörperte* Geschichte darstellt. Die Chance eines emanzipatorischen Prozesses bedeutet also in einem umfassenden Sinn den Ausgang aus einer Formgebung, die einengt, Verhaltensweisen vorschreibt und daran festmacht, wie Mädchen und wie Jungen zu sein haben.

Im familiären leibhaften Dialog bilden wir unsere Gestalt. Die Beziehung zwischen Mutter und Kindern ist vor allem durch ihre *Ausschließlichkeit* gekennzeichnet. Das hat für Mädchen und Jungen unterschiedliche Folgen. Während der Junge mit einem Menschen des anderen Geschlechts intensiv zusammenlebt, ist es für das Mädchen ein Mensch des gleichen Geschlechts. Aus diesem Grunde ist es für Mutter und Tochter schwierig, ihre Identität gegeneinander abzugrenzen. Dies allein genügt zur Erklärung dieser Schwierigkeit jedoch nicht. Die gesellschaftlich minderwertige Stellung der Frau, die Entwertung ihrer Existenz und ihrer Arbeit als Frau und Mutter, ihre Isolation mit den Kindern zu Hause und die gleichzeitigen Ansprüche an ihre »emotionale Leistungsfähigkeit« ließen ihre Identität oft brüchig und unerfüllt bleiben.[32] So bildeten sich problematische Liebesgeschichten und Beziehungsmuster zwischen Müttern und Töchtern heraus,[33] welche sich durch die voranschreitende Emanzipation innerhalb von ein bis zwei Generationen oft eher noch verschärft haben, auch wenn sie andererseits neue Chancen bieten.

Zunächst möchte ich eine Schwierigkeit von Müttern ansprechen. Sie besteht darin, daß Mütter oft Mühe haben, ihre Töchter als eigene und immer deutlicher von ihnen getrennte Persönlichkeiten zu verstehen und anzunehmen. Töchtern ist es so in der Folge kaum möglich, ihre eigene Identität zu formen, vielmehr bleibt diese auf untergründige, oft unbewußte Weise mit derjenigen der Mütter verbunden. Die eigene Tochter wird von der Mutter oft – und meist ebenfalls unbewußt – als *Verlängerung ihrer selbst* erlebt. Die Generation von Müttern, die selbst große Verzichte auf sich nehmen mußte, keinen Beruf erlernen durfte und die Minderposition der Frau verkörpern lernte, sah und sieht oft in den eigenen Töchtern, denen viel mehr gesellschaftliche Möglichkeiten offenstehen, die Erfüllung der eigenen brachliegenden Kräfte. Die Töchter werden zum »Ideal-Ich« ihrer Mütter. Dadurch entsteht ein komplexes Muster von beiden Seiten, da dieser Form von Identifikation ein Widerspruch innewohnt. Er ist zunächst aus dem widersprüchlichen Muster der Töchter ersichtlich.

Häufig liegt die erwünschte Erfüllung der Mütter in der beruflichen Entfaltung ihrer Töchter, die ihnen selbst versagt blieb. Wie gehen die Töchter damit um? In der Therapie erlebe ich sehr oft, daß die jüngeren und zum Teil auch schon älteren Frauen eine qualifizierte Ausbildung schaffen oder gar Karriere machen. Oft läßt sich dabei eine gewisse Hast oder ein Getriebensein bemerken, das von der Umwelt als Ehrgeiz etikettiert wird, den die entsprechenden Frauen jedoch wie etwas Fremdes in ihnen erfahren. Auffällig ist vor allem, daß sie sich nicht mit ihrem Erfolg oder mit der beruflichen Erfüllung identifizieren können.

Die einen erreichen ihr Ziel nur unter größten Zweifeln – etwa Prüfungsängsten –, sie sind unsicher, depressiv oder leiden unter Streß. Der erreichte Erfolg erscheint selbst wieder wie etwas Fremdes. Eine etwa dreißigjährige Frau sagte nach dem Abschluß ihrer Ausbildung zu mir: »Ich denke immer, die Experten hätten sich geirrt. Und ich habe Angst, es könnte noch herauskommen, daß ich gar nicht so gut bin.« Es entsteht also ein Spaltmuster, das den faktischen Erfolg vom Gefühl des Erfolges trennt. Das wird deutlich, wenn eine Frau ihr Muster zu erspüren sucht. Die eben erwähnte Frau erlebte es so: »Ich richte mich von der Mitte her auf und versteife dabei mein Rückgrat, ziehe den Beckenbereich hinten ebenfalls nach oben. Wenn ich das verstärke, spüre ich, wie ich auch meine Schultern nach oben ziehe. An diesem Punkt merke ich, wie die Spaltung zustande kommt: Ich richte mich zwar auf, um mich stärker und größer zu machen, aber zwischen den Schultern lasse ich meine Brust einsinken und verringere dabei die Atmung. Mein Bauch ist angespannt. Durch das Nach-oben-Ziehen verringere ich auch den Kontakt mit dem Boden.« Das Bild, das dieser Frau dabei kam, waren zwei ineinandergesteckte Frauen, die äußere groß, steif und stark, die innere ein in sich zusammengesunkenes Mädchen. So hatte sie stets den Eindruck, die äußere »Hülle« sei ein Trugbild, ja ein Betrug, der einmal herauskommen müsse. Ich bat die Frau, sich vorzustellen, sie würde sich vor ihre Mutter hinstellen und ihr sagen: »Ich habe Freude an meiner Arbeit. Ich genieße es, meine Kräfte einzusetzen.« Sie versuchte es nach einigem Zögern und sank dann ganz deutlich in sich zusammen: »Nein, das kann ich ihr nicht sagen. Das darf ich nicht!« – »Warum nicht?« fragte ich. »Das kann ich ihr nicht zumuten«, sagte sie. Damit war das innere Dilemma offengelegt.

Wechseln wir jetzt die Perspektive und gehen von der Mutter aus, welche die eigene Erfüllung von ihrer Tochter erwartet. Spätestens, wenn sie mit der Freude der eigenen Tochter konfrontiert ist, realisiert sie, daß sie und die Tochter nicht identisch sind. Sie ist zurückgeworfen auf ihre eigene Wunde, auf das Gefühl ihres eigenen Verpaßthabens. Sie erfährt, daß die Freude der Tochter nicht die ihre ist. Die Tochter versucht nun unbewußt, die verletzte Stelle bei der Mutter nicht anzurühren, sie zu schonen. Das geht am besten dadurch, daß sie sich nicht mit ihrer eigenen Erfüllung identifiziert. So bleibt ein Stück weit doch die Illusion erhalten, daß die Tochter die Verlängerung der Mutter sei.

Aufschlußreich ist in diesem Zusammenhang, was die Frau aus dem eben genannten Beispiel beim Auflösen ihres Musters erlebte. Sie kam buchstäblich »hinunter«, senkte ihr Becken, die Schultern und gewann damit mehr Stand. Dann bat ich sie, das Einsinken der Brust zu verstärken und wieder zu lösen. Die Frau stand eine Weile ruhig und nachdenklich da. Ich schlug ihr vor, sich ihre Mutter nochmals vorzustellen. Sie sagte zu ihr: »Ich bin nicht so groß, wie du mich erträumt hast. Und nicht so klein, wie du mich haben wolltest. Ich bin so groß wie ich eben bin. Ich stehe fest. Ich bin ich. Und ich spüre mich.« Ich schlug ihr vor hinzuzufügen: »Ich bin eine andere Frau als du. Und ich bin deine Tochter.« – »Es tut gut, das zu sagen«, bemerkte sie. »Ich fühle mich erstmals als eigene Person. Aber es ist auch gut, die Mutter nicht einfach zu verstoßen. So kann ich ihr besser zumuten, daß ich nicht einfach ihre Verlängerung, sondern eine Frau für mich bin.« Das war freilich erst der Anfang eines länger dauernden Prozesses.

Als Tochter einer Mutter, die als ältestes von zehn Kindern wegen der Armut ihrer Familie die Schule mit zwölf Jahren verlassen mußte, kenne ich das beschriebene Spaltmuster gut. Als ich im Alter von zweiunddreißig Jahren meine Antrittsvorlesung als Privatdozentin hielt, kam ich mir vor wie eine kleine Studentin, die irrtümlicherweise in Dozentenkleider gesteckt worden war. Ich konnte innerlich meine Position nicht ausfüllen. Als meine Mutter etwas später mit Tränen in den Augen erstmals von ihren unerfüllten Sehnsüchten sprach und davon, daß sie jetzt nicht einmal mehr die Kraft habe, interessante Vorlesungen zu besuchen, begann ich etwas von unserer Verstrickung zu verstehen. »Als du noch im Studium warst, habe ich von deinen Anregungen, von der Teilnahme an deiner Arbeit gelebt. Jetzt ist es leer geworden«, sagte sie. Ich realisierte, daß meine Mutter die Illusion, sich in mir fortzusetzen, hatte aufgeben müssen und auf ihren eigenen Schmerz zurückgeworfen war. Diese schmerzhafte Desillusionierung bedeutete auch den Beginn einer Entwirrung zwischen uns. Ich konnte an ihrem Schmerz teilnehmen, weil sie ihn jetzt als *ihren* Schmerz empfand.

In der Arbeit mit Müttern wurde mir ebenfalls deutlich, daß die Auflösung eines idealisierenden Identifikationsmusters mit der Tochter immer auch mit Trauer und Schmerz über das eigene Verpaßte, die ungelebten Möglichkeiten verbunden ist. Doch gleichzeitig sind die eigenen Kräfte der Mütter oft durch die »Verlängerung« in der Tochter gebunden und werden durch die Identitätsentwirrung für eigene, bisher unentdeckte Möglichkeiten frei. Dies zu erkennen entlastet auch die Töchter. Doch manchmal bleibt dieses »zu spät« als Wunde bestehen.

Freilich gibt es auch von Söhnen zu Vätern vergleichbare Verstrickungen. Doch sind sie nicht mit denselben gesellschaftlich bedingten Minderwertigkeitsgefühlen befrachtet wie bei Frauen.

Viele Frauen sind gleichzeitig Töchter und Mütter. Oft besteht deshalb die schwierige Aufgabe, sich aus den Identitätsverstrickungen mit der eigenen Mutter zu lösen *und* sinnvoll mit den Abgrenzungstendenzen der eigenen Tochter umzugehen. Doch können wir im je eigenen Leben meist nur einige Aspekte dieser Aufgabe lösen, da es sich um einen generationenübergreifenden Prozeß handelt. Wenn wir dies annehmen, können die erdrückenden Schuldgefühle wegfallen. Es handelt sich ja nicht einfach um ein persönliches Unvermögen, sondern ebenfalls um eine gesellschaftliche Dynamik.

Das beschriebene Dilemma, das für die Tochter aus der idealisierenden Identifikation entsteht, verschränkt sich zudem oft mit einem entsprechenden Dilemma in der Beziehung zum männlichen Geschlecht: In Gesprächen mit jungen Mädchen höre ich immer wieder dasselbe – vor allem von Mädchen aus bürgerlichem Milieu: »Ein Mann will nicht, daß ich gescheiter oder besser ausgebildet bin als er.« – »Und wenn du es bist?« – »Dann muß ich so tun, als sei ich ihm unterlegen.« Immer noch verbergen viele Frauen ihre Fähigkeiten vor einem Mann, dem sie gefallen möchten, und stecken für eine Partnerschaft ihre persönlichen, expansiven – das heißt aggressiven – Wünsche, die Sehnsucht nach Wirkmächtigkeit zurück, wenn sie sich nicht schon von vornherein einen »überlegenen« (oder »unterlegenen«) Mann wählen.

Diese Problematik muß jedoch mit dem vorher beschriebenen Spaltmuster in Zusammenhang gesehen werden. Wenn die Tochter ihrer Mutter die eigene emotionale Erfüllung nicht zumuten darf, so darf sie dem Mann ihre Fähigkeiten oder ihre Kompetenz nicht zeigen. Das ist wiederum ein Spaltmuster, nur anders akzentuiert. Verstärkt wird in beiden Fällen jedoch die Erfahrung der Illegitimität. Manchmal entsteht so ein doppeltes Spaltmuster, vor allem, wenn die Tochter entsprechende Botschaften von ihrem Vater erhalten hat. So entfremdet sie sich völlig von ihrem eigenen Tun.

Mütter benützen zudem oft unbewußt die gesellschaftliche Situation, um ihre eigenen ambivalenten Gefühle loszuwerden. Auf diese Weise entstehen Botschaften, die sich etwa so formulieren lassen: »Lebe, was ich nicht leben konnte, aber damit wirst du die Männer verjagen.« Die eigene Erfahrung des Zurückstehen-Müssens kommt auch hier wieder ins Spiel, sei es, daß die Tochter dem Familiendasein entgehen und sich dafür unzulänglich fühlen oder den gleichen schmerzhaften Verzicht wie die Mutter erleben soll, obwohl sich diese doch gleichzeitig für ihr verlängertes »Tochter-Ich« etwas anderes wünscht. Nur allzu häufig treffen diese Töchter dann auf Männer, die den verinnerlichten Zwiespalt verschärfen und »bestätigen«. So verstricken sich diese Frauen oft in eine Rebellion, die das Mädchen-Schrumpfmuster überdeckt oder sie landen schließlich – zur Enttäuschung ihrer Mutter – im selben Arrangement wie diese, oder sie versuchen krampfhaft und mit schlechtem Gewissen, Doppelrollen und Mehrfachbelastungen auszuhalten, landen in einem Superfrau-Muster.

Eine weitere und nicht minder häufige Form der Identitätsverstrickung besteht darin, daß die Tochter die verborgenen und als negativ abgespaltenen Seiten der mütterlichen Persönlichkeit verkörpern muß. Oft sind es aggressive, rebellische, trotzige, »egoistische« oder verweigernde Aspekte, welche die Mutter selbst nicht zu leben wagt und zu denen sie ein ambivalentes Verhältnis hat. Was die Mutter der Tochter leibhaft übergibt, hält sie auf der bewußten Ebene für die Eigenart der Tochter, erlebt es jedoch auf der unbewußten Ebene als Spiegel ihrer selbst, ununterscheidbar mit ihr selber verquickt. Sie bekämpft und fördert dadurch in der eigenen Tochter Seiten ihrer selbst, die sie bei sich nicht akzeptieren kann und die sie zugleich auch ersehnt.

Dabei geschieht ein Doppeltes: Das kleine Mädchen übernimmt gewisse Verkörperungsaspekte tatsächlich von der Mutter, doch auch seine Eigen-Art wird von der Mutter in entsprechender Weise unbewußt als »Schatten« ihrer selbst umgedeutet. Damit kann die Mutter ihren inneren Zwiespalt nach außen verlegen, und das Mädchen weiß erst recht nicht, was zu ihm und was zur Mutter gehört.

Immer stärker beginnen viele Töchter daraufhin, das »böse Mädchen« zu verkörpern, verdächtigen sich selbst, haben den Eindruck, nicht in Ordnung zu sein. In der Arbeit mit einer Frau Mitte Dreißig kam dies eindrücklich zum Vorschein. Sie sagte zu mir in einer Therapiestunde: »Ich habe als Kind viele Wutausbrüche gehabt, bei denen meine Mutter nie ein lautes Wort sagte. Sie strafte mich mit Worten und Blicken. Mit der Zeit fand ich mich selber furchtbar. Die schlimmen Szenen spielten sich jedoch immer zu Hause ab. Meine Mutter provozierte mich, bis ich ausflippte und um mich schlug und schrie. Dann beruhigte sie mich und schimpfte mich anschließend aus. Ich empfand diese Wutanfälle wie einen Makel. Ich *war* ein böses Mädchen.« Dies war für sie schon schlimm genug. Dazu kam jedoch ein weiterer Aspekt, der ihr erst im Laufe der Therapie aufging: »Meine ›Schlechtigkeit‹ war ein Geheimnis zwischen mir und meiner Mutter. Sie allein wußte darum – mein Vater war meistens abwesend. Die Mutter gab mir zu verstehen, daß jeder, der mich sehen würde, wie ich war, sich von mir abwenden würde. Nur sie, meine Mutter, halte trotzdem zu mir, wie sie immer wieder betonte. Ich hatte also mit ihr ein Bündnis auf Gedeih und Verderb. Ich gehörte als das schlimme Mädchen unauflöslich zu ihr.«

Hier kommt die Identitätsverstrickung deutlich zum Ausdruck: Wir zwei sind eins. Du bist zwar der schlechte Teil von mir, und ich stoße dich weg, aber du darfst dich nicht von mir trennen, weil ich dich als mein anderes Ich brauche. Es handelt sich also oft – wie in diesem Beispiel – nicht nur um eine Projektion eigener Persönlichkeitsanteile auf die Tochter, sondern um eine Bindung, die gerade auf dieser Projektion aufgebaut ist. So entstehen Botschaften wie: Nur ich als Mutter stehe zu dir, wie schlimm du auch sein magst.

Im genannten Beispiel ging es darum, die Verstrickung mit der Mutter zu lösen, die ja auch ein leibhaftes Muster war, andererseits aber auch darum, der Verkörperung des »bösen Mädchens« nachzuspüren. Die Tochter zeichnete es als ein kleines schwarzes Monster in ihrem Innern, das jedoch einen doppelbödigen Eindruck machte. Man konnte es als tobendes Ungeheuer sehen, aber ebenso als ein hilflos schreiendes kleines Kind, das seine Arme in großer Not ausstreckte. Als die Frau sich versteifte, um das böse Mädchen in sich zu verkörpern, kam sie an jenen Punkt, an dem jeweils die unbeherrschte Explosion stattfand. Als ich die Frau bat, an dieser Stelle zu bleiben, »kippte« das Muster um, und das hilflose, ohnmächtige kleine Mädchen kam zum Vorschein. Die Frau war ganz erstaunt. Sie kannte diese Hilflosigkeit zwar, hatte sie jedoch nie ernst genommen, sondern sich nur mit dem »Monster« identifiziert. Nun begann sie, sich anders und neu zu verstehen.

Es war ein langer Prozeß, in dem die Frau lernte, ihre Sehnsucht nach Nähe und Geborgenheit anzunehmen, und hinter der beherrschten Gestalt ihrer Mutter spürte sie nicht nur deren eigene Aggressionen, sondern auch die übergroße Bedürftigkeit. Die Mutter selbst war immer nur »emotionale Versorgerin« gewesen, in ihrer Kindheit für die zahlreichen jüngeren Geschwister, später für ihren kindhaft gebliebenen Mann und die eigenen Kinder. Die Tochter sollte sie von ihrer Wut, ihrem Schmerz und ihrer bedürftigen Hilflosigkeit entlasten, ihr »anderes Ich« sein und durch die starke Bindung gleichzeitig eine emotionale Zugehörigkeit geben, in der sie jedoch der Mutter nicht wirklich etwas für sie selbst Spürbares geben konnte.

Die Verstrickungen sind oft mehrschichtig und komplex und beruhen auf Defiziten und Einschränkungen, die über Generationen von den Müttern an ihre Töchter weitergegeben werden.

Wie sich die Identifikation mit dem bösen Mädchen auf spätere Beziehungen auswirken kann, möchte ich anhand des folgenden Beispiels zeigen:

Eine Frau kam zu mir in Therapie, weil sie immer auf Männer traf, die sie mißachteten und schlecht behandelten. »Warum kann ich mich nicht wehren?«, fragte sie verzweifelt, »und warum sprechen immer Männer auf mich an, die mich doch nie wirklich lieben?« Sie spürte, daß dies etwas mit ihr selbst zu tun haben mußte. Im Laufe der Arbeit kam heraus, daß sie ein »böses Kind« war, das deshalb viel bestraft wurde. »Die Mutter konnte mich nicht lieben, weil ich so böse war«, sagte sie einmal, »und der Vater war immer fort in der Arbeit. Ich interessierte ihn nicht. Aber er mochte mich auch nicht, weil ich seiner Frau immer Sorgen machte.« Auf diese Weise entschuldigte sie auch den Vater, der ihr ebenfalls keine Unterstützung bot, sondern das Problem mit seiner Frau auf die Tochter schob.

Mit der Zeit lernte die Frau verstehen, daß dies die Art ihrer Liebe zur Mutter gewesen war: *ihr* böses Mädchen zu sein, um ihr damit zu geben, was sie brauchte. Etwas später spürte sie, daß sie sich immer zu hassen begann, wenn jemand ungerecht zu ihr war. »Ich verstehe das nicht«, sagte sie, »ich müßte eigentlich auf den anderen böse sein, aber das kehre ich immer gegen mich selbst, wie ...«, sie stockte, »... ja, wie als Kind. Da schlug ich mich manchmal, wenn meine Mutter mich ausgeschimpft hatte.« Und langsam begann sie, den Zusammenhang mit ihrem Beziehungsmuster zu verstehen. Die Erkenntnis brachte sie in die folgenden Worte: »Ich war eigentlich immer im geheimen Einverständnis mit dem Mann, den ich liebte. Ja, ich war darin mit ihm einig, daß ich keine Liebe, keine Achtung und keine gute Behandlung verdiene.« Sie atmete auf. »Ja, genau das ist es, deshalb konnte ich nie etwas aus mir selbst entgegensetzen. Ich wurde zwar wütend, aber es war eine verzweifelt-ohnmächtige Wut. Eine Stimme in mir sagte: ›Vielleicht hat er doch recht. Vielleicht verdiene ich das.‹ Und damit nahm ich mir den Boden weg.«

Die Frau erkannte zudem, daß sie zu sich selbst die Art von Beziehung hatte, die sie einst von ihrer Mutter erlebt hatte: Du bist böse, du verdienst keinen Mann, der gut zu dir ist. Und zugleich wählte sie Männer, die so fern waren wie ihr Vater, um den sie vergeblich warb. So ging es ihr auch mit ihrer Ehe, in der sie ein Kind bekam, ein Mädchen. »Und nun sehe ich, daß sich das ganze wiederholt«, sagte sie unter Tränen. »Ich war schon erstaunt, daß ein gesundes, normales Kind aus mir kommen konnte. Das hatte ich wieder nicht verdient. Mein Mann war nicht damit einverstanden, daß ich das Kind so lange stillte und so ›verwöhnte‹. ›Du wirst schon sehen ...‹, sagte er. Als meine Tochter etwas größer wurde und begann, ihren eigenen Willen zu bekunden, lehnte er sie ab. ›Da hast du's nun‹, sagte er. Und ich glaubte ihm. Ich hatte es verkehrt gemacht, natürlich. Ich konnte nicht für meine Tochter einstehen. Ich dachte immer: Die ist wie du. Kein Wunder, aus dir kann nichts Gutes kommen. Und ich hielt es für begründet, wenn sie abgelehnt wurde, machte ihr Vorwürfe. In ihr lehnte ich mich selber ab. Und sie wurde zu einem ›bösen Kind‹, das sich nicht mag – wie ich. Das tut weh.«

Hier wird der Zusammenhang der Selbstliebe mit der Liebe zum Partner und zum eigenen Kind aufgrund der Liebesgeschichte mit der Mutter deutlich. Doch wird dabei eine weitere Mutter-Tochter-Geschichte sichtbar: Das Mißtrauen in sich selbst, der »Verdacht« der eigenen Person gegenüber wird zum Mißtrauen in die eigene Tochter, die unbewußt als Teil des eigenen Selbst verstanden – nicht in Ordnung sein kann, weil sie es selber nicht ist. Eine andere Mutter erzählte mir dazu, sie empfinde alle Unarten ihrer Tochter als Vorwurf an sie und glaube ungeprüft allen Leuten, die etwas Negatives über ihre Tochter sagten, weil es für sie einfach selbstverständlich sei, daß ihre Tochter »schlimm« sei: »Es ist nicht einmal meine Erziehung, die ich anzweifle, wie ich zuerst dachte, sondern wirklich meine Person selbst. Schon dadurch, daß meine Tochter mein Kind ist, ist alles gelaufen … Ich schäme mich dessen, aber es ist die Wahrheit.« Als die Frau langsam lernte, den Verdacht sich selbst gegenüber abzubauen, konnte sie ihre Tochter realistischer mit ihren verschiedenen Seiten wahrnehmen, und das Mädchen hörte damit auf, in Konfliktsituationen der Mutter zu sagen: Ich weiß schon, daß ich immer die Böse bin … Indem die Mutter ihre Identität und die Beziehung zu sich selber ein Stück weit umgestalten lernte, veränderte sich der leibhafte Dialog mit der Tochter. Auch sie konnte das übernommene Muster auflösen und einen neuen Spielraum für ihre wachsende Identität finden.

Oft sind die beiden Muster – Verlängerung des Ideal-Ichs und des als negativ empfundenen Ichs in der Tochter – auch miteinander verbunden und ergeben in der Verkörperung der Tochter ein doppeltes Spaltmuster: Nach außen bin ich in Ordnung, habe Erfolg, nach innen aber bin ich böse und nicht liebenswert. Es ist nicht einfach, ein solches doppeltes Spaltmuster aufzulösen. Ich habe einige berufstätige Mütter in Therapie gehabt, die durch ihre Doppelrolle mit diesem Muster bewußter in Kontakt gekommen sind und auf diese Weise lernten, es langsam aufzugeben. In Familien mit mehreren Töchtern werden die beiden Muster meist auf verschiedene Mädchen verteilt.

Oft zeigt sich die mangelnde Abgrenzung zwischen Mutter und Tochter auch in einem gemeinsamen Machtarrangement. Die Mutter vermittelt der Tochter beispielsweise, daß diese nichts vor ihr verstecken könne, daß sie ihr alles ansehe oder auch spüre, wie es ihr gehe, selbst wenn sie sich weit weg befinde. Oder sie sagt: Wenn es nur dir gut geht, so geht es auch mir gut. Es ließen sich hier viele Varianten anfügen, doch das Gemeinsame besteht darin, daß die Mutter alles durchschaut, mitempfindet, miterlebt und der Tochter keinen eigenen Innenraum läßt, weil es nur einen *gemeinsamen* zu geben scheint. Dieses Machtmuster ist jedoch nicht ein einseitiges, sondern kommt mit der Zeit von beiden Seiten. Wenn die Mutter ihr Kind durch ihre »hellseherischen« Fähigkeiten im Griff zu haben scheint, so glaubt die Tochter nun umgekehrt, ihre »Schlechtigkeit« bewirke die Krankheit, die Störung der Mutter. Oder sie phantasiert – auch als erwachsene Frau – die Mutter könne sehen, wenn sie etwas Verbotenes mache, und hören, wenn sie etwas Negatives von zu Hause erzähle. Die Tochter hat Angst vor Bestrafung und davor, der Mutter mit ihrer Lebensweise, mit ihrem Tun zu schaden, an ihrem Befinden schuld zu sein. Damit wird die magische Entwicklungsstufe zum Machtmuster, das auch in späteren erwachsenen Beziehungen als *die* Verbindungsmöglichkeit erlebt wird, oft auch dem anderen Geschlecht gegenüber.

Die geschilderten Muster sind nicht als »Schuld« der Mutter zu verstehen, sondern als Ausdruck der gesellschaftlichen Situation, wie sie zu Beginn dargestellt wurde. Sie *müssen* auch nicht notwendigerweise entstehen, sondern stellen eine Tendenz dar, die stärker oder weniger ausgeprägt verkörpert werden kann. Es gibt Familien, in denen andere Themen und Probleme und damit andere leibhafte Dialoge im Vordergrund stehen, solche, die nicht unmittelbar mit geschlechtsspezifischen Mustern zu tun haben.

»Ich will nicht werden wie du« – Abgrenzungsversuche

Eine große Schwierigkeit im Erkennen der betreffenden Mutter-Tochter-Muster besteht darin, daß viele Töchter sich vehement gegen die Mutter abgrenzen und die darunterliegende Verbundenheit und Identitätsverwirrung gar nicht zu spüren vermögen. Sie sind ihren Müttern »treu«, obwohl sie ihnen gegenüber fast nur negative Gefühle haben. Dies kam auch in den bisherigen Beispielen zum Ausdruck.

Die Dynamik läßt sich von zwei Seiten her verstehen. Einerseits verkörpern Töchter ihren Müttern gegenüber eine Art von Beziehung, die in der Familientherapie als »Loyalität« oder »Treue« bezeichnet wird.[34] Sie »lieben« ihre Mütter, indem sie ihnen die Trennung nicht zumuten und deren »Verlängerung« bleiben. Im erwachsenen Leben beziehen sie sich oft nicht nur auf Frauen in dieser Weise, sondern ebenso auf Männer. Sie »ergänzen« selbstverständlich deren Leben und Identität, ohne je eine eigene herauszubilden. Dies paßt ausgezeichnet in das von ihnen geforderte gesellschaftliche Arrangement, in das Frau und Mann verstrickt sind.

Die Liebesgeschichte mit der eigenen Mutter bringt es jedoch auch mit sich, daß sich Frauen – oft schon als Kinder – schwören, nicht werden zu wollen wie die eigene Mutter. Und später entdekken sie, daß sie in sehr vielem doch ihren Müttern gleichen, das heißt deren Verkörperungsmuster übernommen haben. Dazu einige Aspekte und entsprechende Beispiele:

Viele Mädchen und junge Frauen versuchen, sich über ihre Körperlichkeit von ihrer Mutter abzusetzen. Sie weigern sich, einen weiblichen Körper zu bekommen, was bis zu Magersucht oder Bulimie (übermäßig essen und erbrechen) führen kann.[35] Aber auch sonst kann der feindliche Blick auf den eigenen Körper mit dem durch die Mutter-Beziehung hervorgerufenen Identitäts- und Abgrenzungskonflikt in Zusammenhang stehen: Ich will nicht den gleichen (weiblichen) Körper haben wie meine Mutter, denn ich will nicht sein wie sie. Im Prozeß, in dem wir eine eigene Identität zu formen vermögen, verändert sich häufig auch der Bezug zur eigenen Körperlichkeit. Die weiblichen Körperformen und -funktionen können besser angenommen werden.

Eine dreißigjährige Frau sagte von sich: »Wenn ich das Wort ›Frau‹ sage, denke ich an meine Mutter und all jene anderen Mütter mit ihren bleichen, ernsten und frustrierten Gesichtern. Sie erscheinen mir geschlechtslos, von ihren Pflichten besetzt. Sie sind auf eine häßliche Art alterslos, jenseits des Lebens. Sie nehmen keinen Mann mehr wahr. Und die Männer blicken an ihnen vorbei, als existierten sie nicht ... Da will ich nicht hin. Ich möchte diesseits bleiben, diesseits dieser Grenze zum Nicht-Leben. Ich will keinen Frauenkörper. Ich will jung bleiben, ohne diese Frauenmakel.« Sie sah knabenhaft aus, schlank, sportlich und mit einem kindlichen Ausdruck, der zu sagen schien: »Ich will es gar nicht wissen. Und ich gehöre nicht zu euch.« Sie zog ihren Oberkörper in die Höhe, so daß ihr Bauch und Becken schmal erschienen, »unfraulich«. Ihre Attraktivität war mehr Gehabe als Empfinden für ihre Sexualität. Es brauchte Zeit, bis sie die Angst vor ihrer Identität als Frau auflösen konnte, die mit dem Leben der Mutter und der Verachtung des Vaters für seine Frau zusammenhing.

Doch die Verkörperung umfaßt nicht nur das, was wir als unseren »Körper« identifizieren, sondern unsere ganzheitliche Formgebung:

Ich erinnere mich noch sehr deutlich an jenen Augenblick in meiner Therapie, als ich erstmals die »Mutter in mir selbst« entdeckte. Ich war verzweifelt und kämpfte zunächst gegen die mir verhaßten Aspekte meiner selbst und gegen meine Mutter. Ich hatte es besser machen wollen als sie, wollte anders sein, rivalisierte mit ihr – und befestigte gerade dadurch meine Abhängigkeit von ihr und meine Identitätsverstrickung mit ihr. Es war ein langer Prozeß, in dem ich zunächst lernte, diesen Kampf aufzugeben, um dadurch ein Stück mehr an eigener Identität zu finden. Doch als ich selber Mutter wurde, begegnete ich diesem Muster nochmals. Ich hatte eine ganz andere, eine bessere Mutter werden wollen. Zunächst schien es mir auch zu gelingen. Doch dann hörte ich mich zu den Kindern sprechen wie meine Mutter, entdeckte ähnliche Reaktionen und lauerte eine Zeitlang völlig darauf, wie ähnlich ich ihr sei.

Ich war verwirrt und enttäuscht, solange ich mich in den Wettbewerb verstrickte, wer von uns nun die bessere Mutter sei. Alle meine negativen Impulse den Kindern – vor allem meiner Tochter gegenüber – identifizierte ich als Mutter-Muster. Dadurch war es mir überhaupt unmöglich zu sehen, wo und wie ich wirklich Aspekte meiner Mutter verkörperte. Schließlich erkannte ich, daß meine Besessenheit, eine gute, ja eine perfekte Mutter zu sein – eine viel bessere als meine eigene Mutter –, *die* Übernahme eines Musters meiner Mutter bedeutete. Es ging also darum, gerade dieses Perfektionsmuster aufzulösen und anzuerkennen, daß ich eine gewöhnliche Mutter bin. Dadurch bekam ich einen anderen Bezug zu mir selbst. Ich konnte meine Mutter und mich *nebeneinander* stellen. Ich bin anders als sie, habe meine eigenen Stärken und Schwächen, und einige von ihnen verbinden mich mit ihr, andere nicht. Doch die Ähnlichkeiten haben ihren Schrecken verloren, und ich kann erst von diesem Standort aus beginnen, die Beziehung zu mir als Mutter und zu meinen Kindern umzugestalten. Heute bin ich mittendrin in diesem Prozeß. Abgeschlossen ist er nicht.

Nicht wie die eigene Mutter sein zu wollen beinhaltet einerseits den Wunsch nach Abgrenzung, andererseits wird diese Abgrenzung jedoch häufig durch die damit verbundene Rivalität mit der Mutter wieder außer Kraft gesetzt. Viele Versuche, sich kämpfend von der Mutter abzusetzen, sind überkompensatorische Muster, welche zugleich die Abhängigkeit und Identitätsverwirrung zementieren. Das Gegenargument lautet üblicherweise: Wenn ich den Widerstand aufgebe, bin ich wie meine Mutter. Und das will ich am wenigsten! Doch das »Mutter-Muster« und das kämpferische Gegenmuster sind die Enden *eines* Kontinuums. Es ist tatsächlich so, daß das Aufgeben des Kampfmusters häufig reflexartig in das bekämpfte Muster führt – wie das letzte Beispiel gezeigt hat. Doch nur der Kontakt mit diesem bekämpften Muster ermöglicht dessen Auflösung. Das ist oft schwierig anzunehmen, weil damit all jene Gefühle wieder zum Vorschein kommen, welche durch die leibhafte Überkompensation verdrängt werden konnten.

Dazu ein Beispiel: Eine ältere Frau sprach in der Therapie davon, daß sie manchmal in depressive Verstimmungen gerate und leibhaft einen Sog nach unten verspüre. Ich forderte sie auf, depressiv dazustehen und sich langsam aufzurichten. Als sie dies tat, stand sie mit nach hinten gelehntem Oberkörper und hoch erhobenem Kopf da, die eine Schulter schief. Als ich mit meinen Händen ihren Oberkörper leicht nach vorne schob und sie fragte, wie sie sich jetzt fühle, sagte sie: »Ich stehe nicht gern so gebeugt da.« Dies, obwohl sie jetzt gerade dastand. »Ich will aufrecht sein«, sagte sie und lehnte sich wieder nach hinten. Ich forderte sie auf, diese Haltung zu verstärken. Erst als sie fast hintenüber fiel, fühlte sie sich »nicht mehr gerade«. »Weißt du«, sagte sie, »ich will nicht dastehen wie meine Mutter!« Schon als Mädchen hatte sie sich geschworen, nicht so zu werden wie ihre Mutter. »Stell dich doch einmal hin wie deine Mutter«, schlug ich ihr vor. Da streckte sie den Kopf nach vorn, ließ die Brust einfallen, zog die Arme eng an ihren Körper. »Wie fühlst du dich jetzt?«, fragte ich. »Unterwürfig«, antwortete sie, »mir kommen Sätze wie: ›Ich weiß gar nichts. Sag du, wie es ist (zu ihrem Mann).‹« Ich bat die Frau nun, sich langsam wieder aufzurichten, und sie ging in die vorher beschriebene Haltung zurück.

Es wurde sichtbar, daß sie sich leibhaft gegen die leblos-depressive Haltung ihrer Mutter auflehnte und sie überkompensierte. »Schieb deinen Oberkörper jetzt etwas nach vorn«, sagte ich. Sie tat es und ließ dabei ihre Brust etwas einfallen. Damit war der erste Ansatz zur Form ihrer Mutter wieder gegeben. Ich machte sie darauf aufmerksam und sagte ihr, sie solle versuchen, einfach ihr Brustbein nach vorne zu schieben, damit sie nicht beim Auflösen ihrer Überkompensation wieder anfinge zusammenzusacken. Nach einigem Ausprobieren gelang es ihr, und sie sagte: »Jetzt fühle ich mich eigentlich ganz gut, sogar stark.« Sie begann, die Kraft ihres Rückgrates zu spüren, vor allem, als sie zusätzlich die eine Schulter etwas hob und den Kopf gerade hielt, ohne sich dabei zu versteifen. Es ging darum, den Trotz, der in ihrer Haltung lag, aufzulösen (»ich bin nicht wie du, um keinen Preis«), ohne gleichzeitig ihr Aufrechtsein preiszugeben. So fand sie einen Ansatz für *ihre* Form, die nicht mehr eine Gegenreaktion zur Haltung ihrer Mutter war, sondern ihr eigenes Aufrechtsein.

Den Hintergrund dieses Prozesses bildete die frühe Verachtung der Mutter, welche die Frau als »dumm« und »unterwürfig« empfand. »Ich nahm es meiner Mutter übel, daß sie so war. Ich konnte ihr nicht verzeihen, daß sie mir kein anderes Bild von Frausein vermittelt hatte.« Sie wandte sich dem Vater zu, den sie idealisierte und als gerecht und souverän erlebte. Gegen die Identifikation mit der Mutter wehrte sie sich mit einem überkompensatorischen Muster, das die Ähnlichkeit mit dem mütterlichen Muster überdeckte. Wie abhängig sie dabei gerade von diesem bekämpften Muster blieb und zusätzlich ein Bewunderungsmuster für ihren Vater formte, wurde ihr erst jetzt deutlich.

Dieses Beispiel zeigt noch einen weiteren wichtigen Aspekt in der Beziehungsdynamik zwischen Müttern und Töchtern: Die Mutter wird von ihrer Tochter oft als die Ohnmächtige und zugleich Übermächtige erlebt. Da sie es ist, welche die Beziehung garantiert, fühlt das Mädchen sich ihr ausgeliefert. Es kann sich kaum mit der väterlichen Überlegenheit identifizieren, weil es nicht dessen Geschlecht hat. Zugleich ist die Mutter auch die Ohnmächtige – oft in der Beziehung zum Vater *und* im gesellschaftlichen Kontext, der die Minderwertigkeit der Frau vertritt. Das führt zu einer inneren Zerrissenheit, in welcher der Mutter ihre Macht *und* Ohnmacht übelgenommen werden.

Es wird immer wieder deutlich, wie gerade begabte Töchter ihre Mutter ablehnen und den Vater verherrlichen, idealisieren, auch wenn sie nur wenig von ihm bekommen. Immerhin verspricht er Teilhabe an einer anderen, an einer interessanteren und bedeutungsvolleren Welt als die bedeutungslose Mutter. Und doch zementieren sie gerade damit wiederum die eigene Bedeutungslosigkeit, die sie zudem nochmals an die Mutter bindet und die eigene Identitätsbildung untergräbt. Andere Töchter identifizieren sich mit dem Leiden der Mütter gegen die »Schlechtigkeit« des Vaters. Sie leiden mit der eigenen Mutter, verteidigen sie und geben sich auf diese Weise der Illusion hin, die Schwäche der Mutter in sich selbst zu überwinden, ihrer »Herr zu werden«.

Häufig übernehmen Töchter so auch Beziehungsfunktionen, welche eigentlich die Sache der elterlichen Auseinandersetzung wären, oder sie verkörpern nach außen die von der Mutter unterdrückten Muster. Eine etwa vierzigjährige Frau äußerte: »Ich war immer kämpferisch, wehrte mich für die Rechte der Frau. Ich habe ein feines Sensorium für alle noch so verdeckten Ungleichheiten und Ungerechtigkeiten entwickelt. Das finde ich auch heute noch positiv. Nur habe ich langsam gemerkt, daß ich eigentlich immer meine Mutter verteidigte, mich zu ihrem Anwalt machte, auch wenn ich andere Frauen schützte, verteidigte, stärkte. Ich hatte dabei aber eigentlich keinen Bezug zu mir selbst. Erst seit ich dieses Verteidigungsmuster aufgegeben habe, kann ich mich besser wahrnehmen und über mein Engagement selbst entscheiden.«

Und wer ist denn die eigene Mutter?

In einer Gruppe sprachen junge Frauen davon, daß sie ihre Mütter nie als Frauen, sondern immer nur als Mütter erlebt hatten. Darin kam zum Ausdruck, daß »Frausein« und »Muttersein« zwei voneinander getrennte Verkörperungen waren. Eine junge Frau sagte dazu: »Ich konnte mir gar nicht vorstellen, daß meine Mutter auch eine Frau sein könnte. Doch auf Fotos sah ich, daß meine Mutter

278

einmal eine schöne, junge und attraktive Frau gewesen war. Und ich sah Fotos, auf denen meine Eltern als Liebespaar erschienen. Immer wieder mußte ich diese Fotos anschauen. Ich konnte es kaum fassen. Mir macht diese Veränderung meiner Mutter Angst. Ich will diesen Preis nicht zahlen.« Einige Frauen in der Gruppe brachten ebenfalls zum Ausdruck, daß sie nicht heiraten wollten, um nicht »so« zu werden. Andere sagten: »Das wird mir nie passieren!« Solche Diskussionen können endlos sein. Hilfreich in diesem Zusammenhang ist jedoch wiederum die Frage nach der Verkörperung: Wie verkörpere ich Aspekte meiner Mutter? Vielleicht ist es zu Beginn schwierig, mit den eigenen Mustern in Kontakt zu kommen. Dann kann es hilfreich sein, überhaupt einmal die eigene Mutter darzustellen oder sie von anderen Teilnehmerinnen aus einer Gruppe darstellen zu lassen. Die Frage lautet: »Wie erkenne ich mich in dieser Form wieder? Habe ich ein ähnliches Muster oder ein über- beziehungsweise unterkompensatorisches dazu? Was geschieht, wenn ich es verdeutliche und anschließend auflöse?«

Die junge Frau, die ihre Mutter nur auf Fotos als »Frau« sah, konnte dieses Bild sehr gut verkörpern. Sie spürte eine Verwandtschaft zu ihrer Mutter. »Ich spüre mich lebendig – eigentlich lebendiger als gewöhnlich. Vielleicht war auch in meiner Mutter noch etwas von diesen Qualitäten da, aber niemand von uns hat sie wahrgenommen, auch mein Vater nicht. Das alles war irgendwie ausgeklammert. Meine Mutter hatte fürsorglich zu sein. Punkt. Wenn sie einmal fröhlich oder ausgelassen war, belächelten wir sie, vor allem mein Vater und ich. Wir nahmen sie gar nicht ernst.« Die Frau verstand plötzlich, daß sie das Spaltmuster ihres Vaters übernommen hatte: »Es gibt junge Frauen, die attraktiv und lebendig sein dürfen. Wenn sie aber verheiratet sind, ist das vorbei. Ich glaube, mein Vater hatte Angst, er könnte meine schöne Mutter verlieren, und machte sie darum zur Haus-Frau. So war er ihrer sicher. Und meine Mutter ließ sich das gefallen ... Genau das nahm ich ihr im Grunde übel. Daß sie sich unterkriegen ließ. Und ich wandte mich meinem Vater, dem Stärkeren, zu. Mit der Selbstverleugnung meiner Mutter wollte ich nichts zu tun haben.«

Ich bat die Frau nun, das Muster ihrer Mutter aufzunehmen und zu verkörpern, und zwar so, daß sie von deren »junger« Gestalt zur Mutter-Gestalt überging. Wir konnten alle sehen, wie sie schrumpfte, die Brust einsinken ließ, die lebendige Spannung auch aus ihrem Gesicht wich. In diesem Übergang erkannte die Frau ihre eigene Tendenz wieder. »Wenn jemand mich belächelt, mich zurechtweist – vor allem Männer –, sinke ich auf dieselbe Weise in mich zusammen. Ja, ich kenne dieses Muster. Es heißt ›Selbstverleugnung‹. Aber ich habe es bisher eigentlich kaum erkannt.« Gleichzeitig wurde der Frau auch deutlich, daß sie anderen Frauen gegenüber oft die Haltung einnahm, die ihr Vater der Mutter gegenüber gezeigt hatte. »Mit dem Muster meines Vaters konnte und kann ich mich anderen Frauen gegenüber aufwerten. Die Auflösung des Mutter-Musters brachte ihr noch eine andere Erfahrung: »Ich kann lebendig sein, ohne für den Mann ›strahlen‹ zu *müssen*. Ich kann lebendig sein und dabei bei mir bleiben. *Ich* kann entscheiden, wie ich mich zeigen will. Und wenn ich bei mir bin, muß ich nicht gleich zu schrumpfen beginnen. Ich habe verschiedene Möglichkeiten. Bisher war ich entweder draußen und habe mich strahlend verloren, oder ich war bei mir und versank in mir selbst.« Dies ist ein Beispiel dafür, wie wir den Dialog mit der Verkörperung von Aspekten der eigenen Mutter – und auch des Vaters – aufnehmen können.

Die Mutter-Tochter-Muster sind vielfältig, oft komplex. Die Lösung besteht nicht darin, sich radikal von der Mutter loszusagen. Daß gerade der Kampf gegen die eigene Mutter eine Form von Bindung darstellt, ist deutlich geworden. Umgekehrt ist die Phantasie, der Mutter die Trennung nicht zumuten zu können, weil sie dafür zu schwach sei, weder eine Hilfe für die Mutter noch für die Tochter. »Ablösung« in diesem Sinn bedeutet vielmehr, zunächst die eigenen Verkörperungsmuster wahrzunehmen, um zu erspüren, wie sich eine *eigene* Identität bilden kann. Dann wird nicht nur Trennendes, sondern auch Verbindendes sichtbar, sowohl in bezug auf die eigene Gestalt wie auch im Hinblick auf die konkrete Beziehung zur Mutter. Dies könnte etwa im Satz ausgedrückt werden: »Ich bin diejenige, die ich bin. Mutter, ich mute dir zu, daß ich anders bin als du und meinen eigenen Weg gehe. Und ich bin deine Tochter.« Damit sind Abgrenzung und Loyalität der Mutter gegenüber miteinander verbunden. Und das Anderssein richtet sich nicht mehr am Ende gegen die eigene Identität als Frau.

Die Liebesgeschichte von Frauen kann nicht nur aus der Beziehung zur Mutter allein verstanden werden, sondern muß auch in Zusammenhang mit der Beziehung zum Vater gesehen werden,[36] der meist als der Ferne, der Abwesende und Unerreichbare erfahren wird. So entstehen häufig Muster des Wartens und Hoffens, der Sehnsucht, der Bewunderung, des Glaubens, durch ihn einen Abglanz der Welt zu erhaschen. Der abwesende Vater ist zugleich auch oft der »große Unschuldige«. Zur Rechenschaft gezogen wird die Mutter. Sie ist greifbarer, ihr Versagen ist konkret und alltäglich erlebbar. Auch in der Therapie sind es oft die Mütter, die bei Töchtern – und Söhnen – zuerst »drankommen«. Die Mutter hat zuwenig gegeben, zuviel gegeben, die Kinder vereinnahmt, »aufgefressen«, hat sie mißbraucht. *Sie* hat das Elend verschuldet – der Vater ist einfach nicht vorhanden, aber das wird ihm zunächst nicht angelastet. Wo dem Vater gegenüber ein Muster des Wartens und damit des Idealisierens ausgebildet wird, ist für negative Gefühle vorerst kein Platz. Wenn Frauen es wagen, diese Muster aufzulösen, kommen darunter oft Wut und Schmerz zum Vorschein, die mit einem überformenden Muster wie Bewunderung oder Faszination in Schach gehalten werden. Frauen gelingt es deshalb oft auch weniger, sich zu schützen. Sie huldigen eher der Illusion »totaler Offenheit«, weil sie hoffen, in dieser Haltung eine Begegnung mit dem geliebten Mann zu ermöglichen. Oder sie schützen sich mit einem Muster des Stolzes gegen eine kindliche Haltung. In einer Liebesbeziehung läßt sich jedoch oft die stolz abwehrende Haltung nicht mehr aufrechterhalten, und die kindlich-vertrauensselige, schutzlose Form kommt an die Oberfläche, bis eine Verletzung sie in das überkompensatorische Muster zurücktreibt, das dann wieder in sein Gegenteil umkippt.

Ich möchte nun im folgenden einige dieser Muster, denen ich auch in der Therapie immer wieder begegne, ansprechen. Eine sechzigjährige Frau verkörperte noch immer ein *Sehnsuchts*-Muster ihrem Mann gegenüber. Sie sagte mir jedoch, sie fühle sich von ihrem Mann immer so verletzt. Sie könne sich nicht wehren, auch wenn sie genau spüre, daß sie wieder in eine entsprechende Situation hineingerate. »Ich bewundere ihn, und ich will mich schließlich auch nicht von ihm abwenden.« Als ich sie bat, mir dieses Muster zu zeigen, stellte sie sich hin, blickte mit großen Augen und offenem Mund aufwärts, sank in der Mitte langsam ein und hob gleichzeitig die Schultern ein wenig an. Im Brustbereich war überhaupt keine Spannung, die Atmung wurde kaum sichtbar. »Ich fühle mich wie ein Gefäß«, sagte sie, »ein Gefäß, das alles aufnehmen kann. Ich möchte nichts von all dem Kostbaren verpassen, das kommen könnte.« – »Und die Verletzungen?«, fragte ich. »Ach, es könnte ja trotzdem etwas Schönes kommen, und das würde ich dann verpassen«, antwortete sie mit einem sehnsüchtigen Ton in ihrer Stimme. »Es kommt ja auch immer wieder etwas«, fügte sie nach einer Weile hinzu. Es zeigte sich, daß sie bereit war, für die erhofften und manchmal – allerdings selten – kommenden Kostbarkeiten die Verletzungen auf sich zu nehmen. »Man weiß ja nie«, war schon die Devise des kleinen Mädchens seinem Vater gegenüber gewesen.

Ein weit verbreitetes Muster ist zudem dasjenige des *Wartens*. Mütter warten auf ihre Männer, und Töchter warten auf ihre Väter. Auch warten ist nicht einfach ein Verhalten, sondern eine ganzheitliche Gestalt. Es gibt dazu verschiedene mögliche Geschichten, etwa die folgende: »Mein Vater arbeitete auswärts und kam oft tagelang nicht nach Hause. Ich fragte meine Mutter immer wieder, wann er endlich komme. Aber meine Mutter wurde wütend und sagte, ich solle endlich aufhören mit der Fragerei. Wenn er zurückkam, schickte sie mich trotzdem ins Bett. Ich tat alles mögliche, um wach zu bleiben. Meist schaffte ich es. Wenn ich meinen Vater hörte, rannte ich ihm entgegen. Doch meine Mutter stellte sich dazwischen und jagte mich zurück in mein Zimmer. Ich konnte nur einen kurzen Blick auf meinen Vater werfen. Er lächelte mir zu – dann war ich wieder im dunklen Zimmer. Ich konnte noch lange nicht einschlafen, weil ich immer das Bild meines Vaters vor mir sah. Ich war glücklich.« Diese Geschichte erzählte eine sechsunddreißigjährige Frau, die ständig Beziehungen zu Männern aufnahm, die für sie in irgendeiner Form nicht erreichbar waren. »Ich lebte immer von den wenigen Augenblicken unseres Zusammenseins. Ich konnte sie in der Erinnerung hundertmal wieder durchleben, Abend für Abend – bis zum nächsten glücklichen Moment. Und nun gelingt mir das einfach nicht mehr so recht. Ich bin nicht mehr zufrieden mit ein paar schönen Augenblicken.« In dieser Schilderung wird die ganze Liebesgeschichte mit dem Vater deutlich, die sich als sehnsuchtsvolles Warte-Muster und als Leben mit inneren Erinnerungsbildern verkörpert. Das Warte-Muster ist bei dieser Frau verbunden mit innerer Erregung, mit Erwartung und mit dem Wiederbeleben der Begegnung durch deren Vergegenwärtigung. In der Erinnerung waren diese Begegnungen eigentlich noch intensiver als das wirkliche Zusammensein.

»Ich konnte sie mir ausmalen und weiterdichten, in den verschiedensten Variationen. Diese innre Welt konnte mir niemand nehmen.« Als die Frau begann, dieses Muster aufzulösen, kam auch Wut zum Vorschein. »Warum warst du immer weg? Ich konnte nur von Bildern leben. Du hast dich so kostbar gemacht, aber ich weiß nicht, wer du eigentlich warst.« Und etwas später: »Du hast mich einfach meiner Mutter ausgeliefert. Ich hatte eigentlich nur sie.« Hier wird der andere Teil der Geschichte sichtbar. Die Frau hatte innerlich die Mutter abgelehnt und sich dem Vater zugewandt – vielmehr dem Bild, das sie von ihm hatte. »Die Mutter war so gewöhnlich, so bieder. Und sie gab mir zu verstehen, daß ich ihr gehöre. Und ich hatte keine Wahl. Zwar fühlte ich kaum Liebe zu meiner Mutter, aber ich brauchte sie, und ich fühlte mich durch die Abhängigkeit von ihr gedemütigt.« Schließlich erkannte sie, daß die Mutter immer zwischen ihr und dem Vater gestanden hatte. Die Tochter hatte das Erwartungs-Muster der Mutter übernommen. Sie warteten beide auf den Vater. Sie blieben verbunden in ihrem Aufeinander-Angewiesensein, jede für sich mit dem Geheimnis ihrer inneren Sehnsucht. Es war eine »Not-gemeinschaft« der beiden, ausgerichtet auf das Erscheinen des großen Abwesenden. Im entscheidenden Augenblick allerdings zog das kleine Mädchen den kürzeren. Und so geschah es auch später immer wieder. Auf eine Formel gebracht: Ich gehöre der Mutter, aber meine Liebe gehört dem (unerreichbaren) Vater.

Die Frau verkörperte diesen Zwiespalt, indem sie wie ein kleines Mädchen zum Vater aufschaute, die Augen weit aufriß und den Kopf nach hinten abknickte. »Ich kann ihn ja gar nicht wirklich sehen«, sagte sie dabei. Die Brust ließ sie einsinken, bis ihr Atem ganz flach war. Die linke Körperhälfte war dabei leicht abgedreht und völlig verkrampft. »Es zieht mich zu meiner Mutter, und ich sperre mich dagegen«, sagte sie und fühlte sich gleichzeitig in zwei Hälften gerissen. Als sie es allmählich wagte, dieses Muster zu lösen, fühlte sie sich zuerst sehr einsam. »Diese Zerrissenheit war meine einzige Geborgenheit«, klagte sie, »aber ich war ja auch vorher weder beim einen noch beim andern.« Nachdem die damit verbundene Wut und Enttäuschung, aber auch der Schmerz zum Ausdruck gekommen waren, begann sie, ihren eigenen Stand und ihre innere Wärme zu spüren. Der Mutter gegenüber wurde mehr an Abgrenzung und dadurch mehr Kontakt zu sich selber möglich. Gleichzeitig konnte sie die Mutter klarer wahrnehmen als diejenige, die sie war, und eine neue – wenn auch distanziertere – Beziehungsform mit ihr finden. Ihrem Vater und damit auch anderen Männern gegenüber erlebte sie, wie sie sich »ungeteilt« zuwenden konnte, ohne in ein schwächendes und ihr klares Sehvermögen beeinträchtigendes Bewunderungs- und Warte-Muster zu fallen. Es war jedoch ein langer Weg.

Für viele Frauen, vor allem der heute mittleren und älteren Generation, war der Vater eine Autoritätsfigur, bei der sie Unterwerfung und Schrumpfen lernten, wie sie es oft auch bei der Mutter gesehen hatten. Eine heute vierzigjährige Frau hatte zunächst in der Therapie realisiert, wie verquickt sie mit der eigenen Mutter war. Sie war vor allem deren emotionale und auch praktische Stütze den jüngeren Geschwistern gegenüber gewesen und hatte die Mutter fast ausschließlich überfordert und schwach erlebt. Sie lernte, für die Mutter stark zu sein, und verlor dabei das Gespür für sich selbst. Die zunächst wütende und dann klarer werdende Abgrenzung gegen die eigene Mutter brachte sie jedoch auch in Kontakt mit ihrer Sehnsucht nach Geborgenheit. Dabei tauchte der Vater in ihrer Erinnerung mit einem Bild auf, in dem er sie als kleines Mädchen liebevoll auf seinen Armen trug. Sie konnte eine Weile dabei bleiben und sich von dieser Nähe »nähren«. Auf einer später entstandenen Zeichnung steht der Vater herrisch und dominant da, die Hände in die Seiten gestützt und würdigt die Tochter keines Blickes, die unverhältnismäßig klein, mit gebeugtem Rücken und in ängstlich-devoter Haltung vor ihm steht. Ihre Hand ist nur ein Punkt.

Diese Zeichnung ist aus dem leibhaften Erleben ihrer Stellung dem Vater gegenüber entstanden. Über dieser Haltung des Mädchens hat die Frau eine stolze, abwehrende Haltung Männern gegenüber aufgebaut. Selten ist sie in Kontakt mit diesem um die Liebe des Vaters buhlenden Mädchen gekommen. Es ist »in ihrem Innern versteckt«. Die Auseinandersetzung mit ihrer Beziehung zu Männern führte zurück zu diesem gebeugten, werbenden Mädchen und zum »verlorenen Paradies«. »Nie mehr das!« hatte sie sich einmal geschworen und war aus Beziehungen weggelaufen, bevor sie mit der Not des Mädchens in ihr in Berührung gekommen war. Doch erkannte sie schließlich, daß ihre stolze Versteifung ein das werbende Mädchen überformendes und damit kompensierendes Muster war. Jetzt wurde es ihr möglich, dieses Mädchen in sich anzunehmen. Sie lernte mit der Zeit, sich aufzurichten, um ihre eigene wirkliche Stärke in der Beziehung zu ihrem Freund zu entdecken, ohne die bedürftigen Seiten in sich abzuwehren und auch bei ihrem Freund zurückweisen zu müssen.

Aus der Konstellation der modernen Familie mit der typischen Beziehungsstruktur ergibt sich auch eine Möglichkeit, die eigene Kraft im *Erleiden* zu finden. Dazu ein Beispiel: Eine Frau Ende Vierzig hatte zu Hause viel Unfrieden erlebt. Die Mutter hatte sich in Konfliktsituationen dadurch gewehrt, daß sie tagelang »zur Strafe« geschwiegen hatte. Ein anderes Mittel kannte sie nicht, sich für ihre Anliegen einzusetzen. Die Tochter schwor sich schon als Kind, es einmal ganz anders zu machen. Sie sagte sich: »Ich kann das schon ertragen!« Diese Geschichte erzählte sich die damals erwachsene Frau, wenn ihr Partner sie verletzte. Dabei fühlte sie sich nicht etwa ohnmächtig, sondern stark: »Ich nehme es auf mich. Ich kann es schon.« Und dabei lächelte sie, während sie sich körperlich zusammenzog. »Je schlimmer eine Situation war, desto stärker fühlte ich mich«, sagte sie. Den Preis für diese Stärke drückte ihre Körperhaltung aus, das Zusammenziehen. Ich bat die Frau, diese Haltung zunächst zu verstärken und dann langsam aufzulösen. »Wenn ich mich stärker zusammenziehe, fühle ich eine Art Geborgenheit bei mir, die mich stark macht – nur am Schluß kann ich nicht mehr so gut atmen.« Als sie die Haltung aufgelöst hatte und aufrecht dasaß, kam ein ratloser Ausdruck in ihr Gesicht: »So ist es unangenehm – so aufrecht. Ich fühle mich verletzbar«, sagte sie und zog sich wieder etwas zusammen. Was von außen wie Schwäche und Unterwerfung aussieht, wird gar nicht so erlebt. »Stark durch Erdulden« ist die Devise.

Es ist nun nicht so, daß dies nur eine weibliche Geschichte zu sein braucht. *Wie* diese Frau jedoch die Geschichte lebte, war eine typisch weibliche Umsetzung: Verständnis für den Mann, gekoppelt mit Konzentration auf die Aufgabe der Kindererziehung und Zuwendung zu ihnen. Ihr Zärtlichkeitsbedürfnis konnte sie mit den Kindern erfüllen und verlor das Interesse an sexuellen Kontakten mit ihrem Mann, der begann, seine Bedürfnisse bei anderen Frauen zu befriedigen. Sie ertrug auch dies, bis sie merkte, daß das Leben an ihr vorbeiging. Und doch war es für die Frau sehr schwierig, ihre »Stärke«, ihre »Macht in der Ohnmacht«, aufzugeben, mit der sie ihr Selbstwertgefühl identifizierte.

Frauen, die ihre Väter als brutal erlebten, die Mutter als schwach und unterwürfig, bilden oft eine Abwehr gegen Männer aus, weil sie »eben so sind«. Das bedeutet jedoch *nicht*, daß diese Frauen sich unbedingt mit emotional zugewandten, »weicheren« Männern einlassen können. Viel eher werden diese als Schwächlinge verachtet, weil sie eben keine »wirklichen Männer« seien. Es ist für diese Frauen unmöglich zu differenzieren. Es gibt in ihrer Welt nur die Männer, gegen die man kämpfen, und diejenigen, die man verachten muß.

In solchen Extremen scheint jedoch ein Grundproblem auf. Frauen träumen häufig von zugewandteren, gefühlsbetonteren Männern, doch schließlich fühlen sie sich von ihnen nicht angezogen. Es fehle ihnen »das gewisse Etwas«. Die Faszination gehört nach wie vor jenen Männern, die sie entsprechend ihrer eigenen Sozialisation als »Männer« erleben. Verkörpert ein Mann auch sogenannte »weibliche« Seiten, wird er oft verachtet oder nicht ernst genommen, wie Frauen eben gelernt haben, das »Weibliche« als minder zu bewerten – auch am Mann. Es geht mir dabei nicht um jene Männer, die ihre eigene Kraft verleugnen und sich von ihr abspalten im Glauben, sie könnten ihrer spezifischen Sozialisation entkommen, indem sie in ein unterkompensatorisches Muster fliehen. Es geht mir um die einschränkende Denunzierung von Qualitäten: Sehr schnell werden bestimmte Verkörperungen bei sich selbst und beim andern als »weiblich« oder »männlich« identifiziert, Abweichungen als »unweiblich« und »unmännlich« erlebt. Das sind freilich keine verstandesmäßigen Urteile, sondern leibhafte Antworten auf dem Hintergrund der familiären und gesellschaftlichen Erfahrungen. So erleben sich Frauen oft gespalten zwischen ihren Wünschen und ihren Beziehungsmustern.

Die familiäre Liebesgeschichte steht auch damit in Zusammenhang, wie Väter zu ihren Töchtern Beziehung aufnehmen. Sehr häufig erotisieren *sie* die Beziehung,[37] flirten mit dem kleinen Mädchen und sehen in ihm die Frau, die es sein wird. Je eher ein Mädchen diesem Beziehungsmuster entspricht, desto größer ist seine Chance, vom Vater geliebt und bevorzugt zu werden. Sind mehrere Töchter da, gelingt es meist der anschmiegsameren, »mädchenhafteren«, den ersten Platz beim Vater zu ergattern. Der Vater hat Freude an ihr, und die Umgebung lächelt über das »kleine Weibchen«, das seine Lektion so gut gelernt hat. Die andere Tochter zieht sich zurück und kompensiert ihren Schmerz oft mit Verachtung über das »Getue« der Schwester.

So lernen Mädchen, was zum »Inventar« des sozialen Geschlechts gehört. Es sind Kontaktrituale, doch dies ist nur die Oberfläche. Den Vater umgibt für das Mädchen eine Atmosphäre der Aufregung, der Faszination, wenn er auftaucht und sich seiner Tochter zuwendet. Es handelt sich hier nicht um eine »natürliche Dynamik«, sondern um eine gesellschaftlich anerkannte Erotisierung des Mädchens, in der es sehr oft in eine als schuldhaft empfundene Rivalinnenposition zur Mutter gebracht wird. Väter spielen zudem manchmal den Flirt mit der kleinen Tochter gegen die eigene Frau aus. Es mag noch so harmlos aussehen, doch die Grenzen von Spiel und Mißbrauch verwischen sich schnell. So entwickeln kleine Mädchen die Phantasie, den Vater besser zu verstehen, eine tiefere Beziehung zu ihm zu haben als die eigene Mutter, und lernen dadurch auch früh, was für ein Schicksal auf sie als Frau wartet.

Die weiblichen Muster wie Sehnsucht, Warten, Hoffen, Schrumpfen, Wiederbeleben glücklicher Momente, sich dem Vater zuwenden, um seiner Welt teilhaftig zu werden, sich ihm fürsorgend oder mit ihm kämpfend zuwenden, lassen sich sehr wohl unter dem Titel »Wenn Frauen zu sehr lieben« zusammenfassen.[38] Beziehung steht im Zentrum des Lebens, dem Partner und schließlich auch den Kindern gegenüber, während der Mann in seiner Sozialisation viel eher lernt, sich abzugrenzen, der Beziehung zu Frauen zu mißtrauen, sich vor ihrem Anspruch zurückzuziehen oder sich »lieben zu lassen«.[39] Verbundenheit wird aufgespalten. Der Mann, der die bestehenden Gesellschaftsstrukturen übernimmt, läßt sich zwar umsorgen, wehrt jedoch Intimität ab. Er geht »hinaus in die Welt« und kehrt nur zurück, um sich zu erholen. Freilich schildere ich hier nur Grundtendenzen, welche durch unsere gesellschaftlichen Arrangements gegeben sind. Sie können vom einzelnen – Frau oder Mann – auch kompensiert werden, wie aus einigen der bisherigen Beispiele hervorgeht. Die einzelne familiäre Situation bringt auch viele Variationen oder selbst Umkehrungen hervor, die jedoch wiederum auch auf dem Hintergrund der gesamtgesellschaftlichen Dynamik gesehen werden müssen.

Männer erleben ihre Beziehung zur eigenen Mutter bei gleichzeitiger Abwesenheit des Vaters ebenfalls als eine ihre Identität als Mann und ihre Beziehungsmöglichkeiten einschränkende Konstellation. Hält die Mutter den Jungen in ihrer »Welt« zurück, beginnt er, sich »weibliche« Muster einzuverleiben, die er jedoch als die gesellschaftlich minderwertigen in sich verachten und oft auch bekämpfen lernt, was ihn in überkompensatorische Muster treibt. Diese Dynamik wird als diejenige der »Muttersöhne« beschrieben[40] Eine andere Möglichkeit besteht darin, von der eigenen Mutter zunächst umsorgt und geliebt zu werden, bis sie den älter gewordenen Jungen selbst aus ihrer Welt ausstößt, um ihn »zum Mann« zu machen, da der abwesende Vater diese Aufgabe nicht übernehmen kann. Dadurch ergibt sich jedoch ein Widerspruch:

Die allseits Umsorgende, Liebend-Verschlingende wird plötzlich zur Fordernd-Imperativen und verlangt zudem noch Eigenschaften wie Härte, Durchsetzungsvermögen und Beherrschung, die sie ihm gegenüber doch selber niemals dokumentiert hat.[41] Dadurch entsteht eine »künstliche Männlichkeit«[42] und eine double-bind-Situation von seiten der Mutter: Der Junge verübelt seiner Mutter die double-bind-Situation, in die sie ihn gestürzt hat, als Repräsentantin der Gesellschaft auch stürzen mußte: Liebe einerseits, ganz konkret erfahrbar, und die Aufforderung, ein Mann zu sein andererseits, völlig abstrakt.[43]

Der Junge, so aus seiner Beziehungseinheit mit der Mutter gerissen und in die fremde väterliche Welt katapultiert, erlebt dadurch »das Trauma der Männer«[44] und wehrt sich durch Kontrolle und Beherrschung gegen eine Wiederholung dieses Traumas. Jungen lernen jedoch gleichzeitig auch eher, sich von ihren Müttern abzugrenzen weil es ihnen der Geschlechtsunterschied zur Mutter ermöglicht, nicht in eine Identitätsverwirrung zu geraten. Sie identifizieren sich mit dem abwesenden Vater, dessen Position sie einmal erreichen werden.

Unter welcher Optik man die Beziehung der Geschlechter auch betrachten mag: Die Abgrenzungstendenzen und diejenigen, nicht in einer Beziehung aufzugehen, sind bei Männern wesentlich größer als bei Frauen, die durch ihre ganze Sozialisation lernen, sich auf die

Bedürfnisse anderer auszurichten, auch wenn Frauen diese Tendenzen überkompensatorisch verdecken mögen. So entsteht jedoch
eine widersprüchliche und schmerzliche Liebesgeschichte zwischen
Frau und Mann: wenn Frauen zu sehr lieben und Männer lieben lassen – um es mit zwei Buchtiteln auf eine Formel zu bringen.

Dazu gehört jedoch noch eine weitere verwirrende Dynamik.
Frauen haben gelernt, sich mit den Augen der Männer zu sehen, wie
ich schon mehrmals formuliert habe. Jetzt läßt sich dies jedoch
nochmals anders ausdrücken: Töchter sehen sich mit dem Blick der
Männer, wie dieser ihnen von den eigenen Müttern vermittelt
wurde, wobei dieser »Männerblick« zugleich hinaufstilisiert und
entwertet wird. Sie erleben den Blick der Männer also durch die Augen der eigenen Mutter. Auch die Söhne sehen ihre Väter durch die
Augen der Mutter, so daß sie darüber eine feminine Haltung gegenüber ihren Vätern einnehmen und zu einer verqueren Einschätzung
von Männlichkeit gelangen.[45]

So wird nochmals die je eigene Identität beider Geschlechter verwirrt, aber auch die Beziehung dem anderen Geschlecht gegenüber.
Diese Dominanz der Mütter ist jedoch nicht nur ihre Macht oder
gar ihre »Rache«, sondern auch ihre Not – eine gemeinsame Not
von Frau und Mann, erwachsen aus der historischen Entwicklung,
die aus männlichen Tätern Opfer ihres Tuns und aus den Opfern –
den Frauen – auch wieder Täterinnen machte.

Wir können lernen, unsere eigenen Beziehungsmuster zu erspüren. Voraussetzung dafür ist, daß wir hellhörig werden für Aspekte
unserer Verkörperung, die wir über lange Zeit gesamtgesellschaft-
lich als selbstverständlich angesehen und der »Natur« von Frau und
Mann zugeschrieben haben. Eine der großen Anfechtungen besteht
jedoch darin, daß es oft gerade Frauen, die sich auf einen intensiven
Reifeprozeß einlassen, schwer haben, einen Partner zu finden, der
diese Herausforderung annehmen kann. Seit der Romantik, seit also
Frauen versuchten, wirklich Partnerinnen zu sein, besteht diese
schmerzhafte Diskrepanz. Wir dürfen sie auch heute – trotz Emanzipation oder gerade um ihretwillen – nicht hinwegleugnen,[46] sie jedoch auch nicht zu einer neuen »Geschichte über Männer« verallge-
meinern und uns damit über mögliche Chancen hinwegsetzen.

Phasen, Wendezeiten und Krisen in der Partnerschaft – ein leibhafter Prozeß

Partnerschaft: die Ent-Täuschung des privaten Lebensraumes

Wenn früher von »Ehe« die Rede war, meinte man damit fast ausschließlich eine Lebensgemeinschaft. Heute gibt es jedoch ein weites Spektrum an Beziehungsformen. Das liegt nicht zuletzt daran, daß sich die verschiedenen Ebenen einer Beziehung zunehmend entkoppeln lassen:[47] Sexualität muß nicht mehr in eine Beziehung eingebunden sein, ein Liebesverhältnis nicht zur Ehe führen, eine Ehe nicht mit Familie verbunden sein, Elternschaft nicht mit Partnerschaft, und auch Zeugung und Elternschaft lassen sich durch die Gentechnologie zunehmend trennen.

Doch nicht nur die einzelnen Paare leben in unterschiedlichen Arrangements, die Beziehungsbiographie einzelner Menschen selbst weist häufig eine große Vielfalt auf, indem Frauen und Männer heute verschiedene Beziehungsformen nacheinander verwirklichen. Alles ist in einer einzigen Biographie möglich, vom Single-Dasein über freie Beziehungen, feste Partnerschaften und Ehe bis zur Ein-Eltern- und Patchwork-Familie.[48] In der heute mittleren und älteren Generation brechen zunehmend nicht nur Männer, sondern auch Frauen mit dem Älterwerden oder der Ablösung ihrer Kinder aus der Ehe aus. Zunehmend verlassen jedoch auch Frauen mit kleinen Kindern ihren Partner, aber auch Frauen gegen oder über sechzig Jahre. Dies hängt nicht nur mit der Auflösung verbindlicher Strukturen für die Gestaltung der Beziehungsbiographien, sondern auch mit der Verbesserung der Berufschancen für Frauen zusammen.

Neben dem breiten Spektrum an Beziehungsformen, das von einzelnen Menschen je verschieden oder nacheinander gelebt werden kann, gibt es ebenso vielfältige Gestaltungsmöglichkeiten für die jeweilige konkrete Beziehung. Zwar besteht einerseits noch immer die streng arbeitsteilige Struktur des Industriekapitalismus der letzten einhundertundfünfzig Jahre, andererseits beginnt sie sich innerhalb der einzelnen Beziehungen – nicht zuletzt durch die Emanzipation der Frau – aufzulösen. Dadurch wird eine Partnerschaft komplexer und anspruchsvoller: Die Verteilung der Rollen, der Arbeiten und Aufgaben ist nicht mehr gegeben, sondern muß ständig neu diskutiert und ausgemacht werden, bis hinein in letzte alltägliche Details. Zugleich müssen auch die mitgebrachten geschlechtsspezifischen Erwartungen und Muster reflektiert und ausgetragen werden. Beziehungen brauchen so viel Energie und stellen hohe Ansprüche an die Konfliktfähigkeit der Beteiligten. Dadurch entsteht oft ein Beziehungsstreß, der in Widerspruch zu den Anforderungen des Arbeitsmarktes gerät.

Unsere gesellschaftlichen und wirtschaftlichen Gegebenheiten sind vor allem auf emotionale Versorgung des Mannes in der Familie angelegt. Doch die einseitige emotionale Funktion des privaten Lebensraumes weckt Erwartungen, die meist nur schwer oder kaum mehr eingelöst werden können. Dazu kommt, daß das selbstverständliche Aufgehobensein in einem verbindlichen sozialen Netz abnimmt. Das gegenseitige Aufeinander-Verwiesensein der Partner und Familienmitglieder nimmt einen ausschließlichen Charakter an und bildet einen letzten – oft verzweifelten – Schutz gegen Vereinsamung. Dies bedeutet, daß alle emotionale Befriedigung an den Innenraum der Kleinfamilie delegiert ist. Gleichzeitig nimmt das Bedürfnis nach eigenständiger Entwicklung der einzelnen Menschen – vor allem auch der Frauen – zu. Dies ist eine Zerreißprobe, die oft zu Trennung, Vereinzelung und übergroßen Erwartungen an eine neue Beziehung führt. Die moderne Arbeitswelt delegiert zwar die Befriedigung von menschlichen Grundbedürfnissen an den privaten Raum, sabotiert sie jedoch gleichzeitig, indem vom Mann ein reibungsloses Funktionieren unter Einsatz aller Kräfte und eine extreme Anpassung der Familie an den Arbeitsmarkt des Mannes erwartet wird.[49]

Die Gestaltung von Beziehung kann nicht unabhängig von der gesamten Lebensgestaltung gesehen werden. Der Beruf ist nicht nur eine Tätigkeit, die wir aufgeben und wieder aufnehmen können, sondern wird zu einem Bestandteil unserer leibhaften Form. Streß und Überforderung, ununterbrochene Präsenz oder ständiger Wechsel von Situationen wird mit der Zeit zu einem organismischen Muster, das sich nicht mit dem entsprechenden Handeln »ablegen« läßt. Es ist deshalb auch nicht möglich, sich im Beruf bis an die äußersten Grenzen zu verausgaben, sich ständig zusammenzureißen und zu Hause lebendig zu sein. Vor allem Männer tragen oft ihren Streß nach Hause, oder sie verlieren ihre Beherrschtheit und fallen ins Gegenteil, in Aggression, in Gereiztheit und Überempfindlichkeit, oder sie schlaffen ab und versacken. Von der Familie wird dabei selbstverständlich ein Schonverhalten erwartet. Dies wird den Männern oft erst bewußt, wenn sie die Problematik an der eigenen Partnerin erleben. »Du gibst deine besten Kräfte in den Beruf – für mich bleibt nichts mehr übrig«, klagte ein Mann seine Frau an, die einen ebenso anspruchsvollen Beruf ausübte wie er selber. Am Abend trafen sich zwei ausgepumpte Menschen – beide bedürftig. In viele Ehen schleicht sich Entfremdung ein, wenn der Mann von seiner Arbeit aufgesogen wird, alle seine Bedürfnisse und damit seine Lebendigkeit abwürgt und die Frau das entstehende Vakuum für ihre eigene Entwicklung nützt. So entsteht eine widersprüchliche Situation: Die gleiche Zeit, in der Frauen unserer Gesellschaft sich aus überkommenen Geschichten und Zwängen zu befreien beginnen, sehen sich die Männer immer ausschließlicher an den Leistungszwang versklavt, der sich ihrem Organismus so einprägt, daß sie kaum mehr in der Lage sind, ihre eigene Verarmung wahrzunehmen.

Wir können diese Dynamik auch nochmals anders ausdrücken: Die moderne Industriegesellschaft delegiert nicht nur die emotionale Erfüllung an das Privatleben, sondern ebenso die aus ihrer Struktur entstehenden Konflikte. Solange sie als nur private verstanden werden, bleibt die »andere Hälfte« – das Arbeitsleben – unangetastet. Frauen versuchen beispielsweise, ihre Männer aufzurütteln, an sie heranzukommen, oft explosiv aufsässig und verzweifelt. Doch die Forderungen, die zugleich verdecktes Beziehungsangebot sind, fallen als Makel und Mangel auf die Frauen zurück. Viele resignieren, glauben endlich an die Unangemessenheit ihrer Ansinnen, fühlen sich schuldig. Oder sie gehen eigene Wege. Häufig verbünden sich auch Frauen zunächst mit den Arrangements unserer Leistungsgesellschaft, und wenn sie beginnen, den Preis zu spüren, wird das Problem ausschließlich als Beziehungskrise ausgetragen – wie es dem gesellschaftlichen Delegationsprinzip entspricht. Und viele Männer wissen gar nicht, was ihre Frauen denn eigentlich wollen.[50] Beziehungsprobleme erscheinen zudem häufig vor allem als Geschlechterkonflikt, doch ist dies nur *eine* der wichtigen Ebenen. Die Reduktion auf sie erweist sich auch als ein – meist unbewußtes –

Ausweichen vor dem grundsätzlichen Problem, wie Beziehung in einem aufgeteilten, halbierten Leben, das unsere Gesellschaft anbietet, möglich sei.

In diesem bisher skizzierten Lebensarrangement hat sich auch die Bedeutung des Kinderhabens grundlegend verändert. Waren Kinder früher notwendige Hilfe und Altersvorsorge, bedeuten sie heute eine kostspielige Aufgabe in jeder Hinsicht, emotional und finanziell. Sie müssen für das Bestehen in unserer Leistungsgesellschaft ausgerüstet werden. Doch auch hier ergeben sich Widersprüche. Kinder sollen eine glückliche Kindheit haben, für die vor allem die Mutter zuständig ist, und gleichzeitig sollen sie für die zukünftige Arbeitswelt präpariert werden. Das Wohl des Kindes wird von sich ausschließenden Aspekten her verstanden, die einander ständig blockieren und das Kind einem Spannungsfeld ausliefern, dem es so wenig wie seine Erzieher gewachsen ist. Beziehungsstreß, Konflikte, Ohnmacht und Aggressionen der Eltern sind oft die Folge. Umgekehrt müssen Kinder oft dafür herhalten, ihren Eltern ein Stück Lebendigkeit zu vermitteln, die ihnen durch ihre Lebensweise abhanden gekommen ist.

Die bisherigen Überlegungen mögen zeigen, daß Beziehung und Partnerschaft nicht als losgelöste Bereiche verstanden werden können. Je privater das Private erscheint, je krampfhafter versucht wird, sich eine letzte »Lebensinsel« zu retten, desto klarer ist diese Trennung von der »anderen Welt« ein verdeckter Ausdruck stärkster Abhängigkeit von ihr, so wie die Freizeitkultur nur die Kehrseite der Arbeitsabhängigkeit ist. Oder anders gesagt: Die emotionale Versorgung zu Hause dient der Arbeitsleistung ebenso wie das Festhalten am Ideal einer heilen Familie, obwohl es in der Realität längst unterlaufen ist – wie etwa die »Erholung« im Urlaub. Viele Menschen – vor allem Männer – leben von Insel zu Insel, obwohl von diesen Inseln oft nur noch die Idee und die Vorfreude übriggeblieben sind. So ergibt sich eine seltsam widersprüchliche Situation: Männer fliehen aus der Arbeitswelt auf ihre Beziehungsinseln, während Frauen von ihnen weg ins Berufsleben drängen und dort ihre Identität und Erfüllung suchen. Sie haben oft andere, weniger verschlingende Möglichkeiten, mit dem Berufsleben umzugehen, befinden sich aber auch viel seltener in Spitzenpositionen. Der Anspruch vieler Männer: »Bleib doch zu Hause, da hast du es viel schöner«, klingt wie ein Hohn, denn was für Männer immer noch als Insel erscheint, ist für Frauen mit ihren ganz anderen Lebensbedingungen oft ein Ghetto. Die Frau soll den Mann aus seinem Arbeitsstreß »erlösen« und das »ganz andere« bieten, das dann aber nicht gelebte Beziehung ist, sondern Regression in einen Zustand der Verantwortungslosigkeit, auch wenn er mit Machtansprüchen gekoppelt ist. Dabei wird die Partnerschaft auf eine Funktion reduziert. Umgekehrt wünschen Frauen, daß der heimkehrende Mann sie aus ihrem Ghettodasein erlöst, wenn sie nicht beruflich tätig sind und sich damit meist Mehrfachbelastungen einhandeln. Der Kampf um Erfüllung und Erlösung reibt deshalb viele Beziehungen auf, die mit Enttäuschung und tiefen Verletzungen enden.

Vor allem Frauen suchen deshalb Anregung und Ausgleich in Gruppen- und Therapieangeboten, die für Momente verlorene Empfindungsfähigkeit, Entspannung und Lebensfreude zurückzugeben versprechen. Männer lassen sich zunehmend auf Anti-Streß-Programme oder Meditationen ein. Doch die befreienden Erfahrungen werden nur allzu häufig von der Arbeits- und damit auch wieder von der Beziehungsrealität eingeholt. So läßt sich ein Gegen-Markt einrichten, der letztlich die bestehenden Verhältnisse, ähnlich den Urlaubsarrangements, erneut stabilisiert. Übrig bleibt ein Versprechen, dessen Nichterfüllung auf den einzelnen zurückfällt. Dies bedeutet nicht, daß solche Angebote grundsätzlich zu verwerfen sind, doch wo sie die Welt erneut aufteilen, eine heile und heilsversprechende Therapie-Inselwelt aufbauen, spiegeln sie genau jene Strukturen, die zur Zuflucht in solche Arrangements führen. Nur wenn dieser Teufelskreis durchbrochen werden kann, vermögen sie heilend zu wirken.

Was können wir tun angesichts dieser Verstrickungen? Nischen finden, in denen Leben noch möglich ist? Aussteigen und gegen den gesellschaftlichen Strom schwimmen? Insider-Gruppen bilden? Eine definitive und allgemein gültige Antwort kann es nicht geben. Wir können jedoch versuchen, die Geschichten zu hören, die wir uns erzählen, sie hinterfragen und Perspektiven entwerfen, die lebenswerte Möglichkeiten in den Blick kommen lassen. Einige von ihnen möchte ich im folgenden ansprechen:

Die bisherigen Überlegungen haben gezeigt, daß mit den bestehenden gesellschaftlichen Strukturen entsprechende Geschichten verbunden sind, die wohl individuell getönt sein mögen, jedoch eine gemeinsame Grundtendenz aufweisen. Mit der Vorrangstellung der

Arbeit, die entsprechend in unsere Geschichten einfließt, sind wiederum auch verkörperte »Arbeitsmuster« verbunden. Schon in unserer Kindheit – vor allem in der Schule – haben wir gelernt, typische und für das spätere Berufsleben entscheidende Botschaften zu verkörpern wie etwa: Paß auf! – Konzentrier dich! – Sitz still! – Nimm dich zusammen! Das leibhafte Wahrnehmen dieser Muster mag uns andere, weniger einschränkende Möglichkeiten eröffnen, in denen wir Verkrampfungen und Streß auflösen und den Übergang von der Berufswelt in unsere private Welt sorgfältiger gestalten können.

Dieser Aufmerksamkeit unseren eigenen Mustern gegenüber liegt die Erkenntnis zugrunde, daß wir »Leben« nicht einfach auf Feierabend oder gar nur auf Ferien und Urlaub verschieben können. Im Beruf unter Hintanstellung aller Bedürfnisse zu funktionieren und nachher lebendig zu sein – ein solches Arrangement läuft unserer organismischen Realität zuwider. Leben läßt sich nicht beliebig aufschieben, sonst beginnen wir, dieses Aufschieben als solches zu verkörpern, und das beeinträchtigt unsere Lebendigkeit.

Das Wahrnehmen und Auflösen eingefleischter Arbeitsmuster hat jedoch oft auch weiterreichende Folgen. Die eigenen Grenzen werden deutlicher spürbar, ihr Überschreiten wird als das erlebt, was es ist: Beeinträchtigung und Vergewaltigung. So können vielleicht die bisherigen Arbeitsarrangements nicht unbesehen weitergeführt werden. Schwerwiegende Entscheide stehen an. Zunehmend wird Männern bewußt, daß sie sich unter dem Etikett von »Loyalität«, »Treue« und »Tüchtigkeit« verführen und ausbeuten lassen, nicht nur in unteren, sondern ebenso in Kaderpositionen, wenn auch Erfolg und materieller Gewinn dies verschleiern mögen. Wie schwierig es ist, diesen Anforderungen, die oft mit Beförderungen verbunden sind, zu widerstehen, erleben Männer immer wieder. Ein in der Wirtschaft tätiger Mann erzählte dazu: »Als ich vor kurzem befördert wurde, sagte mein Chef: ›Warum arbeitet Ihre Frau eigentlich noch? Sie verdienen jetzt ja genug!‹ Das heißt natürlich, daß meine Frau sich jetzt meinen Berufsinteressen unterzuordnen und mich zu betreuen hat. Und ich weiß genau, daß ich die nächste, bald anstehende Beförderung ausschlagen werde. Sie bedeutet nämlich, daß ich dann sechzig bis siebzig Stunden in der Woche arbeiten muß. Ich werde meinem Chef sagen: ›Meine Frau hat einen interessanten Beruf. Ich kann und will nicht von ihr verlangen, daß sie mir zudienen muß. Ich möchte meine Beziehung *leben*, mich nicht für meine Arbeit aufopfern und damit verraten.‹« Der Preis für konforme Arbeitsteilung ist nicht zu unterschätzen: Verlust der eigenen Lebendigkeit und Gefährdung der Partnerschaft, auch und gerade dann, wenn das traditionelle Rollenarrangement zu klappen scheint. Diese Überlegungen gelten nicht nur dann, wenn Kinder da sind, sondern für *jede* Partnerschaft, die auf eine Freizeit-Alibi-Übung reduziert wird.

Auch die vielgepriesene Arbeitsteilung zwischen Eltern kann sich zu einem funktionellen Arrangement entleeren, bei dem sich die Eltern die Tür in die Hand geben und in eine schleichende Entfremdung hineingeraten. Rollenteilung allein genügt nicht, wenn die Halbierung des Lebens zwar nicht mehr wie früher das Paar trennt, sondern das Leben beider in einem Streß-Arrangement aufspaltet. Nicht nur die Rollen*verteilung* muß reflektiert werden, sondern ebenso die *Gestaltung* des Lebenszusammenhangs in Arbeit und Partnerschaft. Dies bedeutet jedoch auch, das Leistungsparadigma als zentrales Gestaltungsprinzip in Frage zu stellen. Damit handeln wir uns freilich auch Verunsicherung, Reibflächen und Konflikte ein. Und doch kann damit eine Chance verbunden sein.

Eine weitere Perspektive ergibt sich gerade aus der Auflösung verbindlicher Strukturen für die Gestaltung von Partnerschaft. Dadurch wird es möglich, untereinander eine *persönliche* Beziehungsform zu finden, wenn sie in der Auseinandersetzung mit überkommenen gesellschaftlich-familiären Beziehungsmustern heranreifen kann, sei es im Innern einer Lebenspartnerschaft oder im Austragen mehrerer Beziehungen. Das Finden oder Erfinden einer persönlichen Lebensform erscheint überhaupt als eine der grundlegenden Chancen, die in einer sonst von Zwängen beherrschten Gesellschaft gleichsam als Lücke im System besteht. Vielleicht wohnt dieser Lücke auch eine Sprengkraft inne, die das System nicht unberührt läßt.

Doch eine persönliche Form von Beziehung kann keine statische sein, sondern ist immer auch eine sich wandelnde. Obwohl das Allmachtsparadigma weithin unser Leben bestimmt, entstand immer deutlicher auch ein differenziertes Bewußtsein für Übergänge und Wendezeiten. Lebensphasen wurden als gestaltendes Prinzip erkannt, nicht nur Kindheit, Jugend und Älterwerden, sondern auch Geburt, Gebären und Sterben. Sie widerfahren uns nicht nur, sondern wollen auch individuell geformt werden. In diesem Sinn läßt sich auch Partnerschaft als eine sich wandelnde begreifen, als Chance zu eigener Umgestaltung und zu gemeinsamem Wachstum. Auch im Raum der Partnerschaft kommt also das Wandlungsparadigma zum Tragen.

Eine Partnerschaft läßt sich – wie auch die Familie – als Organismus verstehen, in dem Beziehung als leibhafter Dialog Gestalt gewinnt. Der »Organismus Partnerschaft« kann lebendig sein oder seine Lebendigkeit einschränken, kann erstarren, sich verhärten oder seine Form und Grenzen verlieren, auseinanderfallen. Einschränkungen sind mit Langeweile, Gleichgültigkeit, fixierten Rollenverteilungen, endlosen und fruchtlosen Konflikten, oft mit Entfremdung verbunden. Als Organismus stellt Partnerschaft ein sich wandelndes Kontinuum dar, auch wenn es sich nicht um eine Lebenspartnerschaft handelt. Freilich kann auch ein Zwiespalt zwischen eigener und gemeinsamer Wandlung entstehen. Viele Frauen wehren sich dagegen, auf eine Funktion reduziert zu werden, vor allem, wenn sie zu realisieren beginnen, was für Perspektiven sich mit einem persönlichen Wachstumsprozeß eröffnen. Doch »Selbstverwirklichung« ist auch zu einem magischen Versprechen geworden, und zwar für beide Geschlechter. Die Gefahr besteht darin, Beziehung auf andere Weise zu funktionalisieren, nur als Anreiz und Übergangsstufe für die eigene Entwicklung zu verstehen oder sich eine einsame Privatinsel zu etablieren, die keine Herausforderung mehr zuläßt. »Selbstverwirklichung« als Trennungsgrund kann ein Ausweichen vor Konflikten sein und in Unverbindlichkeit münden, wie »Beziehung um jeden Preis« Stillstand bedeuten und zur Einsamkeit zu zweit zu führen vermag. An der äußeren Beziehungsbiographie läßt sich die Beziehungsfähigkeit und Bereitschaft zur Wandlung nicht ohne weiteres ablesen.

Eine gemeinsame Lebensgestalt finden: von der Ernüchterung zur Intimität

Eine länger dauernde Beziehung zu gestalten bedeutet, verschiedene Phasen zu durchleben, Schwierigkeiten und Krisen auszutragen, sich mit den je eigenen Beziehungsmustern auseinanderzusetzen und einen gemeinsamen Wandlungsprozeß zu wagen. Dadurch erschließt sich jedoch auch der Reichtum, der mit einer lebendigen Beziehung verbunden ist. Auf die Dynamik dieses Prozesses möchte ich im folgenden eingehen.

Erste Begegnungen[51] mit einem Menschen des anderen Geschlechts bedeuten bereits einen Übergang von der bisherigen Identität in eine neue. Häufig – allerdings nicht immer – beginnt eine Liebesbeziehung mit dem ersten Angerührt- und Verliebtsein, ob sie nun eine langsame Annäherung oder »Liebe auf den ersten Blick« bedeutet. Dieser Zustand wird immer wieder ähnlich beschrieben: »Als ich ihn sah, spürte ich einen elektrischen Schlag in mir, der mir durch und durch ging, von der äußersten Haarwurzel bis zu den Zehen. Ich kannte mich nicht mehr.«

Unzählige Liebesgeschichten haben diesen Zustand der Verzauberung, des Liebessehnens, der völligen Entgrenzung beschrieben. Das ganze bisherige Leben mit seinen Strukturen, den gewohnten Verhaltensmustern, wird gesprengt. Menschen wagen Neues, erleben sich »ganz anders«. Die Präsenz des geliebten Menschen bringt die bisherige feste Form, die als eigene erkannte Identität, ins Fließen. Die Nähe des anderen weckt das Verlangen nach körperlicher Entgrenzung, nach Umarmung und sexueller Vereinigung. In diesen Erlebensweisen läßt sich die Dynamik von Wandlung auf eine besonders intensive Weise erkennen. Die Begegnung mit dem geliebten Menschen ist oft Entdeckung seiner tiefsten, ihm selber unbekannten Möglichkeiten. Oder aus der umgekehrten Perspektive: Im Blick des anderen erkennen wir uns auf neue Weise, gewinnen einen intensiven Zugang zu den eigenen Tiefenschichten mit ihren schöpferischen Kräften. Wir sind uns selber zugleich fremd und nahe. Es ist kein Zufall, daß dieses Liebeserleben oft nur in Paradoxen ausgedrückt werden kann. Gefühle des kosmischen Einsseins wechseln mit der Rückkehr in die Tiefen des eigenen Selbst. Die pulsierende Bewegung umfaßt Extreme, die wir vielleicht nie für möglich gehalten haben. Wir fühlen uns auf eine neue Weise wahrgenommen, und wir nehmen den liebenden Blick des uns liebenden Menschen in uns hinein, erblicken uns selbst mit diesem Blick. Schöpferisches und inspirierendes Wahrnehmen des anderen und Projektion von Aspekten des eigenen Selbst auf den geliebten Menschen, von

Wünschen und Hoffnungen, verflechten sich ununterscheidbar ineinander.

Die meisten Menschen haben mindestens einmal in ihrem Leben diese Entgrenzung durch eine Liebesbeziehung erlebt. Vielleicht blieb es bei einer kurzen Begegnung, vielleicht blieb die Liebe gar verschwiegen, unerwidert oder ging nach kurzer Zeit in die Brüche. Es gibt Menschen, die ein Leben lang von solch einer einmal erlebten Liebe träumen als von etwas unwiderbringlich Verlorenem. Ein Bruch kann so tiefe Wunden schlagen, daß Menschen von sich sagen, sie hätten ihr Herz nie wieder einem anderen Menschen schenken können. Eine solche Liebe wird als »Tod« und »als das völlig Neue« erlebt – die Gegensätze fallen ineinander. So sehr diese Liebe als das ganz andere, als Vereinigung und Entgrenzung, als Ekstase im wörtlichen Sinn erlebt wird, ist ihr Verlust oft ein Sturz in den Abgrund, in völlige Einsamkeit, Entfremdung und Selbstverlust.

Menschen gehen mit diesem Liebeserleben sehr verschieden um. Für die einen ist es eine Art »Droge«, die sie immer wieder herbeisehnen, weil sie sich nur so lebendig spüren. Andere trauen dieser Liebe nicht, fürchten, sich in ihr zu verlieren und aufzulösen, sie lassen die Gefühle, die damit verbunden sind, gar nicht zu oder ziehen sich jäh wieder zurück, während andere zwischen Nähe und Distanz hin- und herschwanken oder entstehende Nähe immer wieder zerstören müssen. Auffallend viele Menschen – Frauen und Männer – heiraten nicht ihre große Liebe. Sie tragen sie als »unmöglichen Schatz« in ihrem Leben mit sich. Obwohl viele Menschen von der großen Liebe träumen, ist die Angst vor der Entgrenzung noch größer als die Sehnsucht nach ihr.

Die Phase dieser ersten Liebe ist immer als eine besondere verstanden worden. Die großen Liebenden der Weltliteratur sterben, wie beispielsweise Romeo und Julia. Oder die Geschichte bricht nach der glücklichen Liebesvereinigung ab. Liebe erscheint als »unsterblich« und gleichzeitig als »vergänglich«. Die Unsterblichkeit der Liebe wird mit dem Tod besiegelt. Dies ist ein Bild für das »Stirb und Werde«, das mit dieser Liebe verbunden ist, für die Aufhebung der bisherigen Identität, die Auflösung der Grenzen, der bekannten Lebensform. Andererseits erscheint ihre Vergänglichkeit als unmöglich und unerträglich.

Und dennoch drängt sich mit der Zeit die Erkenntnis auf, daß diese Phase einer Liebesbeziehung nicht ewig dauern kann, daß auch sie der Wandlung bedarf. Begegnungen und Gespräche sind nicht mehr nur Entdeckung des Neuen, des ganz anderen, Erlebnis tiefer Übereinstimmung. Die Liebe ist nicht mehr nur ein Kosmos für sich, der gleichzeitig alle anderen selbstverständlich einzuschließen scheint. Projektionen zeigen sich als das, was sie sind. Die Wider-Ständigkeit der Realität kommt in den Blick. Die Beziehung erscheint als Beziehung in einer Umwelt, in einem Alltag. Der andere wird deutlicher – und oft schmerzlich – als eigenständige Person wahrgenommen, unterschieden von der eigenen. Auseinandersetzungen werden nötig. Gemeinsamkeiten und Unterschiede kristallisieren sich heraus.[52]

Dieser Übergang in eine neue Beziehungsform ist für viele Menschen schwer zu vollziehen. Der Traum der »großen Liebe« scheint zu zerbrechen, die Einheit ist zerstört. Für viele hat sich wenigstens über kurze Zeit die ursprüngliche Sehnsucht, bedingungslos angenommen zu werden und mit dem anderen zu verschmelzen, erfüllt. Manchmal gelingt es, sich Aspekte dieser Liebeserfahrung einzuverleiben, sie zu verkörpern. Oft aber wird das Ende dieser Phase als »Vertreibung aus dem Paradies« erlebt. Viele Paare scheitern am Unvermögen, diesen Übergang zu vollziehen, in welchem der geliebte Mensch als ein Wesen für sich mit eigenen Möglichkeiten und Begrenzungen erscheint. Solange eine Beziehung eine Besuchs- und Freizeitbeziehung ist, kann die erste Beziehungsphase oft ein Stück weit verlängert werden.

Die Gestaltung eines gemeinsamen Alltags wird für die meisten Partnerschaften nochmals zu einer wichtigen Übergangsphase, in der eine gemeinsame verbindliche Lebensform gefunden werden muß,[53] was vielen Paaren schwerfällt oder in traditionellen Arrangements zur einseitigen Anpassung der Frau führt.

Viele Menschen fühlen sich in der ersten Zeit einer Partnerschaft glücklich und aufgehoben, bis erste Unstimmigkeiten auftauchen. Gerade erste Auseinandersetzungen und Krisen haben für viele Paare etwas Beängstigendes, da gleichzeitig alte Ängste vor Liebesverlust wieder auftauchen. Meist muß das Bewältigen von Konflikten erst eingeübt werden, bis es zu einem selbstverständlichen Bestandteil von Beziehung wird. So entsteht jedoch mit der Zeit auch ein Grundvertrauen in die tragende Kraft einer Partnerschaft. Immer wieder verschieben sich die beiden Pole von Stabilität und Bewegtheit in ihrem Schwergewicht, manchmal unmerklich oder in langsamen Übergängen, oft auch plötzlich und heftig.

Zu den Schwierigkeiten einer Partnerschaft gehört auch, daß sich alte Muster einschleichen und die entstehende Beziehungsstruktur mitbestimmen. Damit ist das Erleben von Stabilität verbunden, oft aber auch das von Verstricktsein und Gefangenschaft. In der Rückschau wird diese »Verzahnung« meist klarer sichtbar, und ihre ersten Spuren lassen sich bis zum Beginn der Beziehung zurückverfolgen. Erfahrungen in der Partnerschaft scheinen dann alte Erwartungen und Befürchtungen zu bestätigen. Wenn der eine Partner beispielsweise ärgerlich oder kritisch ist, steigt beim anderen das Gefühl auf, zurückgestoßen oder abgelehnt zu sein – wie eh und je: Ich habe es ja gewußt, alles war nur Täuschung. Das Gefühl, abgelehnt oder zurückgestoßen zu sein, ist jedoch oft nicht *die* absolute Realität, als die sie erfahren wird, ist weder so total noch so umfassend noch so andauernd, wie unsere kindlichen Ängste in uns meinen. Und doch bestimmen sie die Beziehung entscheidend mit. So besteht also immer eine – oft unbewußte – Bereitschaft, gewohnte Muster aufzugreifen, Reaktionen des anderen bis zu einer sich verzahnenden Wechselwirkung zu verabsolutieren. Es handelt sich nicht nur um eine Dynamik von Gefühlen und Verhaltensweisen, sondern um eine Verkörperung in einem leibhaften Dialog der Partner.

Ich möchte sie am Beispiel von »Zurückgestoßen sein« zeigen. Es geht dabei nicht nur um ein Verhalten des anderen, sondern ebenso um eine *eigene* Verkörperung. Wir können einmal versuchen, die körperliche Haltung von »Zurückgestoßen sein« anzunehmen. Vielleicht erfahren wir dabei unter anderem, daß sich der eigene Blick auf den anderen Menschen mit dem entsprechenden Muster verändert. Das bedeutet aber auch, daß wir diesen anderen damit in unseren Augen selbst verändern. Unser Blick formt die Wahrnehmung des anderen und damit auch seine Reaktion entscheidend mit. Die eigene Wahrnehmung, der eigene Blick – ja überhaupt die Art, wie wir uns dem anderen gegenüber verkörpern – sind nichts Isoliertes, sondern bedeuten Wechselwirkung des leibhaften Dialogs, in dem sich mit der Zeit bestimmte Lebensstilmuster ineinander fixieren. Oft war zunächst zu Beginn der Beziehung bei beiden Partnern auch Neues am Werden. Das Eingeholtwerden durch alte Muster ist deshalb meist mit Wut und Enttäuschung über sich selbst oder den anderen Menschen verbunden. Es sind oft in der Kindheit einverleibte Beziehungserfahrungen, die bei beiden Partnern zu stets bereitstehenden Beziehungsmustern geworden sind und jetzt wieder aktiviert werden. Wir verkörpern Aspekte unserer eigenen Mütter und Väter, gestalten unsere Beziehungen wie diejenigen den Eltern gegenüber, in Abhängigkeit von überkommenen Modellen, ob wir sie nachvollziehen *wollen* oder uns gegen sie wehren.

Es besteht jedoch immer auch eine Differenz zu früheren Erfahrungen. Mein Partner ist *nicht* mein Vater, meine Partnerin *nicht* meine Mutter oder ein Gemisch meiner Eltern. »Du bist wie mein Vater«, meint zunächst etwa: »Ich verkörpere mich dir gegenüber wie meinem Vater gegenüber als Kind oder wie meine Mutter sich ihrem Mann gegenüber.« Das bedeutet aber nicht, daß ich »schuld« bin und der andere »unschuldig«. Es handelt sich vielmehr um einen Ansatzpunkt, der hilft, Konflikte zu verstehen und mit ihnen umzugehen. Der andere mag sehr wohl Ähnlichkeiten mit meinem Vater haben und damit den Anreiz für eine ähnliche – bekannte und oft leidvolle – verkörperte Beziehungsgestalt bieten, doch eine Identität besteht *nicht*. Es gibt immer auch andere Aspekte, andere Möglichkeiten, die wir in unseren Verstrickungen nicht mehr wahrnehmen können. Gerade die bewußte oder unbewußte Identifikation »Du bist wie ...« erstickt die Entfaltung neuer Möglichkeiten. Partner fixieren sich und den anderen durch ihre eigenen Muster. Ein Teufelskreis entsteht. Vielleicht stellt eine Beziehung das Versprechen dar, mit in der kindlichen Beziehung nicht gelebten Seiten in Kontakt zu kommen – bis auch hier wieder fixierende Muster entstehen. Deshalb ist es wichtig, sich mit den eigenen Identifikationen »Du bist wie ...« oder »Ich bin wie ...« nicht völlig zu identifizieren, sondern sie auch als eigene verkörperte Geschichten zu verstehen.

Die Auseinandersetzung mit der partnerschaftlichen Beziehung bedeutet also auch diejenige mit der eigenen »Mitgift«, ohne jedoch kindliche und erwachsene Erfahrungsebene in eins zu setzen. Konflikte können zum An-stoß werden, eigene Muster besser kennenzulernen, die mit der Gestaltung von Beziehung verbunden sind, etwa: »Wie forme ich Eigenständigkeit und Autonomie, wie gebe ich sie wieder auf oder versteife mich in Trotz? Wie bin ich aggressiv oder hindere mich, es zu sein? Welche verkörperten Geschichten über Frausein und Mannsein bringe ich mit?« Das bedeutet nicht, den »Fehler immer bei sich selbst zu suchen«, wie viele Frauen es schon von früher gewohnt sind. Eine andere Frage kann lauten: »Wie antworte ich leibhaft auf Ungerechtigkeit, Wut oder Verletzung durch den anderen?« Auf diese Weise besteht die Chance, den leibhaften Dialog in der Partnerschaft umzugestalten, anders zu formen als in der kindlichen Liebesgeschichte.

Oft gibt es im Laufe einer Beziehung eine »Ungleichzeitigkeit« der Veränderung bei den beiden Partnern, ob nun der Anstoß von innen oder aus Beziehungskonflikten kommt. Dies kann wiederum Ängste und Krisen mit sich bringen. Wenn jemand alte Muster sterben läßt um Neuem Raum zu geben, sterben damit auch Aspekte der alten Beziehungsgestalt. Das heißt: Ich beziehe mich anders auf meinen Partner. Ich bin vielleicht nicht mehr bereit, mich kindlich unterzuordnen, sondern werde eigenständiger und übernehme damit auch die Verantwortung für mich selbst. Das Neue und Ungewohnte erschreckt nicht nur mich, sondern meist auch den Partner oder die Partnerin. Ein – wenn oft auch fragwürdiges – Gleichgewicht ist gestört. Dazu kommt, daß ich das Neue oft auch kämpferisch verteidige, mich schnell verunsichert fühle, zwischen Altem und Neuem hin- und herschwanke und meist auch Angst habe, das noch fremde und fragile Neue wieder zu verlieren. Gerade in diesem heiklen Prozeß, in diesem Übergang finde ich oft kaum Unterstützung beim Partner. Seine Reaktionen erinnern nur allzuoft an diejenigen der eigenen Eltern, die vielleicht Eigenständigkeit nicht zuließen, Aggression verurteilten usw.

Die Gefahr, daß dieselben Kämpfe wie einst mit den Eltern nochmals inszeniert werden und mit einem ähnlichen Erleben von Niederlage oder mit einer Trennung enden, ist groß. Trennung kann der Preis für innere Neugestaltung sein, aber auch das erneute Besiegeln einer alten Erfahrung. Umgekehrt braucht auch der andere Partner Raum, um sich mit der neuen Gestalt des Aufbrechenden anzufreunden und vielleicht den Gewinn des Neuen für sich selbst zu erspüren. Auch er muß meist von alten Mustern Abschied nehmen, ist in eine ähnliche Unsicherheit gestellt. So kann beispielsweise die neu errungene Eigenständigkeit des einen vom anderen mit Dominanz und Unterdrücktwerden gleichgesetzt sein, wie ihm seine kindlichen Erfahrungen nahelegen. Und damit werden seine alten Muster aktiviert, mit denen er die bedrohliche Eigenständigkeit des anderen zu bekämpfen versucht. Dieser wiederum erlebt ein Verbot seiner Kindheit neu.

Mit solchen Schwierigkeiten und erneuten Verstrickungen müssen wir bei jeder Veränderung rechnen. Oft ist der Prozeß in der Beziehung eine Gratwanderung: Vielleicht neige ich dazu, doch wieder nachzugeben, den Partner zu verstehen und zu entschuldigen. Vielleicht wage ich nur, so weit zu gehen, wie er es mir zu erlauben scheint. Ich wage auf keinen Fall, die Beziehung zu riskieren, bin von vornherein überzeugt, daß meine neue Art zu lieben mich die Liebe des anderen kostet. Dann wird die neue Möglichkeit wieder von einem alten Beziehungsmuster aufgesogen. Oder ich kämpfe alles durch, ohne daß der Partner für sich die Chance hat, mit der neuen Situation vertraut zu werden. Oder ich laufe – im Grunde resigniert – davon, weil ich gelernt habe, daß Eigenständigkeit und Beziehung unvereinbar sind, und werde so wieder von einem alten Muster eingeholt.

Im Zusammenhang mit der eigenen Veränderung zeigt sich noch eine weitere Schwierigkeit: Manchmal ist es einfach, alte Muster aufzulösen, wenn es nur um den Bezug zur eigenen Identität geht. Im Gegenübersein mit dem Partner oder der Partnerin treten Unsicherheiten und die Tendenz, in Altgewohntes zurückzufliehen, deutlicher hervor. Dies wird leibhaft etwa dort deutlich, wo wir mit geschlossenen Augen einen neuen Stand ausprobieren. Solange die Augen geschlossen sind, mag dies vielleicht gelingen, sobald ich jedoch die Augen öffne, verändere ich meine Form. Ich schrumpfe ein wenig oder versteife mich, ziehe mich zusammen. Gefühlsmäßig erlebe ich, daß ich klein beigebe, auftrumpfe, kämpfe, mich zurückziehe usw. Die Übung: »Ich gestalte meine neue Form für mich allein – stelle mir vor, die Augen zu öffnen – ich öffne sie und nehme Kontakt zur Umgebung auf«, kann helfen, diesen Übergang erspüren zu lernen. Das Auflösen bisheriger Muster ist deshalb zunächst oft mit dem Bedürfnis verbunden, sich zurückzunehmen und Neues erst allein zu erproben, vor allem, wenn bereits Beziehungskonflikte bestehen. Wichtig ist dann die Botschaft an den anderen Partner: »Ich brauche jetzt Raum für mich allein, um mit mir selber klarzukommen.« Freilich ist es für den anderen oft nicht leicht, diesen Rückzug auszuhalten, bedeutet er doch Verunsicherung und läßt alte Ängste wieder hochsteigen.

Doch die eigene Veränderung dem anderen zuzumuten bedeutet

nicht nur die innere Erlaubnis zum vorübergehenden Rückzug und sein Transparentmachen, sondern auch – meist das schwierigste –, dem anderen *seine* Gefühle und Reaktionen darauf zu lassen. Hier wird die Frage bedeutsam: »Neige ich eher dazu, mich in Abgrenzung zu versteifen oder mich in Rücksicht und Verständnis zu verlieren? Oder von einem Extrem ins andere zu gehen?« Wer die eigene Antwort erspüren kann, vermag den je persönlichen Umgang mit seiner Veränderung und der Reaktion des anderen darauf sinnvoller zu gestalten.

Umgestaltung bisheriger Muster braucht Zeit. Einer vielleicht plötzlichen Einsicht folgt meist eine Phase innerer Besinnung und Umgestaltung. Eine Gefahr besteht darin, sie mit Verhalten und Handeln in eins zu setzen. »Von jetzt an mache ich es ganz anders«, ist oft nur die Kehrseite der Medaille, oder anders ausgedrückt: Von einem Extrem der je individuellen Verkörperung gerate ich ins andere, das ebenfalls zu meinem »Repertoire« gehört. Ich habe mich vielleicht in mich zusammensinken lassen und mich hilflos, kindlich untergeordnet und reiße mich jetzt hoch, um meinen Hals in Stolz zu versteifen. Das ist meist nicht Wandlung, sondern Austausch von vorhandenen Mustern, die wiederum ineinander umschlagen können. Wenn ich zu früh zum Verhalten und Handeln übergehe, stülpe ich vielleicht nur dem alten Muster ein neues über.

Wenn ich zu lange zögere und zuwarte, bis der andere einverstanden ist oder mir gar die Erlaubnis gibt, steht eine andere Dynamik im Vordergrund: »Wie verberge ich meine innere Veränderung vor dem anderen?« Oder: »Wie halte ich mich selber vom Handeln ab?« Je stärker jedoch in der eigenen Veränderung – und in der beim Partner erlebten – die Unsicherheit im Vordergrund steht, desto weniger Raum für das überraschend Neue ist da. Das Muster der Abwehr steht im Vordergrund. Doch die Auflösung von Fixierungen birgt Chancen in sich. Vielleicht entsteht eine neue Qualität von Nähe, wenn mehr Distanz da ist. Distanzieren und Nähe suchen ist nicht nur ein Arrangement mit verteilten Rollen. Wenn ich beginne, meine Schwächen zu zeigen, kann der andere oft auch seine Stärke mehr leben – und umgekehrt. Die festgelegten Rollen kommen ins Fließen. Genau dies konfrontiert jeden der Partner auch mit der eigenen Geschichte. Vielleicht habe ich einen »starken« Mann gewählt, weil ich meinen Vater als schwach erlebte und keinen Halt an ihm fand. Vielleicht habe ich eine »schwache« Frau gewählt, weil ich meine Mutter als so übermächtig empfand. Nun werden im ersten Anlauf Qualitäten miteinander gekoppelt, die nicht unbedingt zusammengehören. Die neue Stärke der Partnerin wird mit Dominanz verwechselt, die Schwäche des Partners mit resignativem Rückzug. Was ist geschehen? Ich nehme gar nicht wahr, wie sich der andere Mensch *wirklich* verändert, und antworte mit dem altgewohnten Muster meiner Kindheit – und verkörpere damit oft genau die Reaktion, die dem anderen ebenfalls aus seiner Kindheit vertraut ist. »Du darfst nicht schwach (oder stark) sein, sonst ...«

Doch die bisherigen Überlegungen führen noch zu einer weiteren zentralen Dimension von Beziehung: Die Antwort des Partners hat niemand mit seiner eigenen Veränderung in der Hand. Und gerade hier schleicht sich so oft der Aspekt von Macht ein: »Wenn ich mich schon verändere, muß der andere auch.« Oder: »Ich verändere mich, damit der andere sich verändert.« Damit stoßen wir jedoch an ein wichtiges Gesetz von Beziehung. Niemand hat eine Beziehung als ganze »in der Hand«. Sie ist immer ein Dialog zwischen Ich und Du. Ich kann nur meinen Teil übernehmen und versuchen, für den anderen Partner präsent zu sein und ihn wahr-zunehmen. Mehr nicht. Machtphantasien waren jedoch oft der Ausweg aus der Beziehungsnot unserer Kindheit. Sogar das Gefühl, »schuld zu sein«, trägt einen geheimen Machtaspekt in sich. Solange ich an einer Beziehungskonstellation schuld bin, besteht die Hoffnung, daß *ich* noch etwas tun kann, daß die Veränderung dadurch in meinen Händen liegt. Ich bin es, die oder der sich verändern muß – dann wird die Beziehung in Ordnung sein. Doch mit jeder Liebesbeziehung im weitesten Sinn ist auch die Erfahrung von Ohn-Macht verbunden. Ich habe niemals die Macht, einen anderen Menschen zu verändern. Doch die kindliche Liebes-Not läßt solche Illusionen entstehen. Letztlich können wir weder ermessen, was die eigene Wandlung für uns selbst bedeutet, noch was sie für den anderen heißt. Nicht jede Veränderung bedeutet von vornherein Auflösung der Beziehung, aber das Risiko besteht, und es ist die je eigene Entscheidung, sich darauf einzulassen oder nicht.

Jede Partnerschaft ist auch ein Organismus mit einer eigenen Dynamik, mit eigenen Lebensgesetzen. Deshalb ist auch jede Bewertung von außen problematisch. »Daß die immer noch beisammen sind« – »daß die sich trennen« sind häufige erstaunte Äußerungen. Doch subjektiver Gewinn in einer Beziehung deckt sich nicht unbe-

dingt mit Glücklichsein. Es gibt Beziehungen, die sehr konflikt-
reich sind, in denen die Krisen jedoch immer wieder zur Wandlung
der Beziehung und zu deren Vertiefung führen, andere, in denen
Streit die einzige Beziehungsform ist.

Partnerschaft braucht jedoch immer wieder neu auch Sorgfalt,
nicht zu verwechseln mit entmutigendem Schonen des anderen –
oder vielleicht auch seiner selbst. Jeder Mensch bringt aus seiner
Geschichte Wunden mit. Die Kraft einer intimen Beziehung beruht
auch auf dem Vertrauen in den anderen Partner, diese Wunden
nicht aufzureißen, sondern sorgsam mit ihnen umzugehen. Beziehungen können sonst am Wiederaufleben alter Verletzungen, aber
auch an tiefen Verletzungen, die im Laufe der Zeit entstehen und
sich vertiefen, sterben. »Beziehungswunden« heilen meist langsam,
auch wenn ein Paar bereit ist, sie aufzuarbeiten. Existentielle Situationen wie etwa Geburt, Tod eines wichtigen Mitmenschen, das eigene Älterwerden machen uns besonders verletzbar. Intimität ist
für die meisten Menschen verbunden mit einem Abbau von emotionalem Schutz aufgrund von Nähe und Vertrauen.

In Liebesbeziehungen erleben wir oft, wie sich verhärtete Ab-
wehrmuster langsam »aufweichen« und wir Seiten von uns sichtbar
machen können, die wir sonst niemandem zeigen mögen oder können. Und wir beginnen auch, halbverborgene oder tief verborgene
Seiten des anderen zu erahnen oder zu erspüren, die scheue Zärtlichkeit des anderen, Weichheit, innere Welten, Sehnsüchte und
Leidenschaften. Dem anderen Menschen die innere Welt mitteilen
zu dürfen und an derjenigen des anderen teilzuhaben ist eine erfüllende und bereichernde Erfahrung. Eine intime Beziehung ist tra-
gender und zugleich auch fragiler als andere Beziehungsformen.
Wir sind darauf angewiesen, daß der Partner oder die Partnerin das
Wahrnehmen unserer Wunden und verletzbaren Stellen nicht mißbraucht. Eine tragende Beziehung läßt sich nicht zuletzt auch von
diesem Respekt her verstehen.

In einer Partnerschaft spielen also verschiedenste Beziehungsebenen zusammen, vor allem die je eigene Liebesgeschichte in der Herkunftsfamilie und diejenige der jetzt gelebten Beziehung. Doch
auch Erfahrungen in vorangehenden Beziehungen wirken in der
Gestaltung der gegenwärtigen Beziehung mit. »Ich werde mich nie
mehr ganz einlassen« – »Ich werde mein Innerstes nicht mehr preisgeben« – »Diese Beziehung muß gelingen, koste es, was es wolle« –

dies sind »Schwüre«, welche oft die Gestaltung einer neuen Beziehung behindern und sich manchmal auflösen lassen, oft aber auch zu neuen schmerzlichen Erfahrungen oder zu Leblosigkeit führen. Es geht deshalb immer auch darum, die eigene Beziehungsgeschichte ernst zu nehmen, um sich überhaupt auf eine neue Erfahrung einlassen zu können.

Beziehungen sind aber nicht nur dann wichtig und fruchtbar, wenn sie zu einer Lebenspartnerschaft führen, sondern auch dann, wenn sie beendet werden. Doch wie der Beginn einer Beziehung eine Veränderung der eigenen Identität mit sich bringt, so ist es auch mit dem Ende einer Beziehung. Vordergründig und für die meisten Menschen deutlich spürbar – für Frauen meist intensiver – ist die Veränderung der sozialen Identität mit ihren Verbindungen und Positionen. Die Frage stellt sich hier: »Wie verkörpere ich die Position ›verheiratet sein‹ oder ›in einer Partnerschaft leben‹? Wie diejenige von ›geschieden oder getrennt sein‹? Wie gehe ich leibhaft von der einen in die andere Gestalt über? Und welche Geschichten tauchen dabei auf?« Doch die Identität verändert sich auch auf der persönlichen Ebene. Sie war in der Partnerschaft nicht nur »Ich als Person«. Sie umfaßt ebenso die Beziehungsgestalt der Partnerschaft. Ich bin dieses auf den anderen Menschen bezogene Ich, welche Dynamik dieses Bezogensein auch haben mag. Vergleichbar, und vor allem für Mütter gut einfühlbar, ist die Wandlung der persönlichen Identität, wenn sich die Kinder ablösen und aus dem Haus gehen.

Unsere Identität umfaßt auch unsere Beziehungen. Wenn eine Beziehung zu Ende geht, braucht es eine Neugestaltung dieser Identität. Dies ist unabhängig davon, mit welchen Gefühlen die Trennung verbunden ist. Wird die Auflösung der alten Identität nicht ernst genommen, so ist es schwierig, eine neue herauszubilden, selbst wenn die Trennung völlig problemlos erscheint. Ich bin zumindest nicht mehr »Ich in einer Partnerschaft«. Das ist nicht einfach eine Tatsache, sondern eine neue Identität, die geformt sein will.

Partnerschaft bedeutet auch, mit den von der Gesellschaft angebotenen Rollen auf dem Hintergrund der aus der Familie mitgebrachten Liebesgeschichte umzugehen. Geschlechtsspezifische Konflikte sind oft sehr schmerzhaft. An der Basis liegt nicht nur die »Beweiskraft« familiärer Erfahrungen, sondern ebenso diejenige gesellschaftlich sanktionierter Normen. Die Einsamkeit von Frauen ist hier oft besonders groß. Es öffnet sich nicht nur eine Kluft zwischen Frau und Mann, sondern auch zwischen Frau und Gesellschaft. Gerade sie bringt es mit sich, daß der Zwiespalt zwischen eigener Entwicklung und Beziehung verschärft wird. Die Problematik zeigt sich auf verschiedenen Ebenen. Zunächst zeitigen weibliche und männliche Sozialisation einen je verschiedenen Umgang mit wichtigen Aspekten unseres Lebens wie Eigenständigkeit, Autonomie und Aggression.[54] Zudem bestehen Rollenangebote, die sich immer auch mit der eigenen männlichen oder weiblichen Verkörperung verbinden.

Häufig behalten Frauen beispielsweise lange Zeit etwas Mädchenhaftes. Die »Mädchen-Frau« ist oft in ihrem eigenen Verständnis und auch für den Mann weit entfernt von Erinnerungen an die eigene Mutter, sie mahnt ihn wenig an die erfahrene Ohnmacht in seiner kindlichen Beziehung zur Mutter. Umgekehrt bekommt die mädchenhafte Frau oft auch jene Bewunderung, die ihr der eigene Vater früher zukommen ließ. Das Gewähren dieser Bewunderung entbehrt für den Mann jeder Bedrohung, er kann Narren-Freiheit gewähren, ohne daß sie ihm eine Konsequenz abfordert. Oft besteht also zwischen Mann und Frau ein geheimes Bündnis: die Angst vor dem erwachsenen Frausein, das mit der Mutter-Gestalt identifiziert ist. Manchmal zerbricht dieses Bündnis erst, wenn diese Frau selbst Mutter wird.

Auch der unverheirateten Frau wird meist ein Bild auferlegt, das sie von eigenen und männlichen »Mutterbildern« fernhält. Ihr wird meist ein breiteres Spektrum an Lebensformen zugestanden als der verheirateten Frau, jedoch im Sinne eines narrenfreien Vorfeldes mit dem geheimen Unterton: Warte, bis du verheiratet bist ... Viele Frauen sprechen in eindrücklicher Weise von der Vorgeschichte ihrer Mütter, etwa: »Meine Mutter war eine begabte Pianistin, aber dann hat sie ihren Beruf für den Vater aufgegeben und ihm im Geschäft geholfen.« Oder: »Meine Mutter hat vor ihrer Ehe ein interessantes Leben geführt und ist viel gereist – jetzt ist sie eine biedere Hausfrau. Bis vor wenigen Jahren wußte ich nichts von ihrer Vergangenheit.«

Heirat bedeutet in diesem Zusammenhang nicht nur Gewinn, sondern eine große Einschränkung. Heutige Frauen, welche die Geschichte ihrer Mütter bewußt wahrnehmen, mißtrauen oft nicht nur dem Mann, den sie lieben, sondern sehr oft sich selber. Sie spüren, wie anfällig sie aufgrund ihrer eigenen Sozialisation für die Verkörperung der »Ehe-Frau« im Sinne einer Rollenverschreibung sind: »Jetzt fühle ich mich frei und eigenständig – auch meinem Freund gegenüber. Aber ich weiß nicht, was ich tun würde, um ihn zu behalten, um unsere Beziehung nicht zu gefährden. Jetzt gefällt meinem Freund meine Selbständigkeit, doch wie wird es später sein? Ich habe Angst, daß uns beide die überkommenen Muster einholen könnten.« Dieses Mißtrauen ist berechtigt – für beide Geschlechter. Es gibt Paare, die alles dransetzen, »es« anders zu machen. Und die alten Muster schleichen sich über ganz alltägliche Situationen langsam ein, verstärkt und unterstützt durch gesellschaftliche Zwänge. Ob der Mann es will oder nicht, er bleibt in den Augen der Gesellschaft der »Großzügige«, derjenige, der etwas »erlaubt«, »toleriert«. In diese Falle geraten viele Männer, oft ohne es zu merken, und die Frauen sind dankbar für das Entgegenkommen des Mannes.

Häufig kommen die weiblichen und männlichen Muster, die schon durch das Vorbild der Eltern und der weiteren Umgebung einverleibt wurden, an die Oberfläche, wenn ein Paar zusammenzieht oder heiratet. Eine Frau, die sich in einer akuten Ehekrise befand, sagte dazu: »Hätten wir doch nie geheiratet. Dabei war *ich* es gewesen, die es unbedingt gewollt hat. Es war wie ein Beweis, daß mein Mann wirklich zu mir stehen würde. Wir hatten vorher eine unkonventionelle Beziehung, in der jeder von uns dem anderen genügend Freiraum ließ. Nach der Heirat begann ich mehr für meinen Mann zu sorgen, übernahm Verantwortung in häuslichen Dingen, obwohl wir beide berufstätig sind. Und er begann plötzlich, Ansprüche zu stellen. Ich sollte nicht mehr fortgehen, spontane Besuche wollte er nicht. Wenn er nach Hause kam, sollte ich da sein. ›Wir sind schließlich verheiratet‹, pflegte er zu sagen. Ich habe nicht mehr den gleichen Mann wie vor der Heirat. Aber langsam sehe ich, daß auch ich nicht mehr dieselbe bin. Ich bin eine unzufriedene Ehefrau geworden, halb widerspenstig, halb gefügig, aber ohne festen Stand, ohne eigene Linie.«

Dieses Paar, das es einmal »ganz anders« hatte machen wollen, fühlte sich völlig überrumpelt von den eigenen Reaktionen und denjenigen des Partners. Der Mann, der nach dem ersten Gespräch mit in die Beratung kam, realisierte, daß er ein zweigeteiltes Frauenbild hatte. Freundschaft bedeutete eine kreative, stets wieder neu zu erschaffende Beziehung. »Im Hinblick auf eine Ehe waren für mich die Positionen klar, ohne daß mir dies bewußt war. Ich nahm an, für meine Frau sei das ebenso.« Die Wendezeit der Eheschließung brachte nicht mehr Nähe und Intimität, wie beide sich erhofft hatten, sondern eine Rückkehr in alte Rollen, wie sie in den beiden Herkunftsfamilien gelebt worden waren. »Die Idee der freien Partnerschaft war eine Schwelle gegen Herkömmliches gewesen«, erkannte der Mann. Die Wendezeit, in der sie standen, bedeutete also für sie etwas ganz anderes, als sie beide erwartet hatten. Es ging um die Auseinandersetzung mit Mustern und Rollen, von denen beide geglaubt hatten, sie überwunden zu haben.

Die Erfahrung, die dieses Paar nach der Eheschließung machte, ist nicht von vornherein negativ zu sehen. Es ging vielmehr um die Frage, ob beide bereit sein würden, die Herausforderung, die in ihrem Konflikt lag, anzunehmen. Sie taten es und fanden nach langen Auseinandersetzungen zu einer ihnen gemäßen Form von Ehe, zunächst mit vielen Ängsten und Verunsicherungen. Das Erleben, diese Krise gemeinsam überwunden zu haben, schenkte ihnen jedoch Vertrauen in die eigene Kraft und in diejenige der Beziehung. Im Prozeß wurde wiederum deutlich, daß es nicht allein um Verhalten, sondern um leibhafte Muster ging, die dem Handeln zugrunde lagen.

Auch die Frau als »emotionale Versorgerin« des Mannes rückt in die Nähe von dessen Mutter, vor allem, wenn sie zudem die Mutter der gemeinsamen Kinder ist. Männer spalten deshalb oft ihre Frauenbeziehung auf. Sie haben eine Versorger-Frau und eine Geliebten-Frau. Die Geliebte stellt an sich den Anspruch, eine »gute Frau« zu sein, interessant, anregend und sexuell aufregend, wie es auch dem Mann entspricht. Sie darf ein eigenes Leben haben, womit der Mann von der Verantwortung für sie freigesprochen ist. Mit ihr ist oft auch geistiger Austausch möglich. Sie leistet oft interessante Beiträge zum Leben des Mannes. Sie darf eine eigene Identität haben, die der Mann an der eigenen Frau kaum dulden würde. Intensive Begegnungen sind möglich, weil der Anspruch auf Nähe nie übermächtig werden kann. Es gibt Frauen, die diesen Preis gerne bezahlen, weil sie nicht in die überkommenen Abhängigkeitsmuster rutschen möchten. Oft ist ihnen ihr Beruf lieber als eine verbindliche Partnerschaft, oder sie haben entsprechende Erfahrungen bereits hinter sich. Und doch geraten auch Geliebte-Frauen oft unversehens wieder in alte Wartemuster, begnügen sich mit dem, was für sie übrig bleibt, leben von kurzen Zeiten des Glücks. Sie sind – nach Aussagen des Liebespartners – verständnisvoller, einfühlender als die Ehefrau, großzügiger, unbelastet vom Alltagskram. Sie scheinen Nicht-Mutter-Frauen zu sein und sind doch allzuoft unversehens deren Spalt-Teil, nämlich die idealisierte Gute-Mutter-Frau, während der abgelehnte Teil bei der Ehefrau bleibt. Für sich selbst siegen sie oft illusionär über die eigene Mutter, die dem Vater keine gute Frau war, und nehmen manchmal dieselbe Position wieder ein wie beim eigenen Vater, die vom geheimen Einverständnis wider die Mutter getragen war. Damit beschreibe ich allerdings mögliche Tendenzen und keine Notwendigkeiten. Zudem sind heute viele Frauen einmal in der einen, dann in der anderen Rolle und lernen so mit der Zeit, die Mechanismen zu durchschauen und sorgfältiger mit sich selbst und den Beziehungsmustern umzugehen.

Frauen, die selbst schon jenseits der Lebensmitte sind, finden häufig Erfüllung in der Beziehung zu einem noch älteren Mann, der sie nicht mehr mit unerfüllbaren Erwartungen überfordert, sondern eher bereit ist, sich selbst und die Frau einfach zu akzeptieren. »Ich habe endlich das Gefühl, sein zu dürfen, wie ich bin«, sagte mir eine siebenundvierzigjährige Frau. »Bisher waren alle meine Beziehungen schwierig, dramatisch und kompliziert. Jetzt lebe ich eine sehr innige und gleichzeitig unspektakuläre Beziehung. Freilich hängt dies auch damit zusammen, daß nicht mehr eine Zukunft mit großen Lebensaufgaben entworfen und ungestüme Lebenserwartungen eingelöst werden müssen.«

Wir verkörpern jedoch nicht nur von der Gesellschaft unterstützte Frauen- und Männertypen. Wir erleben auch, daß verschiedene Phasen und Konstellationen einer Partnerschaft je andere Muster und Handlungsweisen an die Oberfläche kommen lassen: Eine feste Beziehung, selbst Verheiratetsein, erlaubt oft ein scheinbar emanzipiertes Arrangement. Die beiden Partner sind materiell nicht aufeinander angewiesen, und das Versorgermuster spielt noch eine unwesentliche Rolle, da eine interessante Freizeitgestaltung genügend Anregung und Nahrung bietet. Vielleicht wird auch erst aus der Rückschau deutlich, daß die Beziehung insgeheim – und von beiden unbemerkt – dennoch typische Muster einschleichen ließ, die jedoch durch genügend Freiräume kompensiert werden konnten. Dieses Arrangement bricht oft jäh zusammen, wenn das erste Kind kommt. Alles, was vorher zur Stabilisierung der eigenen Person und der Partnerschaft beitrug und ihr andererseits besonderen Reiz verlieh, ist jetzt wesentlich geschmälert, vieles fällt für kürzere oder längere Zeit ganz weg. Bisher überdeckte Partnerschaftsprobleme kommen oft erst jetzt zum Vorschein, denn das Aufeinander-Angewiesensein wird größer – vor allem für die Frau. Dazu ein Beispiel:

Eine Frau um die Vierzig kam zu mir, als sie in Erwägung zog, sich von ihrem Mann zu trennen. Im Laufe der Zeit kristallisierte sich die Beziehungsgeschichte zu ihrem Mann heraus. Sie hatten beide mehrere Jahre zusammengelebt und dann der Eltern wegen geheiratet. »Wir lebten beide unser Leben, und ich verstand mich eigentlich als emanzipierte Frau. Als unser erstes Kind kam, war es für ihn selbstverständlich, daß ich von nun an zu Hause blieb, Mutter und Hausfrau war. Die Geburt war schwer gewesen, und ich blieb längere Zeit sehr niedergeschlagen. Doch von meinem Mann kam keine Teilnahme und Unterstützung. ›Meine Mutter hat das auch geschafft, sogar mit vier Kindern‹, sagte er manchmal. Als bald danach wieder ein Kind kam, war ich noch einsamer. Aber jahrelang versuchte ich, das zu erfüllen, was von mir erwartet wurde. Dann lernte ich einen anderen Mann kennen, und ich spürte plötzlich, daß noch Leben in mir war. Doch die Konsequenzen konnte ich noch nicht ziehen, aber die Entfremdung wurde immer größer.«

Auch die emanzipierte Partnerschaft erwies sich als Trugbild. »Eigentlich habe ich mich immer den Wünschen meines Mannes gefügt, denen nach Nähe und denen nach Distanz, seinen beruflich bedingten Wohnortwechseln. Doch fiel dies für mich nicht so ins Gewicht, denn in den gezogenen Grenzen konnte ich mein Leben gestalten, einen Freundeskreis aufbauen, meinen Beruf ausüben und meinen Interessen nachgehen. Erst als die Kinder kamen, wurden die Grenzen so eng, daß ich darin erstickte.« Dazu kam die tiefe Verletzung, nach den Geburten im Stich gelassen worden zu sein. »Wie weh das tat, spüre ich erst heute so richtig. Ich war damals so dünnhäutig, doch mein Mann konnte dies nicht wahrnehmen. Seine Mutter bestärkte ihn mit Worten wie: ›Frauen geht es halt so in dieser Zeit, doch das gibt sich wieder.‹ Aber nichts gab sich, ich resignierte einfach.« Es war eine jahrelange schleichende Depression, die zu immer größerem innerem Rückzug führte. »Mein Mann dachte, es sei alles in Ordnung. Daß auch er selber unzufrieden und enttäuscht war, erfahre ich erst jetzt. Er floh in den Beruf, ich in die Mutterschaft. Doch auch wenn er ›es‹ sich anders vorgestellt hat, findet er meine Gefühle übertrieben und meine Wünsche unrealistisch. ›Wir haben es doch ganz gut zusammen‹, sagt er, ›ich weiß eigentlich gar nicht, was du willst.‹«

Der Frau wurde klar, daß sie in der Beziehung schon immer den persönlichen Austausch vermißt hatte, diesen Mangel jedoch durch ihre Kontakte nach außen kompensieren konnte, bis sie Mutter wurde. »Vielleicht wäre der Konflikt auch ohne Kinder aufgetaucht«, sagte die Frau einmal. Doch das Erleben von Alleinsein während und nach den Geburten wurde zu einer tiefen Wunde, welche die Partnerschaft untergrub. Sie entschied sich zur Trennung, als ihr Mann sich gegen den Vorschlag einer Paartherapie sträubte. »Ich kann so leben, du kannst es ja nicht. Wenn du Therapie machen willst, ist das deine Sache. Ich habe meine Probleme immer alleine gelöst.« Und gerade das war eines der tiefsten Probleme gewesen. »Der macht alles im Alleingang und erwartet dies auch von mir.« Die Frau ging mit ihren Kindern weg, doch war es den beiden mit der Zeit möglich, die Elternebene miteinander zu gestalten. – In diesem Beispiel zeigt sich, wie sich die mitgebrachte familiäre Geschichte, die spezifischen Partnerschaftsprobleme, die Probleme aus der männlichen und weiblichen Sozialisation und die Verletzlichkeit im Raum der Geburt miteinander verflechten und es gleichzeitig verunmöglichen können, eine Sprache dafür zu finden, sich einander mitzuteilen.

Umgekehrt können Beziehungsprobleme durch Kinder auch nochmals zugedeckt werden. Die Frau hat jetzt eine klare Aufgabe, die sie einfordert, die sie braucht. Mit den Kindern ist eine sehr leibhafte Nähe möglich, die das Fehlen von Intimität in der Partnerschaft nicht mehr so schmerzhaft erscheinen läßt – wenigstens vorübergehend. Dennoch findet eine schleichende Entfremdung statt, die mit dem Selbständigwerden der Kinder wieder an die Oberfläche kommt. Doch gibt es auch hier bezeichnende Unterschiede. Die einen Frauen wissen um die fraglose Rollenzuteilung ihres Mannes und glauben, damit umgehen zu können. Schwierigkeiten tauchen dann oft erst im Laufe der Jahre auf, wenn eigene Bedürfnisse allmählich bewußt werden. Andere Frauen sehen sich plötzlich mit den Rollenvorstellungen ihres Partners konfrontiert, obwohl sie auch eingestehen, daß sie »es ja hätten wissen können, wenn sie es nur hätten wahrhaben wollen.« Doch gibt es auch Paare, die sich intensiv auf ein Kind freuen und sich vornehmen, »es ganz anders zu machen«. Dann aber holt das berufliche Engagement den Mann ein. »Notwendigkeiten« stehen im Raum, und die Frau kommt dagegen nicht an: »Was soll ich schon sagen, wenn er äußert, daß es um unsere materielle Sicherheit geht?« Eine jüngere Frau meinte verzweifelt: »Bei Festen begegne ich Frauen, die schon ganz abgelöscht und resigniert sind. Sie sagen mir: »Mein Mann ist immer weg. Aber ich habe mich daran gewöhnt.« Ich will das nicht! Ich will nicht resignieren.« Aber schon die Mutter hat resigniert. Und das resignierte Muster ist einverleibt. Und auch der Mann bringt die entsprechenden Mann-Vater-Muster mit. Eine Chance besteht darin, die Auseinandersetzung *dann* zu wagen, wenn noch genügend Verbundenheit da ist, welche die Krise trägt, also bevor die Entfremdung überhand genommen hat, welche die Beziehung leblos werden läßt.

Doch Elternschaft kann auch tiefer verbinden, zu einem Reifungsprozeß herausfordern, selbst wenn die meisten Paare heute nicht so klar wissen, was mit der Geburt eines Kindes auf sie zukommt. Diese Wendezeit ist ein partnerschaftliches Abenteuer, ein reiches, verwirrendes, umstürzendes und oft überforderndes. Partnerschaft muß neu gelernt und geformt werden – und das ist viel, weil ja auch Elternsein selber nicht eine Tatsache, nicht einfach etwas Naturgegebenes, sondern ein Lernprozeß ist. Immer wieder äußern Eltern, wie sehr sie die Geburt eines Kindes als Einbruch erlebt hätten. »Wir kämpften und hatten Schwierigkeiten, waren völlig entmutigt. Erst im Gespräch mit anderen Eltern erlebten wir, daß diese Schwierigkeiten eigentlich normal sind. Niemand hat uns das gesagt. Wir waren völlig unvorbereitet«, sagte mir ein junger Vater vor kurzem. Und als ich vor Jahren in einem Seminar Gruppenarbeiten zum Thema »Lebensaufgaben« machte, fanden sich

Studenten beiden Geschlechts für die Bearbeitung des Bereichs »Familie« zusammen. Ich war sehr betroffen, als *alle* äußerten, ihre eigene Partnerschaft sei eigentlich mit dem ersten Kind auseinandergegangen, obwohl die meisten noch lange Zeit zusammengeblieben waren.

Seither ist mir klar geworden, daß die Partnerschaftsnöte von »neugeborenen Eltern« weithin eine stumme Geschichte darstellen. Es handelt sich ja um einen vielschichtigen Prozeß: Die Frau wird zur Mutter, der Mann zum Vater, Mann und Frau werden zusammen Eltern, und ein neuer Organismus, die Familie, entsteht. Zugleich geht es darum, Frausein mit Muttersein, Mannsein mit Vatersein, Partnerschaft mit Elternschaft zu verbinden. Dabei kommen viele alte Geschichten mit ins Spiel, etwa: Eine Mutter ist keine Frau mehr. – Eine Frau, die Mutter ist, verliert ihre Attraktivität usw. Die eigene Identität gerät ins Wanken, neben neuer Erfüllung entsteht Identitätsverwirrung. Eine dreißigjährige Mutter eines Säuglings sagte in der Therapie: »Wenn ich jetzt durch die Straßen gehe, bin ich ein Niemand. Es gibt mich gar nicht mehr. Vorher war das anders. Ich hatte meinen Beruf, fühlte mich selbständig, war als Berufsfrau gefragt, konnte mir Zeit nehmen, sorgfältig mit mir umzugehen.« Diese Frau spürte zunächst schmerzhaft, was ihr die Gesellschaft an Wertung entgegenbrachte. Sie, die als Mädchen von ihrer Mutter entwertet worden war, nahm diese gesellschaftlichen Botschaften besonders hellhörig auf. Hier wird ein typisches Dilemma deutlich: Häufig gelingt es jungen Frauen, sich aus den familiären und gesellschaftlichen Normen zu emanzipieren, ein eigenes Leben zu formen, und oft auch, eine Partnerschaft einzugehen, in der sie sich in ihrer Entfaltung nicht beeinträchtigt fühlen. Und doch ist diese Identität fragil. Sie läßt sich oft nicht bruchlos in die Identität als Mutter integrieren, und damit wird auch die Identität als Partnerin angetastet. Wesentliche Fragen sind hier: »Was brauche ich, um eine persönliche Form als Frau, Mutter und Partnerin zu finden? Wie kann ich die Frau mit der Mutter in mir verbinden?« Analoge Fragen gelten – mit anderer Akzentuierung – auch für den Mann.

Erdrückende Forderungen an sich selbst können eine Frau mit Kindern ebenfalls lähmen. Manchmal lasse ich Frauen den Satz sagen: »Ich muß eine gute Mutter sein«, und muntere sie auf wahrzunehmen, welche körperlich-emotionale Resonanz sie darauf empfinden. Als ich eine jüngere Frau bat, dieses Muster körperlich zu verstärken und anschließend wieder aufzulösen, machte sie eine entscheidende Erfahrung: »Je mehr ich eine gute Mutter sein *mußte*, desto mehr verkrampfte ich mich, zog die Schultern hoch, verlor den festen Stand und schränkte meinen Atem ein.« Beim Auflösen spürte sie sich fest stehen und wurde gleichzeitig weit, spürte Wärme in sich aufsteigen. Sie sagte: »Ich sehe meine Kinder vor mir – und ich *sehe* sie zum ersten Mal wirklich. Ich spüre viel Nähe zu ihnen. Ich bin bei mir und gleichzeitig bei ihnen. Bis jetzt erlebte ich das als ein Entweder/Oder. Ich habe mich mit meinem Muster selbst zweigeteilt.«

Doch diese Verkörperung bestimmte auch die Beziehung zu ihrem Partner: »Ich verstehe erst jetzt, daß ich mit diesem ›Muß‹ noch ein anderes verbunden habe, nämlich: ›Ich muß eine gute Partnerin sein – trotzdem.‹ Und genau das war es auch, eben Trotz. Ich versuchte krampfhaft, die beiden ›Muß‹ unter einen Hut zu bringen, und trotzte zugleich gegen diese Zumutung, die ich nur meinem Partner unterschob.« Einige Wochen später, nachdem wir mit ihren Mustern gearbeitet hatten, sagte sie: »Als ›Muß-Partnerin und Muß-Mutter‹ bin ich verschwunden. Ich habe mich aus der Beziehung weggestohlen. Ich weiß noch nicht, wer ich als Partnerin wirklich sein kann, aber mein Mann und ich können wenigstens wieder darüber reden. Er ist ebenso hilflos wie ich. Aber das ist eigentlich nicht nur negativ.«

In diesen Zusammenhang gehört auch das Thema »Schuldgefühle«. Viele Frauen gehen zwar einem Beruf nach, haben jedoch gleichzeitig ein schlechtes Gewissen und Angst, daß ihre Kinder zu kurz kommen, eine Angst, die sich auch nicht einfach abtun läßt, solange Frauen so ausschließlich für die Kindererziehung zuständig erklärt werden und die Ansprüche an die Eltern in bezug auf die Kindererziehung eher noch zunehmen. Doch versuchen berufstätige Mütter oft, den Mangel an Präsenz wieder »gutzumachen«, sei es durch materielle Angebote, durch forcierte Zuwendung, durch ein Minimum an Abgrenzung gegen die Kinder. Umgekehrt können sie die wirklichen Bedürfnisse der Kinder nicht mehr wahrnehmen, gerade aufgrund der Schuldgefühle, die sie empfinden.

So bringt diese Emanzipation ihre Umkehrung: Die Mütter finden nicht – wie sie sich erhofften – zu sich selbst, sondern landen in einer neuen Entfremdung. Die Kinder bekommen dabei oft eine

Macht über ihre Mütter, mit der sie nicht umgehen können, und fühlen sich ebenfalls schuldig. Sie leben in einer Spannung zwischen dem Mangel, den sie nicht ausdrücken dürfen – weil sie ihre Mütter damit kränken würden –, und einer uferlosen Erfüllung von Wünschen, deren Erfüllung sie aber nicht sättigt. Und am Ende können sie mit ihren Wünschen und Bedürfnissen nicht umgehen, wesentliche von unwesentlichen nicht unterscheiden, weil es die von Schuldgefühlen geplagte Mutter auch nicht kann.

Nun ist also doch die Mutter schuld – weil sie sich schuldig fühlt? Hier geraten wir in einen Teufelskreis. Mütter können zwar lernen, ihre Schuldgefühle durch Stärkung ihrer Identität abzubauen, und auch dadurch, daß sie ihre Schuldgefühle als Teil der überkommenen Geschichte verstehen, in der sich der Mann auf dem Hintergrund unserer gesellschaftlichen Arrangements aus der familiären Verantwortung herausgezogen und sie der Frau übertragen hat. Doch erst wenn es gelingt, diese Schuldgefühle aufzulösen, wird es Frauen möglich, eine persönliche Lebensgestaltung auf dem Hintergrund ihrer Situation zu finden und zu entscheiden, welche Kompromisse sie eingehen mögen, wo sie Einschränkungen zu akzeptieren gewillt sind, welchen Spielraum sie für sich selber brauchen und was sie ihren Kindern zumuten können, auch wenn immer Reibflächen bleiben, Anfechtungen auftauchen.

Schwierig bleibt es wohl, das Lebensarrangement immer wieder zu überprüfen, ohne es mit Schuldgefühlen zu verstellen. Schließlich geht es auch darum, mit der eigenen Unzulänglichkeit sinnvoll umzugehen, die Teil jedes gelebten Lebens ist. – Auch dort, wo sich der Partner der familiären Verantwortung weitgehend entzieht, muß sie als uneingelöste Verantwortung bestehen bleiben. Es geht darum, sie einzubeziehen, damit nicht der Vater im »Mutter ist an allem schuld«-Syndrom aus seiner Vaterschaft entlassen wird. Denn eine solche Entlassung – die von Vätern oft selbstverständlich und wortlos gefordert wird – bedeutet nicht nur Lossprechung, sondern auch Entwertung. Dies ist auch ein Beziehungsmodell, in dem Macht und Ohnmacht zwischen den Partnern ständig ineinander umschlagen. Klarheit zu gewinnen, die Dinge zu sehen, wie sie sind, ohne mit Schuldgefühlen und deren Kompensation oder mit Schuldzuweisungen darauf zu antworten ist schwierig und oft sehr schmerzlich. Das wahrzuhaben, was in einer Beziehung nicht eingelöst ist und vielleicht auch nicht eingelöst werden kann ist ein Reifeprozeß, in dem es darum geht, die Beziehung ernst zu nehmen und sich und dem anderen die bestehende Unzulänglichkeit zuzumuten – auch wenn es weh tut.

Im Zusammenhang mit der Familie ergibt sich zudem die schmerzhafte Erkenntnis, daß Kinder der Beziehungsbiographie ihrer Eltern ausgesetzt sind. Gerade in bezug auf Familie leben wir weithin in einer bemerkenswerten Spaltung. Die »intakte Familie« wird weiterhin als Norm hochgehalten, obwohl sie in der Realität nicht mehr die Norm ist. Wir sind versucht, in der Reflexion über die Bedeutung der Eltern-Kind-Beziehung immer noch von der traditionellen Familie auszugehen. Stieffamilienschicksale bleiben stumme Geschichten. Alleinerziehende Eltern erleben sich schuldhaft als »unvollständige Familien«. Sie haben oft Mühe, Gruppen zu bilden, um ihre Probleme zu besprechen, wie Psychologen und Sozialpädagogen immer wieder erfahren, wenn entsprechende Projekte mit Stieffamilien nicht zustande kommen. Auch gesellschaftlich wird ihre Existenz geleugnet oder angeprangert. Das »Wohl der Kinder« wird einseitig an die Normalfamilie gebunden. So können die *wirklichen* Probleme von Kindern getrennt lebender Eltern nicht erfaßt werden, weil sie von vornherein »Problemkinder« sein müssen und all ihre Schwierigkeiten auf diese Tatsache zurückgeführt werden. Schuldgefühle und Rechtfertigungen verwirren sich ineinander. Schließlich müssen die Probleme der Kinder sogar geleugnet werden, weil die Eltern unter »Beweiszwang« geraten. Dies ist ein – nicht zuletzt auch gesellschaftlich inszenierter – Teufelskreis. Opfer sind die Kinder, die so als Demonstrationsobjekte mißbraucht werden.

Wieviel an Verantwortungslosigkeit von seiten der Eltern in ihren Trennungen mitspielt, kann nicht mehr ausgemacht werden, wenn sie als allgemeines Etikett gebraucht wird. Sich von diesen Etikettierungen freizumachen braucht viel Kraft und innere Auseinandersetzung. Dann erst kann auch der Blick dafür frei werden, was die je konkrete Trennung für Kinder bedeutet, was ihnen auferlegt wird. Sind die Eltern in die gesellschaftlichen Auferlegungen verstrickt, bleiben die Kinder mit ihren Schwierigkeiten und Problemen letztlich allein. Dies fällt jedoch wieder nicht nur in den Verantwortungsbereich des einzelnen Paares.

Die Aufgaben, welche sich getrennt lebenden Eltern stellen, sind anspruchsvoll. Die Entkoppelung der verschiedenen Beziehungsebenen insgesamt macht das Gestalten von Beziehung nicht einfacher. Eine geschiedene Mutter formulierte das so: »Ich wußte zunächst nur, daß ich mit meinem Partner nicht mehr leben konnte. Ich hatte die Illusion, eine Trennung sei eine Trennung. Jetzt weiß ich, daß dies nicht stimmt. Wir konnten wohl unsere Liebes-Partnerschaft auflösen, aber wir bleiben Eltern unserer Kinder. Wir sind nur *eine* Ebene unserer Beziehung losgeworden. Und jetzt stehe ich vor der ebenso anspruchsvollen Aufgabe, mit meinem ehemaligen Mann zusammen Elternsein zu gestalten. Ich kann nicht davonlaufen und alles hinter mir lassen. Das ist mir – zunächst mit Schrecken – deutlich geworden. Umgekehrt bin ich gezwungen, mich diesem Mann auf eine andere Weise zu stellen. Ich bin bereit dazu, um der Kinder willen. Doch auch mir bringt das etwas Wesentliches: Ich muß das Unerledigte austragen. Ich kann nicht fliehen. Und genau das hilft mir auch, mich weiterzuentwickeln, selbst wenn es schwierig ist.«

Dazu kommt noch eine andere Dimension: Gerade im Erleben von Trennung wird deutlich, daß wir den Kindern vieles nicht »ersparen« können. Die Auflösung der Familie ist im Grunde nur *ein* Beispiel dafür. Und hier liegt wohl auch ein Grund, weshalb eine Auflösung so hartnäckig verleugnet wird. Sehr häufig wird Eltern erst hier bewußt, daß sie ihren Kindern aus ihrer eigenen Versehrtheit heraus Schmerz zufügen und daß sie an sie Erfahrungen und Verletzungen weitergeben, die sie in ihrer eigenen Geschichte erlebt haben. Es ist wichtig, sich diesem Schmerz zu stellen. »Das habe ich nicht gewollt«, sagte eine Frau weinend, »und nun geht es unsern Kindern ähnlich, wie es mir als Kind gegangen ist.« Es geht darum, die eigene Beschränktheit und die eigenen Grenzen zu sehen und anzuerkennen. Dies gilt, ob Paare zusammenbleiben oder sich trennen. Das ist beileibe keine Verharmlosung, sondern ein Reifeprozeß. Und er ist mit einer – oft ebenso schmerzlichen – Einsicht verbunden: daß wir als Eltern uns unseren Kindern zumuten als die, die wir sind. Wir können unseren Kindern vieles nicht abnehmen. Wir können versuchen, ihren Schmerz, ihre Unsicherheit, ihre Wut und Trauer anzunehmen und ihnen einen Boden zu geben, damit sie lernen, mit diesen Gefühlen umzugehen. Und wir erleben beides: daß Kinder verarbeiten können, was uns schlimm erschien, und daß sie anstoßen an dem, was wir wenig beachtet haben. Das Wachstum der Kinder ist nicht so ausschließlich in unseren Händen, wie wir gerne glauben mögen. Das ist oft auch ein Verzicht auf Machtphantasien. Es ist aber auch das Wegfallen eines Schutzes vor unserer Verletzlichkeit, die mit der Liebe zu den Kindern verbunden ist.

So bleibt am Schluß die Wahrheit, daß Beziehungen der Ort sind, wo wir größten Reichtum, tiefste Intimität und auch tiefste Verletzungen erfahren können. Liebe kann eine lebendige Kraft sein, aber sie ist ohnmächtig. Dieses Paradox gilt es auszuhalten und anzunehmen.

Frauen untereinander: gestaltende Kräfte freisetzen

Partnerschaften sind jedoch nicht nur durch die direkten Beziehungsprobleme beeinträchtigt, sondern ebenso durch das Selbstverständnis von Frau und Mann, das sich auch in der Beziehung zu Menschen des gleichen Geschlechts manifestiert. Im folgenden spreche ich die Beziehungen von Frauen untereinander an.[55]

Als ich noch ein junges Mädchen war, sagte die Mutter meiner Freundin zu mir am Telefon: »Heute abend ist ein Vortrag mit einem interessanten Thema. Eigentlich wollte ich hingehen. Aber es ist eine Frau, die ihn hält. Das interessiert mich nicht. Ich habe kein Vertrauen in Frauen.« Damals erschrak ich sehr, war betroffen und dachte bei mir: Aber sie ist doch auch eine Frau! Sie macht ja auf diese Weise sich selber schlecht. Die Mißachtung von Frauen füreinander hat mich immer beschäftigt, da sie letztlich auf die betreffenden Frauen selber zurückfällt. Ich sah, daß die aus der gesellschaftlichen Situation stammenden Minderwertigkeitsgefühle die Frauen trennte und nicht verband. Sie versuchten ihnen – wie schon als Kinder – durch die Zuwendung zum Mann zu entgehen und identifizierten sich mit seiner Mißachtung für Frauen, als könnten sie selbst ihr dadurch entgehen. Frauen – so sah ich damals – nahmen einander nicht ernst, wollten nicht mit Frauen zusammensein und teilten die Ansichten von Männern über Frauen. »Bloß nicht nur mit Frauen sein. Das ist das Schlimmste«, hörte ich oft. Als junge Frau erlebte ich erstmals in Amerika, was gegenseitige Unterstützung von Frauen für eine stärkende Wirkung zu haben vermag. Doch im Alltag sieht es auch heute oft sehr anders aus:

Frauen, die sich nicht im Raum des gesellschaftlich Anerkannten bewegen, sind oft eher fähig, ihre Stellung und Lebensgestaltung zu reflektieren und sich aus Selbstzweifeln und Verstrickungen in übernommene Geschichten zu lösen. Sie *müssen* einen eigenen Stand-Ort finden, ihn aus sich selbst heraus erschaffen, während andere Frauen – vor allem viele Mütter – verzweifelt um die Erfüllung des von ihnen Verlangten ringen, das sie als eigenen inneren Maßstab anerkannt haben.

Es gibt jedoch nicht nur das Mißtrauen gegen sich selbst, nicht nur das generelle Mißtrauen anderer Frauen gegenüber, sondern auch die gegenseitige Beargwöhnung von Frauen in verschiedenen Lebenssituationen. Frauen ohne Partner fühlen sich von Frauen in Beziehungen ausgeschlossen und werten wiederum jene ab. Viele Frauen lassen einander fallen, sobald ein Mann in ihrem Leben auftaucht. Liebesbeziehungen und Frauenfreundschaften scheinen sich auszuschließen. Das ist doch natürlich, sagen die einen Frauen. Es müßte nicht so sein, sagen andere.

Frauen ohne Kinder fühlen sich von Mutter-Frauen oft an den Rand gedrängt. Wo bleiben wir? fragen sie, wenn Mütter von ihren Erfahrungen berichten. In einer Gesellschaft, in der Muttersein zur Identität der Frau gehört, ist das eine begreifliche Frage. Sie zeigt, wie sehr Frauen ohne Kinder – für die es nicht einmal einen eigenen Namen, sondern nur eine Negation gibt – ihre Identität in Frage gestellt sehen. Sie haben keinen selbstverständlichen Platz in unserer Gesellschaft, werden bemitleidet, beargwöhnt oder beneidet. Sie selbst fühlen sich entwertet, sobald Frauen vom »Muttern« sprechen. Sie möchten halt selbst gerne Kinder, ist die kurzschlüssige Folgerung vieler Frauen. Ob dies zutrifft, ist nicht von primärer Wichtigkeit. Vielmehr ist es bezeichnend, daß der Kampf um einen eigen-wertigen Platz in unserer Gesellschaft schnell als Frustration über die eigene Kinderlosigkeit abgetan wird. Damit kommt eine kinderlose Frau in die Lage, ihre Kinderlosigkeit zu verteidigen, um sich eine legitime Identität zu ergattern. Da ist jedoch kein Platz mehr für das wirkliche und persönliche Erleben, für den eigenen Entschluß zur Kinderlosigkeit, für ihre Ambivalenz, für Zweifel, für die Belastungen aus der eigenen Geschichte oder für die schmerzlich errungene Annahme des eigenen Schicksals.

Unter dem Druck normenkonformer Simplifizierungen werden alle Differenzierungsmöglichkeiten von vornherein abgewürgt. So werden kinderlose Frauen oft wider Willen in eine militante Haltung getrieben. Doch gerade ihre militante Haltung wird wieder nur als Frustration interpretiert. Die Frage, wie eine Frau ihre Kinderlosigkeit verkörpert, kann gar nicht erst zum Tragen kommen. Eine siebenunddreißigjährige Frau sagte: »Ich will nicht in die Situation kommen, meine Kinderlosigkeit zu rechtfertigen. Sonst muß ich immer einen ›Mangel‹ begründen. Und wenn ich dies nun eben nicht so erlebe? Ich habe keinen Namen für meine Identität. Überhaupt, warum müssen Mütter nicht begründen, warum sie ›kindergebunden‹ sind? Das Dilemma besteht nur für mich als Frau. Von Männern sagt man ja auch nicht, sie seien kinderlos.« Der Widerspruch ist (noch) nicht ganz aufzulösen. Kinderlose Frauen haben nicht von vornherein eine positive Identität. Sie müssen sie immer zuerst erschaffen. Mütter unterstehen diesem Zwang nicht – ungeachtet ihrer Einstellung zum Kinderhaben. Eine Identität im Sinne der Rechtfertigung läßt sich am ehesten über den Beruf erbringen. Doch egoistische Motive werden kinderlosen Frauen schnell untergeschoben. Gerade hier wird die Fragestellung komplex: Gibt es nicht ebenso egoistische Motive für den Kinderwunsch? Warum werden diese viel weniger angesprochen? Überdies ist in diesem Zusammenhang wieder nur von den Frauen die Rede. Und ist »Egoismus« nicht selbst ein vielschichtiges Phänomen? Dürfen nur Frauen ihn nicht kennen? Die wirklichen Grenzen gehen quer durch alle Kategorisierungen hindurch, die je individuellen Erfahrungen »kinderloser« Frauen werden durch gesellschaftliche Normen wieder zu »stummen Geschichten«.

Auf dem Hintergrund ständiger Entwertung entwickeln auch Frauen ohne Kinder oft Härten, plakative Wertungen. Sie reagieren auf die Nöte von Müttern: »Du hast es ja gewollt! – Jetzt hast du es.« Gerade Frauen, die sich selbst als emanzipiert verstehen, fordern von ihren Geschlechtsgenossinnen, die Kinder haben, oft dennoch die Erfüllung der alten Mutterrolle. Mütter sollen sich selbst zurückstellen, keine Schwierigkeiten mit ihrem Muttersein haben. Sie sollen selbstlose Mütter sein – sie hätten es ja auch bleiben lassen können! Frauen haben so mit ihrem Muttersein gleichsam ihr Anrecht auf Emanzipation verspielt. Damit wird die eigene Kinderlosigkeit auf Kosten der Mütter aufgewertet, die ihrerseits die kinderlose Frau denunzieren. Ich habe wenigstens verzichtet, weil ich »das« nicht wollte – nämlich die Erfüllung einer traditionellen Mutterrolle. Alles kann man nicht haben – nämlich Spielraum für ein eigenes Leben *und* Kinder. So werden Lebensgestaltungen gegeneinander ausgespielt – und ver-spielt.

Das Gemeinsame, nämlich die Einsamkeit in einer Gesellschaft, die Frauen mit der Kinderfrage alleinläßt, kommt dabei nicht in den Blick. Das Entsetzen über die Herzlosigkeit von Müttern, über ihr Versagen, gekoppelt mit der Phantasie, selbst eine bessere Mutter sein zu können, gehört oft mit zu den Gefühlsregungen kinderloser Frauen, ebenso die Verachtung für den sich verengenden Lebenskreis von Müttern. Positive Aussagen über das Erleben als Mutter werden umgekehrt schon als Angriff erlebt und als ausschließende interpretiert. »Für mich ist es wichtig, Kinder zu haben. Sie haben mein Leben nachhaltig verändert«, heißt dann: Nur durch Kinder ist eine wesentliche Veränderung im Leben möglich. Freilich mögen dies im Einzelfall Fehlinterpretationen sein, doch im gesellschaftlichen Kontext sind sie es meist nicht.

Nun gibt es nicht nur die Kluft zwischen Frauen mit und ohne Kinder. Mütter können einander ebenso beargwöhnen, beneiden und schuldig sprechen. Zunächst besteht ein Abgrund zwischen Frauen aus verschiedenen sozialen Schichten und in unterschiedlichen Lebenssituationen. Wie sollen sie einander verstehen: Die Frau, die den ganzen Tag arbeiten muß, um ihr Kind zu ernähren, und diejenige, die den ganzen Tag mit ihrem Kind verbringt ohne Pause? Die sozial benachteiligte Frau hat meist nicht einmal die Chance, sich anderen Frauen mitzuteilen oder an einer Frauengruppe teilzunehmen. Sie kann nur von der Lebenssituation bevorzugterer Frauen träumen, niemals deren Gefühle und Probleme verstehen und wird selbst in ihren Gefühlen und Problemen noch weniger verstanden.

Doch auch sonst beargwöhnen Mütter einander. Nicht berufstätige Mütter urteilen häufig negativ über jene, die einer Berufsarbeit nachgehen, vor allem wenn »sie dies noch freiwillig tun«. Das gesellschaftliche Ideal bleibt weitgehend die Mutter, die rund um die Uhr zu Hause bleibt, die Kinder betreut, »für sie da ist«. Auf diese Norm stützen sich viele Mütter, um sich über ihre inneren Schwierigkeiten hinwegzuhelfen. Sie haben wenigstens die gültige Meinung auf ihrer Seite, nämlich daß sie im Verzicht auf außerhäusliche Tätigkeit das Beste für ihr Kind tun, daß sie »gute Mütter« sind. Erschöpfungsdepressionen werden verheimlicht oder oft gar nicht als solche erkannt. Für viele dieser Frauen ist es zu gefährlich, überhaupt negative Gefühle hochkommen zu lassen. Sie idealisieren ihren Zustand, indem sie kinderlose Frauen und berufstätige Mütter abwerten. Umgekehrt wird oft gleichzeitig das Leben der berufstätigen Mutter idealisiert. *Sie* hat alles, sie braucht keine Probleme zu haben. Und wenn sie welche hat – dann sieht man ja, daß es nicht gut ist, als Mutter von den Kindern wegzugehen.

Die Probleme der Frau in einer anderen Lebenssituation werden als »Beweis« für die Unrichtigkeit dieser Lebensgestaltung aufgefaßt. So machen Frauen einander sprachlos. Das gilt auch für die umgekehrte Situation. Berufstätige Mütter stabilisieren ihre – von der Gesellschaft weithin nicht anerkannte – Lebensführung durch die Entwertung der »Nur-Mütter« mit dem Hinweis auf deren Frust, deren Freudlosigkeit. Sie neigen dazu, Schwierigkeiten ihrer Kinder nur auf ihre Berufstätigkeit zu beziehen, und fühlen sich schuldig, auch wenn sie gute Gründe für ihre Lebensgestaltung anzuführen wissen. Je homogener der Wohnbereich einer Frau ist, desto schwieriger ist es, »aus der Reihe zu tanzen«. Eine vierzigjährige Frau mit zwei Vorschulkindern, die freiwillig stundenweise berufstätig war, formulierte ihr Erleben so: »Ich bin die einzige berufstätige Mutter in meiner Wohngegend. Ich spüre, daß die anderen Mütter mich nicht verstehen und mich gleichzeitig beneiden. Sie können sich überhaupt nicht vorstellen, daß ich auch Probleme haben könnte. Nun geschieht jedoch etwas, das mir Mühe macht. Immer mehr Frauen fragen mich, ob ich in der Zeit, in der ich zu Hause bin, ihre Kinder hüten könne. Ich bin nie mehr daheim ohne fremde Kinder im Haus. Da kommen die Bedürfnisse der Mütter zum Vorschein, ohne daß sie darüber sprechen. Sie nehmen alle an, daß ich ›abgesättigt‹ sei. Es ist, als müßte ich einen Tribut für meine Lebensform entrichten. Aber es wird mir einfach zu viel. Ich kann nicht die Bedürfnisse all dieser Frauen erfüllen, die Löcher stopfen. Und doch ist dieses permanente Kinderhüten die einzige Möglichkeit, wie ich bei den anderen Frauen integriert sein kann.« Freilich gibt es seit Jahren Selbsthilfeinitiativen unter Müttern, doch hängt ihr Gelingen nicht wenig von der sozialen Situation des Wohngebietes ab.

Berufstätige Mütter bleiben deshalb oft mit ihren Zweifeln allein, und viele verteidigen krampfhaft ihre Position – oft gegen ihre eigenen Bedenken, die nicht nur unbegründete sind. »Sollen meine Kinder den Preis bezahlen?«, bleibt im Rahmen unserer gesellschaftlichen Arrangements immer eine doppelbödige Frage – wer bezahlt den Preis denn sonst? Wie läßt sich unter solchen Vorzeichen überhaupt ein Freiraum finden, in dem die Berechtigung eigener Wünsche erwogen und gegen das Wohl der Kinder, gegen überkommene Geschichten und gesellschaftliche Realitäten ab-gewogen werden kann? So entsteht ein neuer, wiederum diskriminierter und bewunderter weiblicher Typus: die Super-Frau-und-Mutter, die – spielend? – alles unter einen Hut zu bringen weiß. Es ist nur eine Frage der Organisation, äußern die einen Frauen und verunsichern jene, die sich durch Mehrbelastungen aufgerieben fühlen.

In diesem Zusammenhang ist nicht die Frage wichtig, welche Argumente stichhaltig sind, sondern die beeinträchtigende Tendenz von Frauen, sich miteinander zu vergleichen, sich gesellschaftliche Normen als Argumente anzueignen, mit ihnen Handel zu treiben, um sich eine zweifelhafte Legitimation zu geben – und immer wieder zu verlieren. Den Hintergrund bilden Selbstzweifel und Minderwertigkeitsgefühle, begleitet von – oft neidischen – Idealisierungstendenzen in bezug auf die Lebensgestaltung anderer Frauen. Gerade auf diese Weise bringen Frauen einander zum Verstummen. So stehen sie einander gegenüber: die Frauen ohne Partner und diejenigen mit Partner, die kinderlosen Frauen und die Mütter, die Mütter in »vollständigen Familien« und die alleinerziehenden Mütter, die berufstätigen und die nicht berufstätigen Mütter, die stillenden Mütter und die nicht stillenden …

Was dabei nicht in den Blick kommt, ist das Gemeinsame: die Minderwertigkeitsgefühle und die minder-wertige Position in der Gesellschaft, aber ebensowenig die Kraft und der Reichtum, der in den verschiedenen Lebensgestaltungen liegt. Wohl weiß heute jede Frau um die Minderwertung des weiblichen Geschlechts und findet sie unangebracht. In der konkreten Lebens- und Alltagssituation suchen jedoch sehr viele Frauen wiederum den Fehler nur bei sich selbst, wenn Probleme auftauchen. Kaum eine Frau weiß, daß die Nachbarin auch oft verzweifelt ist, daß sie manchmal erschreckend aggressiv gegen die Kinder wird. Jede Frau versucht das Unmögliche wieder im Alleingang. Und da sie allein ist, fällt alles auf sie zurück. Sie allein ist diejenige, die versagt – und es nicht zeigen darf. Solange Frauen so funktionieren – in Familien, in Wohnghettos –, muß die Gesellschaft mit der entsprechenden Wirtschaft und Politik sich nicht wirklich in Frage stellen.

Wo sich Frauen zusammenfinden – in Frauengruppen beispielsweise –, werden andere Möglichkeiten frei. Stumme Geschichten dürfen einen Sprachraum finden. Es ist für mich immer wieder bewegend, wie viele solcher Geschichten in einer *einzigen* Gruppe zutage kommen: Frauen mit Schwangerschaftsabbruch, Kaiserschnitt, Fehl- und Totgeburten, inzestuös mißbrauchte oder vergewaltigte Frauen, solche, deren Kinder mißbraucht wurden, ganz zu schweigen von schmerzhaften Erfahrungen im Bereich der Liebesbeziehungen und Schwangerschaften. Manchmal ist die Häufung von Schicksalen und die Intensität, die mit dem Verarbeiten entsteht, für die Beteiligten fast unerträglich. Und doch gibt das Mitteilen und Anteilnehmen auch wiederum Kraft, ermöglicht Verbundenheit, aber auch das Austragen von Rivalitäten, den Abbau von Vorurteilen, ein direkteres liebevolleres *und* aggressiveres Umgehen miteinander. Das Spektrum »erlaubter« Gefühle erweitert sich. Die Vielfalt und Vielschichtigkeit von Frauengeschichten kommt in den Blick.

Dasselbe geschieht, wenn Frauen offen einander ihre Lebensgestaltung und Beziehungsbiographien mitteilen. Die eine Frau hat in ihrer Kindheit Kinderlähmung gehabt und ist heute Mutter von vier Kindern, die sie kurz nacheinander zur Welt gebracht hat. »Ich sehe mich vor allem mit meinen Kindern auf dem Bett liegen, abwechselnd stillen und spielen.« Eine andere Frau hat spät noch Kinder bekommen, nach einer langen Phase ausschließlicher Berufsarbeit. Sie teilt sich mit ihrem Mann in Beruf und Familienarbeit. »Wir haben große Probleme gehabt, weil wir einander kaum mehr sahen. Jetzt ist es besser.« Eine andere Frau sagt: »Davon habe ich eigentlich geträumt. Ich habe meinen Beruf aufgegeben, als die Kinder kamen. Das war bei uns selbstverständlich. Jetzt bin ich in einer Ausbildung, da meine Kinder größer sind.« Und wieder eine andere ältere Frau hat zuerst die klassische Familienphase gelebt. Die Kinder sind unterdessen erwachsen, und sie arbeitet in einem anspruchsvollen Beruf. »Der Einstieg war hart, aber jetzt fühle ich mich erfüllt.« Eine weitere Frau hat keinen Beruf erlernt und nimmt teil an der Ausbildung ihrer Kinder. »Ich spüre keinen Neid. Ich habe gelernt, zu meinem Leben zu stehen«, sagt sie. Eine andere Frau studiert an der Universität. Sie hat ein kleines Kind und findet es schwierig, Studium und Muttersein zu vereinen. Eine andere studiert und leidet zuweilen an der Abstraktheit ihres Studiums. Sie hat eben eine Freundschaft aufgegeben. Eine andere Frau lebt seit zwanzig Jahren mit ihrem Mann, die andere in einer freien Partnerschaft, eine weitere ist alleinerziehend ... Das Gemeinsame ist, daß alle Frauen versuchen, sich mit ihrer Lebensgestaltung auseinanderzusetzen. Die verschiedenen Möglichkeiten stehen ohne Wertung nebeneinander. Schmerz und Glück werden kaum verglichen.

Hier zeigt sich, was möglich wird, wenn sich Frauen einander mitteilen. Normen werden relativiert, Minderwertigkeitsgefühle aufgehoben. Die große Veränderung innerhalb der letzten zwei oder drei Generationen wird sichtbar. Das Gefühl der Gemeinsamkeit macht stark und ermutigt. »Ich habe Angst gehabt bei der Vorstellung, mit so vielen Frauen zusammenzusein. Jetzt empfinde ich es als bereichernd. So viele gute Frauen. Ich finde es schön, eine Frau zu sein«, sagt eine der Teilnehmerinnen. Hier bildet sich ein Raum von Solidarität und gegenseitiger Akzeptanz. Das Annehmen anderer Lebensgestaltungen ohne Wertung, das Realisieren der Vielfalt von Möglichkeiten des Wachsenkönnens in schwierigsten Situationen ergibt ein Erleben von Solidarität.

Doch was hat Frauensolidarität mit Partnerschaft zu tun? Viele Frauen spüren zunächst eine neue Kraft durch den Kontakt mit Frauen, aber auch eine verstärkte Aggression gegen den eigenen Partner, mit der sie oft kaum umzugehen wissen. Die Folgen sind nicht selten neue und vehemente Konflikte, die den Kontakt von Frauen untereinander als destruktiv für eine Partnerschaft erscheinen lassen. Doch wieder geht es darum, solche Äußerungsformen nicht zu einem dauernden Kampf zu verhärten, sondern als Übergangsphase, als Ertasten eines Neuen zu verstehen, das einerseits mächtig hervordrängt und gleichzeitig noch fragil und verwundbar ist.

Bei aller notwendigen Einforderung des männlichen Partners ergibt sich durch die Beziehung von Frauen untereinander auch eine wesentliche Entlastung der Partnerschaft: Nicht für alle Bereiche des Lebens kann in erster Linie der gegengeschlechtliche Partner angesprochen werden. Die Überzeugung, daß alle Probleme und Beziehungsaspekte, alle existentiellen Erfahrungen allein in der Partnerschaft Raum finden sollten, gehört mit zu unserer modernen gesellschaftlichen Dynamik. Wenn wir diese Delegationen zurückweisen, ist eine Partnerschaft beschränkter, aber vielleicht auch lebendiger. Eine lebendige und liebevolle Beziehung zum je eigenen

Geschlecht bedeutet eine heilsame Redimensionierung der Erwartungen an eine Partnerschaft, die nicht Schmälerung bedeuten muß, sondern Vertiefung sein kann. Der Satz »Ich bin die Frau, die ich bin« schließt hier die Verbundenheit mit dem ganzen weiblichen Lebenszusammenhang mit ein, aus der die je eigene persönliche Geschichte und Lebensgestalt, vielleicht auch eine neue Möglichkeit für partnerschaftliche Beziehung erwächst.

Älterwerden im Raum der Partnerschaft: Beziehungsgeschichte und Perspektiven

Nochmals einen anderen Stellenwert erhält eine Partnerschaft meist nach der Lebensmitte und mit dem Älterwerden. Wie die sich ergebenden Veränderungen aussehen und welches die Herausforderungen an die Partnerschaft sind, hängt weitgehend von der bisherigen Lebensgestaltung ab. Gerade heute ist mit dieser Phase oft ein Neubeginn für Frauen verbunden, die bisher nicht oder nur am Rande berufstätig waren. Sie sind auf der Suche nach einer neuen Identität. In dieser Konstellation gibt es zwei Ebenen, auf denen die Partnerschaft mitbetroffen ist. Der Wiedereinstieg der Frauen in den Beruf verändert nicht nur den Lebensrhythmus, bedeutet nicht nur ein neues inneres Engagement »draußen«, sondern oft auch eine Infragestellung des Bisherigen. »Was ist mir für mein Leben *jetzt* wichtig, welches sind meine Perspektiven, was will ich nicht mehr weiterführen?« sind häufige Fragen.

Vor allem bei Frauen kommt nach der Familienphase dazu, daß die Partnerschaft anders erlebt wird. Was jetzt zählt, ist die unmittelbare Qualität der Beziehung, die jedoch häufig durch die vorangegangene Geschichte sehr belastet ist. Männer sind oft völlig erstaunt und verwirrt, daß die eigene Partnerin die Beziehung als problematisch oder konflikthaft erlebt: Es ging doch alles so gut! Und Frauen empfinden: Ja, weil ich mich zurückgenommen und alles für die Familie getan habe. Dazu kommt, daß Kinder oft von den Konflikten der Eltern abgelenkt haben oder Ersatz für Ungelebtes waren. Alles, was Eltern auf die Kinder geschoben haben, kommt jetzt auf sie zurück, wenn die Kinder gehen. Oft ist es so viel, daß die Beziehung es nicht mehr zu tragen vermag. Die Entfremdung mag im Laufe der Zeit so groß geworden sein, daß ein Trennungswunsch schon lange vorhanden war. Die Beziehungsmuster haben sich verhärtet, Verletzungen sind so nachhaltig, daß die Bereitschaft nicht mehr da ist, die Mühen eines langen und schwierigen Prozesses auf sich zu nehmen. Nur auf dem Boden einer erhalten gebliebenen gegenseitigen Verbundenheit läßt sich eine solche Krise bewältigen und als Herausforderung zur Umgestaltung verstehen. Ein neuer Reichtum kann durch die Zweisamkeit entstehen.

Freilich gibt es auch das Umgekehrte. Vor allem Frauen in einer sozial befriedigenden Situation halten ihre Partnerschaft aufrecht, manchmal nicht um der Beziehung selbst willen, sondern weil sie nicht den ganzen mit der Partnerschaft zusammenhängenden Kontext aufgeben mögen. Sie wandern innerlich aus der Beziehung aus und versuchen, sich so weit es geht ein eigenes Leben mit einer befriedigenden Berufstätigkeit aufzubauen. Während die einen Frauen sagen: »Ich kann mir nicht vorstellen, mit diesem Mann alt zu werden«, sagen andere: »Ich will nicht allein alt werden.« Doch die Perspektive des Alterns beginnt mitzuspielen, führt zu Entscheidungen, zu einem Engagement in einem partnerschaftlichen Prozeß oder wird nochmals beiseite gedrängt. Gerade das Auswandern in Beruf und reiche Außenkontakte läßt das Jetzt befriedigend erscheinen, so daß die langjährige Partnerschaft wiederum weniger ins Gewicht fällt.

Der gleiche Aufbruch führt also – je nach Situation und bisheriger Geschichte – zu einem neuen Ins-Gewicht-Fallen der Beziehung oder zur inneren Distanzierung von ihr. Im ersten Fall kann es zu einer akuten Krise kommen, die zur Trennung oder zu neuer Verbundenheit führt. Wenn Beziehung neu an Gewicht gewinnt, können Kräfte für Gemeinsames frei werden. Immer wieder höre ich auch: »Ich will mich nicht von meinem Mann trennen. Ich spüre, daß ich das nicht schaffe. Doch ich möchte lernen, mit mir selbst zufriedener zu leben, mich etwas mehr abzugrenzen.« Mit solchen Wünschen kommen oft Frauen, die schon über fünfzig oder an die sechzig Jahre alt sind. Es ist häufig ein Prozeß in sorgfältigen Schritten, manchmal auch von Frauen, die sich bisher kaum mit sich selbst befaßt haben. Viele nehmen ihre Beziehung als gegeben an, und es geht ihnen darum, den ihnen möglichen Spielraum auszuloten und sich mit ihrem Altwerden auseinanderzusetzen. Eine sechzigjährige

Frau sagte: »Ich habe das Weggehen verpaßt. Ich fühle mich zu alt, und meine Kräfte vermindern sich. Ich habe Angst davor, mit meinem Mann allein alt zu werden. Ich möchte lernen, mir eine Lebenssituation zu schaffen, in der ich nicht isoliert sein werde.«

Es gibt heute viele Frauen, die rigoros dafür plädieren, eine unbefriedigende oder nicht mehr so lebendige Beziehung zu verlassen, und andere, die das als »Davonlaufen« taxieren. Doch auch hier geht es darum, die eigenen Möglichkeiten und Grenzen zu erspüren, um mit ihnen umgehen zu lernen. Es ist nicht einfach Herzlosigkeit, wenn eine Frau ihren Mann verläßt, und nicht nur »Bequemlichkeit«, wenn sie bei ihm bleibt. Wir können jedoch lernen, unsere Liebesgeschichte mit dem Partner zu verstehen und anzunehmen – wohin diese Auseinandersetzung auch führen mag. »Vielleicht ist es vor allem Gewohnheit«, sagte mir eine über sechzigjährige Frau, »aber da ist eine Lebens-Vertrautheit, die keine großen Gefühle mehr mit sich bringt. Wir sind beisammen. Wir kennen die gegenseitigen Schwächen, wir haben vieles miteinander durchgestanden. Da hat auch das Alter noch Platz.«

Damit ist ein Aspekt angesprochen, der von der Lebensmitte an an Bedeutung gewinnt: die gemeinsame Geschichte. »Mein Mann ist der Mensch, mit dem ich neben meinen Eltern die wichtigsten Erfahrungen meines Lebens geteilt habe. Er war dabei, als unsere Kinder geboren wurden, als ich eine schwere Krankheit durchstehen mußte und als meine Eltern starben. Er ist ein Teil meines Lebens. Viele meiner Wünsche an eine Partnerschaft haben sich nicht erfüllt. Aber ich weiß auch, daß ich mit niemandem mehr eine solche gemeinsame Geschichte haben werde« – dies sagte eine fünfundfünfzigjährige Frau. Eine um zehn Jahre jüngere Frau äußerte: »Ich habe mehrere intensive Beziehungen gehabt. Nicht immer war ich diejenige, die eine Trennung wollte. Doch keine dieser Beziehungen entsprach meinen Bedürfnissen. Jetzt habe ich einen wesentlich älteren Freund. Mit ihm lerne ich, daß eine Partnerschaft auch etwas Ruhiges und Selbstverständliches sein kann. Das ist für mich ein großes Geschenk. Er hat auch nicht diese wahnsinnigen Erwartungen an mich. Er nimmt mich einfach, wie ich bin. Ich bin zufrieden. Und doch tut es mir manchmal weh, daß ich die ›Lebenspartnerschaft‹ verpaßt habe. Es ist einfach so. Es gehört jetzt zu meinem Leben. Wir haben beide vorher andere Leben gehabt, die wir voneinander nicht kennen. Auch das habe ich akzeptieren gelernt. Ich kann sie jetzt stehen lassen, muß mir nicht mehr versichern lassen, daß die Beziehung mit mir ›schöner‹ und ›besser‹ sei als alle bisherigen.«

So gibt es keine verbindliche Norm mehr. Auch die Lebenspartnerschaft ist nicht von vornherein »besser« als eine spätere Beziehung, das Ausbrechen nicht richtiger als das Durchhalten einer Beziehung mit all ihren Brüchen und Schwächen. Wo die eigene Lebendigkeit und damit die Liebe zum Leben schwindet, geht es um Grundsätzliches, unabhängig vom Alter. Wenn ich an jene Menschen – es sind vor allem Frauen – denke, die in höherem Alter in die Therapie kommen, geht es letztlich immer um diese Lebendigkeit. Von hier aus erschließen sich immer auch lebens-mögliche Perspektiven im Umgang mit der jeweiligen Partnerschaft. Eine Frau sagte mir: »Ich würde mir einen Lebensnerv abschneiden, wenn ich davonlaufen würde. Aber ich will auch meine Wunden ernst nehmen. Ich will sehen, was mich verletzt hat, um es loslassen zu können. Sonst werde ich unser gemeinsames Alter immer wieder vergiften. Und ich will nicht bitter sterben. Ich will leben.« Und eine andere Frau: »Ich habe lange geglaubt, ich könne mit meinem Mann – oder trotz ihm – leben. Jetzt spüre ich, daß es nicht geht. Ich muß den Schritt wagen. Ich kann mir nicht vorstellen, meinen Mann an meinem Sterbebett zu haben, und ich könnte auch ihn nicht begleiten. Ich will nicht mit einer Lebenslüge sterben.«

Wir können nur versuchen, den je eigenen Weg zu finden, mit allen Brüchen, allen Täuschungen, allen Unsicherheiten, die damit verbunden sind. Wir können auch das Geheimnis einer Beziehung mit all ihren Vertrautheiten, Verstrickungen und Infragestellungen nie ganz ergründen. Am Ende ist ein gelebtes Leben eben dieses Leben, und eine Beziehung, was sie ist und zu sein vermochte. Als mein Vater am Sterbebett meiner Mutter klagte, die Fassung verlor und meine Mutter anflehte, ihm ein Wort zu sagen, versuchte ich, ihn zu hindern. Doch mein Pate zog mich zurück und sagte zu mir: »Laß ihn. Das ist ihre Beziehung. Laß die beiden sie zu Ende leben, wie sie können.« Da begriff ich, daß es für *mich* schwierig war, die Beziehung meiner Eltern als das zu nehmen, was sie war, sie so nackt zu sehen. Alles gehörte dazu: die penetrante Rücksichtslosigkeit meines Vaters, sein Ausharren Tag für Tag, obwohl er über neunzig Jahre alt war, und seine ungebrochene Liebe, in der er meine Mutter schön fand, obwohl sie von ihrem Leiden verzerrt war. Doch erst heute verstehe ich die ganze Tragweite dessen, was meine Eltern mir damals zeigten: eine Beziehung, die Inniges und Grausames einschloß, Hilflosigkeit und Stärke. Ich wollte mich in diesem Spiegel nicht sehen. Ich wollte noch nicht wissen, daß auf dem Grund jeder wirklich gelebten Beziehung Schwäche, Verletzendes und Liebe ganz eng beieinander liegen.

Und noch eine weitere Erkenntnis drängt sich mit dem Älterwerden auf: Es gibt immer auch »Verpaßtes« in bezug auf die Gestaltung einer Partnerschaft, Versehrungen, die wir schon aus unserer Kindheit mitbringen und die uns verwehrten, bestimmte Dimensionen von Beziehung zu leben. »Ich habe aus vielem herauswachsen können, was ich an Beeinträchtigendem aus meiner Kindheit mitbrachte, und gelernt, die kraftvollen Aspekte, die mir mitgegeben sind, intensiver zu leben. Alles habe ich nicht geschafft. Es bleiben Brüche und Grenzen. Sie gehören zu meinem Leben. Ich habe keine dauernde Partnerschaft gestalten können. Ich war zu mißtrauisch, zu schnell verletzt und ging weg, bevor man mich fortschicken konnte.« So äußerte sich eine Frau Mitte Fünfzig, die eben dabei war, eine neue Beziehung zu gestalten.

Am Ende zählt wohl, ob wir es vermocht haben, mit all unseren Begrenzungen Liebende zu bleiben, und zwar in jenem umfassenden Sinn, der von unserer Lebendigkeit und damit von unserer Liebe zum Leben zeugt, auch wenn Lieblosigkeit, Versagen, Brüche die Liebesgeschichte unseres Lebens durchwirken. »Ich bin die Frau, die ich bin« – dieser Satz schließt die ganze Lebensgestalt, das eigene gelebte Leben ein. Mag er oft eine kämpferische, eine herausfordernde Färbung haben, so kann er schließlich auch ein versöhnender sein – vielleicht auch immer wieder eine Liebeserklärung an das Leben.

Anmerkungen

Einleitung (S. 17–33)

1 Alfred Adler: Menschenkenntnis. Frankfurt/Main 1983, S. 22.
2 Vor allem der amerikanische Psychotherapeut Stanley Keleman hat konsequent ein eigenes formatives Konzept und eine entsprechende Methodologie herausgebildet, auf die ich mich immer wieder beziehen werde. Zu Kelemans Publikationen vgl. das Literaturverzeichnis.
3 Diese Methode ist in Kelemans Buch ›Embodying Experience‹ ausführlich beschrieben.
4 Vgl. ebd., S. 9 ff.

1 Wege zu einer lebendigen Identität als Frau – überkommene Geschichten und neue Perspektiven (S. 35–140)

1 Vor allem die feministische Theologie ist den aus traditionellen biblischen Interpretationen erwachsenen Geschichten über Frauen nachgegangen, vgl. etwa Hedwig Röckelein, Claudia Opitz und Dieter R. Bauer (Hrsg.): Maria. Abbild oder Vorbild? Zur Sozialgeschichte mittelalterlicher Marienverehrung. Tübingen ²1990; oder Elisabeth Gössmann und Dieter R. Bauer (Hrsg.): Maria – für alle Frauen oder über allen Frauen? Freiburg i. Brsg. 1989.
2 Alan Watts: OM. Kreative Meditationen. Basel 1982, S. 15.
3 Alan Watts: EGO. Bd. 9 der illustrierten Serie ›Die Essenz‹. Basel 1977 (ohne Seitenanzahl).
4 Exemplarisch wäre hier wiederum Stanley Keleman zu nennen, der in seinen Seminaren und Publikationen größten Wert auf den Prozeß des »languaging«, der Sprachformung, legt. Vgl. etwa: Der körperliche Dialog in der therapeutischen Beziehung. München 1990, S. 9.
5 Stanley Keleman: Dein Körper formt dein Selbst. Der bioenergetische Weg zu emotionaler und sexueller Befriedigung. München 1980, S. 25.
6 Vgl. Stanley Keleman: Verkörperte Gefühle. Der anatomische Ursprung unserer Erfahrungen und Einstellungen. München 1992, vor allem Kapitel 1.
7 Stanley Keleman: Wir haben keinen Körper, wir sind unser Körper. In: Stimmen und Visionen, S. 175 f.
8 Stanley Keleman: Dein Körper formt dein Selbst. Der bioenergetische Weg zu emotionaler und sexueller Befriedigung. München 1980, S. 30.
9 Ebd., S. 78.
10 Vgl. das gleichnamige Buch von Horst-Eberhard Richter: Der Gotteskomplex. Die Geburt und Krise des Glaubens an die Allmacht des Menschen. Reinbek bei Hamburg 1979.
11 Walter Hollstein: Das neue Selbstverständnis der Männer. In: Der Mann im

Umbruch. Patriarchat am Ende. Herausgegeben von Peter Michael Pflüger. Olten und Freiburg i. Brsg. [2]1989, S. 17f.

12 Walter Hollstein: Nicht Herrscher, aber kräftig. Die Zukunft der Männer. Hamburg [2]1989, S. 263.

13 Ebd., S. 25.

14 Für die Suche von Männern nach einer neuen Identität vgl. Volker Elis Pilgrim: Muttersöhne. Düsseldorf 1986; Herbert Goldberg: Der verunsicherte Mann. Reinbek bei Hamburg 1986; Perry Garfinkel: In a Man's World. Father, Son, Brother, Friend, and Other Roles Men Play. New York 1986; Wilfried Wieck: Wenn Männer lieben lernen. Stuttgart [2]1990; Walter Hollstein: Nicht Herrscher, aber kräftig. Die Zukunft der Männer. Hamburg [2]1989 und dort Literaturempfehlungen auf S. 310.
Auf Frauenseite vgl. Barbara Sichtermann: Weiblichkeit. Zur Politik des Privaten. Berlin 1983; dies.: Wer ist wie? Über den Unterschied der Geschlechter. Berlin 1987; Betty Friedan: Der Weiblichkeitswahn oder die Mystifizierung der Frau. Reinbek bei Hamburg 1966; dies.: Der zweite Schritt. Ein neues feministisches Manifest. Reinbek bei Hamburg 1982; Alice Schwarzer: Mit Leidenschaft. Texte 1968–1982. Reinbek bei Hamburg 1982; dies.: So fing es an! Die neue Frauenbewegung. München 1983; Christa Köppel und Ruth Sommerauer: Frau – Realität und Utopie. Zürich 1984; Frauen und Macht. Der alltägliche Beitrag der Frauen zur Politik des Patriarchats. Herausgegeben von Barbara Schaeffer-Hegel. Berlin 1984; Mythos Frau. Projektionen und Inszenierungen im Patriarchat. Herausgegeben von Barbara Schaeffer-Hegel und Brigitte Wartmann. Berlin 1984; Margarete Mitscherlich: Über die Mühsal der Emanzipation. Frankfurt/Main 1990.

15 Vgl. das gleichnamige Buch von Volker Elis Pilgrim: Muttersöhne. Düsseldorf 1986; Arno Gruen: Der Wahnsinn der Normalität. Realismus als Krankheit. München 1987.

16 Ein Begriff von Barbara Sichtermann. Vgl. Weiblichkeit. Zur Politik des Privaten. Berlin 1983.

17 Vgl. Walter Hollstein: Nicht Herrscher, aber kräftig. Die Zukunft der Männer. Hamburg [2]1989, S. 21 f.

18 Zum Begriff vgl. Elisabeth Beck-Gernsheim: Vom Geburtenrückgang zur Neuen Mütterlichkeit? Über private und politische Interessen am Kind. Frankfurt/Main 1985.

19 Vgl. die Bücher von Ester Fischer-Homberger: Krankheit Frau. Zur Geschichte der Einbildungen. Darmstadt und Neuwied 1984 und Ingrid Olbricht: Verborgene Quellen der Weiblichkeit. Die Brust – das enteignete Organ. Stuttgart 1985.

20 Vgl. Walter Hollstein: Nicht Herrscher, aber kräftig. Die Zukunft der Männer. Hamburg [2]1989 und die dort angegebene Literatur.

21 Vgl. Ester Fischer-Homberger: Krankheit Frau. Zur Geschichte der Einbildungen. Darmstadt und Neuwied 1984; Anne Fausto-Sterling: Gefangene des Geschlechts? Was biologische Theorien über Mann und Frau sagen. München 1988.

22 Vgl. Philippe Ariès: Geschichte der Kindheit. Vorwort von Hartmut von Hentig. München 1978.

23   Zu Stellung und Situation der Frau vgl. Astrid Deuber-Mankowsky, Ulrike
     Ramming und Walesca E. Tielsch (Hrsg.): 1789/1989 – Die Revolution hat nicht
     stattgefunden. Dokumentation des V. Symposiums der Internationalen Asso-
     ziation von Philosophinnen (IAPh). Tübingen 1989; Anneliese Naef: Mühsal
     ein Leben lang. Zur Situation der Arbeiterfrau um 1900. Köln 1988; Ruth Hun-
     gerbühler: Unsichtbar – unschätzbar. Haus- und Familienarbeit am Beispiel der
     Schweiz. Grüsch 1988.
24   Alfred Adler: Heilen und Bilden: ein Buch der Erziehungskunst für Ärzte
     und Pädagogen. Einführung von W. Metzger. Frankfurt/Main 1973, S. 123.
25   Luise Eichenbaum und Susie Orbach: Feministische Psychotherapie. Auf
     der Suche nach einem neuen Selbstverständnis der Frau. München 1984,
     S. 55 ff.
26   Zum Thema Menstruation vgl. Judith Schlene: Das Blut der fremden Frauen.
     Menstruation in der anderen und in der eigenen Kultur. Frankfurt und New
     York 1987; Rosemary L. Rodewald: Magie, Heilen und Menstruation. Mün-
     chen 1977; Penelope Shuttle und Peter Redgrove: Die weise Wunde Menstrua-
     tion. Frankfurt/Main 1980; Gabriele Reher-Juschka und Christel Biebrach:
     Blutrot. Was Menstruation bedeutet. Berlin 1989; Caroline Shreeve: Die Tage
     vor den Tagen. Monatsbeschwerden vor den kritischen Tagen und wie man sie
     loswird. München [3]1990; Esterina Degiacomi und Gabriela Neuwirth: Frauen
     und Menstruation. Untersuchung einer schwierigen Beziehung. Psychologi-
     sches Institut, Universität Bern 1988.
27   Vgl. Irène Kummer: Wendezeiten im Leben der Frau. München [2]1989, S. 146 f.
28   Zum Zusammenhang von Menstruation und Mondzyklus vgl. Penelope Shuttle
     und Peter Redgrove: Die weise Wunde Menstruation. Frankfurt/Main 1980,
     S. 32 ff.; zur »Lunaception« vgl. Samsara Amato-Duex: Bewußt fruchtbar sein.
     Fruchtbarkeitsbewußtsein, Schwangerschaft und natürliche Geburt. München
     1983, S. 21 ff.; zur Bedeutung des Mondes vgl. Anne K. Rush: Mond, Mond.
     München 1978.
29   Vgl. die Beschreibung einer Geburt auf Bali in Marianne Krüll: Die Geburt ist
     nicht der Anfang. Die ersten Kapitel unseres Lebens – neu erzählt. Stuttgart
     1989, S. 140 ff.
30   Irène Kummer: Wendezeiten im Leben der Frau. München [2]1980, S. 64 ff.
31   Von daher beginnt sich ein neues Selbstverständnis von Frauen in und nach den
     Wechseljahren zu entwickeln. Vgl. Julia Onken: Feuerzeichenfrau. Ein Bericht
     über die Wechseljahre. München [3]1988; Ursula Baumgardt: Wege zum Frausein
     heute. Träume und Bilder einer Analyse. Olten [2]1986; Ruth Schmid-Heinisch:
     FrauenWende. Neuorientierung in der Lebensmitte. München 1986; Ann Man-
     kowitz: Auf neue Weise fruchtbar. Der seelische Prozeß der Wechseljahre.
     München 1994.
32   Zu einem spirituellen Verständnis von Weiblichkeit vgl. etwa Hallie Iglehart:
     Weibliche Spiritualität. Traumarbeit, Meditationen und Rituale. München
     1987; Sylvia Brinton Perera: Der Weg zur Göttin der Tiefe. Die Erlösung der
     dunklen Schwester: eine Initiation für Frauen. Interlaken 1985; Ricki Moore:
     Die Göttin in Dir. Sieben Stufen zum inneren Frieden. Freiburg i. Brsg. 1988;
     Jean Shinola Bolen: Göttinnen in jeder Frau. Psychologie einer neuen Weiblich-
     keit. Basel 1986, S. 27 ff. und S. 135 ff.

33 Vgl. Penelope Shuttle und Peter Redgrove: Die weise Wunde Menstruation. Frankfurt/Main 1980.

34 Zur Geschichte der Sexualität vgl. Helmut Schelsky: Soziologie der Sexualität. Reinbek bei Hamburg 1955; Klaus Rainer Röhl: Die verteufelte Lust. Die Geschichte der Prüderie und die Unterdrückung der Frau. Hamburg 1983; Johanna Geyer-Kordesch und Annette Kuhn (Hrsg.): Frauenkörper – Medizin – Sexualität. Düsseldorf 1986; Janine Chasseguet-Smirgel: Psychoanalyse der weiblichen Sexualität. Frankfurt/Main 1974; Gunter Schmidt: Das große Der Die Das. Über das Sexuelle. Reinbek bei Hamburg 1988; Sheila Kitzinger: Sexualität im Leben der Frau. München 1984.

35 Zum Zusammenhang zwischen *allen* Ebenen der kleinkindlichen Entwicklung vgl. Ashley Montagu: Körperkontakt. Die Bedeutung der Haut für die Entwicklung des Menschen. Stuttgart 1984; Marshall H. Klaus und John H. Kennell: Mutter-Kind-Bindung. Über die Folgen einer frühen Trennung. München 1983.

36 Zum Zusammenhang von Religion und Sexualität vgl. Klaus Rainer Röhl: Die verteufelte Lust. Die Geschichte der Prüderie und die Unterdrückung der Frau. Hamburg 1983.

37 Vor allem im Rahmen der Frauenbewegung wurden Selbstuntersuchungen gefördert und geübt. Vgl. Anne K. Rush: Getting Clear. Ein Therapie-Handbuch für Frauen. München [10]1984.

38 Hallie Iglehart: Weibliche Spiritualität. Traumarbeit, Meditationen und Rituale. München 1987, S. 33.

39 Vgl. Gunter Schmidt: Das große Der Die Das. Über das Sexuelle. Reinbek bei Hamburg 1988; Walter Hollstein: Nicht Herrscher, aber kräftig. Die Zukunft der Männer. Hamburg [2]1989; Helmut Schelsky: Soziologie der Sexualität. Reinbek bei Hamburg 1955.

40 Zur Bedeutung der »Liebe« in der geschlechtlichen Entwicklung vgl. Jack Goody: Die Entwicklung von Ehe und Familie in Europa. Frankfurt/Main 1989; Herrad Schenk: Freie Liebe, wilde Ehe. Über die allmähliche Auflösung der Ehe durch die Liebe. München 1987.

41 Vgl. die damals revolutionäre Darstellung weiblicher Potenz bei Sophie Lazarsfeld: Wie die Frau den Mann erlebt. Leipzig und Wien 1931.

42 Vgl. dazu Penelope Shuttle und Peter Redgrove: Die weise Wunde Menstruation. Frankfurt/Main 1980.

43 Zum Gebärneid vgl. Emilio Modena: Der Gebärneid des Mannes. In: Psychologie Heute, Dezember 1983. Zum Begriff »Penisneid« vgl. Sigmund Freud: Über die weibliche Sexualität (1931). In: Gesammelte Werke, Bd. 14: Werke aus den Jahren 1925–1931. London 1948.

44 Walter Hollstein: Nicht Herrscher, aber kräftig. Die Zukunft der Männer. Hamburg [2]1989, S. 113 f.

45 B. Walker-Smith.

46 Vgl. Barbara Sichtermann: Weiblichkeit. Zur Politik des Privaten. Berlin 1983, S. 11 ff.

47 Walter Hollstein: Nicht Herrscher, aber kräftig. Die Zukunft der Männer. Hamburg [2]1989, S. 174 ff.

337

48 Zur Geschichte weiblicher Schönheit vgl. Rita Freedman: Die Opfer der Venus. Vom Zwang, schön zu sein. Zürich 1989.

49 Zur Geschichte der weiblichen Mode vgl. Erika Thiel: Geschichte des Kostüms. Die europäische Mode von den Anfängen bis zur Gegenwart. Wilhelmshaven [8]1989; Elisabeth Wilson: In Träume gehüllt. Mode und Modernität. Vorwort von Jil Sander. Hamburg 1989.

50 Vgl. Rita Freedman: Die Opfer der Venus. Vom Zwang, schön zu sein. Zürich 1989.

51 Th. Georgen in: Weiblichkeit in der Moderne. Aufsätze feministischer Vernunftskritik. Herausgegeben von Judith Conrad und Ursula Konnertz. Tübingen 1986, S. 244 ff.

52 Vgl. Stanley Keleman: Embodying Experience. Berkeley: Center Press 1987, S. 45 ff.

53 Th. Georgen in: Weiblichkeit in der Moderne. Aufsätze feministischer Vernunftskritik. Herausgegeben von Judith Conrad und Ursula Konnertz. Tübingen 1986, S. 245 f.

2 An die Grenze kommen – existentielle Erfahrungen und stumme Geschichten (S. 141–207)

1   Vgl. Horst-Eberhard Richter: Der Gotteskomplex. Die Geburt und Krise des Glaubens an die Allmacht des Menschen. Reinbek bei Hamburg 1979; Arno Gruen: Der Wahnsinn der Normalität. Realismus als Krankheit. München 1987.

2   Vgl. Elisabeth Beck-Gernsheim: Das halbierte Leben. Männerwelt Beruf, Frauenwelt Familie. Frankfurt/Main 1985; Ulrich Beck und Elisabeth Beck-Gernsheim: Das ganz normale Chaos der Liebe. Frankfurt/Main 1990.

3   Zur Geburtseinleitung vgl. Sheila Kitzinger: Schwangerschaft und Geburt. Das umfassende Handbuch für junge Eltern. München 1982, S. 147ff.; Gerlinde M. Wilberg: Zeit für uns. Ein Buch über Schwangerschaft, Geburt und Kind. Frankfurt/Main 1981, S. 125 f.

4   Horst-Eberhard Richter: Die Gruppe. Hoffnung auf einen neuen Weg, sich selbst und andere zu befreien. Reinbek bei Hamburg 1972; Elisabeth Beck-Gernsheim: Das halbierte Leben. Männerwelt Beruf, Frauenwelt Familie. Frankfurt/Main 1985; Nancy Chodorow: das Erbe der Mütter. Psychoanalyse und Soziologie der Geschlechter. München [2]1986.

5   Vgl. beispielhaft: Erlebnis Geburt. Erfahrungsberichte von Müttern, Vätern und Freunden. München 1982; Frauen berichten vom Kinderkriegen. Herausgegeben von Doris Reim. München 1984.

6   Vgl. Stanley Keleman: Lebe Dein Sterben. Hamburg [2]1982.

7   Stanley Keleman: Embodying Experience. Berkeley: Center Press 1987, S. 11.

8   Vgl. Irène Kummer: Wendezeiten im Leben der Frau. München [2]1989, S. 101 f.

9   Stanley Keleman: Verkörperte Gefühle. Der anatomische Ursprung unserer Erfahrungen und Einstellungen. München 1992, S. 18 f.

10 Stanley Keleman: Lebe Dein Sterben. Hamburg [2]1982.

11 Wolf E. Büntig: Wendepunkt in Schwangerschaft und Geburt. In: Zeitschrift für Humanistische Psychologie, 1/2 (1980), S. 2–9.

12 Vgl. Sheila Kitzinger: Natürliche Geburt. Ein Buch für Mütter und Väter. München 1980; dies.: Schwangerschaft und Geburt. Das umfassende Handbuch für junge Eltern. München 1982; dies.: Frauen als Mütter. Geburt und Mutterschaft in verschiedenen Kulturen. München 1983; Frédérick Leboyer: Das Fest der Geburt. München 1982; ders.: Geburt ohne Gewalt. München ⁴1986; Eva-Maria Stark: Geboren werden und gebären. Eine Streitschrift für die Neugestaltung der Schwangerschaft, Geburt und Mutterschaft. München ⁶1981; Leni Schwartz: Mit Liebe erwartet. Wir und unser Baby vor der Geburt. München 1985.

13 Vgl. Gayle Peterson und Lewis Mehl: Pregnancy as Healing. A Holistic Philosophy for Prenatal Care. Vol. I, Berkeley 1984. Vol. II, Berkeley 1985; Eva Mühlratzer und Wilhelm Horkel: Kaiserschnitt. Ein praktischer und psychologischer Ratgeber. München 1990; Reiner Bornemann: Schnittentbindung – welche Möglichkeiten hat die familienorientierte Geburtshilfe. Berlin 1989.

14 Vgl. Marshall H. Klaus und John H. Kennell: Mutter-Kind-Bindung. Über die Folgen einer frühen Trennung. München 1983; Françoise Dolto: Zwiesprache von Mutter und Kind. Die emotionale Bedeutung der Sprache. München 1988, S. 107 ff.; Kornelia Strobel: Frühgeborene brauchen Liebe. Was Eltern für ihr »Frühchen« tun können. München 1988.

15 Frédérick Leboyer: Das Fest der Geburt. München 1982; ders.: Geburt ohne Gewalt. München ⁴1986.

16 Vgl. z. B. Sheila Kitzinger: Natürliche Geburt. Ein Buch für Mütter und Väter. München 1980; dies.: Schwangerschaft und Geburt. Das umfassende Handbuch für junge Eltern. München 1982; dies.: Frauen als Mütter. Geburt und Mutterschaft in verschiedenen Kulturen. München 1983; Irène Kummer: Wendezeiten im Leben der Frau. München ²1989, S. 83 ff.; Eva-Maria Stark: Geboren werden und gebären. Eine Streitschrift für die Neugestaltung von Schwangerschaft, Geburt und Mutterschaft. München ⁶1981; Gayle H. Peterson: Birthing normally. A personal growth approach to childbirth. Berkeley 1984.

17 Zu schweren, traumatischen Geburten vgl. Gayle H. Peterson und Lewis Mehl: Pregnancy as Healing. A Holistic Philosophy for Prenatal Care. Vol. I, Berkeley 1984. Vol. II, Berkeley 1985; Susan Borg und Judith Lasker: Glücklose Schwangerschaft. Rat und Hilfe bei Fehlgeburt, Totgeburt und Mißbildungen. Wien 1987.

18 Vgl. Irène Kummer: Wendezeiten im Leben der Frau. München ²1989, S. 53.

19 Vgl. die kritische Auseinandersetzung von Nancy Chodorow mit dem »Muttern« (mothering): Nancy Chodorow: Das Erbe der Mütter. Psychoanalyse und Soziologie der Geschlechter. München ²1986.

20 Zu frühgeborenen Kindern vgl. Kornelia Strobel: Frühgeborene brauchen Liebe. Was Eltern für ihr »Frühchen« tun können. München 1988. Zum Stillen vgl. Sheila Kitzinger: Alles über das Stillen. München 1983; Hanny Lothrop: Das Stillbuch. München ¹¹1987.

21 Zur Erschöpfungsdepression vgl. Carol Dix: Eigentlich sollte ich glücklich sein. Hilfe und Selbsthilfe für überforderte Mütter. Zürich 1987; Katharina Dalton: Mütter nach der Geburt. Wege aus der Depression. Stuttgart 1984.

22 Vgl. Elisabeth Kübler-Ross: Leben bis wir Abschied nehmen. Nachwort von
    Paul Becker. Stuttgart 1979; dies.: Interviews mit Sterbenden. Gütersloh [11]1983;
    dies.: Kinder und Tod. Zürich 1984; Irène Kummer: Wendezeiten im Leben der
    Frau. München [2]1989, S. 202 ff.

23 Christa Nehring: Fehlgeburt. Tübingen 1986; Hanny Lothrop: Gute Hoffnung
    – jähes Ende. Ein Begleitbuch für Eltern, die ihr Baby verlieren, und alle, die sie
    unterstützen wollen. München 1991.

24 Vgl. Irène Kummer: Beratung und Therapie bei Jugendlichen. München 1986,
    S. 101 ff.; Peter Goebel: Abbruch der ungewollten Schwangerschaft. Ein Kon-
    fliktlösungsversuch? Berlin und Heidelberg 1984; Susanne von Paczensky: Ge-
    mischte Gefühle von Frauen, die ungewollt schwanger sind. München [2]1988;
    Barbara Vogt-Hägerbäumer: Ein bißchen schwanger gibt es nicht. Thema Ab-
    treibung. Reinbek bei Hamburg 1982; Elsbeth Meyer, Susanne von Paczensky
    und Renate Sadrozinski: Das hätte nicht noch mal passieren dürfen! Wieder-
    holte Schwangerschaftsabbrüche und was dahintersteckt. Frankfurt/Main
    1990; Ingrid Zwerenz: Frauen – Die Geschichte des Paragraphen 218. Erzählen-
    des Sachbuch. Frankfurt/Main 1980.

25 Zur Pränataldiagnostik vgl. Schwangerschaftsvorsorge. Wie gehen wir damit
    um? Eine Informationsschrift zur Pränataldiagnostik. Arbeitsgruppe Gen- und
    Reprotechnologie. Aktionsforum MoZ (Mutterschaft ohne Zwang). März
    1990; Barbara Katz Rothmann: Schwangerschaft auf Abruf. Vorgeburtliche
    Diagnose und die Zukunft der Mutterschaft. Marburg 1989.

26 Vgl. Heinz L. Ansbacher: Alfred Adlers Sexualtheorie. Frankfurt/Main 1989.

27 Vgl. Christa Rohde-Dachser: Frauen als Psychotherapeuten – das Janusgesicht
    der Emanzipation im Helfer-Milieu. In: Frauen und Therapie. Herausgegeben
    von Renate Frühmann. Paderborn 1985, S. 53–69; dies.: Weiblichkeits-Para-
    digmen in der Psychologie. In: Psyche, 44/1 (1990), S. 30–52.

28 Vgl. Sigmund Freuds eigene revolutionäre Schrift von 1886; Zur Ätiologie der
    Hysterie. In: Gesammelte Werke, Bd. 1: Werke aus den Jahren 1892–1899.
    London 1952; und die modernen Untersuchungen zu Inzest: Cornelia Kazis:
    Dem Schweigen ein Ende. Basel 1988; Ursula Wirtz: Seelenmord, Inzest und
    Therapie. Zürich [2]1990, dort weitere Literatur.

29 Berichte vgl. Iris Galey: Ich weinte nicht, als Vater starb. Bern 1988; Angelika
    Gardiner-Sirtl (Hrsg.): Als Kind mißbraucht. Frauen brechen das Schweigen.
    München 1984; Jacqueline Spring: Zu der Angst kommt die Scham. München
    1988; Alice Walker: Die Farbe Lila. Reinbek bei Hamburg 1984.

30 Vgl. vor allem Ursula Wirtz: Seelenmord, Inzest und Therapie. Zürich [2]1990.

31 Vgl. die Falldarstellung in Irène Kummer: Beratung und Therapie bei Jugendli-
    chen. München 1986, S. 117 ff.

32 Vgl. zum Thema Ruth Schlötterer: Vergewaltigung: Weibliche Schuld – männ-
    liches Vorrecht? Selbstverlag, Berlin 1982; Kurt Weis: Die Vergewaltigung und
    ihre Opfer. Eine viktimologische Untersuchung zur gesellschaftlichen Bewer-
    tung und individuellen Betroffenheit. Stuttgart 1982; Susanne Brownmiller:
    Gegen unseren Willen. Vergewaltigung und Männerherrschaft. Frankfurt/Main
    [2]1983; Harald Wiesendanger: »Vergewaltigt werden wir alle.« Feministische
    These wissenschaftlich bestätigt? In: Psychologie Heute, Juli 1984, S. 60–66;
    Alberto Godenzi: Bieder, brutal. Frauen und Männer sprechen über sexuelle

Gewalt. Zürich 1989; Karin Flothmann und Jochen Dilling: Vergewaltigung –
Erfahrungen danach. Frankfurt/Main ²1990; Patrizia Dizenzo: Warum ich?
Jennys Geschichte. Mit 16 vergewaltigt. Wien 1987; Karin Jäckel: Es kann jede
Frau treffen. München 1988; dies.: Inzest. Rastatt 1988; Maren Licht: Verge-
waltigungsopfer – psychosoziale Folgen und Verarbeitungsprozesse. Empiri-
sche Untersuchung. Hamburger Studien zur Kriminologie. Pfaffenweiler 1988.

3 Individualität und Verbundenheit – unseren Beziehungskörper formen (S. 209–333)

1   Fritz Perls.
2   Stanley Keleman: Skript zum Seminar ›Love Stories‹.
3   Ebd.
4   Alfred Adler. In: Heinz L. Ansbacher und R. R. Ansbacher: Alfred Adlers Indi-
    vidualpsychologie. Eine systematische Darstellung seiner Lehre in Auszügen
    aus seinen Schriften. München und Basel 1972, S. 143.
5   Zum Begriff vgl. die Einleitung dieses Buches.
6   Zu den Beziehungsmodi vgl. Stanley Keleman: Der körperliche Dialog in der
    therapeutischen Beziehung. München 1990.
7   Adolf Portmann: Propyläen-Weltgeschichte. Das 20. Jahrhundert. Herausge-
    geben von Golo Mann und Alfred Heuss. Frankfurt, Berlin und Wien 1960.
8   Vgl. Stanley Keleman: Der körperliche Dialog in der therapeutischen Bezie-
    hung. München 1990.
9   Ebd., S. 24 f., 27 und 29.
10 Ebd., S. 25–29.
11 Ebd., S. 26 und 29.
12 Gunter Schmidt: Sexualität und Beziehung in den neunziger Jahren. In: LAG
    Focus, Schleswig-Holstein 1990, S. 23.
13 Stanley Keleman: Der körperliche Dialog in der therapeutischen Beziehung.
    München 1990, S. 27.
14 Frédérick Leboyer: Geburt ohne Gewalt. München ⁴1986, S. 77.
15 Erik H. Erikson: Identität und Lebenszyklus. Frankfurt/Main 1966.
16 Der Begriff stammt aus der Psychoanalyse und bedeutet wörtlich »zurückge-
    hen« (lat. re-gredi).
17 Vgl. Alexander Lowen: Bio-Energetik. Therapie der Seele durch Arbeit mit
    dem Körper. Reinbek bei Hamburg 1979, S. 174 ff.
18 Stanley Keleman: Dein Körper formt dein Selbst. Der bioenergetische Weg zu
    emotionaler und sexueller Befriedigung. München 1980, S. 12. Vgl. auch Alex-
    ander Lowen: Bio-Energetik. Therapie der Seele durch Arbeit mit dem Körper.
    Reinbek bei Hamburg 1979, S. 169 ff.
19 Vgl. Alexander Lowen: Depression. Unsere Zeitkrankheit – Ursachen und
    Wege zur Heilung. München 1978, S. 38 ff.
20 Vgl. Stanley Keleman: Dein Körper formt dein Selbst. Der bioenergetische Weg
    zu emotionaler und sexueller Befriedigung. München 1980, S. 18 ff.
21 Vgl. Luise Eichenbaum und Susie Orbach: Feministische Psychotherapie. Auf

der Suche nach einem neuen Selbstverständnis der Frau. München 1984; Jean Baker Miller: Die Stärke weiblicher Schwäche. Zu einem neuen Verständnis der Frau. Frankfurt/Main 1987; Natalie Shainess: Keine Lust zu leiden. Der Ausweg aus dem Teufelskreis weiblicher Lebensängste. München 1984; Robin Norwood: Wenn Frauen zu sehr lieben. Die heimliche Sucht, gebraucht zu werden. Reinbek bei Hamburg 1986.

22 Stanley Keleman: Dein Körper formt dein Selbst. Der bioenergetische Weg zu emotionaler und sexueller Befriedigung. München 1980, S. 27 f.; Alexander Lowen: Bio-Energetik. Therapie der Seele durch Arbeit mit dem Körper. Reinbek bei Hamburg 1979, S. 169 ff.

23 Vgl. Anm. 22 und Margarete Mitscherlich: Über die Mühsal der Emanzipation. Frankfurt/Main 1990.

24 Vgl. Ruth Schmid-Heinisch: FrauenWende. Neuorientierung in der Lebensmitte. München 1986, S. 107 f. und S. 119 ff.

25 Vgl. Alfred Adler: Heilen und Bilden: ein Buch der Erziehungskunst für Ärzte und Pädagogen. Einführung von W. Metzger. Frankfurt/Main 1973.

26 Auf den formativen Aspekt und die Wichtigkeit, ein Spektrum auszubilden, wies Stanley Keleman in seinen Seminaren des öfteren hin.

27 Vgl. Elisabeth Beck-Gernsheim: Das halbierte Leben. Männerwelt Beruf, Frauenwelt Familie. Frankfurt/Main 1985; Ulrich Beck und Elisabeth Beck-Gernsheim: Das ganz normale Chaos der Liebe. Frankfurt/Main 1990.

28 Harriet Goldhor Lerner: Wohin mit meiner Wut? Neue Beziehungsmuster für Frauen. Zürich 1987. Zum Thema Aggression vgl. auch Margarete Mitscherlich: Die friedfertige Frau. Eine psychoanalytische Untersuchung zur Aggression der Geschlechter. Frankfurt/Main 1987; Roswitha Burgard: Mut zur Wut. Befreiung aus Gewaltbeziehungen. Berlin 1988; Anke Martiny: Wer nicht kämpft, hat schon verloren. Frauen und der Mut zur Macht. Reinbek bei Hamburg 1986; Sherry S. Cohen: Sanfte Macht. Der neue weibliche Weg. Hamburg 1990.

29 Vgl. vor allem die feministische Literatur: Nancy Chodorow: Das Erbe der Mütter. Psychoanalyse und Soziologie der Geschlechter. München [2]1986; Margarete S. Mahler, Fred Pine und Anni Bergmann: Die psychische Geburt des Menschen. Frankfurt/Main 1987; Christiane Olivier: Jokastes Kinder. Die Psyche der Frau im Schatten der Mutter. München 1989; Luise Eichenbaum und Susie Orbach: Feministische Psychotherapie. Auf der Suche nach einem neuen Selbstverständnis der Frau. München 1984; Annelise Heigl-Evers und Brigitte Weidenhammer: Der Körper als Bedeutungslandschaft. Die unbewußte Organisation der weiblichen Geschlechtsidentität. Bern 1988.

30 Vgl. dazu Horst-Eberhard Richter: Lernziel Solidarität. Reinbek bei Hamburg 1976, S. 68 ff.

31 Für die Männerseite vgl. die Angaben in Anm. 14 zu Kapitel 1.

32 Vgl. Robin Norwood: Wenn Frauen zu sehr lieben. Die heimliche Sucht, gebraucht zu werden. Reinbek bei Hamburg 1986; Luise Eichenbaum und Susie Orbach: Feministische Psychotherapie. Auf der Suche nach einem neuen Selbstvertsändnis der Frau. München 1984; dies.: Was wollen die Frauen? Ein psychotherapeutischer Führer durch das Labyrinth von Wünschen, Ängsten und Sehnsüchten in Liebesdingen. Reinbek bei Hamburg 1986.

33 Vgl. die Literaturhinweise in Anm. 29 und Hendrika H. Halberstadt-Freud: Die symbiotische Illusion in der Mutter-Tochter-Beziehung. In: FrauenSichten. Psychoanalytisches Seminar, Zürich. Frankfurt/Main 1987; Signe Hammer: Töchter und Mütter: Mütter und Töchter. Frankfurt/Main 1978.

34 Vgl. Ivan Boszormenyi-Nagy und Geraldine M. Spark: Unsichtbare Bindungen. Die Dynamik familiärer Systeme. Stuttgart 1981.

35 Vgl. Colette Dowling: Der Cinderella-Komplex. Die heimliche Angst der Frauen vor der Unabhängigkeit. Frankfurt/Main 1987 und die dort angeführte Literatur.

36 Vgl. Susanne Feigl und Elisabeth Pablé (Hrsg.): Väter unser. Reflexionen von Töchtern und Söhnen. Wien 1988; Linda Leonard: Töchter und Väter. Heilung und Chancen einer verletzten Beziehung. München 1985.

37 Vgl. Nancy Chodorow: Das Erbe der Mütter. Psychoanalyse und Soziologie der Geschlechter. München [2]1986, S. 150 ff.

38 Buchtitel von Robin Norwood: Wenn Frauen zu sehr lieben. Die heimliche Sucht, gebraucht zu werden. Reinbek bei Hamburg 1986.

39 Vgl. Buchtitel von Wilfried Wieck: Männer lassen lieben. Die Sucht nach der Frau. Stuttgart [7]1988.

40 Volker Elis Pilgrim: Muttersöhne. Düsseldorf 1986.

41 Walter Hollstein: Nicht Herrscher, aber kräftig. Die Zukunft der Männer. Hamburg [2]1989, S. 176.

42 Ebd.

43 Ebd., S. 177.

44 Ebd.

45 Ebd., S. 176.

46 Irène Kummer: Wendezeiten im Leben der Frau. München [2]1989, S. 27 ff.

47 Vgl. Ulrich Beck und Elisabeth Beck-Gernsheim: Das ganz normale Chaos der Liebe. Frankfurt/Main 1990.

48 Vgl. Anne C. Bernstein: Die Patchworkfamilie. Wenn Väter oder Mütter in neuen Ehen weitere Kinder bekommen. Zürich 1990.

49 Vgl. Ulrich Beck und Elisabeth Beck-Gernsheim: Das ganz normale Chaos der Liebe. Frankfurt/Main 1990.

50 Vgl. Luise Eichenbaum und Susie Orbach: Was wollen die Frauen? Ein psychotherapeutischer Führer durch das Labyrinth von Wünschen, Ängsten und Sehnsüchten in Liebesdingen. Reinbek bei Hamburg 1986.

51 Literatur zur Partnerschaft vgl. Elisabeth Badinter: Ich bin Du. Auf dem Weg in die androgyne Gesellschaft. München 1994; Luise Eichenbaum und Susie Orbach: Feministische Psychotherapie. Auf der Suche nach einem neuen Selbstverständnis der Frau. München 1984; Stephanie Covington und Liane Beckett: Immer wieder glaubst du, es ist Liebe. Wege aus der Beziehungssucht. München [3]1990; Ulrich Beck und Elisabeth Beck-Gernsheim: Das ganz normale Chaos der Liebe. Frankfurt/Main 1990; Peter Schellenbaum: Das Nein in der Liebe. Abgrenzung und Hingabe in der erotischen Beziehung. München 1986; Hermann Bullinger: Wenn Paare Eltern werden. Die Beziehung zwischen Frau und Mann nach der Geburt ihres Kindes. Reinbek bei Hamburg 1986; Eva Jaeggi und Walter Hollstein: Wenn Ehen älter werden. Liebe, Krise, Neubeginn. München 1994.

52 Zu den Phasen der Partnerschaft vgl. Eva Jaeggi und Walter Hollstein: Wenn Ehen älter werden. Liebe, Krise, Neubeginn. München 1994.
53 Vgl. ebd., S. 19 ff.
54 Vgl. ebd., S. 23 ff.
55 Literatur zu Beziehungen unter Frauen vgl. Luise Eichenbaum und Susie Orbach: Bitter und süß. Frauenfeindschaft – Frauenfreundschaft. Düsseldorf ²1991; Johanna Moosdorf: Die Freundinnen. Frankfurt/Main 1988; Janice Raymond: Frauenfreundschaft. München 1986.

Literatur

1. Selbständige Publikationen zur Psychologie und ihren Nachbargebieten

Adler, Alfred: Heilen und Bilden: ein Buch der Erziehungskunst für Ärzte und Pädagogen. Einführung von W. Metzger. Frankfurt/Main 1973.

Adler, Alfred: Menschenkenntnis. Frankfurt/Main 1983.

Adler, Alfred: Der Sinn des Lebens. Frankfurt/Main 1983.

Amato-Duex, Samsara: Bewußt fruchtbar sein. Fruchtbarkeitsbewußtsein, Schwangerschaft und natürliche Geburt. München 1983.

Amendt, Gerhard: Die bevormundete Frau oder: Die Macht der Frauenärzte. Frankfurt/Main 1986.

Ansbacher, Heinz L. und R. R. Ansbacher: Alfred Adlers Individualpsychologie. Eine systematische Darstellung seiner Lehre in Auszügen aus seinen Schriften. München und Basel 1972.

Ansbacher, Heinz L.: Alfred Adlers Sexualtheorie. Frankfurt/Main 1989.

Ariès, Philippe: Geschichte der Kindheit. Vorwort von Hartmut v. Hentig. München 1978.

Badinter, Elisabeth: Ich bin Du. Auf dem Weg in die androgyne Gesellschaft. München 1994.

Baumgardt, Ursula: Wege zum Frausein heute. Träume und Bilder einer Analyse. Olten ²1986.

Baumgardt, Ursula: König Drosselbart und C. G. Jungs Frauenbild. Kritische Gedanken zu Anima und Animus. Olten 1987.

Beauvoir, Simone de: Das andere Geschlecht. Reinbek bei Hamburg 1960.

Beck, Ulrich und Elisabeth Beck-Gernsheim: Das ganz normale Chaos der Liebe. Frankfurt/Main 1990.

Beck-Gernsheim, Elisabeth: Das halbierte Leben. Männerwelt Beruf, Frauenwelt Familie. Frankfurt/Main 1985.

Beck-Gernsheim, Elisabeth: Vom Geburtenrückgang zur neuen Mütterlichkeit? Über private und politische Interessen am Kind. Frankfurt/Main 1985.

Beck-Gernsheim, Elisabeth: Die Kinderfrage. Frauen zwischen Kinderwunsch und Unabhängigkeit. München 1988.

Bernstein, Anne C.: Die Patchworkfamilie. Wenn Väter oder Mütter in neuen Ehen weitere Kinder bekommen. Zürich 1990.

Besems, Thijs und Gerry van Vugt: Wo Worte nicht reichen. Therapie mit Inzestbetroffenen. München 1990.

Bolen, Jean Shinola: Göttinnen in jeder Frau. Psychologie einer neuen Weiblichkeit. Basel 1986.

Borg, Susan und Judith Lasker: Glücklose Schwangerschaft. Rat und Hilfe bei Fehlgeburt, Totgeburt und Mißbildungen. Wien 1987.

Bornemann, Reiner: Schnittentbindung – welche Möglichkeiten hat die familienorientierte Geburtshilfe. Berlin 1989.

Boszormenyi-Nagy, Ivan und Geraldine M. Spark: Unsichtbare Bindungen. Die Dynamik familiärer Systeme. Stuttgart 1981.

Brownmiller, Susanne: Gegen unseren Willen. Vergewaltigung und Männerherrschaft. Frankfurt/Main ²1983.

Bullinger, Hermann: Wenn Paare Eltern werden. Die Beziehung zwischen Frau und Mann nach der Geburt ihres Kindes. Reinbek bei Hamburg 1986.

Bullinger, Hermann: Wenn Männer Väter werden. Schwangerschaft, Geburt und die Zeit danach im Erleben von Männern. Überlegungen, Informationen, Erfahrungen. Reinbek bei Hamburg 1988.

Burgard, Roswitha: Mut zur Wut. Befreiung aus Gewaltbeziehungen. Berlin 1988.

Chasseguet-Smirgel, Janine: Psychoanalyse der weiblichen Sexualität. Frankfurt/Main 1974.

Chesler, Phyllis: Mutter werden. Die Geschichte einer Verwandlung. Reinbek bei Hamburg 1980.

Chodorow, Nancy: Das Erbe der Mütter. Psychoanalyse und Soziologie der Geschlechter. München ²1986.

Cohen, Sherry S.: Sanfte Macht. Der neue weibliche Weg. Hamburg 1990.

Conrad, Judith und Ursula Konnertz: Weiblichkeit in der Moderne. Ansätze feministischer Vernunftskritik. Tübingen 1986.

Covington, Stephanie und Liane Beckett: Immer wieder glaubst du, es ist Liebe. Wege aus der Beziehungssucht. München ³1990.

Dalton, Katharina: Mütter nach der Geburt. Wege aus der Depression. Stuttgart 1984.

Degiacomi, Esterina und Gabriela Neuwirth: Frauen und Menstruation. Untersuchung einer schwierigen Beziehung. Psychologisches Institut, Universität Bern 1988.

Deuber-Mankowsky, Astrid, Ulrike Ramming und Walesca E. Tielsch (Hrsg.): 1789/1989 – Die Revolution hat nicht stattgefunden. Dokumentation des V. Symposiums der Internationalen Assoziation von Philosophinnen (IAPh). Tübingen 1989.

Dix, Carol: Eigentlich sollte ich glücklich sein. Hilfe und Selbsthilfe für überforderte Mütter. Zürich 1987.

Dizenzo, Patrizia: Warum ich? Jennys Geschichte. Mit 16 vergewaltigt. Wien 1987.

Dowling, Colette: Der Cinderella-Komplex. Die heimliche Angst der Frauen vor der Unabhängigkeit. Frankfurt/Main 1987.

Dowling, Colette: Perfekte Frauen. Die Flucht in die Selbstdarstellung. Frankfurt/Main 1989.

Eichenbaum, Luise und Susie Orbach: Feministische Psychotherapie. Auf der Suche nach einem neuen Selbstverständnis der Frau. München 1984.

Eichenbaum, Luise und Susie Orbach: Was wollen die Frauen? Ein psychotherapeutischer Führer durch das Labyrinth von Wünschen, Ängsten und Sehnsüchten in Liebesdingen. Reinbek bei Hamburg 1986.

Eichenbaum, Luise und Susie Orbach: Bitter und süß. Frauenfeindschaft – Frauenfreundschaft. Düsseldorf ²1991.

Erikson, Erik H.: Identität und Lebenszyklus. Frankfurt/Main 1966.

Fausto-Sterling, Anne: Gefangene des Geschlechts? Was biologische Theorien über Mann und Frau sagen. München 1988.

Feigl, Susanne und Elisabeth Pablé (Hrsg.): Väter unser. Reflexionen von Töchtern und Söhnen. Wien 1988.

Fester, Richard, Marie E. P. König, Doris F. Jonas und A. David Jonas: Weib und Macht. Fünf Millionen Jahre Urgeschichte der Frau. Frankfurt/Main 1982.

Fischer-Homberger, Ester: Krankheit Frau. Zur Geschichte der Einbildungen. Darmstadt und Neuwied 1984.

Flothmann, Karin und Jochen Dilling: Vergewaltigung – Erfahrungen danach. Frankfurt/Main ²1990.

Forrell, Warren: The Liberated Man. New York 1975.

Franck, Barbara: Mütter und Söhne. Gesprächsprotokolle mit Männern. Hamburg 1981.

Freedman, Rita: Die Opfer der Venus. Vom Zwang, schön zu sein. Zürich 1989.

Freud, Sigmund: Zur Ätiologie der Hysterie. In: Gesammelte Werke, Bd. 1: Werke aus den Jahren 1892–1899. London 1952.

Freud, Sigmund: Über die weibliche Sexualität. In: Gesammelte Werke, Bd. 14: Werke aus den Jahren 1925–1931. London 1948.

Friedan, Betty: Der Weiblichkeitswahn oder die Mystifizierung der Frau. Reinbek bei Hamburg 1966.

Friedan, Betty: Der zweite Schritt. Ein neues feministisches Manifest. Reinbek bei Hamburg 1982.

Galey, Iris: Ich weinte nicht, als Vater starb. Bern 1988.

Gardiner-Sirtl, Angelika (Hrsg.): Als Kind mißbraucht. Frauen brechen das Schweigen. München 1984.

Garfinkel, Perry: In A Man's World. Father, Son, Brother, Friend, and Other Roles Men Play. New York 1986.

Geyer-Kordesch, Johanna und Annette Kuhn (Hrsg.): Frauenkörper – Medizin – Sexualität. Düsseldorf 1986.

Godenzi, Alberto: Bieder, brutal. Frauen und Männer sprechen über sexuelle Gewalt. Zürich 1989.

Goebel, Peter: Abbruch der ungewollten Schwangerschaft. Ein Konfliktlösungsversuch? Berlin und Heidelberg 1984.

Gössmann, Elisabeth und Dieter R. Bauer (Hrsg.): Maria – für alle Frauen oder über allen Frauen? Freiburg i. Brsg. 1989.

Goldberg, Herbert: Der verunsicherte Mann. Reinbek bei Hamburg 1986.

Goody, Jack: Die Entwicklung von Ehe und Familie in Europa. Frankfurt/Main 1989.

Groult, Benoîte: Ödipus' Schwester. München 1985.

Gruen, Arno: Der Wahnsinn der Normalität. Realismus als Krankheit. München 1987.

Halberstadt-Freud, Hendrika H.: Die symbiotische Illusion in der Mutter-Tochter-Beziehung. In: FrauenSichten. Psychoanalytisches Seminar, Zürich. Frankfurt/Main 1987.

Hammer, Signe: Töchter und Mütter: Mütter und Töchter. Frankfurt/Main 1978.

Heigl-Evers, Annelise und Brigitte Weidenhammer: Der Körper als Bedeutungslandschaft. Die unbewußte Organisation der weiblichen Geschlechtsidentität. Bern 1988.

Hollstein, Walter: Nicht Herrscher, aber kräftig. Die Zukunft der Männer. Hamburg ²1989.

Hollstein, Walter: Das neue Selbstverständnis der Männer. In: Der Mann im Umbruch. Patriarchat am Ende? Herausgegeben von Peter Michael Pflüger. Olten und Freiburg i. Brsg. ²1989.

Hungerbühler, Ruth: Unsichtbar – unschätzbar. Haus- und Familienarbeit am Beispiel der Schweiz. Grüsch 1988.

Iglehart, Hallie: Weibliche Spiritualität. Traumarbeit, Meditionen und Rituale. München 1987.

Irigaray, Luce: Zur Geschlechterdifferenz. Interviews und Vorträge. Wien 1987.

Jäckel, Karin: Es kann jede Frau treffen. München 1988.

Jäckel, Karin: Inzest. Rastatt 1988.

Jaeggi, Eva und Walter Hollstein: Wenn Ehen älter werden. Liebe, Krise, Neubeginn. München 1994.

Katz Rothmann, Barbara: Schwangerschaft auf Abruf. Vorgeburtliche Diagnose und die Zukunft der Mutterschaft. Marburg 1989.

Kazis, Cornelia: Dem Schweigen ein Ende. Basel 1988.

Keleman, Stanley: Lebe Dein Sterben. Hamburg ²1982.

Keleman, Stanley: Dein Körper formt dein Selbst. Der bioenergetische Weg zu emotionaler und sexueller Befriedigung. München 1980.

Keleman, Stanley: Emotional anatomy. Berkeley: Center Press 1985; deutsch: Verkörperte Gefühle. Der anatomische Ursprung unserer Erfahrungen und Einstellungen. München 1992.

Keleman, Stanley: Embodying experience. Berkeley: Center Press 1987.

Keleman, Stanley: Der körperliche Dialog in der therapeutischen Beziehung. München 1990.

Kitzinger, Sheila: Natürliche Geburt. Ein Buch für Mütter und Väter. München 1980.

Kitzinger, Sheila: Schwangerschaft und Geburt. Das umfassende Handbuch für junge Eltern. München 1982.

Kitzinger, Sheila: Frauen als Mütter. Geburt und Mutterschaft in verschiedenen Kulturen München 1983.

Kitzinger, Sheila: Alles über das Stillen. München 1983.

Kitzinger, Sheila: Sexualität im Leben der Frau. München 1984.

Klaus, Marshall H. und John H. Kennell: Mutter-Kind-Bindung. Über die Folgen einer frühen Trennung. München 1983.

Köppel, Christa und Ruth Sommerauer: Frau – Realität und Utopie. Zürich 1984.

Krüll Marianne: Die Geburt ist nicht der Anfang. Die ersten Kapitel unseres Lebens – neu erzählt. Stuttgart 1989.

Kübler-Ross, Elisabeth: Leben bis wir Abschied nehmen. Nachwort von Paul Becker. Stuttgart 1979.

Kübler-Ross, Elisabeth: Interviews mit Sterbenden. Gütersloh ¹¹1983.

Kübler-Ross, Elisabeth: Kinder und Tod. Zürich 1984.

Lazarsfeld, Sophie: Wie die Frau den Mann erlebt. Leipzig und Wien 1931.

Leboyer, Frédérick: Das Fest der Geburt. München 1982.

Leboyer, Frédérick: Geburt ohne Gewalt. München ⁴1986.

Leonard, Linda: Töchter und Väter. Heilung und Chancen einer verletzten Beziehung. München 1985.

Lerner, Harriet G.: Wohin mit meiner Wut? Neue Beziehungsmuster für Frauen. Zürich 1987.

Licht, Maren: Vergewaltigungsopfer – psychosoziale Folgen und Verarbeitungsprozesse. Empirische Untersuchung. Hamburger Studien zur Kriminologie. Pfaffenweiler 1988.

Lothrop, Hanny: Das Stillbuch. München [11]1987.

Lothrop, Hanny: Gute Hoffnung – jähes Ende. Ein Begleitbuch für Eltern, die ihr Baby verlieren, und alle, die sie unterstützen wollen. München 1991.

Lowen, Alexander: Depression. Unsere Zeitkrankheit – Ursachen und Wege zur Heilung. München 1978.

Lowen, Alexander: Lust. Der Weg zum kreativen Leben. München 1979.

Lowen, Alexander: Bio-Energetik. Therapie der Seele durch Arbeit mit dem Körper. Reinbek bei Hamburg 1979.

Mahler, Margarete S., Fred Pine und Anni Bergmann: Die psychische Geburt des Menschen. Frankfurt/Main 1987.

Mankowitz, Ann: Auf neue Weise fruchtbar. Der seelische Prozeß der Wechseljahre. Zürich 1987.

Martiny, Anke: Wer nicht kämpft, hat schon verloren. Frauen und Mut zur Macht. Reinbek bei Hamburg 1986.

Meier-Seethaler, Carola: Ursprünge und Befreiung. Zürich 1988.

Meyer, Elsbeth, Susanne von Paczensky und Renate Sadrozinski: Das hätte nicht noch mal passieren dürfen! Wiederholte Schwangerschaftsabbrüche und was dahintersteckt. Frankfurt/Main 1990.

Miller, Jean B.: Die Stärke weiblicher Schwäche. Zu einem neuen Verständnis der Frau. Frankfurt/Main 1987.

Mitscherlich, Margarete: Die friedfertige Frau. Eine psychoanalytische Untersuchung zur Aggression der Geschlechter. Frankfurt/Main 1987.

Mitscherlich, Margarete: Über die Mühsal der Emanzipation. Frankfurt/Main 1990.

Montagu, Ashley: Körperkontakt. Die Bedeutung der Haut für die Entwicklung des Menschen. Stuttgart 1974.

Moore, Rickie: Die Göttin in Dir. Sieben Stufen zum inneren Frieden. Freiburg i. Brsg. 1988.

Moosdorf, Johanna: Die Freundinnen. Frankfurt/Main 1988.

Mühlratzer, Eva und Wilhelm Horkel: Kaiserschnitt. Ein praktischer und psychologischer Ratgeber. München 1990.

Naef, Anneliese: Mühsal ein Leben lang. Zur Situation der Arbeiterfrau um 1900. Köln 1988.

Nehring, Christa: Fehlgeburt. Tübingen 1986.

Norwood, Robin: Wenn Frauen zu sehr lieben. Die heimliche Sucht, gebraucht zu werden. Reinbek bei Hamburg 1986.

Onken, Julia: Feuerzeichenfrau. Ein Bericht über die Wechseljahre. München [3]1988.

Paczensky, Susanne von: Gemischte Gefühle von Frauen, die ungewollt schwanger sind. München [2]1988.

Perera, Sylvia B.: Der Weg zur Göttin der Tiefe. Die Erlösung der dunklen Schwester: eine Initiation für Frauen. Interlaken 1985.

Peterson, Gayle II.: Birthing normally. A personal growth approach to childbirth. Berkeley 1984.

Peterson, Gayle und Lewis Mehl: Pregnancy as Healing. A Holistic Philosophy for Prenatal Care. Vol. I, Berkeley 1984. Vol. II, Berkeley 1985.

Pilgrim, Volker Elis: Muttersöhne. Düsseldorf 1986.

Raymond, Janice: Frauenfreundschaft, München 1986.

Reher-Juschka, Gabriele und Christel Biebrach: Blutrot. Was Menstruation bedeutet. Berlin 1989.

Richter, Horst-Eberhard: Die Gruppe. Hoffnung auf einen neuen Weg, sich selbst und andere zu befreien. Reinbek bei Hamburg 1972.

Richter, Horst-Eberhard: Lernziel Solidarität. Reinbek bei Hamburg 1976.

Richter, Horst-Eberhard: Der Gotteskomplex. Die Geburt und Krise des Glaubens an die Allmacht des Menschen. Reinbek bei Hamburg 1979.

Rijnaarts, Josephine: Lots Töchter. Über den Vater-Tochter-Inzest. München 1991.

Rodewald, Rosemary L.: Magie, Heilen und Menstruation. München 1977.

Röckelein, Hedwig, Claudia Opitz und Dieter R. Bauer (Hrsg.): Maria. Abbild oder Vorbild? Zur Sozialgeschichte mittelalterlicher Marienverehrung. Tübingen [2]1990.

Röhl, Klaus Rainer: Die verteufelte Lust. Die Geschichte der Prüderie und die Unterdrückung der Frau. Hamburg 1983.

Rush, Anne K.: Getting Clear. Ein Therapie-Handbuch für Frauen. München [10]1984.

Rush, Anne K.: Mond, Mond. München 1978.

Schellenbaum, Peter: Das Nein in der Liebe. Abgrenzung und Hingabe in der erotischen Beziehung. München 1986.

Schelsky, Helmut: Soziologie der Sexualität. Reinbek 1955.

Schenk, Herrad: Freie Liebe, wilde Ehe. Über die allmähliche Auflösung der Ehe durch die Liebe. München 1987.

Schlene Judith: Das Blut der fremden Frauen. Menstruation in der anderen und in der eigenen Kultur: Frankfurt und New York 1987.

Schlötterer Ruth: Vergewaltigung: Weibliche Schuld – männliches Vorrecht? Selbstverlag, Berlin 1982.

Schmid-Heinisch, Ruth: FrauenWende. Neuorientierung in der Lebensmitte. München 1986.

Schmidbauer, Wolfgang: Die Angst vor Nähe. Reinbek bei Hamburg 1985.

Schmidt, Gunter: Das große Der Die Das. Über das Sexuelle. Reinbek bei Hamburg 1988.

Schmitz-Köster, Dorothee: Frauen ohne Kinder. Motive, Konflikte, Argumente. Reinbek bei Hamburg 1987.

Schwartz, Leni: Mit Liebe erwartet. Wir und unser Baby vor der Geburt. München 1985.

Schwarzer, Alice: Mit Leidenschaft. Texte 1968–1982. Reinbek bei Hamburg 1982.

Schwarzer, Alice: So fing es an! Die neue Frauenbewegung. München 1983.

Shainess, Natalie: Keine Lust zu leiden. Der Ausweg aus dem Teufelskreis weiblicher Lebensängste. München 1984.

Shorter, Edward: Die Geburt der modernen Familie. Reinbek bei Hamburg 1983.

Shreeve, Caroline: Die Tage vor den Tagen. Monatsbeschwerden vor den kritischen Tagen und wie man sie loswird. München ³1990.

Shuttle, Penelope und Peter Redgrove: Die weise Wunde Menstruation. Frankfurt/Main 1980.

Sichtermann, Barbara: Weiblichkeit. Zur Politik des Privaten. Berlin 1983.

Sichtermann, Barbara: Leben mit einem Neugeborenen. Ein Buch für das erste halbe Jahr. Frankfurt/Main 1983.

Sichtermann, Barbara: Wer ist wie? Über den Unterschied der Geschlechter. Berlin 1987.

Spring, Jacqueline: Zu der Angst kommt die Scham. München 1988.

Stark, Eva-Maria: Geboren werden und gebären. Eine Streitschrift für die Neugestaltung von Schwangerschaft, Geburt und Mutterschaft. München ⁶1981.

Stössinger Verena, Beatrice Leuthold und Franziska Mattmann: Muttertage. Leben mit Mann, Kindern und Beruf. Bern 1980.

Strobel, Kornelia: Frühgeborene brauchen Liebe. Was Eltern für ihr »Frühchen« tun können. München 1988.

Thiel, Erika: Geschichte des Kostüms. Die europäische Mode von den Anfängen bis zur Gegenwart. Wilhelmshaven ⁸1989.

Vogt-Hägerbäumer, Barbara: Ein bißchen schwanger gibt es nicht. Thema Abtreibung. Reinbek bei Hamburg 1982.

Walker, Alice: Die Farbe Lila. Reinbek bei Hamburg 1984.

Watts, Alan: EGO. Band 9 der illustrierten Serie ›Die Essenz‹. Basel 1977.

Watts, Alan: OM. Kreative Meditation. Basel 1982.

Weis, Kurt: Die Vergewaltigung und ihre Opfer. Eine viktimologische Untersuchung der gesellschaftlichen Bewertung und individuellen Betroffenheit. Stuttgart 1982.

Weiss, H. und D. Benz: Hakomi-Psychotherapie. Eine praktische Einführung. München 1987.

Wieck, Wilfried: Männer lassen lieben. Die Sucht nach der Frau. Stuttgart ⁷1988.

Wieck, Wilfried: Wenn Männer lieben lernen. Stuttgart ²1990.

Wilberg, Gerlinde M.: Zeit für uns. Ein Buch über Schwangerschaft, Geburt und Kind. Frankfurt/Main 1981.

Wilson, Elisabeth: In Träume gehüllt. Mode und Modernität. Vorwort von Jil Sander. Hamburg 1989.

Wirtz, Ursula: Seelenmord, Inzest und Therapie. Zürich ²1990.

Woolf, Virginia: Ein Zimmer für sich allein (1928). Berlin 1978.

Zwerenz, Ingrid: Frauen – Die Geschichte des Paragraphen 218. Erzählendes Sachbuch. Frankfurt/Main 1980.

2. Sammelbände

Der Mann im Umbruch. Patriarchat am Ende? Herausgegeben von Michael Pflüger. Olten 1989.

Die neuen Körpertherapien. Herausgegeben von Hilarion Petzold. München 1992.

Eigenmächtig. Entwürfe gegen den Zeitgeist. Herausgegeben von Karen Nölle-Fischer und Lydia Willkop. München 1990.

Erlebnis Geburt: Erfahrungsberichte von Müttern, Vätern und Freunden. München 1982.

Frauen berichten vom Kinderkriegen. Herausgegeben von Doris Reim. München 1984.

Frauen und Macht. Der alltägliche Beitrag der Frauen zur Politik des Patriarchats. Herausgegeben von Barbara Schaeffer-Hegel. Berlin 1984.

Mythos Frau. Projektionen und Inszenierungen im Patriarchat. Herausgegeben von Barbara Schaeffer-Hegel und Brigitte Wartmann. Berlin 1984.

Schwangerschaftsvorsorge. Wie gehen wir damit um? Eine Informationsschrift zur Pränataldiagnostik. Arbeitsgruppe Gen- und Reprotechnologie. Aktionsforum MoZ (Mutterschaft ohne Zwang). März 1990.

Unser Körper, unser Leben. Ein Handbuch von Frauen für Frauen. Reinbek bei Hamburg 1980.

Weiblichkeit in der Moderne. Aufsätze feministischer Vernunftskritik. Herausgegeben von Judith Conrad und Ursula Konnertz. Tübingen 1986.

3. Publikationen in Zeitschriften, Zeitungen und Sammelbänden

Biellitzer, Gisela: Die erste Begegnung von Mutter und Kind bei der Geburt. Prägung – sensible Phase – Entwicklung der Mutter-Kind-Beziehung. In: Zeitschrift für Humanistische Psychologie, 1/2 (1980), S. 10–15.

Büntig, Wolf E.: Wendepunkt in Schwangerschaft und Geburt. In: Zeitschrift für Humanistische Psychologie, 1980 1/2 (1980), S. 2–9.

Ebel, H.: Die universelle Metapher. In: Psychologie heute, Juli 1981.

Jordan, B.: Gebären oder entbunden werden? Die Geburt im Kulturvergleich. In: Psychologie heute, März 1982.

Keleman, Stanley: Wie haben keinen Körper, wir sind unser Körper. In: Stimmen und Visionen S. 162–184.

Keleman, Stanley: Bioenergetische Konzepte des »Grounding«. In: Die neuen Körpertherapien. Herausgegeben von Hilarion Petzold. Paderborn 1983.

Modena, Emilio: Der Gebärneid des Mannes. In: Psychologie heute. Dezember 1983.

Portmann, Adolf: Propyläen-Weltgeschichte. Das 20. Jahrhundert. Herausgegeben von Golo Mann und Alfred Heuss. Frankfurt, Berlin und Wien 1960.

Rohde-Dachser, Christa: Frauen als Psychotherapeuten – Das Janusgesicht der Emanzipation im Helfer-Milieu. In: Frauen und Therapie. Herausgegeben von Renate Frühmann. Paderborn 1985, S. 53–69.

Rohde-Dachser, Christa: Weiblichkeits-Paradigmen in der Psychologie. In: Psyche, 44/1, Stuttgart 1990, S. 30–52.

Schmidt, Gunter: Sexualität und Beziehung in den neunziger Jahren. In: LAG Focus. Schleswig-Holstein 1990.

Schmidt, Rainer: Abbruch autoritärer Strukturen – Aufbruch zum Gespräch, oder Nachdenken über eine neue Solidarität der Geschlechter. In: Vom Ich zum Wir. Herausgegeben von G. Brandl. München 1979.

Wiesendanger, Harald: »Vergewaltigt werden wir alle.« Feministische These wissenschaftlich bestätigt? In: Psychologie heute, Juli 1984, S. 60–66.

4. Ausgewählte Publikationen der Autorin zur Psychologie

Selbständige Publikationen:
- Beratung und Therapie bei Jugendlichen. München 1986.
- Wendezeiten im Leben der Frau. München ²1989.

Aufsätze:
- Körpersprache als Ausdruck des Lebensstils: In: Zeitschrift für Individualpsychologie, 9. Jg. München und Basel 1984, S. 142–152.
- Beziehung als »Personale Vergegenwärtigung«. Ein Beitrag zur Transzendierung der psychologischen Kategorien. In: Zeitschrift für Individualpsychologie, 11. Jg. München und Basel 1986, S. 41–50.
- Die Bedeutung von Schwangerschaft, Geburt und nachgeburtlicher Phase für die Entfaltung des Gemeinschaftsgefühls. In: Zeitschrift für Individualpsychologie, 12. Jg. München und Basel 1987, S. 106–118.
- Männliche und weibliche Dynamik im therapeutischen Prozeß. Ein Beitrag zum Thema »Macht und Machtmißbrauch des Therapeuten«. In: Zeitschrift für Individualpsychologie, 14. Jg. München und Basel 1989, S. 17–32.

Beiträge in Sammelbänden:
- Macht und Ohnmacht der Familie. In: Macht und Ohnmacht. Beiträge zur Individualpsychologie, Bd. 10. Herausgegeben von Franzjosef Mohr. München und Basel 1988, S. 88–105.
- Leibhafter Dialog. Die somatische Dimension in der Arbeit mit primären und therapeutischen Gruppen. In: Psychotherapie und Beratung in Gruppen. Beiträge zur Individualpsychologie, Bd. 11. München und Basel 1989, S. 158–176.
- Die Emanzipationsbestrebungen der Eltern – Chance oder Konflikt für Kinder und Jugendliche? In: LAG Focus. Schleswig-Holstein 1990.
- Stumme Geschichten im Leben von Frauen. In: Eigenmächtig. Entwürfe gegen den Zeitgeist. Herausgegeben von Karen Nölle-Fischer und Lydia Willkop. München 1990.
- Leibhaftes Frausein. In: Frauen definieren sich selbst. Zürich 1991.
- Lebensbilanz – ein schöpferischer Prozeß? In: Ist das alles? Frauen zwischen Erfolg und Sehnsucht. Herausgegeben von Norbert Copray. München 1991.

IRÈNE KUMMER

Das Babuschka-Prinzip

Individualität und Verbundhenheit
von Eltern und Kindern
424 Seiten. Gebunden

Es ist spannend zu sehen, wie Kinder erwachsen werden und ihre eigene Form finden. Aufgabe der Erziehung ist es, diesen Entwicklungsprozeß zu unterstützen. Im Mittelpunkt des Babuschka-Prinzips steht die Frage, wie sich die Beziehung zwischen Eltern und Kindern im Dialog der Generationen entwickelt, und wie Individualität und Verbundenheit zu erreichen sind.

 **KÖSEL**

Eine faszinierende und ungewöhnliche Reise in die eigene Lebensgeschichte.

Die besten Geschichten schreibt das Leben selbst

Christy Brown:
Ein Faß
voll Leben

Selbstbildnis
eines
irischen
Jungen,
den sie
»Krüppel«
nannten

dtv

**Charlotte Gerber:
LügenLeben**
Die erschütternde
Geschichte einer
gutbürgerlichen
Kindheit
»Ich habe meine
Seele ausgekotzt« –
Charlotte Gerber,
Tochter einer Berner
Beamtenfamilie,
deckt schonungslos
die verlogenen
Strukturen ihrer gut-
bürgerlichen Kind-
heit auf, die durch
Mißbrauch und
Ausbeutung zum
Trauma wurde.
30472

**Renate Daimler:
Verschwiegene Lust**
Frauen erzählen von
Liebe und Sexualität
im Alter
›Verschwiegene Lust‹
bricht das Schweigen
um ein Tabuthema:
Liebe und Sexualität
sind kein Privileg der
Jugend, sondern Be-
standteil unseres
ganzen Lebens. Ein-
undzwanzig Frauen
über sechzig berich-
ten, wie sie lieben
und was sie fühlen.

Sie zeigen, daß »frau«
sich nicht als »Alte«
fühlen muß, und
machen Mut zum
Liebesleben jenseits
der Fruchtbarkeit.
30473

**Christa Jänicke:
Mein Leben mußte
warten**
Der Weg einer trok-
kenen Alkoholikerin
(Originalausgabe)
Eine »trockene«
Alkoholikerin gibt
Rechenschaft über
ihre Erfahrungen:
»Hundertprozentige
Sicherheit vor den
Gefahren eines Rück-
falls wird es nie ge-
ben. Aber ich habe
unendlich viele Mög-
lichkeiten gefunden,
daß die Bedrohung
an Macht verliert.
Und von diesen
Möglichkeiten will
ich berichten.«
30474

**Christy Brown:
Ein Faß voll Leben**
Selbstbildnis eines
irischen Jungen,
den Sie »Krüppel«
nannten

Der packende Be-
richt des schwerst-
behinderten Christy
Brown über seine
Kinder- und frühen
Jugendjahre im
Dublin der vierziger
Jahre – geschrieben
mit außergewöhn-
licher erzählerischer
Kraft und bestem
irischen Humor.
30476

**Elisabeth van
Hoesel:
Liebesmüh mit alten
Eltern**
Aus dem Tagebuch
einer guten Tochter
Was tun, wenn der
einzigen Tochter
nichts anderes übrig-
bleibt, als die alten
Eltern bis zum Tod
zu pflegen? Ein ehr-
licher Rechenschafts-
bericht in vielen all-
täglichen Szenen.
30475

dialog
und praxis

Kinder
Eltern
Familie

Verena Kast:
Wege aus Angst
und Symbiose
Märchen psycholo-
gisch gedeutet
dtv 35020

Mann und Frau
im Märchen
Psychologische
Deutung
dtv 35001

Familienkonflikte
im Märchen
Psychologische
Deutung
dtv 35034

Wege zur Autonomie
Märchen psycholo-
gisch gedeutet
dtv 35014

Kinder verstehen
Ein psychologisches
Lesebuch für Eltern
Hrsg. v.
Sophie von Lenthe
dtv 35017

Irène Kummer:
Wendezeiten im Leben
der Frau
Krisen als Chance zur
Wandlung
dtv 35051

Maria Montessori:
Kinder sind anders
dtv / Klett-Cotta
dtv 35006

Christiane Olivier:
Jokastes Kinder
Die Psyche der Frau
im Schatten der
Mutter
dtv 35013

Gerlinde Ortner:
Märchen,
die Kindern helfen
Geschichten gegen
Angst und Aggression
und was man beim
Vorlesen wissen sollte
dtv 35065

Jirina Prekop:
Der kleine Tyrann
Welchen Halt
brauchen Kinder?
dtv 35019

Anne Wilson Schaef:
Im Zeitalter der Sucht
Wege aus
der Abhängkeit
dtv 35022

Die Flucht vor der
Nähe
Warum Liebe,
die süchtig macht,
keine Liebe ist
dtv 35054

dialog
und praxis

Psychologie
Analyse
Therapie

Kathrin Asper:
Verlassenheit und
Selbstentfremdung
Neue Zugänge zum
therapeutischen
Verständnis
dtv 35018

Verena Kast:
Wege aus Angst
und Symbiose
Märchen psycho-
logisch gedeutet
dtv 35020

Mann und Frau
im Märchen
Psychologische
Deutung
dtv 35001

Familienkonflikte
im Märchen
Psychologische
Deutung
dtv 35034

Wege zur Autonomie
Märchen psycho-
logisch gedeutet
dtv 35014

Frederick S. Perls:
Das Ich, der Hunger
und die Aggression
Die Anfänge der
Gestalt-Therapie
dtv / Klett-Cotta
15050

Frederrick S. Perls,
Ralph F. Hefferline,
Paul Goodman:
Gestalttherapie
Grundlagen
dtv 35010

Gestalttherapie
Praxis
dtv / Klett-Cotta
35029

Jean Piaget:
Das moralische Urteil
beim Kinde
dtv / Klett-Cotta
15015

Das Weltbild des
Kindes
dtv / Klett-Cotta
35004

Das Erwachen der
Intelligenz beim Kinde
dtv / Klett-Cotta
15098

Die Psychologie des
Kindes
dtv / Klett-Cotta
35030

Peter Schellenbaum:
Die Wunde der
Ungeliebten
Blockierung und
Verlebendigung der
Liebe
dtv 35015

Tanz der Freundschaft
Eine ungewöhnliche
Annäherung
an das Wesen der
Freundschaft
dtv 35067

Claude Steiner:
Wie man Lebenspläne
verändert
Das Skript-Konzept
in der Transaktions-
analyse
dtv 35053

C.G. Jung – Taschenbuchausgabe

Herausgegeben von Lorenz Jung auf der Grundlage
der Ausgabe 'Gesammelte Werke' dtv 59016
Auch einzeln erhältlich

Die Beziehungen zwischen dem Ich und dem Unbewußten
dtv 35120
Ein Überblick über die Grundlagen der Analytischen Psychologie

Antwort auf Hiob
dtv 35121
In diesem Spätwerk wirft Jung Grundfragen der religiösen Befindlichkeit des Menschen auf.

Typologie
dtv 35122
Die vier "Funktionen" der Jungschen Typenlehre – Denken, Fühlen, Empfinden und Intuition – werden hier dem extravertierten und dem introvertierten Typus zugeordnet.

Traum und Traumdeutung
dtv 35123

Synchronizität, Akausalität und Okkultismus
dtv 35124
Jungs Beschäftigung mit dem Okkulten, auf der Suche nach den Tiefendimensionen des Unbewußten

Archetypen
dtv 35125

Wirklichkeit der Seele
dtv 35126
Eine Aufsatsammlung zu Themenbereichen, die von der Analytischen Psychologie beeinflußt werden

Psychologie und Religion
dtv 35127
C.G. Jung beschreibt Religion als eine der ursprünglichsten Äußerungen der Seele gegenüber dem Göttlichen.

Psychologie der Übertragung
dtv 35128
Die Übertragung, einer der Zentralbegriffe der Analytischen Psychologie, wird hier umfassend erklärt.

Seelenprobleme der Gegenwart
dtv 35129
In dieser Aufsatzsammlung stellt Jung die Grundfragen der modernen praktischen Psychologie dar.

Wandlungen und Symbole der Libido
dtv 35130
Das zentrale Werk, mit dem sich C.G. Jung von Sigmund Freud löste

Arno Gruen
im dtv

Der Verrat am Selbst
Die Angst vor Autonomie
bei Mann und Frau

Heute aktueller denn je: der Begriff
der Autonomie, der nicht Stärke
und Überlegenheit meint, sondern
die volle Übereinstimmung des
Menschen mit seinen eigenen
Gefühlen und Bedürfnissen. Wo sie
nicht vorliegt – eher die Regel
als die Ausnahme –, entstehen
Abhängigkeit und Unterwerfung,
Macht und Herrschaft. Ein Buch,
das eine Grunddimension mit-
menschlichen Daseins erfaßt.
dtv 35000

Der Wahnsinn der Normalität
Realismus als Krankheit:
eine grundlegende Theorie zur
menschlichen Destruktivität

Arno Gruen legt die Wurzeln der
Destruktivität frei, die sich viel
öfter, als uns klar ist, hinter
vermeintlicher Menschenfreund-
lichkeit oder »vernünftigem«
Handeln verbergen. Er überzeugt
durch die Vielzahl der Beispiele und
schafft die Beweislage, daß dort,
wo Innen- und Außenwelt auseinanderfallen, Verantwortung und
Menschlichkeit ausbleiben.
dtv 35002

Falsche Götter
Über Liebe, Haß und die
Schwierigkeit des Friedens

»Ich meine nicht, daß man mit
Politikern psychoanalytisch reden
soll. Ich meine, daß man jemandem, der lügt, sagen soll, daß er
lügt. Solange wir glauben, daß wir
die Liebe dieser Leute benötigen,
um erlöst zu werden, sind wir
verloren. Wenn wir wieder lernen,
andere Menschen auf eine natürliche Art empathisch wahrzunehmen, kann uns niemand mehr an
der Nase herumführen.«
dtv 35059 (Januar 1993)